# O 'MILAGRE ALEMÃO'
# E O DESENVOLVIMENTO DO BRASIL
## (1949-2011)

FUNDAÇÃO EDITORA DA UNESP

*Presidente do Conselho Curador*
Herman Jacobus Cornelis Voorwald

*Diretor-Presidente*
José Castilho Marques Neto

*Editor-Executivo*
Jézio Hernani Bomfim Gutierre

*Conselho Editorial Acadêmico*
Alberto Tsuyoshi Ikeda
Célia Aparecida Ferreira Tolentino
Eda Maria Góes
Elisabeth Criscuolo Urbinati
Ildeberto Muniz de Almeida
Luiz Gonzaga Marchezan
Nilson Ghirardello
Paulo César Corrêa Borges
Sérgio Vicente Motta
Vicente Pleitez

*Editores-Assistentes*
Anderson Nobara
Henrique Zanardi
Jorge Pereira Filho

LUIZ ALBERTO MONIZ BANDEIRA

# O 'MILAGRE ALEMÃO' E O DESENVOLVIMENTO DO BRASIL
## (1949-2011)

2ª edição revista e ampliada
Prefácio de Luiz Carlos Bresser-Pereira

© 2011 Editora Unesp
1ª Edição, 1994
1ª Edição alemã, 1995

Fundação Editora da Unesp (FEU)
Praça da Sé, 108
01001-900 – São Paulo – SP
Tel.: (0xx11) 3242-7171
Fax: (0xx11) 3242-7172
www.editoraunesp.com.br
www.livrariaunesp.com.br
feu@editora.unesp.br

CIP – Brasil. Catalogação na fonte
Sindicato Nacional dos Editores de Livros, RJ

M755m
2.ed

Moniz Bandeira, Luiz Alberto 1935 – O 'milagre alemão' e o desenvolvimento do Brasil (1949-2011) / Luiz Alberto Moniz Bandeira; prefácio de Luiz Carlos Bresser-Pereira. – 2.ed. rev. e ampliada. – São Paulo: Editora Unesp, 2011.
400p.: il.

Inclui bibliografia
ISBN 978-85-393-0154-6

1. Brasil – Relações econômicas exteriores – Alemanha. 2. Alemanha – Relações econômicas exteriores – Brasil. 3. Brasil – Condições econômicas. 4. Alemanha – Condições econômicas. I. Título.

11-4211.                          CDD: 327.81043
                                  CDU: 327(81:43)

Editora afiliada:

Asociación de Editoriales Universitarias de América Latina y el Caribe

Associação Brasileira de Editoras Universitárias

*Outra vez, para Margot.*

Quem não crê em milagre não é realista.[1]
Ben Gurion

---

[1] *Wer nicht an Wunder glaubt, ist kein Realist.* David Ben Gurion: primeiro chefe de Governo de Israel (1948-1953 e 1955-1963).

# Sumário

Abreviaturas e siglas   15

Prefácio à segunda edição
 *Luiz Carlos Bresser-Pereira*   19

Agradecimentos à segunda edição   25

Introdução e agradecimentos à primeira edição   27

CAPÍTULO 1. Os alemães no Brasil durante a colonização – O enlace das dinastias de Bragança e de Habsburgo – O tratado de comércio com as cidades hanseáticas Lübeck, Bremen e Hamburgo – A emigração alemã para o Brasil – A competição pela América Latina no início do século XX – A Primeira Guerra Mundial e a República de Weimar   35

CAPÍTULO 2. A crise dos anos 1930 e o acordo dos *marcos de compensação* – A ofensiva comercial da Alemanha na América Latina – As relações do governo Vargas com o

III *Reich* – A Krupp e o projeto de criação da Siderúrgica Nacional – A deflagração da Segunda Guerra Mundial e a ruptura das relações entre o Brasil e a Alemanha   59

CAPÍTULO 3. A missão militar brasileira em Berlim – O problema dos refugiados e a emigração para o Brasil – A recuperação da Alemanha Ocidental e o financiamento do Plano Marshall – A Guerra Fria – A fundação da RFA e da RDA – O restabelecimento das relações comerciais e diplomáticas entre o Brasil e a RFA   77

CAPÍTULO 4. A situação do Brasil no pós-guerra e a perspectiva do comércio com a Alemanha – Os problemas com os Estados Unidos e o recrudescimento do nacionalismo brasileiro – A eleição de Vargas – A inauguração da Mannesmann e o início dos investimentos alemães no Brasil – As relações comerciais – A restrição das importações e a implantação da indústria automobilística – Os projetos da Volkswagen e da Mercedes-Benz   95

CAPÍTULO 5. A RFA como opção de comércio e fonte de investimentos e tecnologia – A situação na RDA e o levante de Berlim de 1953 – A política atômica brasileira – A missão do almirante Álvaro Alberto da Mota e Silva – A compra na RFA de ultracentrífugas para enriquecimento do urânio – A queda de Vargas e a mudança da política atômica   117

CAPÍTULO 6. Os capitais alemães e o *boom* econômico de São Paulo – A visita de Ludwig Erhard ao Brasil – A implantação do multilateralismo – A ofensiva comercial da RFA na América Latina – O fracasso do Brasil em obter emigrantes alemães – A necessidade de força de trabalho na RFA e as restrições para emigração   137

CAPÍTULO 7. A visita de Juscelino Kubitschek a Bonn – O convite aos investidores alemães – A descoberta das pressões dos Estados Unidos contra a política atômica brasileira – O Plano de Metas e o fluxo de capitais alemães para o Brasil – O Brasil como prioridade para os investimentos privados da RFA – A competição com os Estados Unidos e o desenvolvimento da indústria automobilística    151

CAPÍTULO 8. As dificuldades geradas pelo surto de industrialização – O início dos entendimentos comerciais com a RDA e os demais países do bloco socialista – A *Hallstein--Doktrin* – A visita de von Brentano ao Brasil – A questão dos impostos sobre o café na RFA e a ajuda ao desenvolvimento – A formação da Comunidade Econômica Europeia    171

CAPÍTULO 9. A criação pela RFA do Fundo de Auxílio ao Desenvolvimento – A prioridade para os países da África e da Ásia – A Missão João Dantas na RDA – O incidente com o governo de Bonn – A RFA e a sustentação da *Hallstein--Doktrin* – A crise na RDA e a construção do Muro de Berlim – A renúncia de Jânio Quadros e a posição da RFA    191

CAPÍTULO 10. Os receios de Adenauer diante dos entendimentos Estados Unidos-União Soviética – A aproximação RFA--França – O auxílio ao desenvolvimento e a preocupação com o Nordeste brasileiro – A Lei de Remessa de Lucros e o fluxo dos investimentos alemães – A Missão Granow e o impasse na questão do transporte marítimo – O rompimento das relações da RFA com Cuba    211

CAPÍTULO 11. A política de Kennedy e a queda de Adenauer – A Missão Egydio Michaelsen – O assassinato de Kennedy – O golpe de Estado no Brasil – A visita do presidente Heinrich Lübke – Mudança no governo de Bonn – A *Ostpolitik* de Willy Brandt e o estabelecimento de relações entre o Brasil e a RDA – Os entendimentos Brasil-RFA sobre pesquisa atômica   231

CAPÍTULO 12. A política atômica nos Estados Unidos e as razões do acordo nuclear Brasil-RFA de 1975 – Os investimentos alemães no Brasil e a crise dos anos 1980 – A paralisação das obras de Angra II e III – A transferência de tecnologia de enriquecimento de urânio por ultracentrifugação – O comércio entre o Brasil e a RDA – A exigência de salvaguardas abrangentes pela RFA e as negociações do ministro das Relações Exteriores Celso Amorim em 1994   253

CAPÍTULO 13. Os fatores econômicos determinantes da queda dos investimentos alemães no Brasil – Perda de espaço da Alemanha na economia brasileira a partir de 1995 – A grande coalizão CDU-SPD na Alemanha – Denúncia do acordo sobre bitributação – Angela Merkel no Brasil e sua conversa com Lula – O impasse na questão do biodiesel e a resistência ao etanol   283

CAPÍTULO 14. Concentração dos investimentos alemães no Leste Europeu – A crise financeira mundial e seu impacto nos bancos e na economia da Alemanha – Endividamento dos Estados nacionais da área do euro – O caso da Grécia – O papel da Alemanha na crise – Compra dos submarinos franceses pelo Brasil – A retomada do projeto de Angra III   301

CAPÍTULO 15. O novo governo formado pela coalizão CDU--CSU-FDP – Modificação das normas ambientais e da política nuclear da Alemanha – Visita do presidente Lula a Berlim – O sucesso da viagem – Concessão das garantias Hermes para Angra III – Nova concepção estratégica para a América Latina – Acordo Brasil-Alemanha na área de defesa   319

Conclusão    339

Arquivos pesquisados    349

Referências bibliográficas    351

   Fontes impressas    360
   Outros documentos    361
   Jornais, revistas e *sites*    361

Índice remissivo    363

# Abreviaturas e siglas

ABACC – Agência Brasileiro-Argentina de Controle e Contabilidade de Materiais Nucleares
ACC – Allied Control Council
Acesita – Companhia de Aços Especiais Itabira
ADLAF – Associação Alemã de Pesquisa sobre a América Latina
AHC – Allied High Commission
AIEA – Agência Internacional de Energia Atômica
BIRD – Banco Internacional de Reconstrução e Desenvolvimento
BRD – Bundesrepublik Deutschland [República Federal da Alemanha]
CDU – Christlich-Demokratische Union [União Democrática Cristã]
CEE – Comunidade Econômica Europeia
Cemig – Centrais Elétricas de Minas Gerais
CIA – Central Inteligency Agency
CIME – Comitê Intergovernamental para as Migrações Europeias
CNEN – Comissão Nacional de Energia Nuclear
CNPq – Conselho Nacional de Pesquisa (hoje, Conselho Nacional de Desenvolvimento Científico e Tecnológico)
CSN – Conselho de Segurança Nacional
CSU – Christlich-Soziale Union [União Social-Cristã]

DDR – Demokratische Deutsche Republik [República Democrática da Alemanha]
DFVLR – Deutsche Forschungs-und Versuchsanstalt für Luft und Raumfahrt
EMFA – Estado Maior das Forças Armadas
Euratom – Comunidade Europeia de Energia Atômica
FDP – Freie Demokratische Partei [Partido Democrático Livre]
FMI – Fundo Monetário Internacional
GATT – Acordo Geral sobre Tarifas e Comércio
GEIA – Grupo Executivo da Indústria Automobilística
IPES – Instituto de Pesquisas e Estudos Sociais
KFA – Kernforschungsanlage [Centro de Pesquisa Nuclear de Jülich]
KFK – Kernforschungszentrum [Centro de Pesquisa Nuclear de Karlsruhe]
KPD – Kommunistische Partei Deutschlands [Partido Comunista da Alemanha]
MDB – Missões Diplomáticas Brasileiras
MRE – Ministério das Relações Exteriores
ONU – Organizações das Nações Unidas
OTAN – Organização do Tratado do Atlântico Norte
PSD – Partido Social-Democrático
PTB – Partido Trabalhista Brasileiro
RDA – República Democrática Alemã
RFA – República Federal da Alemanha
Satipel – Sociedade Anônima Taquariense de Papel
SED – Sozialistische Einheitspartei Deutschlands [Partido Socialista Unificado da Alemanha]
SMAD – Sowjetische Militäradministration [Zona de Ocupação Soviética]
SPD – Sozialdemokratische Partei Deutschlands [Partido Social--Democrata da Alemanha]
SUMOC – Superintendência da Moeda e do Crédito
TNP – Tratado de Não Proliferação das Armas Nucleares

UDN – União Democrática Nacional
URSS – União das Repúblicas Socialistas Soviéticas

## ABREVIATURAS DOS ARQUIVOS

AA-PA – Auswärtiges Amt-Politisches Archive
ADA – Arquivo Doutel de Andrade
AGV – Arquivo de Getúlio Vargas
AHI – Arquivo Histórico do Itamaraty (Rio de Janeiro)
AHMRE – Arquivo Histórico do Ministério das Relações Exteriores – Brasília
ALES – Archiv der Ludwig Erhard-Stiftung E. V.
AMAE-F – Archive du Ministère des Affaires Étrangères de France
AN-APSTD – Arquivo Nacional – Arquivo Particular de San Tiago Dantas
AOA – Arquivo Oswaldo Aranha
ARA – Arquivo Renato Archer
RA-L – Rothchild Archives – London
HSTL – Harry S. Truman Library
NA – National Archives
PRO-FO – Public Record Office – Foreign Office

# Prefácio à segunda edição

Luiz Carlos Bresser-Pereira[1]

Como podem ser as relações entre dois grandes países com níveis de desenvolvimento substancialmente diferentes? Qual a real possibilidade de cooperação entre eles, quando sabemos que historicamente os países mais ricos e poderosos quase sempre se comportaram de maneira imperial em relação aos países em desenvolvimento? É claro que os primeiros sempre dirão estar prontos a cooperar com seus capitais, com sua ciência, com sua tecnologia, e, de fato, alguns bens sempre resultaram dessa cooperação. Entretanto, até o século XIX, a política dos países mais desenvolvidos foi a de transformar em colônias os demais. Após a Segunda Guerra Mundial, manter colônias tornou-se economicamente inviável por causa da resistência crescente dos povos dominados, e a estratégia imperialista mudou para ações que visassem neutralizar a industrialização desses países. Aqueles que já haviam chegado ao telhado passaram a "chutar a escada" dos que tentavam se juntar a eles, como foi classicamente assinalado por Friedrich List que, em 1846, usou essa expressão para identificar os argumentos e as pressões da Inglaterra para que a Alemanha não se industrializas-

---

1 Professor Emérito da Fundação Getulio Vargas, autor de várias obras, entre as quais *Globalização e competição*, publicada em diversos países.

se. Agora, sem as colônias, essa estratégia passou a ser adotada com intensidade ainda maior.

A lei das vantagens comparativas do comércio internacional, convencendo os países em desenvolvimento a abrirem suas economias aos bens industriais exportados pelas nações centrais, e a tese de que tais economias periféricas só teriam condições de crescer aceitando capitais estrangeiros (a "poupança externa") e se endividando eram as duas principais armas usadas. A partir dos anos 1980, quando muitos países já haviam ignorado a lei das vantagens comparativas e se industrializado, a ênfase na abertura financeira e na poupança externa estava no coração do Consenso de Washington. A lógica desse tipo de imperialismo era neutralizar a competitividade dos países em desenvolvimento na exportação de bens industriais. O objetivo era tríplice: manter os países em desenvolvimento como fornecedores de matérias-primas e de alimentos tropicais; conservá-los como mercado para as manufaturas dos países centrais; e impedir que se tornassem concorrentes na exportação desses bens, em cuja produção contavam com a vantagem de terem mão de obra barata. As estratégias para alcançar esses objetivos, por sua vez, eram a clássica aliança com as elites mercantis e rentistas dos países em desenvolvimento; a hegemonia ideológica para convencer o restante da população; e a formação em universidades de economistas liberais que se tornassem porta-vozes de suas teses cientificamente legitimados.

Luiz Alberto Moniz Bandeira, o notável historiador brasileiro do século XX, é um nacionalista econômico (jamais étnico) que conhece muito bem o que acabo de descrever. Como poderia então ele, em um livro que analisa as relações do Brasil com a Alemanha desde a independência, dar conta desse problema? Meu amigo Moniz provou, em todos os seus livros e novamente neste, enorme capacidade de pesquisa e extraordinária competência em selecionar os fatos históricos principais. Ele é sempre informativo e objetivo; escreve com estilo claro e conciso; e raramente dá sua opinião. Mas seus sentimentos patrióticos e seus valores morais aparecem com clareza nas entrelinhas. Como pode ele, então, oferecer-nos uma visão positiva das relações do Brasil com a Alemanha durante duzentos anos?

O fato de estar casado com uma alemã e viver na Alemanha nos últimos anos têm um papel na resposta a essa pergunta, mas pequeno, porque o senso crítico de Moniz é muito agudo e seu compromisso com os fatos históricos, definitivo. A verdadeira resposta manifesta-se no livro em vários momentos, sob diversas formas, mas é muito clara: a Alemanha sempre foi o *tertius* – não o terceiro "interveniente" que entra em uma disputa jurídica entre dois contendores para defender seus próprios interesses, mas o terceiro que é chamado por uma das partes para aumentar seu poder de barganha.

A Alemanha teve outros papéis na história do Brasil. No século XIX, foi a origem de uma importante e qualificada imigração; durante grande parte do século XX, foi a principal origem de investimentos diretos; e, em qualquer tempo, foi o país que mais cooperou com o Brasil em ciência e tecnologia. Eu sempre me lembro de que no breve período em que fui ministro da Ciência e da Tecnologia do Brasil (1999) encontrei-me no Congresso da Ciência, que a Unesco organizou em Budapeste, com o ministro correspondente da Alemanha. Tivemos amável conversa e, em determinado momento, disse a ele que o Brasil já não estava muito interessado em ajuda, mas interessava-se muito em cooperação científica. "Quem sabe", disse eu no meio da conversa, "uma equipe de cientistas alemães e brasileiros possa vir a ganhar um prêmio Nobel". O alemão não comentou, mas quando já estávamos nos despedindo, disse, com muita simpatia: "Quanto à sua ideia de uma cooperação voltada para a excelência, acho que é uma boa ideia".

Foi principalmente no papel de *tertius* apresentado ao país dominante (inicialmente Inglaterra, depois Estados Unidos), como uma possível alternativa caso o contendor maior não concordasse com as demandas do Brasil, que a Alemanha contribuiu de forma significativa para o desenvolvimento do nosso país. Moniz deixa isso muito claro em vários momentos. Foi Getulio Vargas quem primeiro usou dessa estratégia, no caso da implantação da primeira siderúrgica no Brasil, em

Volta Redonda. A United States Steel recusava-se a cooperar e, afinal, o papel da Krupp foi importante para que o investimento se realizasse.

No início dos anos 1950, a questão foi a da indústria automobilística. Vargas queria uma fábrica verdadeira no Brasil, não meras plantas de montagem como as maiores empresas de então (a General Motors e a Ford) se dispunham a instalar aqui. A Alemanha foi chamada, e, afinal, depois da morte do estadista, já no governo Juscelino Kubitschek, as três primeiras empresas automobilísticas do Brasil foram inauguradas; não por acaso, alemãs: a Mercedes Benz (caminhões), a DKW e a Volkswagen.

Nos anos 1970, foi a vez da tecnologia nuclear. O Brasil decidiu construir a primeira usina nuclear em Angra dos Reis, mas o governo norte-americano proibia a empresa contratada, a Westinghouse, de fornecer tecnologia para o Brasil. A França também se recusou. Só a Alemanha se dispôs a fazê-lo, e um grande acordo foi feito nessa direção, mas, afinal, a grande crise da dívida externa que eclodiu nos anos 1980 impediu que as duas outras usinas já contratadas com a Alemanha fossem levadas adiante.

A partir dos anos 1990, a participação da Alemanha no estoque de capital estrangeiro investido no Brasil – que chegara a 17% do total na década anterior, tornando a Alemanha o país que mais investia no Brasil – caiu consideravelmente. Foram duas as razões. A unificação da Alemanha levou-a, muito naturalmente, a voltar todas as suas atenções para os países do Leste Europeu, ao mesmo tempo que a sobrecarga fiscal representada por essa unificação levou o governo alemão a diminuir as dotações das fundações dos quatro principais partidos cuja contribuição foi sempre relevante. Mas a causa maior foi o fato de a Alemanha não ter participado do lamentável processo de privatização de empresas de serviços públicos monopolistas e de bancos de varejo brasileiros. Os países que se aproveitaram dessas privatizações na área da energia, da telefonia fixa e dos bancos de varejo, principalmente a Espanha, obtiveram privilégios, quase rendas, sem contrapartida para o país. Não é surpreendente que o governo espanhol tenha "estimulado" suas empresas a entrar nos leilões. As empresas alemãs, que sempre investiram no Brasil na área industrial, geralmente em atividades intensivas em tecnologia, não participaram dessas privatizações, e por isso perderam importância relativa no estoque de capital estrangeiro no Brasil. Não perderam, porém, o papel estratégico que sempre tiveram nessa área no nosso país.

Desde 2005 houve desentendimento entre o Brasil e a Alemanha, a partir da decisão equivocada deste país de denunciar o acordo sobre bitributação com o Brasil. Nos anos recentes, porém, Moniz Bandeira assinala que a Alemanha vem novamente voltando seus olhos para o Brasil. Isso naturalmente se deve ao melhor desempenho econômico que o Brasil passou a apresentar desde 2005. Entretanto, vale assinalar o fato de que – não obstante o governo Lula haver tomado iniciativas políticas que desagradaram os alemães, especialmente o acordo que, juntamente com a Turquia, obteve do Irã e propôs aos Estados Unidos, que não o aceitaram – depois da visita do presidente brasileiro à Alemanha as relações entre os dois países melhoraram muito. Isso mostra como é importante para um país não se submeter ao outro. Ganhamos respeito dos nossos parceiros. E, assim, assinala o nosso autor terminando seu livro, as ideias de maior cooperação na área ambiental que sempre interessou muito aos alemães, a reforma da governança global na qual existem interesses comuns e a necessidade de regular mais firmemente os sistemas financeiros entraram na agenda dos dois países, aumentando "as possibilidades de reforçar o diálogo político, em alto nível, e a colaboração com a Alemanha para enfrentar os enormes desafios da globalização".

# Agradecimentos à segunda edição

Luiz Alberto Moniz Bandeira
St. Leon (Baden-Württemberg, Alemanha),
30 de maio de 2011.

Ao rever e atualizar a segunda edição de O *"milagre alemão" e o desenvolvimento do Brasil*, que a Editora Unesp agora publica, contei com a colaboração de vários amigos. Nem todos os nomes posso aqui mencionar, mas a eles muito agradeço, bem como à especial contribuição do engenheiro nuclear Guilherme Camargo, autor da importante obra *O fogo dos deuses – uma história da energia nuclear*; ao ministro Roberto Colin, ministro-conselheiro da Embaixada do Brasil em Berlim; ao conselheiro Alexandre Barboza, chefe do Setor Comercial do Consulado Geral do Brasil em Frankfurt; ao economista Milton Quadros, do Setor Comercial da Embaixada do Brasil em Berlim; ao 1º secretário Paulo Santana, chefe do Setor de Imprensa da Embaixada do Brasil em Berlim; ao sociólogo Gilberto Calcagnotto, que foi responsável pelos estudos brasileiros no Institute of Latin American Studies/German Institute of Global and Area Studies (Ilas/Giga), de Hamburgo; a Roberto Dias, diretor de Relações Institucionais da Construtora Norberto Odebrecht S.A.; e a Artur Bernardes do Amaral, professor de Relações Internacionais da PUC-Rio, que colaborou comigo na pesquisa.

A colaboração que generosamente me deram não significa nenhum endosso de todas as avaliações ou opiniões por mim emitidas nesta obra.

# Introdução e agradecimentos à primeira edição

Luiz Alberto Moniz Bandeira
Brasília, junho de 1994.

Muitos alemães não gostam da expressão "milagre alemão" ou "milagre econômico" [*das Wirtschaftswunder*] para designar a rápida e extraordinária recuperação da Alemanha Ocidental, nos anos imediatamente após a Segunda Guerra Mundial. Milagre realmente não houve. Porém, outra melhor expressão não existe para denominar aquele período em que a Alemanha Ocidental, ao organizar-se como República Federal da Alemanha (RFA), ressurgiu qual fênix das cinzas. Esse fenômeno, assegurado pela reforma monetária [*Währungsreform*] de 1948, ocorreu, sobretudo, por causa da cultura do trabalho, do elevado nível educacional e da alta capacitação tecnológica de seu povo, entre outros fatores de conjuntura. A própria contribuição do Plano Marshall (European Recovery Program) não foi muito significativa. Ludwig Erhard, ministro da Economia durante os anos da reconstrução, revelou que os Estados Unidos, a título de ajuda econômica, destinaram aos países da Europa Ocidental, entre meados de 1945 e 1952, o montante de 32 bilhões de dólares, dos quais a RFA recebeu apenas 4,5 bilhões de dólares, sendo dois terços como doação.[1] A importância do Plano Marshall, segundo ele, foi mais de caráter moral e

---

1 Erhard, 1988, p.848.

político do que material. Também o professor Charles Kindleberger, que participara, no Departamento de Estado, da formulação do Plano Marshall, reconheceu que, apesar de necessário, o auxílio dos Estados Unidos não foi suficiente para promover a recuperação econômica da Europa Ocidental e que à RFA coube somente o total de 3,6 bilhões de dólares, entre 1946 e 1953.[2] Assim, se bem que importante, o auxílio norte-americano, por meio do Plano Marshall, não representou, segundo também o embaixador do Brasil em Bonn, mais do que 6% dos investimentos realizados na Alemanha Ocidental naquele período,[3] o grande mérito dos Estados Unidos, com o apoio da Grã-Bretanha, consistiu em, ao contrário do que fez a União Soviética, não desmantelar as indústrias da Alemanha nem a espoliar com indenizações, permitindo assim que as zonas ocidentais recuperassem sua capacidade de produção e colaborassem na reconstrução da Europa Ocidental, a fim de poupar o contribuinte norte-americano de maiores encargos financeiros com a política de contenção do comunismo.

O propósito deste livro, evidentemente, não é discutir as causas e os fatores que determinaram a recuperação da Alemanha Ocidental e sim demonstrar que o seu ressurgimento como potência econômica, com a fundação, em 1949, da RFA, possibilitou que o Brasil contasse, nos anos 1950, com o aporte de capitais necessário à continuidade do seu esforço de industrialização. Em outras palavras, o propósito deste livro é avaliar o papel da RFA nas suas relações econômicas e políticas com o Brasil e a América Latina, desde 1949 até depois da reunificação, em 1990. E essa era uma lacuna que se impunha preencher, dado que a Alemanha, já a partir da segunda metade do século XIX, começara a avultar-se como um dos principais parceiros estratégicos do Brasil, que passou a manter com ela *relações especiais*, ou seja, relações que ultrapassaram as áreas normais comparáveis de interesse entre dois

---

2 Kindleberger, 1987, p.196, 246.
3 Ofício n.200, Embaixador Luiz de Faro Jr. ao ministro das Relações Exteriores Vicente Rao, Bonn, 24 out. 1953, AHI-MDB 7/5/6.

países e que, como o professor Hermann M. Görgen salientou, nem mesmo foram afetadas, *essencialmente*, pela Segunda Guerra Mundial.⁴ Com exceção dos que tratam da imigração da Alemanha para o Brasil, são poucos os estudos sobre as relações entre os dois países, sobretudo a partir da Segunda Guerra Mundial. Em 1958, Klaus Wyneken defendeu uma dissertação para obter o grau de doutor na Universidade de Colônia em que analisou o desenvolvimento das relações comerciais entre o Brasil e a Alemanha – *Die Entwicklung der Handelsbeziehungen zwischen Deutschlands und Brasilien* [O desenvolvimento das relações comerciais entre a Alemanha e o Brasil] – até aquele ano. Sobre o período que se estendeu da proclamação da República no Brasil, em 1889, até a deflagração da Primeira Guerra Mundial, em 1914, o professor Gerhard Brunn publicou interessante livro⁵ em que contestou a tese de Jürgen Hell, *Der Griff nach Südbrasilien: Die Politik des Deutschen Reiches zur Verwandlung der drei brasilianischen Südstaaten in ein überseeisches Neudeutschland (1890-1914)*,⁶ defendida como tese de doutorado, em 1966, na Universidade de Rostock, na RDA. Também sobre o mesmo período, Maria da Guia Santos escreveu uma tese de doutorado, defendida na Universidade de Erlangen-Nuremberg, sob o título *Außenhandel und industrielle Entwicklung Brasiliens unter besonderer Berücksichtigung des Beziehungen zu Deutschland (1889-1914)*,⁷ publicada em 1984 pela Wilhelm Fink Verlag. A tese de doutorado de Albene Miriam Ferreira Menezes, defendida na Universidade de Hamburgo, em 1987, teve como tema e título *Die Handelsbeziehungen zwischen Deutschland und Brasilien in den Jahren 1920-1950 unter besonderer Berücksichtigung des Kakaohandels*.⁸ Todos esses estudos foram escritos como teses de dou-

---

4   Görgen, Relações especiais, *Deutsch-Brasilianlsche Hefte*, n.4-5, 1985, p.201-11.
5   Brunn, 1971.
6   A ligação com o Sul brasileiro: a política do Reich alemão na transformação dos três Estados do Sul do Brasil em uma Nova Alemanha no além-mar. (N. E.)
7   Comércio internacional e desenvolvimento industrial do Brasil, com destaque especial para as relações com a Alemanha. (N. E.)
8   As relações comerciais entre Alemanha e Brasil entre os anos 1920-1950, com destaque especial para o comércio de cacau. (N. E.)

torado e, com exceção daqueles de Jürgen Hell e de Gerhard Brunn, que abordaram também os aspectos diplomáticos, circunscreveram-se às relações comerciais entre o Brasil e a Alemanha, fundamentalmente, nas épocas anteriores às guerras mundiais de 1914-1918 e 1939-1945, sendo do historiador norte-americano Stanley E. Hilton os melhores livros sobre as questões políticas, nos anos 1930: *O Brasil e as grandes potências: os aspectos políticos da rivalidade comercial – 1930-1939* e *Suástica sobre o Brasil: a história da espionagem alemã no Brasil*.[9]

Salvo artigos esparsos, mais genéricos ou a respeito de determinados tópicos, até agora não existe nenhum livro, nem em português nem em alemão, sobre as relações da Alemanha com o Brasil, que aborda os aspectos não apenas econômicos e comerciais, mas, também, os diplomáticos e políticos, no período entre 1949, quando ela se dividiu em dois Estados – RFA e RDA – até depois de sua reunificação, em 1990. E realizar essa tarefa de analisar as relações do Brasil não só com a RFA, mas também com a RDA, uma vez que representavam dois Estados da mesma nação, a Alemanha, constituiu um sério desafio. Não bastava eu demonstrar, com base em dados estatísticos já impressos, que a Alemanha sempre fora um dos principais parceiros econômicos e comerciais do Brasil ou que cerca de 1.400 firmas, alemãs ou de origem alemã, operam neste país, onde os investimentos diretos privados da RFA correspondem a 70% do total dos capitais aplicados na América Latina. O objetivo deste livro consistiu em revelar, principalmente, o sentido das relações entre os dois países, em identificar os fatores e as causas que levaram a RFA a tornar-se um dos três parceiros estratégicos do Brasil, de modo que a consciência e a compreensão desse processo possam contribuir para a formulação de diretrizes de política exterior. Para isso, portanto, utilizei o método histórico, pois as situações e os acontecimentos econômicos e políticos não se produzem por acaso, mas resultam de um processo que evolui e amadurece ao longo dos anos ou mesmo dos séculos. Além do mais, procurei identificar e explicar

---

9  Hilton, 1977b; idem, 1977c.

os fatores internos, econômicos e políticos determinantes das relações exteriores dos dois países, e parti da seguinte linha de hipóteses:

1. A Alemanha, por não dispor de um império colonial, como a Grã-Bretanha e a França, nem de um território tão vasto, com tantos recursos naturais, como os Estados Unidos, voltou-se para o Brasil, que lhe podia tanto oferecer mercado para o consumo de suas manufaturas como fornecer-lhe matérias-primas e produtos agrícolas.

2. A Alemanha, competindo com a Grã-Bretanha e os Estados Unidos, possibilitou que o Brasil ampliasse sua margem de autonomia internacional, ao aumentar-lhe o poder de barganha e abrir-lhe novos mercados e fontes alternativas de capitais e tecnologia necessários ao seu desenvolvimento.

3. A formação da CEE e a reunificação dos dois Estados alemães não modificaram, ao que tudo indica, essa tendência, inclusive porque, por causa da superação do conflito Leste-Oeste, a competição dos países industriais, entre os quais o Brasil se inclui, com os Estados Unidos deve recrescer.

4. A Alemanha pode constituir a principal porta para maior penetração do Brasil não só na CEE como nos países do Leste Europeu, uma vez que, além dos interesses econômicos recíprocos, os partidos políticos, tanto do governo como da oposição, as igrejas e os sindicatos dos dois países mantêm estreitas relações entre si.

Para escrever este livro, recorri, fundamentalmente, a fontes primárias, isto é, à correspondência diplomática inédita, grande parte secreta e confidencial, existente nos arquivos do Itamaraty (Rio de Janeiro e Brasília), bem como do Auswärtiges Amt [Ministério dos Assuntos Estrangeiros] (RFA), abrangendo, sobretudo, o período entre 1949 e 1964, posto que a legislação dos dois países só permite acesso a documentos classificados como sigilosos se produzidos no mínimo há trinta anos. Na RFA, da mesma forma que no Brasil, busquei informações em arquivos de outras instituições e usei documentos colhidos em pesquisas anteriores nos Estados Unidos, Grã-Bretanha e França. Para o período posterior, empreguei, em larga medida, o método de reconstituição oral da história, realizando entrevistas de profundidade com diplomatas e políticos que tiveram participação direta nos acontecimentos. Aqui, aproveito a oportunidade para agradecer as informações que me foram prestadas pelo jornalista João Dantas, com quem tive a honra e o prazer de trabalhar até o Golpe Militar de 1964 como editor político no *Diário de Notícias*, do Rio de Janeiro, do qual ele foi diretor e proprietário; pelo comandante Renato Archer, também meu amigo há muitos anos e cuja colaboração para vários dos meus livros sempre foi muito valiosa; bem como pelo ex-ministro de Minas e Energia no governo do presidente Ernesto Geisel, Shigeaki Ueki; e pelo embaixador Paulo Nogueira Batista, que foi o responsável pelas negociações do Acordo Nuclear com a RFA. A entrevista com o ex--ministro das Relações Exteriores Antônio Azeredo da Silveira foi feita em 1987, para outros dos meus livros. Este trabalho também se tornou possível porque contei com o respaldo do Conselho Nacional de Desenvolvimento Científico e Tecnológico (CNPq), cujo apoio nunca me faltou, e da Friedrich Ebert Stiftung-Instituto Latino-Americano de Desenvolvimento Econômico e Social (FES-ILDES), onde, desde o começo da pesquisa, entre dezembro de 1990 e março de 1991, recebi a colaboração de Peter Hengstenberg, diretor do Departamento de América Latina, de Bernt Dienelt, do Instituto de Pesquisa, ambos em Bonn, e de Klaus Schubert, naquela época responsável pelo escritório em São Paulo. Não posso deixar de consignar e também de agradecer a cooperação da Konrad Adenauer Stiftung, através do dr. Lothar Kraft, *Hauptgeschäftsführer* [diretor-geral], dr. Peter R. Weilemann e do dr. Felix Becker, diretor do Archiv für Christlich-Demokratische Politik, bem como da Ludwig-Erhard-Stiftung e.V., onde o dr. Horst Friedrich Wünsche, *Geschäftsführer* [diretor-administrativo], e Andreas Schirmer permitiram-me o acesso, a fim de pesquisar o arquivo lá depositado. Na RFA também obtive, como sempre, todo o apoio do dr. Stephan Wegener, que me propiciou inúmeros contatos, inclusive com os arquivos dos grupos Mannesmann e Thyssen. E o prof. dr. Hermann M. Görgen não só forneceu importantes e esclarecedoras entrevistas como permitiu a pesquisa nas publicações da *Deutsche-Brasilianische Gesellschaft* [Sociedade Brasil-Alemanha], fundada por ele em 1960 e da qual fora presidente, desde aquela época até o dia do seu passamento, em maio de 1994. Também o embaixador Gerhard Moltmann, já aposentado e que servira duas vezes como conselheiro, no Brasil, acolheu-me gentilmente para um jantar, quando me concedeu uma entrevista sobre os anos em que trabalhou na embaixada da RFA no Rio de Janeiro, onde ela funcionou até os anos 1960. A colaboração do dr. Freiherr von Boeselager e de sua esposa, a dra. Freifrau von Boeselager, ambos funcionários do Politisches Archiv, no Auswärtiges Amt, foi-me valiosa, assim como o suporte que tanto em 1990-1991 quanto em 1993-1994, quando executei, em Bonn, a segunda etapa da pesquisa, a Embaixada do Brasil naquela capital me proporcionou e, por isso, agradeço aos embaixadores João Carlos Pessoa Fragoso e Francisco Thompson Flores, aos ministros-conselheiros Stélio Marcos Amarante e Elim Dutra, bem como ao embaixador Sérgio Rouanet, cônsul-geral em Berlim, ao ministro Cesário Melantônio Neto, cônsul-geral em Frankfurt, e ao secretário Geraldo Miniuci Ferreira Jr., responsável pelo Escritório Comercial do Brasil em Colônia. Sobre as relações com a RDA, meu estimado e velho amigo, o embaixador Mário Calábria, que lá chefiara a representação do Brasil entre 1978 e 1984, prestou-me inúmeros esclarecimentos, da mesma forma que Günter Severin e Heinrich März, ambos ex-embaixadores do Estado alemão oriental no Brasil.

No Brasil, a abertura dos arquivos secretos do Itamaraty pelos professores Celso Lafer e Fernando Henrique Cardoso e continuada pelo embaixador Celso Amorim, que os sucedeu no cargo de ministro das Relações Exteriores, foi fundamental. Aos três os meus agradecimentos, bem como ao ministro Adolf Libert Westphalen, chefe do Departamento de Comunicações e Documentação do Itamaraty, cuja extraordinária prestimosidade e generoso apoio foram decisivos para o êxito da pesquisa. A conselheira Almerinda Augusta de Freitas Carvalho, chefe do Centro de Documentação Oficial, e o conselheiro Josal

Luiz Pellegrino, chefe da Divisão de Arquivos, ambos do Itamaraty, colaboraram gentilmente com o trabalho, do mesmo modo que Jayme Antunes, diretor do Arquivo Nacional, no Rio de Janeiro. Evidentemente, possível não é mencionar todos os nomes dos que na Embaixada do Brasil em Bonn e no Itamaraty, de uma forma ou de outra, comigo cooperaram. Mas a todos eles os meus agradecimentos.

Aproveito esta oportunidade para demonstrar minha profunda gratidão a Theodor Wallau, ex-embaixador da RFA em Brasília, que desde 1990 o mais decidido apoio me prestou, bem como ao embaixador Herbert Limmer e ao adido econômico da embaixada da RFA, Wolfgang G. Müller, meu amigo e cuja colaboração foi inestimável, pois leu e gentilmente reviu os capítulos deste livro, tal como anteriormente já fizera com os originais *Do ideal socialista ao socialismo real: a reunificação da Alemanha*, que publiquei pela Editora Ensaio, em 1992.

Por fim, devo consignar aqui o agradecimento às contribuições de minha esposa Margot Elizabeth Bender, bem como de Gisele Tona Soares, minha assessora que por mais de cinco anos cooperou comigo com dedicação e eficiência, de Victória von Heuss Bloesst e Adriana Costa de Miranda, minhas assistentes de pesquisa, que também trabalharam disciplinada e eficazmente na organização dos documentos e preparação dos originais desta obra.

O apoio que todas as instituições e pessoas me deram foi livre e desinteressado, sem condicionantes, e igualmente não implicou qualquer concordância com as minhas opiniões, que são de minha completa responsabilidade.

# CAPÍTULO 1

## OS ALEMÃES NO BRASIL DURANTE A COLONIZAÇÃO – O ENLACE DAS DINASTIAS DE BRAGANÇA E DE HABSBURGO – O TRATADO DE COMÉRCIO COM AS CIDADES HANSEÁTICAS LÜBECK, BREMEN E HAMBURGO – A EMIGRAÇÃO ALEMÃ PARA O BRASIL – A COMPETIÇÃO PELA AMÉRICA LATINA NO INÍCIO DO SÉCULO XX – A PRIMEIRA GUERRA MUNDIAL E A REPÚBLICA DE WEIMAR

Desde que iniciou a circunavegação, em busca do caminho marítimo para a Índia, Portugal passou a empregar, em suas caravelas, artilheiros alemães. Cerca de 53, por volta de 1489, formavam em Lisboa um Corpo de Bombardeiros, a serviço do Conselho Ultramarino, e 35 participaram da expedição, quando a Armada, sob o comando do almirante Pedro Álvares Cabral, em 1500, alcançou Porto Seguro, ao sul da Bahia. Segundo alguns autores, era de nacionalidade alemã (embora não comprovada) o astrônomo e médico Johannus ou Joham, conhecido como Mestre João, que acompanhou Cabral e escreveu uma carta ao rei Dom Manuel I, datada de 1º de maio de 1500, com informações sobre a Terra de Vera Cruz.[1] No entanto, apenas catorze anos

---

1 Não está comprovada a nacionalidade do Mestre João. Vários autores afirmam que ele, embora assinasse a carta como Johannus, era um espanhol chamado João Faras ou João Emeneslau. Nessa carta, Johannus, que manejava o astrolábio e dava a posição da esquadra, entremostrou que a Terra de Vera Cruz, como denominou o Brasil, já era conhecida, dizendo ao rei de Portugal que para ver a localização *"desta terra mande vosa alteza traer un mapamundy que tyene pero vaaz bisagudo e por ay podrra ver vosa alteza el sytyo desta terra, en pero aquel mapamundy non certyfica esta terra ser habytada, o no: es napamundi*

após seu "achamento", a primeira informação impressa sobre o Brasil, chamada *Presillg Landt*, chegou à Alemanha. A casa comercial da riquíssima família de Jacob Fugger (1459-1525), de Augsburg, recebeu a *Copia der Newen Zeytung auß Presillg Landt* [Cópia da nova gazeta da terra do Brasil], publicada em Nürnberg pelo editor Hieronymus Höltzel,[2] com a notícia da viagem de D. Nuno Manoel e Cristóvam de Haro, sob as ordens do rei de Portugal, D. Manoel, à costa oriental da América do Sul, até a embocadura do Rio da Prata.[3] Mais tarde, alguns alemães começaram então a viajar para o Brasil, onde se integraram nas atividades de colonização. Em 1540, após viverem algum tempo na Antuérpia, os irmãos Sibald e Christovam Lins, naturais de Ulm, chegaram a Pernambuco, como representantes da casa Fugger, e logo se envolveram na produção e no comércio do açúcar. Também outro alemão, Erasmus Schetz (1480-1550), natural de Limburg e residente na Antuérpia, comprou, em 1540, o Engenho São Jorge dos Erasmos, o maior, talvez, situado ao sul do Brasil, no litoral de Santos, e fundado

---

    *antiguo e ally fallara vosa alteza escrita tan byen la mina"*. Essa carta foi encontrada no arquivo da Torre do Tombo, em Portugal, pelo historiador Francisco Adolfo de Varnhagen, que a publicou em 1834, e tornou evidente que o "achamento" do Brasil não foi por acaso e que a terra já era conhecida antes da chegada de Pedro Álvares Cabral a Porto Seguro, em 22 de abril de 1500. As duas cartas, tanto a do Mestre João quanto a de Pero Vaz de Caminha, têm como data 1º de maio de 1500. Elas foram levadas para Lisboa por Gaspar de Lemos, designado pelo almirante Pedro Alvares Cabral. Doc. 13, 1500, Maio 1, Porto Seguro – Carta do João a Dom Manuel – Lisboa: Torre do Tombo, Corpo Cronológico, Parte II, maço 2, n.2. In: Magalhães; Miranda (orgs.), 1999, p. 95-121.

2    JCB Archive of Early American Images at Brown University. Record Number 0641-1. Uma *Copia der Neuen Zeytung auß Presillg Landt*, Nürnberg, Hieronymus Höltzel, 1514, encontra-se na *Brasilien-Bibliotek der Robert Bosch GmbH*. Katalog Band I, Deutsche Verlags-Anstalt, Stuttgart, 1983, p.10-11. Existem apenas onze cópias da *Copia der Newen Zeytung auß Presillg Landt* e apresentam pequenas diferenças. Há seis na Alemanha, três nos Estados Unidos, uma na França e outra na Biblioteca Nacional, no Rio de Janeiro. Essa cópia foi doada pelo empresário Julio Ottoni à Biblioteca Nacional e incluída na Coleção Benedicto Ottoni, volume XXXIII, Annaes da Bibliotheca Nacional.

3    Um comerciante da Ilha Madeira, cujo nome não se conhece, escreveu em 1514 para um comerciante na Antuérpia, que em "12 do mês de outubro aqui aportou da terra do Brasil, por falta de vitualhas, um navio que Nuno e Cristóbal de Haro armaram ou aprestaram. São dois os navios com licença do rei de Portugal para descrever ou reconhecer a terra do Brasil". Essa carta foi impressa em Augsburg com o título de *Copia der Newen Zeytung auß Presillg Landt*.

por Martim Afonso de Souza, donatário da capitania de São Vicente, em sociedade com Johann von Hülsen, um técnico em moinhos hidráulicos.[4] Vários alemães e flamengos ali trabalharam, sob a gerência de Peter Rösel, a quem coube administrar o empório comercial e a fábrica de açúcar da família Schetz. Naquele mesmo ano, 1550, Hans Staden, de Homberg, chegou à Baía de Paranaguá, na expedição de Diogo de Sanábria, a serviço da Espanha. Após algum tempo, passou a servir ao primeiro governador-geral do Brasil, Tomé de Sousa, e dirigiu a construção de uma fortaleza de alvenaria, em frente de Bertioga, na Ilha de Santo Amaro (São Paulo). Ele foi o primeiro alemão a embrenhar-se nas selvas do Brasil ou, pelo menos, a sair delas com vida, e publicou um livro sobre as experiências por que passara entre os índios tupinambás, antropófagos, entre os quais permaneceu nove meses como prisioneiro. Outros relatos sobre o Brasil, nas décadas e nos séculos seguintes, apareceram na Alemanha. E, dividida em centenas de reinos, principados e ducados, integrantes do Sacro Império Romano-Germânico, a Alemanha não teve nem interesse nem meios de organizar empreendimentos no além-mar, embora os Países Baixos (Holanda) disputassem com Portugal e Espanha possessões nas Américas (e na África) e inúmeros alemães, como o conde Johann Moritz von Nassau,[5] estivessem a seu serviço, quando as forças da Companhia das Índias Ocidentais ocuparam o Nordeste brasileiro (1630-1654). Porém, em 1648, com a celebração do Tratado de Westphalen, os Países Baixos, aos quais a Antuérpia estava incorporada, separaram-se do Sacro Império Romano-Germânico, já em processo de decomposição e, com isso, a Alemanha perdeu os núcleos mercantis mais dinâmicos, bem como os portos responsáveis pela maior parte do seu comércio maríti-

---

4   Schwartz, 1985, p.16-9; Oberacker Jr., 1985, p. 56-7, 70.
5   Johann Moritz von Nassau Siegen-Dillenburg foi almirante-general e governador-capitão da Nova Holanda, a colônia que a Companhia das Índias Ocidentais tentou implantar em território brasileiro, estendendo seu domínio de Pernambuco ao Maranhão, durante 24 anos (1630-1654). Depois ele recebeu o título de *Reichfürst* [Príncipe Imperial].

mo, substituídos, posteriormente, pelas cidades hanseáticas (Lübeck, Bremen e Hamburgo).

Somente no século XIX, quando o príncipe-regente, futuro rei D. João VI, transferiu a corte de Lisboa para o Rio de Janeiro (1808), a fim de escapar das tropas de Napoleão Bonaparte que invadiam Portugal, os alemães novamente começaram a estabelecer-se no Brasil e a participar de sua economia. Após abrir os portos do Brasil às nações amigas (1808), acabando o regime colonial, D. João, a fim de fortalecer sua posição *vis-à-vis* da Grã-Bretanha, da qual Portugal caíra em completa dependência, tratou de criar no país a siderurgia nacional (10 de outubro de 1808) e incumbiu o engenheiro alemão Friedrich Ludwig Wilhelm Varnhagen, que chegara ao Rio de Janeiro em fins de 1809, de estudar a possibilidade de construir uma usina siderúrgica, no Morro de Araçoiaba, perto de Sorocaba, província de São Paulo. Esse projeto foi entregue, logo em seguida, a uma equipe de metalurgistas da Suécia, sob a chefia de Carl Gustav Hedberg, que se mostrou incompetente para executá-lo. E Varnhagen, em 1815, teve de assumir a direção da Real Fábrica de Ferro de São João de Ipanema, cuja produção o tenente-coronel Daniel P. Müller utilizou para a fabricação de fuzis de modelo prussiano, montando, na cidade de São Paulo, uma pequena indústria, com sessenta operários, inclusive dez mestres contratados em Estados alemães.[6] Já então, Wilhelm Ludwig von Eschwege, que, com o apoio do conde de Palma, terminara, em 1812, a construção de outra usina siderúrgica, denominada Fábrica Patriótica, perto de Congonhas do Campo, em Minas Gerais, produzia ferro líquido, enquanto, na mesma província, a Fábrica de Ferro do Morro de Gaspar Soares, instalada por Manoel Ferreira da Câmara Bittencourt e Sá, obtinha o ferro-gusa em alto-forno, com a colaboração de um súdito alemão.

Após a derrota de Napoleão Bonaparte e o término da guerra na Europa, as condições permitiram que os Estados alemães e o Brasil criassem seus primeiros vínculos políticos. O Sacro Império Romano-

---

6 Ferreira Lima, 1976, p.159-65.

-Germânico, dissolvido por Napoleão Bonaparte, reconstituiu-se, em 1815, sob o nome de Confederação Germânica [Deutsche Bund], congregando, além de 4 cidades-Estado (Lübeck, Bremen, Hamburgo e Frankfurt), 34 reinos, entre os quais a Prússia e a Áustria, sob a hegemonia da Casa de Habsburgo. No entanto, no mesmo ano, D. João VI, impressionado com a grandeza do Brasil e refratário à absorção pela Inglaterra, assumiu uma posição nacionalista e, em 1815, elevou o Brasil ao predicamento de Reino Unido a Portugal e Algarves, como personalidade jurídica do Direito internacional, tornando-o Estado soberano, reconhecido pelos Estados Unidos, Inglaterra, Rússia, França, Suécia, Áustria e Prússia. Seu objetivo fora o de recuperar o prestígio e robustecer a posição da Casa de Bragança, em sua resistência ao sufocante predomínio da Grã-Bretanha, o que levou também D. João VI a buscar outras alianças entre os poderes da Europa, mediante a contratação do casamento do seu herdeiro, o príncipe D. Pedro, com a arquiduquesa Leopoldina, filha do imperador da Áustria Franz I, que dirigia a Confederação Germânica.

O enlace das dinastias de Bragança e de Habsburgo despertou o interesse de diversos Estados alemães pelo Brasil, para onde alguns dos seus cientistas, comerciantes, empresários, clérigos e militares começaram cada vez mais a viajar. E o governo de D. João VI, com o objetivo de adquirir força de trabalho para a grande lavoura, em face das pressões da Grã-Bretanha contra o tráfico de escravos, ou de povoar certas zonas e assegurar condições de defesa contra possíveis ameaças aos territórios fronteiriços do Rio Grande do Sul e de Santa Catarina passou a incentivar a imigração de camponeses alemães ou italianos, pois o Conselho Ultramarino sempre desconfiara dos ingleses, franceses, holandeses e espanhóis, temendo que seus países intentassem apoderar--se do Brasil. E o processo de industrialização, aprofundando-se em alguns Estados alemães, possibilitou esse fluxo migratório, na medida em que, em meio ao aguçamento das lutas sociais e políticas, compelia os pequenos artesãos e os camponeses a buscarem melhores condições de vida nas Américas, tanto do Norte quanto do Sul. A implantação de colônias, com alemães e suíços, no Brasil, começou a ocorrer não no Sul, mas na Bahia. Por volta de 1818, às margens do rio Peruípe, próximo do atual município de Caravelas (Bahia), foi constituída a Colônia Leopoldínia ou Leopoldina, com cerca de 133 pessoas – suíços e alemães – levadas por Georg Wilhelm Freyreiss (1789-1825) para cultivar fumo, cacau e cereais. Também em 1819, 161 alemães (28 famílias) estabeleceram outra colônia em São Jorge dos Ilhéus (São Jorge da Cachoeira de Itabuna), às margens do Cachoeira, dirigidos por Peter Weyll e Adolf Saueracker e também cultivaram fumo, cacau e cereais. Essas colônias não prosperaram em razão de vários fatores, entre os quais a adversidade do clima tropical. Entretanto, a partir de 1818, outras levas de camponeses, oriundos de vários Estados da Confederação Germânica, continuaram a estabelecer-se em diversas províncias do Brasil (Minas Gerais, Espírito Santo, Rio de Janeiro, São Paulo e Paraná), mas se concentravam, sobretudo, no Rio Grande do Sul e em Santa Catarina, por causa de fatores não apenas econômicos e climáticos como políticos e militares. Depois que separou o Brasil de Portugal, em 1822, o príncipe-regente, coroado como imperador D. Pedro I, tratou de recompor o Exército brasileiro, dado que muitos contingentes portugueses, com cerca de 14 mil homens, regressaram a Lisboa, e seu governo encarregou alguns agentes, entre os quais o major Georg Anton von Schäffer, de recrutar soldados nos reinos da Confederação Germânica, assim como escolheu para a bandeira nacional as cores verde, representativa da dinastia de Bragança, a amarela, da dinastia de Habsburgo, simbolizando a aliança das duas casas reais, por seu matrimônio com a arquiduquesa Leopoldina. A organização dos batalhões alemães, dois de Granadeiros e dois de Caçadores, começou em janeiro de 1823 e eles, a desempenharem função de destaque entre as tropas de primeira linha, participaram da guerra contra as províncias Unidas do Rio da Prata (Argentina), travada entre 1825 e 1828 por causa da secessão da Cisplatina (Uruguai). A maioria dos soldados alemães instalou-se, posteriormente, no Rio Grande do Sul, como colonos, cujo total já era da ordem de 6 mil por volta de 1830.

Àquela época, além dos ministros plenipotenciários da Áustria e da Prússia, bem como de alguns cônsules, atuavam na Corte de D. Pedro I cerca de dezessete representações comerciais de Estados alemães, cujo interesse pelos produtos do Brasil cada vez mais se aguçava. Em 1824, apenas do porto de Salvador saíram cerca de 86 navios, transportando 34.023 caixas de açúcar para Hamburgo. No ano seguinte, cerca de 21.263 caixas, ou seja, dois terços da produção de açúcar da Bahia (da ordem aproximada de 29 a 30 mil caixas), seguiram para o mesmo destino.[7] A Alemanha era então o principal comprador de açúcar e café do Brasil, porquanto a Grã-Bretanha e a França importavam tais produtos quase unicamente de suas colônias,[8] e adquiriam grandes quantidades de tabaco, algodão, couros, anil e outras matérias-primas. Mas o predomínio da Grã-Bretanha, que se beneficiava de vantagens tarifárias, obstaculizava o aumento das exportações alemãs de panos e linho, assim como de manufaturas de ferro, aço e vidro, impedindo o crescimento global do volume do comércio.[9] Por isso, em 1826, o cônsul de Hamburgo em Salvador, Peter Peyke, apresentou ao imperador D. Pedro I uma exposição em que manifestou o desejo das cidades hanseáticas (Lübeck, Bremen e Hamburgo) de firmarem com o Brasil um tratado de comércio, pelo qual obtivessem, com a cláusula de nação mais favorecida, as mesmas reduções tarifárias concedidas à Grã-Bretanha e à França. Um dos seus argumentos consistiu em mostrar que, "não tendo colônias próprias, cujas produções possam ali gozar de preferências", as cidades hanseáticas, mormente o porto de Hamburgo, ofereciam mais vantagens ao Brasil do que qualquer outra nação da Europa.[10] Poucos meses depois, por sugestão do prefeito

---

7 "Exposição" de Peter Peycke ao Imperador D. Pedro I, Salvador, mar. 1826. In: Minnemann, 1977, p.23-4.
8 "Brasiliens Verhältnis zu Deutschland in National-Ökonomischer Hinsicht" – exposição do Senador Johann Karl Friedrich Gildmeister ao Príncipe Metternich, jun. 1826. In: Minnemann, 1977, p.27-31.
9 Ibidem.
10 "Exposição" de Peter Peycke ao Imperador D. Pedro I, cit.

[*Bürgsmeister*] de Bremen, o senador Johann Karl Friedrich Gildmeister escreveu ao príncipe de Metternich, da Áustria, salientando que,

> no comércio com o Brasil, a natureza colocou a Alemanha em um dos primeiros lugares, talvez até no primeiro, posição que, no decorrer normal da evolução, estará mais assegurada, tanto que o Brasil recebeu até agora a maioria dos seus colonos precisamente da Alemanha e é provável que, no futuro, daqui também os receberá.[11]

O senador Gildmeister ainda previu que o número de alemães no Brasil viria a ser, com o correr do tempo, muito importante,

> não sendo possível calcular a influência dessa circunstância nem da feliz constelação que, nesta época perturbada, levou uma filha do imperador da Alemanha ao trono brasileiro sobre o futuro desenvolvimento de um Império, ao que parece ainda faltar, por causa da variedade dos seus habitantes, um genuíno caráter nacional.[12]

Segundo o senador Gildmeister, esses alemães continuavam ligados, pelo idioma, pela maneira de pensar, pelos usos e costumes, aos alemães da Europa, com os quais haveriam de preferir sempre negociar. Destarte, com a esperança de que os alemães dos dois hemisférios desenvolvessem relações semelhantes às que existiam entre a Grã--Bretanha e seus "estados-filhos" da América do Norte, ele julgava que a Alemanha não mais sentiria "a falta [*Mangel*] de colônias como uma provação [*Entbehrung*]",[13] pois o Brasil poderia vir a representar, em geral, um estímulo para as suas forças industriais.[14]

A iniciativa das cidades hanseáticas não se restringiu a instar a Áustria, como líder da Confederação Germânica, a dar uma feição mais sólida às relações comerciais dos Estados alemães com o Brasil. Em meados de 1827, Gildmeister e Karl Sieveking, este síndico do

---
11 Brasiliens Verhältnis zu Deutschland in National-Ökonomischer Hinsicht, cit.
12 Ibidem.
13 Ibidem.
14 Ibidem.

senado de Hamburgo, chegaram ao Rio de Janeiro e, ao fim de cinco meses de negociações, concluíram com o Império do Brasil um tratado de comércio, mediante o qual, com a cláusula de nação mais favorecida, obtiveram a tarifa de 15%, igual à concedida à Grã-Bretanha, enquanto a Prússia ficara com a de 24%, vigente para os demais países, exceto Portugal, com 16%. A Grã-Bretanha, a fim de manter seus privilégios, tratou de obstaculizar esse tratado, mas o ministro dos Assuntos Estrangeiros, o Marquês de Queluz, percebia que ela, por sua "arrogância", seria odiada no Brasil, da mesma forma que a França, por causa de sua "falsidade", e que, por isso, um entendimento tão amistoso quanto possível com as cidades hanseáticas, assim como com a Prússia, contaria com o favor da opinião pública.[15] O Brasil procurava então alternativas comerciais e políticas para contrapor à preponderância da Grã-Bretanha, cujo interesse consistia mais em vender-lhe suas manufaturas do que em lhe comprar a produção. E, ao constituírem, em 1834, o *Zollverein* (a união aduaneira) com a exclusão da Áustria, os Estados alemães, alguns dos quais aceleravam a revolução industrial, tornaram-se um dos principais clientes do Brasil, conquanto ocupassem o quarto lugar, abaixo de Grã-Bretanha, França e Estados Unidos, como seu fornecedor de manufaturas.[16] O fluxo de emigrantes para o Brasil também aumentou, embora de forma irregular e em proporção menor do que para os Estados Unidos, e o governo imperial voltou a recrutar soldados alemães para a campanha contra o ditador de Buenos Aires, Juan Manoel de Rosas, em 1851-1852, e para a guerra contra o Paraguai, de 1864 a 1870.

A falta de unidade estatal, agravada pela disputa da hegemonia entre Prússia e Áustria, e a série de revoluções e guerras impediram que os Estados alemães, não obstante o extraordinário crescimento de sua economia, exercessem qualquer influência política no Brasil e nos demais países da América Latina. Entretanto, a partir da segunda metade do

---

15 Relatório do Senador Gildmeister ao Senado de Bremen. In: Minnemann, 1977, p.115-25.
16 Brunn, 1971, p.5-7; Wyneken, 1958, p.42-9.

século XIX, essa situação começou a mudar. Com a derrota da Áustria (1866) e da França (1870), a unificação dos Estados alemães, sob a hegemonia da Prússia, possibilitou a remoção dos últimos obstáculos econômicos e políticos ao desenvolvimento de suas forças de produção. O poder, uma vez centralizado pelo *Reich* [Império], uniformizou a legislação industrial, instituiu uma única moeda e um único sistema de pesos e medidas, bem como estabeleceu rígidas tarifas aduaneiras para proteger o mercado interno (1879). E a conquista de Alsácia e Lorena, com suas ricas jazidas de minério de ferro, e os 5 bilhões de francos-ouro, que a França, derrotada na Batalha de Sedan (1870), pagou como indenização de guerra, contribuíram para impulsionar a industrialização da Alemanha. Até então muitos imigrantes de origem alemã haviam chegado ao Brasil, inclusive para trabalhar na lavoura do café em São Paulo, mas, na segunda metade do século XIX, vários fatores concorreram para diminuir a emigração de colonos para o Brasil. Após a unificação da Alemanha, em 1871, estendeu-se a todos os demais Estados o decreto promulgado em 3 de novembro de 1859, de autoria de August Freiherr von der Heydt de Heydt, ministro do Comércio e Indústria de Friedrich Wilhelm IV (1795-1861). Esse decreto, conhecido como *Heydtsches Reskript* [Restrito de Heydt] proibia qualquer trabalho, inclusive propaganda, em favor emigração para o Brasil, em razão dos maus-tratos infringidos a colonos alemães pelos fazendeiros de café na província de São Paulo.[17] Os colonos alemães eram forçados a realizar toda sorte de trabalho, juntamente com todos os membros

---

17 O médico Robert Avé-Lallement, que morou algum tempo no Rio de Janeiro, viajou pelo Brasil e, ao regressar à Alemanha, publicou dois livros, nos quais relatou as péssimas condições em que viviam e trabalhavam os colonos alemães no Brasil. Tinham de aceitar contratos de parceria, não recebiam qualquer remuneração, apenas uma parte da colheita, e, ao fim, terminavam como devedores dos fazendeiros de café, em cujos armazéns eram obrigados a comprar os produtos de consumo. Os alemães consideravam os contratos de parceria uma nova espécie de escravidão. Os relatos de Robert Avé-Lallement, reforçando a percepção negativa do Brasil, concorreram para a adoção do Édito de Heydt. Os dois livros de Robert Avé-Lallement intitulam-se *Reise durch Süd-Brasilien im Jahre 1858*. 1. e 2. partes. Leipzig, 1859; e *Reise durch Nord-Brasilien im Jahre 1859*. 1. e 2. partes. Leipzig, 1860.

da família – mulheres e filhos – nos estabelecimentos agrícolas, como se fossem substitutos dos escravos.

Não obstante a vigência do Rescrito de Heydt, houve outras tentativas de estabelecer colônias alemãs na Bahia. Em 1872, o governo imperial do Brasil, mediante o Decreto n° 95.117, encarregou o comendador Egas Moniz Barreto de Aragão (futuro barão de Moniz de Aragão)[18] e o conselheiro Policarpo Lopes de Leão, ex-presidente das províncias de São Paulo (1860) e Rio de Janeiro (1863-1864), de promover a emigração de alemães para a Bahia. Mas as dificuldades e obstáculos eram de tal monta que, em carta ao barão de Cotegipe, João Maurício Vanderley, então ministro da Fazenda, Egas Moniz Barreto de Aragão escreveu que

> à oposição manifesta dos governos na Alemanha, Suécia, Noruega, Dinamarca e Suíça acresce certa "repugnância", que infelizmente se espalhou para a colonização do norte (do Brasil), devido em grande parte à indiscrição de nossa própria imprensa.[19]

E concluiu dizendo que "os contratos de 'parceria' desacreditaram-se de tal modo, que os governos não permitem que sejam feitos aqui".[20] De qualquer forma, ele conseguiu aliciar 1.886 imigrantes (entre os quais havia poloneses), que chegaram à Bahia, em 1873, e fundou a Colônia Moniz, desdobrada em mais dois assentamentos – Teodoro

---

18  Egas Moniz Barreto de Aragão e Menezes, barão de Moniz de Aragão, por decreto imperial de 14 de agosto de 1877, tinha estreitos vínculos com a Alemanha. Era filho do comendador Egas Moniz Barreto de Aragão, fidalgo cavaleiro da Casa Imperial, e Maria Luiza Gabbe de Massarellos, de nacionalidade alemã, nascida em Hamburgo; estudou na Universidade de Göttingen e exerceu funções diplomáticas, como adido às Legações do Brasil em Berlim e Londres, e de secretário nas Legações do Brasil em Paris e Roma. Seu tio, Francisco Moniz Barreto de Aragão, 2° barão e depois visconde de Paraguaçu, formou-se na Universidade de Heidelberg, onde outros primos também estudaram, no século XIX, e exerceu a função de cônsul do Brasil, até a proclamação da República (1889), em Hamburgo, onde morou quase toda a vida e faleceu em 1901, aos 88 anos de idade.
19  Carta de Egas Moniz Barreto de Aragão ao barão de Cotegipe, Londres, 8 set. 1872. Arquivo de Pedro Calmon. Instituto Histórico e Geográfico Brasileiro (IHGB).
20  Ibidem.

e Rio Branco – na região de Comandatuba, bacia do rio Una (sul da Bahia), e Carolina, nas proximidades do rio Pardo. Porém, como ocorreu em 1818, esses núcleos coloniais não progrediram. Houve revoltas e tumultos, sobretudo por parte dos poloneses católicos, e o chefe de polícia, juntamente com Egas Moniz, teve de acorrer ao local "com uma força respeitável", e de lá os dois voltaram a Salvador "deixando restabelecida a antiga harmonia e, finalmente, que tudo se resolverá ocupando os colonos morigerados, fazendo-se retirar os turbulentos".[21] Contudo, o empreendimento foi um fiasco. Além dos conflitos religiosos entre alemães protestantes e poloneses católicos, as condições da região – solo impróprio para plantio, conflitos com os índios etc. – foram muito adversas e calcula-se que 740 colonos pereceram vitimados por tifo, malária e outras doenças tropicais. Pouquíssimos sobreviveram. A Colônia Moniz,[22] que chegara a ter 1.600 habitantes (alemães e poloneses), foi extinta em 1875.[23] A partir desse ano, a emigração de alemães, mesmo para o sul do Brasil, decaiu sensivelmente, embora entre 1877 e 1878 surgissem as vilas Johannisdorf e Mariental, no Paraná, e outras colônias, fundadas por alemães-russos (*Wolgadeutsche/*

---

21 Moniz de Aragão a Cotegipe. Instituto Histórico e Geográfico Brasileiro (IHGB), 873, pasta 111. Bahia, 21 jul. 1873.
22 Egas Moniz Barreto de Aragão perdeu suas reservas financeiras, que investira na Colônia Moniz, endividou-se e, antes de falecer, em 1898, perdeu o Engenho de Mataripe, do qual era proprietário, arrematado pelo conselheiro Luiz Viana, governador da Bahia (1896-1900). Na biografia de Luiz Viana Filho, publicada pelo Senado Federal, consta que, no processo de inventário, Gabriel Viana intentou incluir seu nome, mediante investigação de paternidade, em cuja introdução declarou que "provará o autor, filho do conselheiro Luiz Viana, que o criou e mandou instruir na Europa, daí volveu trazido por seu pai aos 17 anos de idade, em 1902; e desde então morando ele sob sua economia e guarda, na fazenda Santo Estêvão, não só foi posto a fiscalizar e administrar esta e as várias fazendas, adjacentes ou não, de propriedade paterna, senão também que por determinação e dádivas de seu próprio pai começou a criar gado vacum na fazenda Mataripe, próxima daquela primeira e notoriamente pertencente ao sobredito pai".
23 Campos, [s. d.], disponível em: <http://www.pratigi.org/portal/index.php?option=com_docman...br>; Fonseca, 2005; Silva, M. H. C. 2007, disponível em: < http://www.ppgh.ufba.br/IMG/pdf/2007SILVA_Marina_Helena-_Vivendo_com_o_outro_-_alemaes_na_Bahia_no_periodo_da_II_Guerra_Mundial.pdf>; Menezes (Professora Associada do Departamento de História da Universidade de Brasília), "Utopia, imigração e a Colônia alemã de Una, Bahia no contexto histórico", *Textos de História*, 2008, p.35-78.

*Russlanddeutsche*), procedentes da região de Saratov, próxima do rio Volga, descendentes dos que passaram para a Rússia desde o reinado de Catarina II, a Grande (1762-1769).[24]

Entretanto, a industrialização da Alemanha cada vez mais se acelerava, favorecida pela consolidação do Estado-nação, como Império Alemão [*Deutsches Reich*], que Otto von Bismarck, chanceler do reino da Prússia, promoveu em 1871. Em 1874, com a construção de sua rede ferroviária (mais de 20 mil quilômetros) praticamente concluída, o volume de seu comércio, no mercado mundial, era inferior apenas ao da Grã-Bretanha e ela evoluía rapidamente para se tornar, cerca de 26 anos depois, a segunda potência industrial do mundo, suplantada apenas pelos Estados Unidos.[25] Mas, enquanto os Estados Unidos, cujas fronteiras se estendiam, desde os meados do século XIX, do Atlântico ao Pacífico, tratavam também de reservar, com a Doutrina Monroe e o Pan-Americanismo, os países da América Latina como possessões informais, a Alemanha não dispunha de espaço econômico [*Wirtschaftsgebiet*] suficiente para a dimensão que o desenvolvimento de suas forças produtivas alcançara. Ao contrário da Grã-Bretanha e da França e mesmo de países menores, como Holanda e Bélgica, ela não possuía qualquer domínio colonial. E essa necessidade de dilatar sua área de influência, a fim de obter fontes de matérias-primas e mercados para venda de manufaturados e inversão de capitais, foi, fundamentalmente, o que a compeliu a lutar pela modificação do *statu quo* mundial. E, em 1884, a Alemanha, pela primeira vez, lançou-se à conquista de territórios fora da Europa. Ocupou Togo e Camarões, na costa ocidental da África. No ano seguinte, assenhoreou-se de Tanganica, no lado do Oceano Índico.

Poucos anos depois, em 1889, alguns círculos diplomáticos de Berlim alentaram a perspectiva de que a derrubada da monarquia no Brasil

---

24 Mais de 30 mil alemães passaram para a Rússia quando Catarina, a Grande, que era de origem alemã, foi coroada imperatriz, e estabeleceram colônias em Saratov, na região do rio Volga. No entanto, não se deixaram assimilar pelos russos, isolaram-se e conservaram suas características étnicas e costumes alemães.
25 Hilferding, 1968, p.411.

acarretasse o seu desmembramento em duas ou mais repúblicas, com a separação de São Paulo, bem como do Rio Grande do Sul e Santa Catarina e aí um Estado alemão independente ou, pelo menos, sob forte influência alemã se organizasse.[26] Apesar de o então chanceler, Otto von Bismarck, rechaçar, energicamente, a possibilidade de engajá-la em tal empreendimento, por temer complicações com os Estados Unidos e a Grã-Bretanha, essa ideia, depois que ele deixou o governo (1890), continuou a animar alguns diplomatas e a imprensa daquele país, sobretudo quando, em 1893, a guerra civil irrompeu no Rio Grande do Sul e se alastrou por Santa Catarina.[27] A secessão não se efetivou. Mas o interesse da Alemanha pelo Brasil, com o qual, durante o século XIX, manteve um comércio maior do que com os Estados Unidos,[28] recresceu, tanto que, em 1896, o governo revogou o *Heydtsches Reskript* [Rescrito de Heydt] e voltou a permitir a propaganda e o aliciamento de emigrantes para São Paulo, Paraná, Santa Catarina e Rio Grande do Sul. Já então o cônsul da França em São Paulo observara o "progresso inquietante da influência germânica" naquela região, onde os núcleos de colonização, permanecendo etnicamente homogêneos, constituíam "verdadeiras pequenas cidades" da Alemanha e facilitavam, como centros de consumo, a penetração dos seus produtos.[29] Segundo ele, em São Paulo, o número de alemães, apenas 10 mil, era pouco maior que o de franceses, da ordem de 5 a 6 mil, e insignificante em relação aos 500 mil italianos, 90 mil portugueses e 60 mil espanhóis, mas Santa Catarina já estava "absolutamente germanizada" e, em breve, Paraná e Rio Grande do Sul seguiriam o mesmo caminho.[30] A quantidade de imigrantes alemães, a partir de 1896, aumentou ainda mais, a atingir, em 1907, cerca de 350 mil, equivalente a 2% da população brasileira,

---

26 Brunn, 1971, p.16-7; sobre o tema ver também Hell, 1966, p.99-174.
27 Brunn, 1971, p.25.
28 Ibidem, p.5; Menezes, 1987, p.2.
29 Despacho do Consulado em São Paulo ao Ministère des Affaires Étrangères de France, São Paulo, 30 jul. 1895 – Brésil – Nouvelle Série – Correspondance Politique du Consul – 1866-1895, v.1, AMAE-F.
30 Ibidem.

conforme o ministro plenipotenciário da Grã-Bretanha no Rio de Janeiro, W. Haggard, informou então ao Foreign Office.[31]

Na medida em que tratava de promover uma *Weltpolitik* [política mundial], como o *Kaiser* Wilhelm II anunciara, em 1890, a Alemanha inegavelmente tinha forte interesse na América do Sul e, em particular, no Brasil, onde sua presença cada vez mais se acentuava, por meio da expansão das zonas de colonização, cujos habitantes conservavam a homogeneidade étnica e cultural. E esse fato alarmou tanto a França e a Grã-Bretanha quanto os Estados Unidos, onde a imprensa, em 1900, continuava a noticiar a suposta pretensão da Alemanha de apoderar-se de território no sul do Brasil.[32] O ministro plenipotenciário do Brasil em Washington, Joaquim Francisco de Assis Brasil, percebeu que os "colossais interesses" dos construtores de navios de guerra estavam por trás daquela campanha contra o "perigo alemão" e evocavam a Doutrina Monroe, com o objetivo de neutralizar a repugnância do povo norte--americano à ampliação de suas forças armadas.[33] Posteriormente, em 17 de novembro de 1905, a canhoneira SMS Panther,[34] da Iltis-Klasse da Kaiserliche Marine, sob o comando do capitão de fragata Graf Walter von Saurma-Jeltsch (1868-1941), atracou no porto de Itajaí (Santa Catarina), sem autorização do governo brasileiro. Dez dias depois, na noite de 27 de novembro, alguns oficiais alemães desembarcaram, com o objetivo de investigar o paradeiro de um desertor da Marinha alemã, Fritz Steinhoff, que emigrara de Bremen para Itajaí, invadiram algumas residências e terminaram por prendê-lo, no Hotel do Comércio, onde estava hospedado. Esse fato contribuiu para justificar as suspicácias

---

31 Despacho n.55, William Haggard para Edward Grey, Petrópolis, 8 jul. 1907 – File 26.088 – PRO-FO 371-200.
32 Ofício, Assis Brasil, ministro plenipotenciário do Brasil em Washington, ao ministro das Relações Exteriores Olynto de Magalhães, Washington, 16 mai. 1900, AHI-234/1/1; *Washington Post*, 8 mai. 1901; *New York Herald*, 9 e 10 mai. 1901, 15 e 18 jun. 1901, 12 mar. 1902.
33 Ofício, Assis Brasil a Olynto de Magalhães, Washington, 12 mai. 1901, AHI-234/1/1.
34 A SMS Panther era uma canhoneira com 66,9m de comprimento, de proa a popa, quatro caldeiras de carvão a vapor, dois motores de três cilindros a vapor e oito canhões: seis de 37 mm e dois duplos de 105 mm.

sobre os propósitos do governo de Berlim e gerou uma crise diplomática entre o Brasil e a Alemanha. O deputado José Barbosa acusou o *Reich* alemão de atentar contra a soberania nacional e em várias cidades – Rio de Janeiro e Porto Alegre, entre outras – ocorreram protestos, exigindo represálias por parte do governo brasileiro. O Barão do Rio Branco, José Maria da Silva Paranhos Junior, então ministro das Relações Exteriores,[35] protestou, ameaçou meter a pique a canhoneira. Porém, o ministro-plenipotenciário da Alemanha, no Rio de Janeiro, Karl Georg von Treutler, procurou-o, deu-lhe explicações e, em 2 de janeiro de 1906, apresentou, oficialmente, desculpas e, conforme o secretário de Estado norte-americano, Elihu Root, previra, deu todas as satisfações ao Brasil.[36] O incidente foi superado sem que produzisse consequências mais graves e viesse a abalar o relacionamento entre os dois países.

O atrito, na verdade, não convinha a nenhum dos dois. A Alemanha ocupava o segundo lugar no comércio exterior com o Brasil, tanto como fornecedora de manufaturas, suplantada apenas pela Grã--Bretanha, quanto como cliente, não muito abaixo dos Estados Unidos, comprando-lhe café e outras matérias-primas agrícolas.[37] De 1904 a 1906, sua participação nas exportações brasileiras de café aumentou de 15% para 31% do total, enquanto a dos Estados Unidos decresceu de 62% para 38%. E, no mesmo período, a percentagem alemã do total dos produtos exportados pelo Brasil saltou de 13% para 17%.[38] A Alemanha assumia uma posição cada vez mais importante nas relações exteriores

---

35 O barão do Rio Branco foi ministro plenipotenciário do Brasil em Berlim por muito pouco tempo, cerca de 18 meses. Assumiu a chefia da Legação em 16 de abril de 1901 e deixou a função em 11 de novembro de 1902, para assumir o cargo de ministro das Relações do Brasil, no qual permaneceu até seu falecimento, em 10 de fevereiro de 1912.
36 Telegramas de Barão do Rio Branco a Joaquim Nabuco, embaixador em Washington, Rio de Janeiro, 9 e 12 dez. 1905; Ofícios, Nabuco a Rio Branco, Washington, 16 e 19 dez. 1905; Nota de Elihu Root, secretário de Estado, a Nabuco, Washington, 11 dez. 1905, AHI-234/1/3.
37 *New York Times*, 12 out. 1905.
38 Despacho n.89, Milne Cheeham a sir Edward Grey, Petrópolis, 22 set. 1908, File 35.292, PRO-FO 371-403.

do Brasil. Oferecia-lhe alternativas comerciais e financeiras, que lhe avigoravam a capacidade de resistência e o poder de negociação em face não só da Grã-Bretanha, como também dos Estados Unidos, país do qual o barão do Rio Branco aproximara o Brasil, mas sem submissão, sempre cuidando de preservar-lhe a autonomia relativa. Em 1906, quando o preço do café caía, no mercado mundial, abaixo dos custos de produção, foram os bancos Diskonto Gesellschaft e Dresdner Bank, aos quais posteriormente The First National City Bank e outros grupos ingleses e franceses se uniram, que apoiaram o Acordo de Taubaté, ou seja, a política de valorização daquele produto, concedendo ao estado de São Paulo, por meio do Brasilianische Bank für Deutschland, um financiamento líquido de 919 mil libras, negado pela casa bancária do Barão de Rothschild, da Grã-Bretanha,[39] o principal credor do Brasil.

Na ocasião, a Alemanha decidira que não podia, nem comercial nem politicamente, negligenciar o Brasil, percebendo as chances de aumentar sua influência e obter vantagens, tanto para a aquisição de enorme quantidade de matérias-primas, de que necessitava, quanto para a venda de manufaturas. O governo do presidente Francisco de Paula Rodrigues Alves (1902-1906) iniciara, desde 1904, o programa de reaparelhamento do Exército e da Marinha, o que oferecia às indústrias alemãs excelentes oportunidades de negócios. Efetivamente, embora perdesse para a Vickers-Armstrong, da Grã-Bretanha, a encomenda de três navios de guerra, em virtude da intervenção do Barão de Rothschild, que entremostrou o propósito de não financiar a operação,[40] a Krupp, em disputa com a firma francesa Schneider-Creuzot, venceu, em 1908, a competição para o fornecimento ao Brasil dos demais petrechos bélicos (construção de quartel, canhões etc.). Esse fato constituiu duro golpe para os interesses da França, cujos diplomatas, assim como os da Grã-Bretanha, acusaram o Barão do Rio Branco de favorecer a Alemanha, ao mesmo tempo que consideravam "manobra comercial" o

---

39 Bouças, 1950, p.214-5; D'Anthouard, 1911, p.78-9, anexo 12, p.394-6.
40 Telegrama do Barão de Rothschild para o ministro da Fazenda do Brasil, 30 out. 1905, Rothschild Archives – London XI/8/4.

convite do *Kaiser* Wilhelm II para que o ministro da guerra brasileiro, marechal Hermes da Fonseca, visitasse Berlim e assistisse, na Alsácia, aos exercícios militares do outono.[41] A própria legação da França no Rio de Janeiro tratou de fomentar uma campanha contra o governo de Rodrigues Alves,[42] ao qual alguns jornais de Londres e Paris atribuíram a intenção de ceder à Alemanha, posteriormente, os três cruzadores (19.250 toneladas) encomendados a Vickers-Armstrong.[43]

A rivalidade entre as grandes potências da Europa aguçava-se e se refletia nos mercados da América Latina. Era natural, porém, que a Alemanha merecesse a preferência do Brasil, para onde ela enviaria, em 1910, uma missão militar, com o objetivo de cooperar na reorganização e na modernização do seu exército.[44] O prestígio militar que a Alemanha conquistara, ao derrotar a França, na Batalha de Sedan (1870) assegurara a predominância da Krupp no fornecimento de material de guerra a quase todos os países da América Latina.[45] Além do mais, enquanto a Grã-Bretanha e a França importavam relativamente pouco do Brasil, na medida em que recebiam das colônias, na África, a maioria das matérias-primas de que necessitavam, a Alemanha representava para os produtos deste – café e outras *commodities* – o principal mercado de consumo na Europa e o segundo em todo o mundo, aliviando-o da mais completa dependência em relação aos Estados Unidos. No entanto, com suas exportações para o Brasil a alcançar, em 1913, o valor

---

41 Despacho n.84, legação da República Francesa no Brasil ao ministro dos Assuntos Estrangeiros, Petrópolis, 19 jul. 1908, Brésil-Nouvelle Série, v.11, p.150-60; Despacho n.84, réservé, O'Anthouard ao ministro dos Assuntos Estrangeiros, p.14; Despacho n. 311, Manneville ao ministro dos Assuntos Estrangeiros, Londres, 28 jul. 1908, Brésil--Nouvelle Série – Politique Étrangère – Dossier Général, v.22, p.16 – AMAE-F; Despacho (confidencial) Milne Cheeham a sir Edward Grey, Petrópolis, 13 out. 1908 – PRO-FO 371/403 XC/A/035202.
42 Despacho n.84, legação da República Francesa no Brasil ao ministro dos Assuntos Estrangeiros, 19 jul. 1908, Brésil-Nouvelle Série, v.11, p.150-60.
43 Despacho n.311, Manneville ao ministro dos Assuntos Estrangeiros, Londres, 28 jul. 1908, Brésil-Nouvelle Série, v.2, p.16.
44 Despacho n.397, embaixada da República Francesa em Berlim ao ministro dos Assuntos Estrangeiros, Berlim, 19 jul. 1910, Brésil-Nouvelle Série, v.22, p.89 et seq.
45 Brunn, 1969, p.328-31.

de 234 milhões de marcos-ouro, quase o dobro do total das vendas aos países dos Bálcãs,[46] a Alemanha suplantava os Estados Unidos e já ameaçava a preponderância que a Grã-Bretanha, graças, em larga medida, à condição de credora, ainda detinha como fornecedora de manufaturados àquele país.

Essa singular posição – o segundo maior parceiro tanto nas exportações quanto nas importações do Brasil – a Alemanha conservou até 1914, quando a Primeira Guerra Mundial irrompeu e reduziu drasticamente o fluxo do comércio com toda a Europa. Os Estados Unidos, a partir de então, conquistaram a supremacia absoluta no comércio exterior do Brasil, que não teve alternativa senão acompanhá-los, quando entraram no conflito ao lado da Grã-Bretanha e da França. Embora sua diretriz de política externa seguisse "ao compasso de Washington", o ministro das Relações Exteriores, Lauro Müller, que a proclamara, renunciou ao cargo, por ser descendente de alemães, e coube ao ex-presidente Nilo Peçanha, convocado para substituí-lo, revogar a neutralidade do Brasil. O objetivo foi permitir a utilização de seus portos pela esquadra dos Estados Unidos, franquia que pouco depois se estendeu às frotas da Grã-Bretanha, França e Itália. O governo do presidente Wenceslau Braz ordenou então o sequestro de aproximadamente setenta navios mercantes alemães (a canhoneira Elba autoafundou-se na Bahia), colocando-os à disposição dos Aliados e mandou aviadores para treinamento na Grã-Bretanha. Também enviou à França cem cirurgiões, que prestaram assistência médica aos feridos nos campos de batalha, enquanto cruzadores e *destroyers* brasileiros cooperaram no patrulhamento do Atlântico.

A ampla simpatia com que os Aliados contavam e a violenta reação popular provocada pelo torpedeamento de navios brasileiros – Panamá, Macau, Lapa e Tijuca – não chegaram, entretanto, a criar um clima favorável à transferência de tropas para a Europa.[47] Desde 1915, a

---

46 Menezes, 1987, p.2-3; Brunn, 1971, p.232-41; Santos, 1984, p.330.
47 Despacho n.121, Arthur Peel a lord A. J. Balford, Petrópolis, 27 dez. 1917, PRO-FO 505/360 – 034.933.

Confederação Operária, em São Paulo, a Federação Operária, no Rio de Janeiro, e outras organizações de trabalhadores, sob liderança de anarcossindicalistas e socialistas, faziam a campanha contra a guerra. Alguns escritores, como Afonso Henriques Lima Barreto e José Bento Renato Monteiro Lobato, apoiaram abertamente a Alemanha. Outros, a exemplo de Alberto Torres, foram neutralistas. Poderosas resistências levantaram-se, em 1917, quando a Grã-Bretanha pretendeu aplicar no Brasil a Black List [Statutory List] e encarregou seus agentes consulares de fiscalizar e interditar os negócios dos quais, de algum modo, alemães participassem. O presidente Wenceslau Braz defrontou-se com uma série de dificuldades para implementar ações que visavam erradicar os interesses da Alemanha e impedir que eles pudessem "indiretamente alimentar a guerra" ou, mais tarde, cooperar para a sua "reconstrução econômica e comercial",[48] conforme os Aliados pretendiam. Depois que o Brasil se declarou beligerante, a Câmara dos Deputados recalcitrou em aprovar o estado de sítio e o Senado abrandou as medidas coercitivas contra os súditos alemães, ao não proibir que eles continuassem a realizar negócios dentro do território nacional. Essa decisão não agradou ao ministro plenipotenciário da Grã-Bretanha, Arthur Peel, que a considerou "insatisfatória".[49] Ele a atribuiu não somente à importância da população oriunda da Alemanha, existente em vários estados, mas, sobretudo, ao amplo "alcance" dos interesses comerciais e financeiros daquele país em que "influentes brasileiros", entre os quais o presidente de São Paulo, Altino Arantes, estavam envolvidos.[50] Segundo acentuou, a Alemanha, além de constituir valioso mercado para o café e outros produtos, conseguira, com sua política comercial, estimular o desenvolvimento de vários setores industriais do Brasil,[51] onde seus

---

48 Aviso n.4 do Ministério das Relações Exteriores ao Ministério dos Negócios da Fazenda, Rio de Janeiro, 7 jun. 1918, a Nilo Peçanha, Ministério das Relações Exteriores – Guerra da Europa – Documentos Diplomáticos – Attitude do Brasil, Imprensa Nacional, Rio de Janeiro, 1918, p.97.
49 Despacho n.106, Peel a Balford, Rio de Janeiro. 17 nov. 1917, PRO-FO 505/360 – 034.933.
50 Despacho n.121, Peel a Balford, Petrópolis, 17 dez. 1917, PRO-FO 505/360 – 034.933.
51 Despacho n.106, Peel a Balford, Rio de Janeiro, 17 nov. 1917, PRO-FO 505/360 – 034.933.

súditos possuíam inúmeros investimentos, não só no Rio Grande do Sul, Paraná e Santa Catarina, mas também em São Paulo, Rio de Janeiro e Bahia.[52] Por isso sua perda inquietou os círculos empresariais, que lucraram com tais negócios e foram suficientemente fortes para induzir o Senado a modificar e mesmo anular, na lei do estado de sítio, muitas providências, cuja aprovação causaria maiores danos à organização comercial alemã.[53] O ministro Arthur Peel observou que, assim, ela continuava ainda viva, apta a restabelecer, em condições de paz, o fluxo normal do comércio, e percebeu, claramente, que não havia interesse do Brasil em colaborar para destruir as "perspectivas de recuperação econômica" da Alemanha, após o término do conflito armado.[54]

O que os Aliados, no curso da Primeira Guerra Mundial, pretenderam, efetivamente, foi erradicar os investimentos da Alemanha, onde quer que pudessem fazê-lo, e eliminar as possibilidades de que ela se reerguesse como potência econômica, em situação de rivalizá-los no mercado internacional. Esse objetivo transpareceu, nitidamente, nas pressões sobre o Brasil, cujo governo, após anular os contratos para a compra de material bélico da Krupp, não somente rescindiu concessões feitas a firmas da Alemanha para exploração da estrada de ferro de Santa Catarina e a operação do cabo submarino lançado entre Pernambuco e Tenerife, como, apesar da relutância, terminou por cancelar as autorizações e determinar, dois meses antes do fim da guerra, a liquidação dos bancos alemães que funcionavam no território nacional.[55] Entretanto, não apenas a Alemanha perdeu posições. Os Estados Unidos aproveitaram a guerra para arremeter também contra os interesses da Grã-Bretanha e da França e começaram a assumir o controle das comunicações telegráficas e das jazidas de ferro do Brasil, do qual se tornaram, além de principal cliente, o maior fornecedor de

---

52  Santos, 1984, p.228-34.
53  Despacho n.121, Peel a Balford, cit.
54  Despacho n.106, Peel a Balford, cit.
55  Decreto n.3393, 16 nov. 1917, Ministério das Relações Exteriores – Guerra da Europa – Documentos Diplomáticos – Attitude do Brasil, 1918, p.99-100.

manufaturados. Como J. F. Normano salientou, a partir de 1919, "todo o processo de penetração dos Estados Unidos [...] no Brasil foi um contínuo processo de expulsão e de ocupação das posições europeias e, principalmente, britânicas".[56]

A Grã-Bretanha perdeu, a médio e a longo prazos, realmente mais do que a Alemanha. Não conseguiu manter ou recuperar, por muito tempo, nenhuma das posições das quais os Estados Unidos começaram a desalojá-la. Em 1922, a Grã-Bretanha retomou o primeiro lugar como fornecedora de manufaturados ao Brasil, mas, dois anos depois, voltou a perdê-lo, definitivamente, para os Estados Unidos. Esse fracasso não decorreu apenas da conjuntura criada pela guerra e sim de vários outros fatores, entre os quais, em larga medida, a preferência que a Grã-Bretanha sempre dera aos seus domínios na África e na Ásia para aquisição de matérias-primas, negligenciando o Brasil como fonte de suprimentos desde os meados do século XIX. E o fato de ter maior interesse em vender do que em comprar contribuiu para reduzir-lhe a influência e deteriorar-lhe o predomínio, já abalado pelos seus dois mais fortes concorrentes – Estados Unidos e Alemanha – que constituíam os principais mercados de consumo para as exportações do Brasil. Os Estados Unidos, já seu maior cliente de café, cacau, borracha e outras *commodities*, aproveitaram as brechas comerciais provocadas pela guerra e conquistaram a supremacia como fornecedores de manufaturados, saltando do terceiro para o primeiro lugar, no qual se consolidaram, após breve e pequeno retrocesso nos anos de 1922 e 1923. Por outro lado, não obstante a derrota militar, o surto inflacionário que se seguiu, alimentado pelo pagamento de pesadas indenizações de guerra aos Aliados, e a continuidade das lutas sociais que abalavam a República de Weimar, a Alemanha, tal como o ministro Arthur Peel previra, teve condições de restabelecer, rapidamente, as relações comerciais com o Brasil. E, em 1926, sua "extraordinária recuperação" já alarmava os diplomatas britânicos no Rio de Janeiro, ao tornar-se a Alemanha o terceiro maior

---

56 Normano, 1939, p.291.

fornecedor de manufaturados ao Brasil, com uma participação de 13%, contra 19% da Grã-Bretanha e 29% dos Estados Unidos.[57] Suas exportações para o Brasil também saltaram de 4,2 milhões, em 1922, para 10,1 milhões de libras, em 1926, o que representou, em apenas quatro anos, um incremento de mais de 100%, enquanto as da Grã-Bretanha, que subiram de 12,5 milhões para 15,2 milhões de libras, não aumentaram mais do que 20% no mesmo período.[58] As importações de café, cacau, tabaco, borracha, algodão, couros e outras matérias-primas do Brasil, do qual, já em 1921, em menos de três anos após o término da Primeira Guerra Mundial, a Alemanha também se tornara o terceiro maior cliente, continuaram a crescer e quase duplicaram ao atingirem, em 1926, o montante de 7,8 milhões de libras, contra 4,2 milhões em 1922, ao passo que as compras da Grã-Bretanha decaíram em mais da metade, passando de 6,8 milhões para 3 milhões de libras no mesmo período.[59] A crise de 1929 afetou naturalmente o comércio de todos os países. As exportações do Brasil para a Alemanha, que alcançaram os valores de 9,2 milhões de libras, em 1927, e de 10,9 milhões, em 1928, superando, largamente, as vendas à Grã-Bretanha, da ordem de 3 milhões de libras, em 1927, e 3,3 milhões, em 1928, declinaram para 8,3 milhões, em 1929, 5,9 milhões, em 1930, e 4,5 milhões, em 1931. O mesmo aconteceu com as importações. Após subirem para 8,4 milhões de libras, em 1927, e 11,3 milhões em 1928, baixaram, ligeiramente, para 10,9 milhões em 1929, e despencaram para 3 milhões, em 1931.[60] A crise econômica mundial impusera aos dois países medidas de emergência, que fizeram as exportações e as importações minguarem, entravando o desenvolvimento do comércio. O ministro plenipotenciário do Brasil em Berlim, em 1932, observou,

---

57 Manchester, 1973, p.284.
58 *Boletim Semanal dos Serviços Comerciais* – MRE, n.17, Rio de Janeiro, 19 set. 1932; Ibidem, n.18, Rio de Janeiro, 26 set. 1932, AHI, Lata 726, Maço 10438.
59 Ibidem.
60 Ibidem.

na Europa, a Alemanha pode ser o maior mercado de nossos produtos. De quase todos ela compra e consome e pode comprar e consumir muito mais para matéria-prima de sua volumosa indústria, que só cede passo à dos Estados Unidos, e para uso e alimento do seu povo, cujo padrão de vida é dos mais elevados do mundo.[61]

---

61 "Intercâmbio Brasileiro-Alemão" – *Memorandum* apresentado a Sua Excelência o Sr. Dr. Getúlio Vargas, chefe do Governo Provisório, pelo ministro do Brasil em Berlim, 26 jul. 1932, AHI, Lata 726, Maço 10438.

# CAPÍTULO 2

## A CRISE DOS ANOS 1930 E O ACORDO DOS *MARCOS DE COMPENSAÇÃO* – A OFENSIVA COMERCIAL DA ALEMANHA NA AMÉRICA LATINA – AS RELAÇÕES DO GOVERNO VARGAS COM O III *REICH* – A KRUPP E O PROJETO DE CRIAÇÃO DA SIDERÚRGICA NACIONAL – A DEFLAGRAÇÃO DA SEGUNDA GUERRA MUNDIAL E A RUPTURA DAS RELAÇÕES ENTRE O BRASIL E A ALEMANHA

Tanto o Brasil quanto a Alemanha ainda se debatiam, no início dos anos 1930, com as consequências da crise de 1929. O Brasil, cuja moeda se fortalecera e alcançara notável estabilidade logo após a Primeira Guerra Mundial, sofrera profundo abalo econômico e financeiro com a queda dos preços do café, o que compelira o governo de Getúlio Vargas (1930-1945), implantado pela Revolução de 1930, a suspender, por vários meses, a amortização dos serviços da dívida externa. A situação, porém, não melhorara. As exportações de café despencaram de 73% sobre o valor em ouro, alcançado em 1933, para 61% em 1934, 51% em 1935, 45% em 1936 e 42% em 1937.[1] A Alemanha, por sua vez, continuava a enfrentar severa escassez de divisas. Suas reservas quase se dissiparam entre 1931 e 1934, quando ela perdeu mais de 5 milhões de marcos em ouro e moedas estrangeiras e teve de estabelecer rígidos controles sobre o comércio exterior e a movimentação do câmbio, a fim de evitar o colapso financeiro. Essas circunstâncias levaram os

---

1 Taunay, 1939, p.62.

governos de Berlim e do Rio de Janeiro, diante das necessidades de reativar e mesmo ampliar o comércio entre os dois países, a instituírem um esquema de pagamento bilateral, mediante compensação [*clearing*] de marcos (*ASKI-Mark*),[2] cujo valor se limitava à realização de compras na Alemanha. As conversações para a celebração de tal acordo começaram em 1934, quando o governo do *Reich*, dirigido por Adolf Hitler, enviou uma delegação especial, sob a chefia do ministro Kiep, à América Latina, com o objetivo de negociar a transferência das importações de matérias-primas e produtos coloniais para os países que concessões fizessem às exportações da Alemanha.[3] Ele estava disposto a garantir ao Brasil cotas fixas e mesmo maiores no fornecimento daqueles produtos, com interesse preponderante no café, desde que resolvida a questão das cambiais e dos créditos bloqueados.[4] Essa proposta ao governo Vargas convinha, pois a Alemanha, no comércio com o Brasil, propiciara-lhe um saldo favorável da ordem de 1,2 milhão de libras, abaixo apenas dos Estados Unidos (10,2 milhões de libras) e da França (2,1 milhões de libras).[5] No entanto, inconvenientes havia, conforme o diretor-geral do Departamento Nacional da Indústria e Comércio, J. M. Lacerda, salientara.[6] Conceder, em larga escala, favores comerciais à custa da produção interna traria perturbações, pois o Brasil criara, com "pesados sacrifícios, um vasto aparelhamento industrial", que constituía, já àquele tempo, o "elemento básico" de sua organização

---

2   ASKI é a abreviatura de *Ausländer Sonderkont für Inlandszahlungen*, cuja tradução seria "Conta Especial do Estrangeiro para Pagamentos Internos".
3   *Memorandum* n.1.000, legação do Brasil em Berlim ao MRE, 13 jun. 1934; Ofício EC/548/811 (81)(24), embaixador Felix de Barros Cavalcanti de Lacerda, ministro interino das Relações Exteriores, ao encarregado do Expediente do Ministério da Fazenda, Rio de Janeiro, 19 jun. 1934; *Memorandum* J. Nr. 1.000 11/34, legação da Alemanha ao MRE, 25 jun. 1934; Ofício n.201, Oswaldo Aranha ao embaixador Felix de Barros Cavalcanti de Lacerda, ministro interino das Relações Exteriores, Rio de Janeiro, 27 jun. 1934, AHI, Lata 1820, Maços 17306-17322.
4   *Memorandum* J. Nr. 1.000 11/34, cit.
5   Parecer do Departamento Nacional da Indústria e Comércio, a) J. M. Lacerda, diretor-geral, Rio de Janeiro, 31 jul. 1934, anexo ao Aviso n.8.451-934, do Ministério do Trabalho, Rio de Janeiro, 8 ago. 1934, AHI, Lata 1820, Maços 17306-17322.
6   Ibidem.

econômica.[7] Além do mais, o Brasil assinara vários tratados de comércio com a cláusula de nação mais favorecida. As concessões tarifárias que fizesse à Alemanha teria, portanto, de estender aos outros países. E aí a questão se complicou. Os Estados Unidos, com os quais o Brasil também negociava um tratado comercial, empenhados então estavam em propagar as práticas liberais, com base no tratamento de nação mais favorecida, e protestaram, naturalmente, contra aquele tipo de acordo, que estabelecia o *clearing* com a Alemanha. Mas o presidente Vargas não cedeu. Nem podia ceder. A Alemanha não comprava apenas café e cacau. Importava muitos outros produtos, entre os quais arroz, carnes e couros do Rio Grande do Sul, bem como algodão, do Nordeste e de São Paulo, para o qual não havia mercado nos Estados Unidos,[8] além de tabaco e cacau da Bahia, onde as firmas alemãs – Stahlunion e Krupp – pretendiam explorar jazidas de manganês.[9] Também a possibilidade de trocar tais matérias-primas, sobretudo algodão, por peças de artilharia, carros de combate e outros petrechos bélicos para o Exército e para Marinha, *im Kompensationswege*, afigurava-se sobremodo atraente, pois o Brasil precisava rearmar-se e não dispunha de divisas para fazê--lo, constrangido como ainda estava pela grave crise cambial, que o estrangulamento de suas exportações de café acarretara.

A escassez de divisas, afetando toda a América Latina, favoreceu naturalmente a ofensiva comercial da Alemanha. O governo do *Reich*, ao mesmo tempo (outubro de 1934) que denunciava o Tratado de Comércio com os Estados Unidos, que estipulava o tratamento de nação mais favorecida e vigorava desde 1925, conseguiu, naquelas circunstâncias, efetivar os acordos de compensação não apenas com o Brasil como também com vários outros países, entre os quais Venezuela, Colômbia, Peru, Equador, Nicarágua, Guatemala e El Salvador. E logo colheu os resultados. As exportações da Venezuela para a Alemanha, na primeira

---

7  Ibidem.
8  Carta de Getúlio Vargas a Oswaldo Aranha, Rio de Janeiro, 30 out. 1934, Documento 43B, v. XVI, AGV.
9  Memorandum, [s.d.], AHI, Lata 726, Maço 10438.

metade de 1935, somaram 5,8 milhões de bolívares, montante bastante significativo quando comparado com o de todo o ano de 1934, e suas importações alcançaram a cifra de 8,4 milhões de bolívares, contra 11,2 milhões nos doze meses anteriores.[10] O mesmo aconteceu no comércio com os outros países, que aceitaram o regime dos *marcos de compensação* [*Verrechnungsmark*], referidos usualmente como *ASKI-Mark*. As exportações do Peru para a Alemanha evoluíram de 27,7 milhões de soles, entre abril e novembro de 1934, para 31 milhões, no mesmo período de 1935, enquanto suas importações saltaram de 9,4 milhões para 18,5 milhões de soles.[11] O intercâmbio com a Nicarágua também aumentou e, embora as exportações da Guatemala para a Alemanha declinassem de 5,4 milhões de dólares, em 1934, para 2,7 milhões em 1935, suas importações tomaram forte ímpeto ao ascenderem de 930.542 dólares para 2,1 milhões de dólares, em apenas um ano.[12] No caso do Brasil, a participação da Alemanha nas suas exportações subiu de 13,3%, em 1934, para 16,5%, em 1935, enquanto seu percentual nas importações pulou de 14,02% para 20,44% no mesmo período.[13] Esses países da América Latina, evidentemente, se beneficiaram com o comércio baseado no *clearing*, à medida que tiveram condições de importar manufaturas, sem o dispêndio de divisas. Mas a Alemanha ganhou, sob todos os aspectos, porquanto não só pôde, assim, abastecer-se dos produtos agrícolas e das matérias-primas de que necessitava, como dilatou os mercados para o escoamento de sua produção industrial, em detrimento da Grã-Bretanha e dos Estados Unidos. A participação da Grã-Bretanha nas importações do Brasil declinou de 17,14%, em 1934, para 12,43%, em 1935.[14] E, segundo *Memorandum* verbal, encaminhado pela embaixada norte-americana ao Itamaraty, uma análise das importações do Brasil, em 1935, demonstrava que o

---

10 *The Financial Times*, 6 abr. 1936, AHI, Lata 726, Maço 10438.
11 Ibidem.
12 *Le Petit Parisien*, 14 jun. 1936.
13 Ibidem.
14 Ibidem.

sistema dos *marcos de compensação* afetara seriamente todas as classes de manufaturas exportadas pelos Estados Unidos.[15] E essa tendência, que se revelara, pareceu "alarmante".[16]

Quando o governo Vargas, em 1936, comunicou ao Departamento de Estado que renovaria o acordo de compensação com a Alemanha, o governo norte-americano, por meio de um *Aide-Memoire*, exprimiu sua apreensão, condenando como "deletério" e "nocivo" aquele sistema de intercâmbio bilateral, de restrições e discriminações, contrário ao multilateralismo e à expansão do comércio internacional que os Estados Unidos tratavam de promover.[17] Mas Vargas outra vez não cedeu. E os Estados Unidos, embora obtivessem do Brasil, em 1935, um tratado de comércio com a cláusula de nação mais favorecida, bastante vantajoso para seus interesses, continuaram a pressioná-lo. O secretário de Estado, Cordell Hull, declarou que o governo norte-americano, "em princípio", não se opunha a um acordo entre o Brasil e a Alemanha, desde que "em bases liberais".[18] O que não aceitava eram os termos do ajuste, mediante *marcos de compensação*, pois instituíam um comércio especial, a deslocar os produtos norte-americanos do mercado brasileiro.[19] Essa, aliás, era a avaliação do embaixador dos Estados Unidos no Rio de Janeiro, Hugh Gibson. Ele alertara o Departamento de Estado, anteriormente, ao mostrar que aquele acordo, se efetivado, "acentuaria o pronunciado progresso da Alemanha, já realizado à custa dos interesses dos Estados Unidos".[20] E previra que, "em um período relativamente curto, veremos a Alemanha ocupando o primeiro lugar,

---

15 *Memorandum*, embaixada dos Estados Unidos, Rio de Janeiro, 16 ago. 1936, AHI, Lata 726, Maço 10438.
16 Ibidem.
17 Aide-Memoire, encaminhado pela embaixada dos Estados Unidos ao Itamaraty, Rio de Janeiro, 2 jun. 1936, AHI, Lata 726, Maço 10438.
18 Telegrama de Cordell Hull a Scoteen, Washington, 24 abr. 1937, *Papers Relating to the Foreign Relations of the United States*, 1936, p.256.
19 Ibidem.
20 Telegrama de Hugh, embaixador norte-americano no Rio de Janeiro, a Cordell Hull, Rio de Janeiro, 1 jun. 1936, *Papers Relating to the Foreign Relations of the United States*, 1936, p.261.

em vez dos Estados Unidos, e a expulsão de vários empreendimentos norte-americanos do mercado brasileiro".[21] Com efeito, a execução do acordo dos *marcos de compensação* mudou a situação. A Alemanha ultrapassou efetivamente os Estados Unidos e conquistou o primeiro lugar como fornecedor do Brasil. Sua participação nas importações brasileiras, da ordem de 14,02%, em 1934, saltou para 25%, em 1938, enquanto a dos Estados Unidos, apesar do tratado de comércio, apenas subiu de 23,67% para 24,02% e a da Grã-Bretanha despencava de 17,14% para 10,04%, abaixo da Argentina (11,08%).[22]

Diversos fatores concorreram para que ela assumisse essa supremacia. Um deles foi o fato de contar com importantes conexões no Brasil, onde 100 mil alemães de primeira geração [*Reichsdeutsche*] e 800 mil alemães-brasileiros [*Volksdeutsche*], a representarem cerca de 3% da população (pouco mais de 30 milhões de habitantes na primeira metade dos anos 1930), formavam próspero mercado de consumo, e muitos deles possuíam tradicionais e sólidas empresas que participavam ativamente da economia e do comércio exterior brasileiros. Os alemães tinham ainda controle quase absoluto sobre os meios de transporte aéreo no Brasil. Em 1927, fundaram suas primeiras companhias de aviação, a Condor e a Viação Aérea Rio-Grandense (Varig), como filiais da Lufthansa, e, em 1934, alemães-brasileiros criaram a Viação Aérea São Paulo (Vasp), com o apoio dos estados de São Paulo e Goiás.[23] Nem a Grã-Bretanha nem os Estados Unidos dispunham de semelhantes suportes no Brasil. E tampouco lhe ofereciam mais vantagens do que a Alemanha. Pelo contrário, a Grã-Bretanha tratava de obstaculizar a entrada de suas exportações, em virtude da *imperial preference* dada aos produtos das próprias colônias, e os Estados Unidos somente se interessavam pelas transações nas quais pudessem obter rápido retorno do capital e reter seus lucros nos bancos de Nova York. A Alemanha era, então, a única potência que vendia a prazos mais longos, de um a cinco anos, concedia

---

21 Ibidem.
22 Niemayer, [s.d.], p. 142.
23 Seitenfus, 1985, p. 98.

créditos anuais, bem como estimulava, com a sua política comercial, o desenvolvimento de indústrias no Brasil. E, além do mais, importava crescentes quantidades de quase todos os produtos deste país (o que a Grã-Bretanha não fazia) e não preponderantemente café e cacau (como os Estados Unidos), o que a convertia, sem dúvida alguma, no melhor parceiro comercial do Brasil, cujos esforços se orientavam no sentido de diversificar tanto as exportações quanto os clientes, a fim de reduzir sua dependência em relação ao mercado norte-americano. A Alemanha tornara-se assim não apenas o segundo maior mercado de consumo para o café, o cacau (como os Estados Unidos) e as madeiras (superada pela Argentina) do Brasil, mas, também, seu principal cliente de peles, couros, borracha, laranjas e tabaco, bem como de algodão. Este artigo, que os Estados Unidos, como grandes produtores, não importavam, saltou, entre 1932 e 1936, do nono para o segundo lugar, na classe das matérias-primas vegetais exportadas pelo Brasil.[24] E sua participação no total das compras efetuadas pela Alemanha pulou de menos de 1%, no período de 1932 a 1934, para 27%, em 1935, e 32%, em 1938, enquanto a do algodão norte-americano decaía de 78%, até 1933, para menos de 60%, em 1934, e aproximadamente 24%, em 1935, a causar--lhes enorme prejuízo, da ordem de 20 milhões de dólares.[25] Segundo o *Financial Times*, o Brasil exportara para a Alemanha, desde a vigência do acordo de compensação até junho de 1936, cerca de 62 mil toneladas de algodão, o que representava 50% do total de sua produção, além de 1 milhão de sacas de café, 18 mil toneladas de tabaco, 4 mil toneladas de bananas e de castanhas-do-pará, bem como 200 mil caixas de laranja.[26]

Em realidade, essas vendas ainda mais não se expandiram, porque o próprio Brasil tratava de limitá-las. Na proposta encaminhada, em 1937, ao encarregado de negócios da Alemanha, Werner von Levetzow, visando à renovação do acordo, o secretário-geral do Itama-

---

24 Moniz Bandeira, 1977, p.147-50.
25 Hilton, 1977, p.148.
26 *The Financial Times*, 27 jun. 1936, anexo ao Ofício n.208, embaixada do Brasil em Londres ao MRE, 27 jun. 1936, AHI, Lata 726, Maço 10438.

raty, Hildebrando Accioly, estipulou que a quantidade total de algodão exportável, nos doze meses subsequentes, contra o pagamento em *marcos de compensação*, não poderia exceder de 62 mil toneladas métricas, condicionando-a à concessão pelo governo do *Reich* de licenças de importação para, no máximo, 1,1 milhão de sacas de café de sessenta quilos e também para vários produtos brasileiros, tais como fumo em folha (18 mil toneladas), carne congelada (10 mil toneladas), laranjas (200 mil caixas), bananas (4 mil toneladas) e castanhas-do-pará (4 mil toneladas), além de cacau, erva-mate, couros, lã, minérios e muitos outros.[27] A suspeita, conforme a agência de notícias Associated Press então difundiu, era de que a Alemanha, ao pretender adquirir, no Brasil, ainda maiores quantidades de produtos agropecuários e matérias-primas, tal como Gustav Schloterer, enviado especial do Ministério da Economia do *Reich*, ao governo Vargas propusera, tinha como objetivo "estabelecer em lugares convenientes da Europa grandes depósitos, como medida de precaução na eventualidade de uma guerra".[28] Essa hipótese, ao que tudo indicava, não carecia de fundamento. A guerra comercial, a prenunciar a catástrofe armada, já eclodira e se estendera à América do Sul. Ali, a Alemanha empenhava-se para, pelo menos, reconquistar a posição que ocupara até a Primeira Guerra Mundial (1914-1918), quando fornecera cerca de 16,2% das importações daquele continente.[29] Em 1937, com uma participação de apenas 15,1%, ela ainda não alcançara o patamar de 1913, ao passo que as exportações dos Estados Unidos para a América do Sul, no mesmo período de 24 anos, aumentaram de 24,1% para 33,6%, à custa, na maioria dos

---

27 Projeto de Nota, Hildebrando Accioly, secretário-geral do MRE, ao encarregado de Negócios da Alemanha, Werner von Levetzow, Rio de Janeiro, 30 set. 1937, AHI, Lata 726, Maço 10438.
28 *La Nación*, 23 mar. 1937, anexo ao Ofício n.165, José Bonifácio de Andrada e Silva a Mário de Pimentel Brandão, ministro de Estado interino das Relações Exteriores, Buenos Aires, 24 mar. 1937, AHI, Lata 726, Maço 10438.
29 Conferência pronunciada pelo Primeiro Secretário da embaixada da Alemanha em Washington, Wilhelm Tannenberg, em 23 abr. 1939, na Universidade de Fordham, anexo ao Ofício n.209, embaixada do Brasil em Washington ao ministro das Relações Exteriores Oswaldo Aranha, 18 mai. 1938, AHI, Lata 726, Maço 10438.

casos, da Alemanha, derrotada na Primeira Guerra Mundial, e da Grã-Bretanha, sua aliada.[30] Entretanto, privada de fontes de matéria-prima, escorraçada dos mercados onde predominava, despojada de suas reserves de ferro e de carvão, a Alemanha dispunha-se a manter a ofensiva comercial sobre os Bálcãs e a América do Sul, a utilizar o sistema de trocas, dos *marcos de compensação*, pois não o considerava um método desleal de competição. Afinal, o governo de Washington também fizera algo análogo, ao promover a desvalorização do dólar.[31]

De qualquer forma, o comércio de compensação afetara seriamente os interesses da Grã-Bretanha e dos Estados Unidos, que passaram a enfrentar a competição, tanto com a Alemanha quanto com o Brasil, em seus respectivos mercados. Mas foi o que possibilitou a estes dois países superarem uma situação de extrema escassez de divisas e, fomentando um intercâmbio reciprocamente fundamental, atenderem às suas inadiáveis demandas de importações. A Alemanha adquiriu os estoques de algodão e de outras matérias-primas, assim como de gêneros alimentícios, cada vez mais necessários em consequência de sua expansão, ao anexar a Áustria e invadir a Tchecoslováquia. O Brasil, por sua vez, teve condições de obter peças de artilharia, carros de combate, torpedos e muitos outros petrechos bélicos de que urgentemente carecia, naquela emergência, para o rearmamento e a modernização do Exército e da Marinha, e que a Grã-Bretanha e os Estados Unidos não podiam e/ou não desejavam fornecer. E esse mais e mais estreito relacionamento comercial adensou os interesses políticos, mostrando aos governos a conveniência de elevar suas representações diplomáticas a embaixadas no Rio de Janeiro e em Berlim, o que ocorreu em meados de 1936. E o chanceler José Carlos de Macedo Soares, em 17 de junho de 1936, nomeou o diplomata José Joaquim de Lima e Silva Moniz de Aragão embaixador em Berlim, e Karl Ritter, chefe do Departamento de Economia do Auswärtiges Amt, foi designado para assumir a mes-

---

30 Ibidem.
31 Ibidem.

ma posição no Rio de Janeiro. A Alemanha então propôs que o Brasil aderisse, formalmente, ao Pacto Anti-Komintern, ou seja, ao Eixo Berlim-Roma-Tóquio,[32] no que a Itália também insistiu, e lhe ofereceu toda a cooperação econômica, para a execução de grandes projetos de desenvolvimento, para criar, a médio e a largo prazos, maiores condições de segurança e defesa, conforme suas Forças Armadas reivindicavam. As firmas Stahlunion, Siemens, Demag e Krupp, que possuíam jazidas de ferro no Brasil e exportavam, em 1937, cerca de 60 mil toneladas do minério para a Alemanha, dispuseram-se a financiar a instalação de um complexo siderúrgico, no que a United States Steel e outras empresas norte-americanas sempre se recusaram a investir, bem como a construção de moderno porto marítimo, de um arsenal de Marinha e de uma fábrica de armas leves. Alguns desses projetos, como o arsenal de Marinha, na Ilha das Cobras (Rio de Janeiro), concretizaram-se graças aos *marcos de compensação*. Outros não. A implantação do complexo siderúrgico defrontou-se com fortes obstáculos, conquanto a Krupp admitisse que o Brasil pagasse três quartos do seu custo total (cerca de 8 milhões de libras), com *marcos de compensação*, o que ele facilmente poderia obter, mediante o aumento das exportações de café e algodão para a Alemanha.[33]

A inabilidade do embaixador Karl Ritter, não aceitando o fechamento das escolas alemãs, do partido nazista e suas organizações no Brasil, levou-o a ter forte atrito com o chanceler Oswaldo Aranha e obrigou o governo do presidente Getúlio Vargas, em setembro de 1938, a declará-lo *persona non grata*. O governo do III Reich, conforme o princípio da reciprocidade, tomou igual medida contra o embaixador Moniz de Aragão. E o agravamento dos conflitos internacionais e, *last but not least*, as pressões dos Estados Unidos impediram que o governo de Getúlio Vargas, profundamente dividido, tomasse uma decisão. As relações entre o Brasil e a Alemanha tornaram-se, no curso de 1938, tensas.

---

32 Seitenfus, 1985, p. 90.
33 Moniz Bandeira, 1973, p.260; Hilton, 1977, p.279; Wirth, 1973, p.79-94.

Setores, dentro do governo, favoráveis aos Estados Unidos levaram o Banco do Brasil a suspender as operações com *marcos de compensação* e as autoridades do III *Reich*, a fim de promover o abastecimento da população, aumentada com a anexação [*Anschluss*] da Áustria, não só recorreram a outros países, que aceitavam o sistema de *clearing*, como iniciaram uma campanha, em todo o país, para reduzir o consumo de café.[34] Também as medidas de repressão ao nazismo, no Brasil, onde, segundo o encarregado de negócios da Alemanha, Werner von Levetzow, cerca de 3 mil alemães que aqui residiam e militavam no NSDAP receberam ordem de regressar à pátria,[35] constituíram outro fator de desentendimento entre os dois países. Notícias, inclusive, circulavam sobre um projeto do III *Reich*, visando separar os três estados do Sul do Brasil (Rio Grande do Sul, Santa Catarina e Paraná), com enorme população de origem alemã, e constituir a Alemanha Antártica.[36] O próprio embaixador brasileiro em Berlim também passou essa informação ao Itamaraty, cujo secretário-geral, Cyro de Freitas Valle, ao visitar aquela região, percebera que

> cada vez mais isolado, começou o colono (alemão) a alimentar, na terra nova, a ambição de se tornar um ser à parte, superior aos nacionais, opondo-lhes uma vontade férrea de progredir e de viver.[37]

---

34 Telegrama n.82, da embaixada do Brasil em Berlim, a) embaixador Moniz de Aragão ao MRE, secreto, 13/13 jul. 1938, ibidem.
35 Nota de C. Alves de Souza para o secretário-geral do Itamaraty, secreto, 16 jan. 1939, AHI, Lata 1285, Maços 29506 e 29507.
36 Carta de Karl Stemmer, funcionário da firma S.A. Tubos Mannesmann, em Montevideo, 22 mai. 1938, anexo ao Ofício n.56, reservado, Batista Lusardo ao ministro das Relações Exteriores Oswaldo Aranha, Montevideo, 9 jun. 1938, AHI, Lata 1285, Maços 29504 e 29595; sob o título "Hitler queria o Brasil", o jornal *Deutscher Anzeiger*, de Munique (6 dez. 1985), publicou diversos trechos de um trabalho de Hans Steinitz, editor da revista *Aufbau*, de Nova York, sobre o tema, informando que, pouco antes do advento do III *Reich*, vários empresários industriais que receavam uma crise econômica na Alemanha ou fugiam de sua legislação fiscal acalentaram essa ideia (apud *Deutsch-Brasilianische Hefte*, jan. 1986); ver também Hilton, 1977c.
37 Relatório SG/SN, confidencial, Cyro de Freitas Valle, secretário-geral do MRE a Aranha, 17 jul. 1939, AHI, Lata 1285, Maços 29506 e 29507.

O governo Vargas, no início da Segunda Guerra, determinou a internação de cerca de mil súditos alemães [*Reichdeutschen*], e tal número, que correspondia aproximadamente a 1% dos residentes no Brasil, foi, sem dúvida, limitado em comparação com os observados nos países da América Central, que, sob pressão dos Estados Unidos, não apenas prenderam como despacharam alemães para confinamento em território norte-americano.[38] Na verdade, não obstante intensificar a campanha de nacionalização nos estados do Sul,[39] Vargas pretendeu melhorar o relacionamento com a Alemanha. Em janeiro de 1939, o Banco do Brasil restabeleceu o livre-comércio com base na compensação de marcos, dentro dos contingentes combinados, e Cyro de Freitas Valle, por determinação de Vargas, instruiu o encarregado de negócios do Brasil em Berlim, Themistocles da Graça Aranha, no sentido de fazer gestões para que a iniciativa da nomeação de embaixadores (Ritter fora considerado *persona non grata* e, como represália, o mesmo aconteceu com Moniz de Aragão) partisse do governo do *Reich*.[40]

Havia fortes interesses que explicavam o comportamento de Vargas. O Brasil, em 1938, tornara-se o sexto maior fornecedor da Alemanha, e obtivera, exportando mercadorias no valor de 214,3 milhões de RM,[41] um saldo favorável de 53,0 milhões de RM, bem superior ao registrado em 1937.[42] Isso ocorrera por causa das dificuldades criadas pelo Banco do Brasil e das medidas restritivas, com o aumento das tarifas aduaneiras adotadas pelo governo brasileiro a provocar a queda geral

---

38 Prien, 1989, p.508.
39 Sobre as consequências para as colônias alemãs no sul do país e a Igreja Luterana acarretadas pela política de nacionalização que o governo Vargas empreendera, ver Prien, 1989, p.466-79.
40 Ofício NP/16/920(42)(81), confidencial, C. de Freitas Valle, secretário-geral do MRE, a Themistocles da Graça Aranha, encarregado de Negócios do Brasil em Berlim, Rio de Janeiro, 17 mar. 1939, AHI, Lata 1285, Maços 29506 e 29507.
41 RM é a abreviatura de *Reichmark* [marco imperial], antiga moeda da Alemanha, antes da Segunda Guerra Mundial.
42 O intercâmbio da Alemanha com o Brasil, a) secretário Carlos Alberto Gonçalves, anexo ao Ofício n.152, Graça Aranha ao ministro das Relações Exteriores Oswaldo Aranha, Berlim, 27 abr. 1939, AHI, Lata 726, Maço 10438.

das importações e a ameaçar, portanto, o próprio comércio, com base nos *marcos de compensação*.[43] Mesmo assim, apesar de todos os problemas, o Brasil fora, em 1938, o país que mais importara produtos da Alemanha, no valor de 161,3 milhões de RM, a suplantar os Estados Unidos, com 149,3 milhões de RM.[44] Mas, com a eclosão da Segunda Guerra Mundial (setembro de 1939), as medidas adotadas pela Grã--Bretanha e pela França para bloquear completamente o governo do *Reich* engravesceram a situação do intercâmbio entre Brasil e Alemanha, paralisado, logo em seguida, quando o Banco do Brasil comunicou não estar mais em condições de fornecer *marcos de compensação*, cujas disponibilidades se esgotaram, para o pagamento das exigibilidades alemãs.[45] Apesar das sugestões da embaixada da Alemanha no sentido de fomentar o restabelecimento do comércio de compensação, a Comissão Mista do Conselho Federal de Comércio Exterior, aprovando o parecer do conselheiro Carlos de Figueiredo, resolveu recomendar, na revisão dos acordos com a Alemanha, a eliminação dos "múltiplos inconvenientes" do comércio com *marcos de compensação* e a adoção dos princípios de reciprocidade de tratamento, divisão internacional do trabalho, liberdade mercantil e pagamento das transações em moeda de curso real.[46]

O motivo que induzira Vargas, no início de 1939, a reaproximar-se do III *Reich*, pleiteando a troca de embaixadores, sem pretender ele

---

43 Nota verbal n.631/39, embaixada da Alemanha ao Itamaraty, Rio de Janeiro, 11 abr. 1939, anexo ao Ofício EC/SN/811(42)(81), MRE ao diretor da Secretaria do Conselho Federal do Comércio, Rio de Janeiro, 17 abr. 1939, AHI, Lata 726, Maço 10438.
44 Processo n.979 – Importação e Exportação Brasil-Alemanha – Parecer do conselheiro Carlos de Figueiredo, aprovado em reunião da Comissão Mista do Conselho Federal de Comércio Exterior, realizada em 13 dez. 1939, AHI, Lata 726, Maço 10438. As cifras e estatísticas alemãs nem sempre coincidem com as brasileiras.
45 Aviso verbal EC/643/811(42)(81), urgente, MRE ao Ministério dos Negócios da Fazenda, Rio de Janeiro, 12 out. 1939; anexo: *Memorandum* da embaixada da Alemanha, N. Hd. Rio de Janeiro, 11 out. 1939; Aviso verbal EC/739/811(42)(81), MRE ao Ministério dos Negócios da Fazenda, Rio de Janeiro, 30 nov. 1939; anexo: Nota verbal WF2 Nr. 1, 22.11.1939, embaixada da Alemanha ao MRE, AHI, Lata 726, Maço 10438.
46 Processo n.979 – Importação e Exportação Brasil-Alemanha – Parecer do conselheiro Carlos Figueiredo, cit.

próprio tomar a iniciativa para não se confrontar, provavelmente, com a oposição interna, não fora, no entanto, o mero interesse comercial. Ele, percebido como "germanófilo", entendia que os Estados Unidos se opunham à industrialização do Brasil e tratou de negociar com a Krupp, da Alemanha, a implantação da siderúrgica no Brasil. Porém, como nem a United States Steel nem qualquer outra empresa norte-americana queriam fazer esse investimento, Franklin D. Roosevelt, presidente dos Estados Unidos, temeu que os entendimentos com a Krupp se consumassem, o que fortaleceria os setores nazifascistas do governo Vargas e permitiria à Alemanha predominar, por muitos anos, sobre a vida econômica e militar do país estrategicamente mais importante da América do Sul.[47] Em tal circunstância, o conflito militar estender-se-ia inevitavelmente ao continente, uma vez que as Forças Armadas brasileiras tenderiam a favorecer o III *Reich*, cujas tropas, já a ocuparem o norte da África, poderiam atravessar o Atlântico Sul, caso os Estados Unidos o atacassem. E o presidente Franklin D. Roosevelt (1933-1945), a fim de que o Brasil permitisse aos Estados Unidos instalar bases militares ao longo do seu litoral, concedeu o crédito de US$ 20 milhões para que uma empresa estatal (Companhia Siderúrgica Nacional), criada por Getúlio Vargas, construísse em Volta Redonda (Estado do Rio de Janeiro) o maior complexo siderúrgico da América Latina, a assentar os alicerces da industrialização do Brasil. Essa possibilidade foi que induziu o presidente Franklin D. Roosevelt, a fim de obter pacificamente a cooperação do Brasil e evitar uma conflagração na retaguarda dos Estados Unidos, a autorizar, em 1940, a concessão de um crédito de 20 milhões de dólares para que uma empresa estatal (Companhia Siderúrgica Nacional), criada então pelo governo Vargas, construísse em Volta Redonda (estado do Rio de Janeiro) o maior complexo siderúrgico da América Latina.[48]

---

[47] Moniz Bandeira, 1973, p.270.
[48] Ibidem, p.265-74; Wirth, 1973, p.95-103.

Os Estados Unidos já se preparavam para participar outra vez do conflito armado na Europa. O embaixador do Brasil em Washington, Carlos Martins, previu que, "em futuro próximo, [...] teremos uma guerra que eles levarão ao Velho Mundo, como uma cruzada, com o lema de que é a América que irá libertar a Europa do jugo alemão".[49] Vargas estava consciente de que o Brasil, como em 1917, não teria alternativa senão acompanhá-los. Era uma fatalidade geopolítica, decorrente do fato de ocupar fundamental posição estratégica no Atlântico Sul e da sua forte dependência em relação ao mercado norte-americano, que o bloqueio promovido pela Grã-Bretanha tornou praticamente absoluta, ao interromper quase todo o comércio com a Alemanha, inclusive o recebimento pelo Brasil de parte do material bélico a Krupp encomendado desde 1937. Vargas protestou, ao proferir violento discurso "em defesa do direito fundamental que nos cabe de promovermos a nossa própria segurança, libertando-nos da tutela que se arrogam os grandes em face dos pequenos desarmados".[50] O governo de Londres, em virtude da mediação de Washington, liberou, finalmente, o cargueiro apresado – Siqueira Campos – embora advertisse que não permitiria ao outro navio – Bagé –, que também transportava armamentos da Krupp para o Brasil, atravessar o bloqueio, e ele teve de descarregá-los em Lisboa, onde os armamentos ficaram estocados. Esse incidente irritou tanto o general Eurico Dutra, ministro da Guerra e simpatizante do III *Reich*, que o levou a advogar atos de retaliação, como o rompimento de relações diplomáticas com a Grã-Bretanha. No entanto, o Brasil cedia cada vez mais às pressões para cooperar com os preparativos de guerra dos Estados Unidos. No curso de 1941, comprometeu-se, inclusive, a arrendar-lhes bases aéreas e navais, ao longo do litoral do Atlântico Sul, ante a real possibilidade de que os militares norte-americanos, conforme ameaçavam, tomassem a iniciativa de invadir o Nordeste e apossar-se,

---

49 Carta de Carlos Martins, embaixador do Brasil em Washington, a Vargas, Washington, 18 jun. 1940, Documento n.97, v.33, AGV.
50 Boletim Especial secreto n.6, exemplar n.1, "Para o conhecimento dos senhores generais", a Eurico Gaspar Dutra, Documento n.16, v.35, AGV.

pela força, da região, uma vez que a consideravam fundamental para a defesa do continente, dada sua confrontação com a África.[51]

O ataque japonês à base norte-americana de Pearl Harbor, em 7 de dezembro de 1941, proporcionou a Roosevelt o pretexto que ele esperava para vencer a resistência dos isolacionistas e justificar a intervenção aberta dos Estados Unidos, ao lado da Grã-Bretanha. Para o Brasil tornou-se cada vez mais difícil manter a neutralidade, conquanto os generais Eurico Dutra, Pedro Aurélio de Góes Monteiro, este chefe do Estado-Maior do Exército, e muitos outros continuassem a defendê-la. Vargas teve de romper relações diplomáticas e comerciais com as potências do Eixo, em 1942, como demonstração de solidariedade com os Estados Unidos, por causa do ataque a Pearl Harbor. A Alemanha então avaliou que essa medida equivaleria a "um tipo de estado de guerra latente", ao qual, facilmente, uma guerra de fato se seguiria, segundo o embaixador Kurt Prüffer advertira em carta particular ao ministro das Relações Exteriores Oswaldo Aranha.[52] Com efeito, seus submarinos, bem como os italianos, começaram a atacar os navios mercantes brasileiros e afundaram cerca de vinte deles, entre fevereiro e agosto de 1942, o que provocou o clamor público, com manifestações de rua, compelindo o governo Vargas, conquanto os generais Eurico Dutra e Góes Monteiro ainda recalcitrassem, a abandonar a neutralidade e formalizar *de facto* o estado de beligerância. Porém, a declaração de guerra apenas à Itália e à Alemanha, sem incluir o Japão, que não atacara qualquer dos seus navios, evidenciou que o Brasil não pretendera envolver-se, efetivamente, nas hostilidades e que decidira fazê-lo não por solidariedade com os Estados Unidos, mas sim porque sofrera uma agressão direta daqueles dois países. Mas o governo de Vargas, a partir de então, não teve alternativa senão também passar às ações de guerra

---

51 Relatório sobre o estado dos projetos de defesa do hemisfério, pelo general de brigada Lehman W. Miller, chefe da missão militar norte-americana no Brasil, 8 ago. 1941, Documento n.5, v.35, AGV.
52 Despacho de Kurt Prüffer a Wilhelm Strasse, Rio de Janeiro, 16 jan. 1942, secreto apud Seitenfus, 1985, p.376-460.

econômica, contrária aos interesses de muitos setores nacionais, aplicando a Black List, imposta, como em 1917-1918, pela Grã-Bretanha e pelos Estados Unidos, com o objetivo de eliminar os investimentos da Alemanha no Brasil. Além de determinar o apresamento de aproximadamente dezesseis navios alemães surtos nos portos brasileiros (outros escaparam ou autoafundaram-se), cancelou o contrato com a Krupp, suprimiu as linhas aéreas das Linhas Aéreas Transcontinentais Italianas (LATI) e da Condor, subsidiária da Lufthansa, liquidou o Banco Alemão Transatlântico, o Banco Germânico da América do Sul e o Banco Francês e Italiano, bem como nacionalizou muitas empresas alemãs e confiscou valiosos edifícios no Rio de Janeiro. E tratou de levar às últimas consequências a participação do Brasil no conflito, a fim de obter ainda mais armamentos modernos para o Exército e ter alguma influência nas conversações de paz, ao enviar uma Força Expedicionária, integrando o V Corpo do Exército norte-americano, para os campos de combate na Itália.

# CAPÍTULO 3

A MISSÃO MILITAR BRASILEIRA EM BERLIM – O PROBLEMA DOS REFUGIADOS E A EMIGRAÇÃO PARA O BRASIL – A RECUPERAÇÃO DA ALEMANHA OCIDENTAL E O FINANCIAMENTO DO PLANO MARSHALL – A GUERRA FRIA – A FUNDAÇÃO DA RFA E DA RDA – O RESTABELECIMENTO DAS RELAÇÕES COMERCIAIS E DIPLOMÁTICAS ENTRE O BRASIL E A RFA

Logo após o término da Segunda Guerra Mundial (1939-1945), o Itamaraty iniciou gestões junto aos governos dos Estados Unidos, Grã-Bretanha, França e União Soviética no sentido de obter consentimento para enviar a Berlim uma missão militar brasileira, encarregada de manter ligação com os comandantes-chefes da ocupação integrantes do conselho de controle da Alemanha, o Allied Control Council (ACC). Ao general Anor Teixeira dos Santos coube chefiá-la e uma de suas funções, *inter alia*, consistiu em favorecer e organizar a emigração para o Brasil de agricultores, técnicos e operários especializados, quer alemães, quer deslocados de guerra. Essa missão militar defrontou-se com enormes dificuldades na execução de suas tarefas, não obstante as prerrogativas que assistir deviam ao Brasil, na condição de uma das nações aliadas. Depois de quase um ano de esforços, ela só conseguiu permissão para repatriar apenas pequena parte de brasileiros. E com maiores dificuldades defrontou-se, depois que o Brasil rompeu relações diplomáticas com a União Soviética (20 de outubro de 1947). O fato repercutiu prontamente no ACC. Na sessão de 10 de novembro daquele mesmo ano, o representante da União Soviética, marechal Wassily

Sokolowski, tentou forçar o descredenciamento da missão militar brasileira e, como não contou com o apoio dos demais comandantes da ocupação, declarou que o governo de Moscou, unilateralmente, não mais reconhecia a existência legal daquela missão. Dali por diante, a proteção dos interesses brasileiros na Alemanha Oriental impossível se tornou. Porém, mesmo nas zonas ocupadas pelos Estados Unidos e pela Grã-Bretanha, outros obstáculos embaraçaram o desempenho não só da missão militar brasileira como também da delegação do Conselho de Imigração e Colonização, enviada, posteriormente, com a incumbência de recrutar, entre milhares de *displaced persons*, ou seja, refugiados e desabrigados, certo número de técnicos e outros profissionais, capazes de contribuir para o desenvolvimento industrial do Brasil, atendendo às suas necessidades de força de trabalho especializada.[1] A liberação dependia de entendimentos diretos com os governos de Washington, Londres e Paris. E nada indicava que as potências ocupantes – exceto a França, disposta a facilitar qualquer medida que concorresse para diminuir o poderio industrial da Alemanha – viessem ao Brasil conceder, naquelas circunstâncias, ampla liberdade para selecionar técnicos e outros profissionais com maior especialização, conquanto interessadas estivessem em livrar-se do ônus de sua manutenção.[2] Só os perseguidos políticos sob o extinto regime nazista (na grande maioria judeus e comunistas) e os indigentes ou valetudinários estavam aptos a receber permissão para deixar o país.

Na, verdade, enquanto a União Soviética, de um lado, tratava de impedir a emigração de *displaced persons*, talvez para o clima de descontentamento fomentar, e reivindicava um montante de reparações incompatível com o mais simples programa de normalização das atividades econômicas na Alemanha, os Estados Unidos e a Grã-Bretanha,

---

[1] Ofício n.8, reservado, coronel Aurélio de Lira Tavares, chefe interino da missão militar brasileira junto ao Conselho Aliado de Controle da Alemanha, ao ministro das Relações Exteriores Raul Fernandes, Berlim, 29 jan. 1947, AHMRE-B, Diversos no Exterior, Ofícios recebidos, 1947/48.
[2] Ibidem.

de modo a recuperar, até 1949, os capitais ali aplicados, já então se empenhavam, por outro lado, em levantar, dentro de suas respectivas zonas de ocupação, os níveis da produção industrial, o que lhes permitia absorver refugiados com melhor qualificação profissional. Daí as objeções apresentadas pelo general Lucius D. Clay, governador da Amerikanische Militäradministration [Administração Militar Americana], à ida de técnicos da Alemanha para o Brasil.[3] Entretanto, alguns meses depois, o general Clay informou ao general Anor Teixeira dos Santos que o governo de Washington discutia o assunto e que deliberara permitir, a título de exceção, a partida para o Brasil de "pequeno número de técnicos industriais alemães", julgados "prescindíveis" ao programa de reconstrução da Alemanha, o que não devia constituir "precedente" à emigração de outros grupos, no futuro.[4] Segundo ele, nas condições econômicas e financeiras ainda incertas da Bizona, que se constituíra com a fusão das zonas ocupadas pelos Estados Unidos e pela Grã-Bretanha, não se podia determinar, com exatidão, que categorias de força de trabalho alemã poderiam ser consideradas "supérfluas" em face da reconstrução, "urgentemente necessária" da Alemanha e da Europa Ocidentais.[5] Por isso, cada solicitação de *exit permit* para alemães válidos devia passar por minuciosa análise, não só sob o ponto de vista econômico, mas também sob vários outros aspectos, inclusive políticos.[6] De qualquer forma, se bem que a emigração de alemães ainda permitida não fosse pelas autoridades de ocupação, a não ser em casos excepcionais que não interessavam à economia brasileira, a missão militar conseguiu, a título de repatriação, embarcar para o

---

3 Ofício n.147, confidencial, general Anor Teixeira dos Santos, chefe da missão militar brasileira em Berlim, ao ministro das Relações Exteriores Raul Fernandes, Berlim, 10 set. 1947, AHMRE-B, Diversos no Exterior, Ofícios recebidos, 1947/48.
4 Nota do general Lucius D. Clay, governador militar, ao general Anor dos Santos, Berlim, 7 abr. 1948, tradução anexa ao Ofício n.58, general Anor dos Santos ao ministro das Relações Exteriores Raul Fernandes, Berlim, 19 abr. 1948, AHMRE-B, Diversos no Exterior, Ofícios recebidos, 1947/48.
5 Ibidem.
6 Ibidem.

Brasil, entre os parentes mais próximos dos brasileiros residentes na Alemanha, numerosos elementos válidos, com base no critério humanitário de não separar as famílias. E a quantidade dos repatriados, até 29 de novembro de 1948, atingiu o total de 4.069 pessoas, entre brasileiros e alemães, dado que, na maioria, as famílias eram mistas.[7]

As autoridades da *Sowjetische Besatzungszone* [Zona de Ocupação Soviética] também dificilmente concediam permissão de saída aos alemães lá residentes, mesmo quando se tratava de transferência para as outras zonas de ocupação. Essa permissão tornava-se mais difícil e, em certos casos, impossível, quando essas autoridades descobriam que se tratava de candidatos à emigração para países da área capitalista.[8] Contudo, o que interessava à SMAD não consistia em reter os elementos capazes de contribuir para o soerguimento econômico da Alemanha, de cujo aparato produtivo a desmontagem, na zona oriental, e a remoção para o território da União Soviética ainda prosseguiam. Essa contradição com a política executada pelos Estados Unidos e pela Grã-Bretanha levara o coronel Aurélio de Lira Tavares, subchefe da missão militar brasileira, a perceber, já no início de 1947, que a formação de um bloco econômico ocidental estava a esboçar-se e resultaria, provavelmente, no desmembramento político da Alemanha.[9]

De fato, àquela época, os Estados Unidos e a Grã-Bretanha, com a constituição da Bizona, unificado administrativamente haviam as zonas que ocupavam e que, a abrangerem o Ruhr, constituíam as de maior concentração industrial da Alemanha, cuja economia já se empenhavam em revitalizar, mesmo que à custa de sua unidade nacional. Essa diretriz significava a ruptura definitiva dos Acordos de Potsdam (1945), mediante os quais, ainda a considerarem a Alemanha como

---

7 Ofício n.154, confidencial, general Anor dos Santos ao ministro de Estado interino, embaixador Hildebrando Accioly, Berlim, 29 nov. 1948, AHMRE-B, Diversos no Exterior, Ofícios recebidos, 1947/48.
8 Ofício n.139, confidencial, coronel Aurélio de Lima Tavares, chefe interino da missão militar brasileira, ao ministro de Estado interino, embaixador Hildebrando Accioly, Berlim. 11 out. 1948, AHMRE-B, Diversos no Exterior, Ofícios recebidos, 1947/48.
9 Ofício n.8, reservado, Lira Tavares a Fernandes, Berlim, 29 jan. 1947, cit.

*unidade econômica*, os Aliados acertaram restringir o nível da indústria alemã a 50% ou 55% daquele existente em 1936 e remover toda a maquinaria excedente, a título de reparação de guerra. Mas, dentro daquele contexto em que a Guerra Fria se desencadeava, tal diretriz, necessariamente, decorria da política de *containment* do comunismo. Os Estados Unidos – cujo presidente Harry Truman proclamara, em 12 de março de 1947, a disposição de colaborar econômica, política e, acima de tudo, militarmente com os "povos livres", isto é, com qualquer governo anticomunista (não importava se democrático ou ditatorial) ameaçado por uma insurreição, invasão estrangeira ou mesmo pressões diplomáticas – tinham interesse no ressurgimento industrial da Alemanha, de modo que ela pudesse contribuir para aliviar seus encargos financeiros, cooperando, dentro da estratégia de segurança contra a União Soviética, com os esforços de reconstrução econômica de toda a Europa.[10] A Alemanha, porquanto constituía, apesar de derrotada, "a maior potência industrial" na Europa,[11] deveria assim desempenhar papel de crucial importância, pois dela o European Recovery Program, em larga medida, dependia.[12]

Os Estados Unidos, ao lançarem, em 1947, esse programa de maciça ajuda econômica à Europa, batizado como Plano Marshall em referência ao nome do secretário de Estado Norte-Americano George Marshall, abandonado já haviam o projeto que o secretário de Tesouro Harry Morgenthau chegara a elaborar, visando à completa *pastoralização* da Alemanha, ou seja, visando a torná-la uma nação predominantemente agropastoril, de modo que outra guerra não mais desencadear pudesse. Truman, antes mesmo da Conferência de Potsdam (junho de 1945), compreendera que a Alemanha, a menos que reconstruísse seu parque industrial e recuperasse alguns dos mercados que perdera, não teria condições de pagar as reparações de guerra. E quis evitar que os Aliados repetissem o mesmo erro, no qual incorreram ao fim da Primeira Guerra

---

10 Kindleberger, 1987, p.13-23.
11 Ibidem, p.12.
12 Ibidem.

Mundial (1914-1918), quando exigiram em dinheiro o pagamento das reparações de guerra e, depois, tiveram de conceder-lhe empréstimos durante muito tempo, a fim de que ela pudesse cumprir suas obrigações financeiras.[13] Com efeito, entre 1924 e 1931, a Alemanha pagara, a título de reparações de guerra, cerca de 10,8 bilhões de marcos e recebera, no mesmo período, empréstimos, a curto e a longo prazos, no montante de 10,5 bilhões, 55% dos quais originários dos Estados Unidos.[14] A razão evidentemente estava com Truman. E o general Lucius D. Clay, em maio de 1946, deu a *stop order*, a decisão unilateral de suspender a remoção de máquinas e equipamentos industriais para a União Soviética. Ele pretendia que a zona sob ocupação dos Estados Unidos fontes suficientes de recursos retivesse, a fim de compensar o provável fracasso dos esforços para conservar a Alemanha como unidade econômica e evitar, portanto, maiores ônus ao orçamento dos Estados Unidos, cujo povo, o *american taxpayer*, disposto não estava a pagar altos impostos, a aumentar seu contributo para a reconstrução econômica da Europa e a manutenção de vasto aparato militar. Por essa mesma razão o general também objetou a ida de técnicos da Alemanha para o Brasil.[15] O então embaixador do Brasil em Moscou, Mário de Pimentel Brandão, observou que os homens do Departamento de Estado, "transformados em instrumento de alta finança", consideravam a Alemanha "um *big business*" e encaravam o Ruhr como o "lugar próprio para *make money quickly*".[16] O general Smith francamente lhe declarou que "o grande objetivo da política norte-americana era pôr a Alemanha no trabalho intenso para que ela pudesse bastar-se a

---

13 Truman, 1956, v.2, p.111.
14 Kindleberger, 1987, p.188.
15 Ofício n.174, confidencial, general Anor Teixeira dos Santos, chefe da missão militar brasileira, ao ministro das Relações Exteriores Raul Fernandes, AHMRE-B/DE, Diversos no Exterior, Ofícios recebidos, 1947/48.
16 Ofício n.112, confidencial, 900.1.(22), embaixador Mário de Pimentel Brandão para o ministro das Relações Exteriores Raul Fernandes, Moscou, 6 ago. 1947, AHMRE-B, Política Internacional, Estados Unidos, 1944/49.

si mesma e colaborar na tarefa de salvar a Europa" do comunismo.[17] Evidente era, por conseguinte, que os resultados positivos do Plano Marshall, como o general Anor Teixeira dos Santos, chefe da missão militar brasileira em Berlim, dependiam da participação da própria Alemanha, uma vez que sem o concurso de sua produção industrial, a reconstrução econômica da Europa Ocidental possível não seria.[18]

A formação da Bizona constituía naturalmente o desdobramento de tal política, que visava tornar a Alemanha autossustentável, a atrair para sua órbita, se possível, as outras zonas de ocupação. Mas a consecução de tal objetivo defrontou-se com várias dificuldades, além da oposição da União Soviética. Os alemães, naturalmente, relutavam em servir às potências ocupantes. Porém, mesmo entre a Grã-Bretanha e os Estados Unidos discrepâncias havia, como reflexo de contradições ideológicas e das tendências na política interna da Alemanha. O governo de Londres, sob o controle dos trabalhistas (Labour Party), tinha compromissos com os sociais-democratas (SPD), cujo líder, Kurt Schumacher, não apenas defendia a nacionalização das indústrias e a planificação da economia como se opunha ao federalismo, à restauração do liberalismo econômico e à política europeia e atlantista, por consumar, segundo ele entendia, a divisão da Alemanha. O governo de Washington, favorável, por sua vez, ao restabelecimento da livre-empresa, bem como à abolição dos controles e à descentralização da economia, apoiava os democratas-cristãos (CDU), que, sob liderança do *Oberbürgmeister* (prefeito) de Colônia, Konrad Adenauer, defendiam a política atlântica e a integração da Alemanha na Europa Ocidental, ainda que aquela tivesse de sacrificar, por muito tempo, sua unidade nacional. Esta tendência, evidentemente, terminou por triunfar. Afinal, não somente a Alemanha, mas todos os países da Europa estavam a depender dos créditos em dólares, fornecidos pelos Estados Unidos, para a aquisição

---

17 Ibidem.
18 Ofício n.56, confidencial, 949.6(00), general Anor Teixeira dos Santos ao ministro das Relações Exteriores Raul Fernandes, Berlim, 10 abr. 1948, AHMRE-B/DE, Diversos no Exterior, Ofícios recebidos, 1947/48.

de alimentos, bem como de máquinas e de matérias-primas necessárias à manutenção de suas economias. E, diante de tal circunstância, a intensificação da Guerra Fria, quando os comunistas, em fevereiro de 1948, o poder na Tchecoslováquia capturaram, compeliu até mesmo a França, que desejava a separação do Ruhr e do Saar, da mesma forma que o desmembramento da Alemanha em vários pequenos Estados, a aceitar, por fim, a formação da Trizona (junho de 1948). Conforme o general Anor Teixeira dos Santos informou ao Itamaraty, em 10 de abril daquele ano, os Estados Unidos, a Grã-Bretanha e a França já não disfarçavam "o objetivo principal de construírem uma coalizão da Europa Ocidental com a participação da Alemanha não ocupada pelos russos".[19] E tudo indicava que a unificação econômica e política deste país, sob a égide do ACC, não mais seria possível, em face das incompatibilidades, sobretudo ideológicas, entre as potências ocidentais e a União Soviética.[20] Na falta de uma política comum, que ao ACC caberia estabelecer, as medidas adotadas pelos comandantes-chefes da ocupação, dentro de suas respectivas zonas, obedeciam, por isso mesmo, a orientações político-econômicas diferentes.[21] Enquanto os Estados Unidos e a Grã-Bretanha, por exemplo, tratavam de elevar o nível da produção industrial na Bizona, a União Soviética, na região ocupada por suas tropas, não só procedera à divisão das terras [*Bodenreform*], e, em seguida, à coletivização da agricultura, eliminando ao aristocracia rural [*Junkertum*], como, a realizar a expropriação dos grandes monopólios capitalistas, inclusive empresas médias, continuava o desmantelamento das fábricas, a fim de as transferir para o território soviético, a título de reparações de guerra.[22] Segundo alguns cálculos, o Exército Vermelho desmontou e para a União Soviética removeu cerca de 35% a 45% dos bens de capital existentes na Alemanha Oriental.[23] Essa política sem

---

19 Ibidem.
20 Ibidem.
21 Ibidem.
22 Moniz Bandeira, 1992, p.55-6.
23 Kindleberger, 1987, p.160-9; Horne, 1956, p.104.

dúvida alguma concorreu para reforçar de fato a divisão estabelecida pelos Acordos de Potsdam, na medida em que aprofundou o desnível econômico entre as zonas ocidentais, onde maior concentração industrial havia, e as áreas predominantemente agrícolas, produtoras de trigo e batatas, como Mecklenburg, Prússia Oriental e Pomerânia, situadas ao leste do Elba, sob o controle da SMAD. Como o próprio general Anor Teixeira dos Santos então percebera, o "desequilíbrio já existente entre a zona de ocupação soviética e as zonas ocidentais" tendia a acentuar-se, em virtude das políticas diferentes adotadas pelas potências ocupantes, pois, enquanto

> as zonas ocidentais, notadamente a norte-americana e a inglesa, contam com o apoio econômico e a assistência militar [...], a economia da zona soviética tem sido comprometida pelas desmontagens e transferências das fábricas, assim como pelo fato de serem os recursos existentes aproveitados pelo ocupante, que nada despende para assistir à população alemã.[24]

A divisão da Alemanha em dois Estados rivais e antagônicos começava a configurar-se. Na zona ocidental, após a criação da Deutsche Wirtschaftskommission [Comissão Econômica Alemã], a SMAD promovera a organização do Deutscher Volkskongress für Einheit und gerechten Frieden [Congresso do Povo Alemão pela Unidade e uma Paz Justa] e a formação do Deutscher Volksrat [Conselho Popular Alemão], com quatrocentos membros do SED, o novo partido que surgira da fusão do SPD com o KPD e assumia o papel dirigente [führende Rolle] da chamada Democracia Popular [Volksdemokratie], democracia de novo tipo [eine Demokratie neuen Typus], segundo a teoria de Stálin, em gestação. Por outro lado, nas três zonas ocidentais, os ministros--presidentes dos Länder [estados alemães], autorizados pelos Estados Unidos, Grã-Bretanha e França, tratavam de convocar uma assembleia geral constituinte, a instalar-se em 1º de setembro de 1948, com

---

24 Ofício n.56, confidencial, 949.6(00), general Anor Teixeira dos Santos a Raul Fernandes, Berlim, 10 abr. 1946, AHMRE-B/DE, Diversos no Exterior, Ofícios recebidos, 1947/48.

o objetivo de fundar, sob a forma federativa, um Estado alemão, ao qual todo o apoio do Plano Marshall se destinaria. Como forma de protesto, o marechal Wassily D. Sokolowski, comandante da SMAD, abandonou o ACC, cujo funcionamento cessou. Essa atitude facilitou a concretização da *Währungsreform* [reforma monetária], em 20 de junho de 1948, com a introdução do marco [*Deutsche Mark*] nas três zonas ocupadas pelas potências ocidentais, antes mesmo da fundação da RFA. Conforme o general Anor Teixeira dos Santos observou, o desenvolvimento econômico da Alemanha, mesmo sob o regime de ocupação militar, estava a depender do estabelecimento de uma moeda de curso internacional. E, efetivamente, o objetivo da reforma monetária consistiu em evitar que a inflação, deliberadamente fomentada pela contínua emissão do velho e desvalorizado Reichsmark na zona ocupada pela União Soviética, viesse a prejudicar os esforços para a recuperação econômica da Alemanha Ocidental e assim dificultar o sucesso do Plano Marshall.[25]

No entanto, a tentativa de estendê-la a toda Berlim (encravada no território sob o domínio do Exército Vermelho e também dividida em quatro setores de ocupação) fracassou. E a União Soviética, que desde abril restringia as comunicações com os setores ocidentais daquela cidade, dificultando-lhes o abastecimento, terminou por estabelecer completo bloqueio às suas vias de acesso, em meados de 1948, com o argumento de que Estados Unidos, Grã-Bretanha e França não mais, ali, podiam manter tropas de ocupação, dado que, ao evoluírem para a organização de um Estado ocidental separado, renunciaram à ideia de reunificação da Alemanha e romperam os Acordos de Ialta e Potsdam. Ela pretendeu, naturalmente, forçar a retirada daquelas potências, o que paralisaria a reconstrução dos setores ocidentais, impedindo a ampliação do contraste, já bastante visível, entre eles e o quadro de ruínas em que Berlim Oriental ainda estava. Sem dúvida, a diferença entre os padrões de vida nos dois lados da cidade criava cada

---

25 Ibidem.

vez maiores dificuldades para a União Soviética, que não dispunha de recursos para as resolver. E os resultados de tal situação deixavam os Estados Unidos muito satisfeitos.[26] Mas o principal objetivo do bloqueio, *inter alia*, era, ao que tudo indicava, criar condições para que Berlim, inviabilizado o funcionamento dos setores sob ocupação das potências ocidentais, viesse a integrar-se totalmente na Sowjetische Besatzungszone, tornando-se a capital de um Estado alemão oriental comunista, em oposição à Alemanha Ocidental, que se corporificava, com seu centro de gravitação política em Frankfurt am Main.

Tal conquista, além de representar perda de posição-chave e grande desprestígio para as potências ocidentais, repercutiria moralmente em favor da União Soviética, cuja oposição ao Plano Marshall, com mais força e mais eficiência, maior impulso tomaria. Entretanto, Estados Unidos, Grã-Bretanha e França dispostos não estavam a abandonar a antiga capital do *Reich* enquanto o regime de ocupação durasse. E, embora alguns círculos políticos, naqueles países, julgassem que Berlim não valia o risco de outra guerra mundial, o presidente Truman, dos Estados Unidos, e Ernest Bevin, primeiro-ministro da Grã-Bretanha, decidiram não capitular. Promoveram o contrabloqueio de toda a Alemanha Oriental e organizaram a *Luftbrücke* [ponte aérea] para abastecer Berlim Ocidental, cujos estoques de gêneros alimentícios, destinados ao consumo de 2 milhões de habitantes, não durariam mais de três ou quatro semanas.[27] Assim, o bloqueio de Berlim, conquanto quase um ano demorasse, tornou-se ineficaz e Stálin, em 12 de maio de 1949, ordenou sua suspensão. Onze dias depois, 23 de maio, a República Federal da Alemanha (RFA), unificando as três zonas ocupadas pelas potências ocidentais, constituiu-se, com a promulgação da *Grundgesetz* [Lei Fundamental], que o *Parlamentarische Rat* (Conselho Parlamentar,

---

26 Ofício n.1200/900.1(74), confidencial, embaixador Maurício Nabuco ao ministro interino das Relações Exteriores), Hildebrando Accioly, Washington, 5 out. 1948, AHMRE-B, Ofícios recebidos, confidenciais, Washington, 1953.

27 Ofício n.93, confidencial, 949.6(00), general Anor dos Santos a Raul Fernandes, Berlim, 28 jun. 1948, AHMRE-B/DE, Diversos no Exterior, Ofícios recebidos, 1947/48.

conforme a assembleia geral constituinte se denominara) aprovara em 8 de maio, estabelecendo em Bonn a capital, enquanto, na zona oriental, o Deutsche Volksrat, controlado pelos comunistas, organizava a chamada República Democrática Alemã (RDA), instituída, finalmente, em 7 de outubro de 1949.

Com a nação alemã partida em dois Estados antagônicos e rivais, o território do antigo *Reich*, do qual a Polônia ficara com um quarto (100.651 km²), acima da Linha Oder-Neisse, configurada pelos dois rios assim chamados, transformou-se, naquelas circunstâncias, no primeiro *front* da Guerra Fria. E a União Soviética, além de anexar a região de Königsberg (13.200 km²) e Memel (incorporada à Lituânia), tratou de obter reparações de guerra na zona de ocupação, a extrair recursos, calculados em até 18 bilhões de dólares, sob a forma de dinheiro, mercadorias e equipamentos industriais.[28] Esse montante, que a embaixada do Brasil em Bonn informara, naquela época, ao Itamaraty, não é muito superior nem muito diferente das cifras que posteriormente alguns autores calcularam, ao estudarem a formação da RDA. Um historiador alemão, Dietrich Staritz,[29] estimou que a Sowjetische Besatzungszone-RDA, até 1953, pagara o equivalente a 13,9 bilhões de dólares[30] à União Soviética, que ainda incorporara ao seu estoque de companhias, denominado Sowjetische Aktiengesellschaft [Sociedade Anônima Soviética], 213 empresas, no valor de 2,5 bilhões de marcos. Por sua vez, Mike Dennis, um historiador inglês,[31] calculou que o total das perdas decorrentes dos vários tipos de reparações de guerra pagos à União Soviética, alcançara, entre 1945 e 1953, o montante de 15,8 bilhões de dólares, embora outros autores, como Heinz Kohler,[32] concluíssem que o valor fora ainda mais alto, da ordem de 17,1 bilhões

---

28 *O Mês Político*, n.6 (agosto 1953), O problema da reunificação da Alemanha, embaixada do Brasil em Berlim, 14 set. 1953, Bonn, Ofícios, set.-dez. 1953, AHI – 7/5/7.
29 Staritz, Ein "besonderer deutscher Weg" zum Sozialismus, *Geschichte und Gesellschaf*, 1990, p.56.
30 As cifras são apresentadas em valores da época.
31 Dennis, 1988, p.120.
32 Cf. McCauley, 1979, p.69.

de dólares, naquele período, ou de 19,3 bilhões, entre 1945 e 1960. De qualquer modo, o volume dos recursos retirados da Sowjetische Besatzungszone-RDA situou-se muito acima dos 10 bilhões de dólares que a União Soviética devia receber a título de reparações de guerra, conforme durante a Conferência de Potsdam se fixou, e quase atingiu a soma de 20 bilhões de dólares inicialmente exigida por Stálin. Entretanto, ao contrário da Alemanha Oriental, a Alemanha Ocidental já apresentava, no início dos anos 1950, extraordinários sinais de recuperação econômica, a absorver investimentos brutos da ordem de 20% do Produto Nacional Bruto, de acordo com o Four-years Program, que as autoridades da bizona encaminharam à Organization for European Economic Cooperation, para o período de duração do Plano Marshall (1948-1952).[33] Sua produção de aço, reiniciada em 1946, com 2.551.000 t, subira em 1947 para 3.050.000 t; depois, entre 1948 e 1949, saltara de 5.561.000 para 9.156.000 t, superando a da França, da ordem de 9.111.000 t, e já em condições de atingir 16.000.000 t, a ultrapassar a da própria Grã-Bretanha, calculada em 15.659.000 t.[34] Isso significava que a RFA já então poderia restabelecer o nível de produção de antes da guerra, cerca de 17.902.000 t de aço, se a Allied High Commission (AHC) o permitisse.

Com efeito, em 1950, a produção de aço pela RFA aumentou para 12 milhões de toneladas, 3 milhões a mais que a de 1949 e 1 milhão a mais que a autorizada pela AHC, para aquele ano, dentro do Plano Schuman.[35] E o mesmo ocorreu com a produção de carvão, que atingira a quantidade de 112 milhões de toneladas, 7 milhões a mais que

---

33 Kindleberger, 1987, p.36-7.
34 *Memorandum*, Ezequiel Ubatuba ao embaixador Mário de Pimentel Brandão, chefe da missão especial do Brasil junto à Alta Comissão Aliada e ao Governo da RFA; Anexo único ao Ofício n.8, Pimentel Brandão ao ministro das Relações Exteriores Raul Fernandes, Bonn, 3 jun. 1950, Bonn, Ofícios, 1950, AHI-MDB – 7/4/13.
35 Robert Schuman, ministro dos Assuntos Estrangeiros da França, foi o autor do plano que visava a compatibilizar e harmonizar as indústrias pesadas da França e da Alemanha, mediante a formação de uma união aduaneira – a Comunidade Europeia do Carvão e do Aço (Montanunion) – estabelecida em 1950, com a participação da Itália, Bélgica, Holanda e Luxemburgo.

em 1949, e poderia ainda mais aumentar, se a eficiência na exploração voltasse ao nível de antes da guerra, tal como acontecera em quase todos os setores da indústria na RFA, e o controle sobre as minas do Ruhr a terminar viesse. Os alemães, obviamente, não se conformavam com tais limitações, bem como com o fato de que a RFA estivesse impedida de livremente dispor de sua produção de carvão, havendo a Comissão Internacional do Ruhr estipulado que ela devia exportar 6,2 milhões de toneladas, quando suas necessidades cada vez mais aumentavam. O ministro da Economia do governo de Bonn, Ludwig Erhard, insurgiu-se contra essa decisão, reivindicou a redução do volume fixado para 5,7 milhões de toneladas e, conclamando o povo a formar uma frente única contra as exportações de carvão, declarou que os mineiros não fariam mais horas extras, a fim de cumprir as ordens da Comissão Internacional do Ruhr.[36] Nos meados de 1951, o problema das exportações de carvão chegou então a um ponto difícil, o que levou o chefe de governo da RFA a enviar nota, solicitando a anulação da ordem da Autoridade Internacional do Ruhr, que fixara em 6,2 milhões o volume a ser exportado no terceiro trimestre, ou seja, de julho a setembro daquele ano. A perspectiva era de que a produção caísse nos meses de verão e que as reservas se esgotassem nos estabelecimentos consumidores, por causa da exigência das indústrias, em franco desenvolvimento.[37]

Com um acréscimo de 40% na produção industrial, as exportações saltando, em 1950, para 2 bilhões de dólares, contra apenas 650 mil em 1949, e considerável melhoria do padrão de vida,[38] a RFA, cuja infra-estrutura econômica fora destruída pela guerra, estava a recuperar-se economicamente, malgrado as restrições que se lhe impunham e com

---

36 *Mês Econômico*, Ezequiel Ubatuba a Pimentel Brandão, ME, Bonn, jan. 1951, anexo único ao Ofício n.1, 2 jan. 1951, Bonn, Ofícios, jan.-abr. 1951, AHI-MDB 7/4/14.
37 Ofício n.117, Renato Jorge Guimarães Bastos, encarregado de negócios do Brasil em Bonn, ao ministro das Relações Exteriores João Neves da Fontoura, Bonn, 2 jul. 1951, Bonn, Ofícios, jul.-ago. 1951, AHI-MDB 7/4/6.
38 *Mês Econômico*, Ezequiel Ubatuba a Pimentel Brandão, ME, Bonn, jan. 1951, anexo único ao Ofício n.1, 2 jan. 1951; Pimentel Brandão a Fernandes, Bonn, Ofícios, jan.-abr. 1951, AHI-MDB 7/4/14.

obrigações que nem sempre podia cumprir, porquanto necessitava mais e mais de maiores quantidades de carvão e de aço. Suas fábricas por toda parte trabalhavam, com assombroso crescimento da produção de automóveis, locomotivas, caminhões, trilhos, máquinas de toda espécie, tecidos, calçados etc. Conforme o adido comercial à missão especial do Brasil em Bonn, Ezequiel Ubatuba, observou, o mundo, na verdade, estava "perplexo com o vertiginoso progresso industrial da Alemanha",[39] Ludwig Erhard, ministro da Economia, implantou a economia social de mercado [*Soziale Marktwirtschaft*], com a livre concorrência da empresa privada regulada, com a intervenção do Estado, controle da inflação, baixo nível de desemprego e bem-estar social. Entre 1950 e 1960, sob sua gestão, as taxas de crescimento do estoque de capitais na RFA foram da ordem de 6% a 9%, enquanto nos Estados Unidos nunca ultrapassaram 5%. A economia alemã, que havia caído 65% entre 1943 e 1946, cresceu cerca de 9,5% ao ano, em média entre 1950 e 1955, e 6,3% entre 1955 e 1960, com taxas decrescentes do desemprego (de 7,5% para 3%) e da inflação (de 1,9% para 1,8%) 8,2% ao ano. E esse "vertiginoso progresso" se evidenciava, com todo o ímpeto, no soerguimento das cidades. Ao término da Segunda Guerra Mundial (1945), uma em cada cinco casas na Alemanha Ocidental estava destruída e uma tão danificada que se tornara inabitável.[40] Mas, até 1953, a RFA já reconstruíra cerca de 2 milhões de moradias (1,2 milhão a partir de 1949), quase tantas quantas (2,5 milhões, ou seja, 20% do patrimônio imobiliário existente em 1939) destruídas foram durante a guerra.[41] E mais 4 milhões de moradias ainda erguidas deveriam ser, de modo a atender ao déficit habitacional, uma vez que a guerra também paralisara a construção civil e, ademais, o êxodo da zona oriental, em consequência do desmantelamento das indústrias e da coletivização dos campos,

---

39 *Mês Econômico*, a Ezequiel Ubatuba, ME, Bonn, 34/5/Anexo único ao Ofício n.34; Pimentel Brandão ao ministro das Relações Exteriores João Neves da Fontoura, Bonn, 12 mar. 1951, Bonn, Ofícios, jan.-abr. 1951, AHI-MDB 7/4/14.
40 Horne, 1956, p.269.
41 Ofício n.214, Manoel Pio Corrêa Jr. ao ministro das Relações Exteriores Vicente Rao, Bonn, 14 set. 1953, Bonn, Ofícios, set.-dez. 1953, AHI-MDB 7/5/7.

continuava.[42] De fato, desde 1945 até aquela data, cerca de 2 milhões de habitantes haviam fugido da Sowjetische Besatzungszone-RDA para a Alemanha Ocidental.[43] Aquela, sob o domínio dos comunistas, perderia, até a construção do Muro de Berlim (1961), mais de 15% de sua população, estimada em 18,3 milhões de habitantes ao fim da Segunda Guerra Mundial, para as zonas ocidentais, nas quais alimentam tanto o déficit habitacional, como também o número de desempregados, da ordem de 1,25 milhões em 1951.[44] Esse êxodo contínuo, na maioria de jovens com menos de 25 anos, ávidos por trabalho, constituiu, no entanto, importante fator para o *boom* econômico da RFA, da mesma forma que o elevado contingente de refugiados [*displaced persons*], calculado em torno de 11 milhões, que do Leste Europeu para lá afluíram ao fim da Segunda Guerra Mundial. Sua força de trabalho expandiu-se a uma taxa quatro ou cinco vezes mais rápida que na Grã-Bretanha ou nos Estados Unidos.[45] E as indústrias puderam contar com enorme reserva disponível de operários e técnicos, um estoque extra, a evitar pressões por aumento dos salários, cujos níveis continuaram muito abaixo dos existentes na Grã-Bretanha, não obstante crescessem 47% entre 1950 e 1954.[46] Destarte, os produtos alemães ganharam maior competitividade no mercado mundial.

Em 1950, poucos meses depois de chegar a Bonn como chefe da missão especial do Brasil, o embaixador Mário de Pimentel Brandão informou ao Itamaraty que a Grã-Bretanha, principalmente, estava em "sobressaltos", ao ver que a Alemanha Ocidental entrava pouco a pouco no mercado mundial, a oferecer artigos, cujos preços eram, em alguns casos, menores que os dos ingleses.[47] Ela já fornecera à Turquia

---

42 Ibidem.
43 Horne, 1956, p.185.
44 *Mês Econômico*, Ezequiel Ubatuba, ME, Bonn, jan. 1951, anexo único ao Ofício n.1; Pimentel Brandão a Raul Fernandes, Bonn, 2 jan. 1951, AHI 7/4/14.
45 Horne, 1956, p.290.
46 Ibidem, p.268.
47 Ofício n.17, Pimentel Brandão a Raul Fernandes, Bonn, 3 jul. 1950, Bonn, Ofícios, 1950, AHI-MDB 7/4/13.

100 mil toneladas de trilhos, com custos 16% menores que na Grã--Bretanha e 33% menores que nos Estados Unidos.[48]

Como o embaixador Pimentel Brandão constatou,

> os homens de negócios da Inglaterra e mesmo os do Estado não escondem seus temores e ainda agora Anthony Eden (primeiro-ministro da Grã-Bretanha) escreve textualmente: "Devemos pensar seriamente na concorrência da Alemanha".[49]

Com efeito, à medida que a sua indústria se recuperava e a RFA, forçada pela perda dos mercados no Leste Europeu, cada vez mais se voltava para o Ocidente, a progressiva concorrência com a Grã-Bretanha e também com os Estados Unidos se intensificou. Porém, àquele tempo, as potências ocidentais não mais podiam impedir a expansão da RFA, uma vez que o conflito armado com a União Soviética se lhes afigurava inevitável, depois que ela explodira seu primeiro artefato nuclear (1949) e a Guerra Fria o clímax atingira com a Coreia do Norte, sob o domínio dos comunistas, a invadir a Coreia do Sul (1950). O temor de que essa fosse a primeira de uma série de agressões e de que uma situação semelhante na Alemanha se produzisse[50] persuadiu as potências ocidentais a começarem a suspender as restrições econômicas, inclusive os limites à produção do aço, e políticas impostas à RFA, de modo que ela se rearmasse e aderisse à Otan, criada em 1949. Assim, em 26 de maio de 1952, Estados Unidos, Grã-Bretanha e França com a RFA firmaram The Contractual Agreements e The Bonn Convention [Deutschlandvertrages], mediante os quais lhe restituíram a soberania, ainda que com certas limitações, e a reintegraram na comunidade internacional. Na mesma noite, os ministros das Relações Exteriores e suas equipes viajaram de Bonn para Paris, onde assinaram o European Defense Community Treaty (Vertrag zur Europäischen Verteidigungsgemeinschaft, EVG), que transformava as tropas de ocupação, esta-

---

48 Ibidem.
49 Ibidem.
50 Bartlett, 1904, p.282-304.

cionadas no território da RFA, em forças de defesa, ao mesmo tempo que a obrigava também a fornecer um contingente de 500 mil homens para o Exército europeu.

# CAPÍTULO 4

A SITUAÇÃO DO BRASIL NO PÓS-GUERRA E A PERSPECTIVA DO COMÉRCIO COM A ALEMANHA – OS PROBLEMAS COM OS ESTADOS UNIDOS E O RECRUDESCIMENTO DO NACIONALISMO BRASILEIRO – A ELEIÇÃO DE VARGAS – A INAUGURAÇÃO DA MANNESMANN E O INÍCIO DOS INVESTIMENTOS ALEMÃES NO BRASIL – AS RELAÇÕES COMERCIAIS – A RESTRIÇÃO DAS IMPORTAÇÕES E A IMPLANTAÇÃO DA INDÚSTRIA AUTOMOBILÍSTICA – OS PROJETOS DA VOLKSWAGEN E DA MERCEDES-BENZ

Após suprimir a missão militar em Berlim, em consequência da extinção do ACC, o governo brasileiro, desde 1950, encarregara o embaixador Mário de Pimentel Brandão de chefiar, em Bonn, a missão especial junto à AHC, por meio da qual manteria as relações com a recém-fundada RFA. Essa missão especial tinha caráter civil e, ainda que *status* político e diplomático não possuísse, recebera a "delicada tarefa" de estabelecer *ex novo* todos os intercâmbios entre o Brasil e um país que "o fulcro de toda política mundial em relação à Europa" constituía.[1] Sem dúvida alguma, em meio da crescente escalada na Guerra Fria, a situação da RFA ainda se afigurava "precária", dado que sua estabilidade a depender estava do destino de toda a Alemanha, ainda ocupada, havia quase cinco anos, pelos exércitos dos Estados

---

1   Instruções, confidencial, 921.(42)(81), ministro das Relações Exteriores Raul Fernandes a Pimentel Brandão, Rio de Janeiro, 16 fev. 1950, AHMRE-B, Bonn, Ofícios Expedidos, 1950/71.

Unidos, Grã-Bretanha, França e União Soviética, e dividida, politicamente, em duas repúblicas antagônicas, "de formação recente e de caráter provisório".[2] Porém, mesmo diante de tais circunstâncias, o Brasil tinha seus próprios interesses e objetivos, máxime econômicos e comerciais, a alcançar. O mercado alemão oferecia ao seu comércio exterior "grandes perspectivas", segundo a percepção do Itamaraty, pois produtos havia que ali sempre encontraram canais de escoamento e que, com a eclosão da guerra contra o Eixo, ficaram a depender de reduzido número de países importadores. Por outro lado, a abertura do mercado da Alemanha Ocidental tornava-se "imprescindível", de modo a "contrabalançar [...] a dependência" em que as importações realizadas pelo Brasil encontravam-se em relação aos Estados Unidos e, em desviá-las, economizar dólares para atender aos encargos do balanço de pagamentos.[3] Este, aliás, um problema de fundamental importância constituía àquela época. O Brasil, ao término da Segunda Guerra Mundial, dispusera de um saldo de 600 milhões de dólares.[4] Mas, em vez de investir tais recursos em máquinas, ferramentas, meios de transporte e de comunicação, bem como na compra de outros bens imprescindíveis, o governo do presidente Eurico Dutra (1946-1951), orientado pela doutrina do liberalismo econômico, permitiu que aquele saldo se esvaísse, quase exclusivamente, com importações de artigos de luxo – automóveis norte-americanos, aparelhos eletrodomésticos, joias de imitação e artigos de matéria plástica. Além do mais, como a Grã-Bretanha, da mesma forma que a França, países com os quais a maior parte do saldo se encontrava, bloqueara o curso da libra e tanto não dispunha de mercadorias para atender à demanda quanto não tinha interesse em liquidar seus débitos comerciais atrasados, o governo Dutra induzido foi a comprar – e o mesmo aconteceu com o do general Juan Domingo Perón na Argentina – as empresas

---

2   Ibidem.
3   Ibidem.
4   Ofício n.340, embaixador Luiz de Faro Jr. ao ministro das Relações Exteriores Vicente Rao, Bonn, 9 dez. 1953, Bonn, Ofícios, set.-dez. 1953, AHI-MDB 7/5/7.

ferroviárias (todas de capital britânico) São Paulo Railway (Estrada de Ferro Santos-Jundiaí), Leopoldina Railway e Great-Western, que constituíam enormes sucatas.

O Brasil – cuja indústria têxtil muito progredira, com exportações, por causa do isolamento da Europa, que chegaram a ocupar, em 1943, o segundo lugar na pauta do comércio exterior, com uma participação de 13% – perdera também a maioria dos mercados conquistados durante a guerra e nos dois anos subsequentes, quando se tornara o mais importante fornecedor de todos os países da América do Sul e até mesmo da União Sul-Africana,[5] no que se referia aos suprimentos de algodão.[6] Destarte, uma vez que, em 1947, o valor das importações brasileiras ultrapassara o das exportações, deixando um déficit de 53 milhões de dólares, e nada mais do saldo positivo restava, os atrasados comerciais alcançaram a cifra de 82 milhões de dólares, o que atingiu o crédito do país e provocou a suspensão dos fornecimentos. O governo Dutra, a fim de enfrentar a crise, estabeleceu o sistema de licença prévia para as importações e conteve a entrada de automóveis, a possibilitar ligeira melhoria na balança comercial, que apresentou um superávit de 88 milhões de dólares, em 1948, e de 17 milhões, em 1949, ainda assim insuficiente para atender aos compromissos financeiros, aos serviços da dívida externa e dos capitais estrangeiros aplicados no Brasil. E essa situação se tornou angustiante, dado que a continuidade do desenvolvimento nacional exigia vultosas importações, inclusive para a reposição do material produtivo desgastado, o que a situação das contas externas não permitia. A origem da crise cambial, portanto, estava no fato de que a capacidade do Brasil para importar crescera, a longo prazo, em ritmo inferior ao do aumento da renda nacional. E, de modo a superar tal situação, a elevação do *quantum* das exportações brasileiras, cuja participação no mercado mundial diminuíra, constituía fundamental necessidade, razão pela qual o restabelecimento do comércio com a

---

5  Atual África do Sul.
6  Ofício n.340, embaixador Luiz de Faro Jr. ao ministro das Relações Exteriores Vicente Rao, cit.; Prado Jr., 1974, p.304-8.

Alemanha imprescindível se afigurava, pois abriria a diversos produtos novos canais de escoamento e possibilitaria também reduzir as importações da área do dólar, aliviando a extrema dependência do Brasil em relação aos Estados Unidos.

Essa dependência tornara-se incômoda tanto mais quanto o presidente Dutra, no contexto da Guerra Fria, alinhara o Brasil incondicionalmente aos Estados Unidos, a ponto de proscrever o Partido Comunista e romper relações diplomáticas e comerciais com a União Soviética, sem nada receber, em contrapartida, por tamanha devoção. O próprio secretário de Estado, Dean Acheson, compreendeu o problema e advertiu o presidente Truman que Getúlio Vargas, cuja candidatura à presidência do Brasil o Partido Trabalhista Brasileiro promovera e sustentava, atacaria o governo Dutra por não ter conseguido maior colaboração econômica e financeira dos Estados Unidos, aos quais faria, se eleito, agressivas e persistentes reivindicações.[7] Por sua vez, poucos meses depois de inaugurado o segundo governo de Getúlio Vargas (1951-1954), o embaixador da Grã-Bretanha, Neville Buttler, percebeu que ele tentaria conter a influência dos Estados Unidos, de cujas diretrizes políticas e militares o Brasil "dócil adepto" não seria, e trataria de a ela contrapor os interesses da Europa.[8] Realmente, desde a campanha eleitoral, Vargas passara a criticar o governo Dutra – e continuou a fazê-lo mesmo quando já no exercício da presidência da República se encontrava – por gastar no exterior centenas de milhões de cruzeiros da reserva nacional,[9] bem como, da mesma forma que grande parte das elites brasileiras, não escondeu seu ressentimento tanto políticas quanto militares com o fato de que os Estados Unidos, por meio do Plano Marshall, alocaram vultosos capitais na Europa,

---

7   *Memorandum*, secreto, Dean Acheson a Truman, Departamento de Estado, Washington, 1 mai. 1950, Harry S. Truman Library Papers of HST, President's Secretary's File.
8   Despacho n.154, secreto, Buttler a Morrison, Rio de Janeiro, 4 jul. 1951, Seção 1ª, PRO--FO 371-90563.
9   Pronunciamento de Vargas na noite de 31 dez. 1951, Bericht, conselheiro Hans U. von Marchataler ao Auswärtiges Amt, Rio de Janeiro, 4 jan. 1952, Auswärtiges Amt, AA--PA, Band 2, 205-00/9 2 205-00 Tg G, n.9/52.

sobretudo para a reconstrução da Alemanha e da Itália, nações contra as quais lutara na Segunda Guerra Mundial, enquanto em nada cooperaram para o desenvolvimento do Brasil.[10] Tal ressentimento, aliás, começara a manifestar-se dentro do próprio governo Dutra e tão agudo se tornara que o embaixador Mário de Pimentel Brandão – quando ao Itamaraty transmitiu, em 1950, a informação de que os Altos Comissários Aliados impugnaram a instalação de consulados alemães no Rio de Janeiro e em Santiago do Chile porque consideravam "a liberdade de ação do governo alemão na América Latina [...] como da maior inconveniência" – ressaltou que "o Plano Marshall já nos sacrificou bastante em favor da Europa".[11]

O nacionalismo brasileiro já estava, então, a recrudescer. E, quando a RFA, em processo de recuperação da soberania, enviou, em 1951, ao Rio de Janeiro o primeiro embaixador, Fritz Öllers, ele logo compreendeu que o Brasil, dentro da moldura de suas obrigações internacionais, implementava uma política exterior, fundamentada sobre os próprios interesses nacionais, e seria, portanto, equivocado descrevê-lo como um "satélite dos Estados Unidos" conforme o fizera Otto Grotewohl, um dos dirigentes da RDA.[12]

Evidentemente – em um país com minério de ferro em abundância, um parque manufatureiro de bens de consumo, sobretudo têxteis, já implantado, uma população da ordem de 55,5 milhões de habitantes,[13] a crescer a taxas bastante elevadas e em rápido ritmo de urbanização – o funcionamento, a partir de 1946, do complexo siderúrgico em Volta Redonda, a primeira usina para produção de aço em grande escala

---

10 Telegrama, secreto, embaixador Herschell V. Johnson ao Departamento de Estado, Rio de Janeiro, 9 mai. 1952, 8 p.m., NA 800-05/325-952; Telegrama-*Memorandum*, confidencial, a) Sterling J. Cottrel, Office of South America Affairs, Washington, 12 jan. 1953, NA 932/512/1 – 1253.
11 Ofício n.12, confidencial, Pimentel Brandão a Raul Fernandes, Bonn, 13 jun. 1950, AHMRE-B, Bonn, 1950/56.
12 Bericht, embaixador Fritz Öllers ao Auswärtiges Amt, Rio de Janeiro, 27 mar. 1952, AA-PA, Band 2, 205-9, Tgb, n.841 II/52.
13 Ibidem.

instalada na América Latina, impulsionara ainda mais a expansão das forças produtivas do capitalismo e as crescentes necessidades do processo de industrialização passaram a condicionar o interesse nacional e a determinar o sentido de sua política e de suas relações exteriores. Assim, de qualquer forma, o Brasil tendia a afastar-se dos Estados Unidos, que, de fato, consideravam a Europa sua primeira prioridade por causa da proximidade da União Soviética e tratavam de manter os países da América Latina, situados à retaguarda, como fornecedores de matérias-primas estratégicas para suas indústrias de armamentos. E Vargas, desde os primeiros meses de sua administração, empenhou-se no sentido de compensar a dependência do Brasil em face dos Estados Unidos, buscando na Europa mercados para suas exportações, sobretudo de café, e novas fontes de capital, equipamentos e tecnologia.[14] Dificuldades naturalmente havia. O embaixador Pimentel Brandão, já em 1950, acentuara que o Plano Schuman tinha como uma de suas principais finalidades a *mise en valeur* do continente africano, o que equivalia à criação de perigoso concorrente para os produtos naturais do Brasil, pois lá a França diversas colônias ainda possuía. Segundo ele, perder o mercado europeu para as matérias-primas brasileiras era a perspectiva que então se configurava.[15] E, por isso, recomendara, como a "única política séria" a ser adotada pelo Brasil, com a "mais enérgica decisão", a de

> aproximação intensa e multiforme [...] com a Alemanha, demandando [...] um esforço persistente e decidido para que essa aproximação se faça da maneira mais rápida e completa.[16]

Diante daquelas circunstâncias, dentro do contexto internacional bipolar da Guerra Fria, ao Brasil, na condição de país do Ocidente, só restava de fato a opção de voltar-se para a Alemanha, que como

---

14 Despacho n.202, M. S. William a K. G. Younger, Rio de Janeiro, 23 ago. 1951, PRO-FO 371-90363.
15 Ofício n.12, confidencial, Pimentel Brandão a Fernandes, cit.
16 Ibidem.

fênix das cinzas ressurgia. A RFA tinha o mesmo interesse em abrir ou reconquistar os mercados, perdidos pelo III *Reich* durante a Segunda Guerra Mundial, e o Brasil afigurava-lhe tão importante que, no início de 1951, enviou ao Rio de Janeiro o Ministerialdirektor do Bundeswirtschaftsministerium [Ministério Federal da Economia], Barão von Maltzan, como chefe da missão comercial, a fim de negociar um acordo de comércio e um convênio de pagamentos. Poucos meses depois, Carl Spiecker, amigo de Theodor Heuss, presidente da RFA, visitou também o Brasil e outros países da América do Sul, com o objetivo de colher várias informações, sobretudo políticas e culturais. E outra vez o Barão von Maltzan voltou ao Rio de Janeiro, em 1951, como chefe da missão especial, para as cerimônias de posse de Getúlio Vargas na presidência da República, por ele considerado um acontecimento de "grande transcendência", motivo de homenagens até então jamais concebidas e prestadas a uma personalidade ou a um país em todo o mundo ocidental, o que significava "o reconhecimento da importância econômica e política da América do Sul".[17] Na oportunidade, ele manteve conversações com as novas autoridades, os ministros da Fazenda, Ricardo Jafet, e das Relações Exteriores, João Neves da Fontoura, e o próprio presidente Vargas, que manifestou o desejo de construir melhores relações com a Alemanha, adiantando que o Brasil tinha muitos artigos interessantes para exportação.[18] Sem dúvida alguma, o Brasil enormes reservas de matérias-primas estratégicas possuía e não se conformava com o fato de que estivesse a depender, havia oitenta anos, da produção dos Estados Unidos, conforme, posteriormente, o próprio ministro das Relações Exteriores João Neves da Fontoura salientou para Fritz Öllers, quando este, em meados de 1951, chegou ao Rio de Janeiro para apresentar suas credenciais como o primeiro embaixador

---

17 Bericht über die deutsche Sondermission zum Regierungsantritt des Bundespräsidenten von Brasilien, Getúlio Vargas, in Rio de Janeiro am 31 jan. 1951, a) Dr. von Maltzan, Frankfurt, den 12 fev. 1951, AA-PA, Ref. 210-01/9.
18 Ibidem.

da RFA na América do Sul.[19] O governo brasileiro estava convencido de que a guerra entre os Estados Unidos e a União Soviética mais cedo ou mais tarde ocorreria, razão pela qual pretendia aproveitar o período até que ela ocorresse para impulsionar, em ritmo acelerado, o processo de industrialização do país, atraindo fábricas alemãs que se instalassem no território nacional. Aliás, o próprio Vargas também manifestou esse desejo, pessoalmente, durante conversa com o diretor do Serviço de Informações Econômicas de Bonn, Hans Fuchs, ao referir-se, *expressis verbis*, ao exemplo da Mannesmann, então disposta a instalar-se em Minas Gerais[20] para produzir 60 mil toneladas de tubo e 20 mil de aço. E, nesse caso, à Alemanha cabia, segundo Fuchs, uma importância toda particular, pois só ela oferecia a possibilidade de libertar, de certo modo, o Brasil dos "fortes laços unilaterais" que o ligavam aos Estados Unidos.[21] Mas aí também sua chance residia. E a Alemanha devia aproveitá-la, antes que os Estados Unidos a cortassem, o que fariam logo que deixassem de voltar suas atenções apenas para a produção de armamentos.[22] Fuchs informou que, até meados de 1951, cerca de quarenta projetos alemães, dos mais diferentes ramos industriais, encontravam-se em fase de estudos, com a perspectiva de realização no Brasil, onde indústrias da Suíça, Bélgica, Holanda e, sobretudo, França também demonstravam interesse em investir.[23]

Por sua vez, o embaixador Öllers, ao visitar Minas Gerais, então governada por Juscelino Kubitscheck, revelou que várias empresas alemãs, entre as quais a Mannesmann, estavam a estudar a possibilidade de se transferirem para aquele estado, que se destinava a constituir, segundo previa, o polo de maior concentração industrial do Brasil, dado que a evolução econômica tendia a levar fábricas e usinas a se instalarem nas

---

19 Bericht n.48, Öllers ao Auswärtiges Amt, Rio de Janeiro, 2 jul. 1951, AA-PA, Ref. 210 – 02/9, Band 1.
20 Bonner Privat-Informationen, Bonn, 7 set. 1951, anexo ao Ofício n.5, Faro Jr. a Fontoura, Bonn, 2 jan. 1952, Bonn, Ofícios, jan.-abr. 1952, AHI-MDB 7/5/l.
21 Ibidem.
22 Ibidem.
23 Ibidem.

proximidades das jazidas de minérios, de modo a evitar o problema do transporte e baratear os custos de produção.[24] Na ocasião, anunciou ainda que a RFA se propunha, inclusive, a construir uma estrada de ferro, ligando Minas Gerais a um porto de mar, porém advertiu que, se o Brasil desejava adquirir máquinas e equipamentos, a fim de reaparelhar seu parque industrial, deveria incluir novos produtos na sua pauta de exportação. À RFA, ele afirmou um acordo comercial que não lhe permitisse a importação de todos os minérios, como o então vigente, não interessava.[25] O problema consistia, basicamente, nas vendas de manganês, em razão de sua importância para a indústria siderúrgica, embora os técnicos alemães julgassem que o Brasil pudesse exportar esse minério, bem como o ferro, sem prejudicar sua produção de aço. De qualquer forma, a RFA, em pleno *boom*, cada vez mais necessitava dos minérios em que o Brasil era rico e, se com o funcionamento da siderúrgica de Volta Redonda perdera o mercado para a produção de aço, poderia fornecer para este país máquinas e equipamentos que a expansão de suas indústrias exigia. Essa era a percepção de vários empresários alemães, conscientes de que o Brasil se tornaria, futuramente, um grande produtor de aço e laminados, porquanto a produção anual prevista era da ordem de 500 mil toneladas e já supria, em pelo menos 35%, suas necessidades internas.[26] E, como o próprio diretor do Serviço de Informações Econômicas de Bonn, Hans Fuchs, ressaltou, o Brasil, evidentemente, possuía também uma indústria, cuja capacidade não se devia menosprezar, sobretudo quanto à fabricação de têxteis, bem como de máquinas.[27] Contudo, sua necessidade de bens de capital seria tamanha que exigiria aproximadamente o tríplice do volume previsto no ajuste comercial firmado com a RFA.[28] Por isso, desde 1950, os empresários alemães estavam satisfeitos ante a perspectiva de aumentar

---

24 *O Diário*, Belo Horizonte, 13 out. 1951, AA-PA, Ref. 210.02/9 – 6188/51, Band 1.
25 Ibidem.
26 Bonner Privat-Informationen, Bonn, cit.
27 Ibidem.
28 Ibidem.

o volume das exportações para o Brasil, eliminando ou reduzindo a pesada concorrência de outros países, na medida em que podia oferecer bons produtos por menores preços e melhores condições .[29]

Na verdade, desde 1947, quando as potências ocidentais, a fim de fomentar o comércio com a Alemanha, criaram a Joint Export-Import Agency, as vendas do Brasil para aquele país reiniciaram com a cifra de 10 milhões de cruzeiros, que logo atingiram os montantes de 229 milhões em 1948, 313 milhões em 1949, 335 milhões em 1950 e 384 milhões de cruzeiros somente nos quatro primeiros meses de 1951.[30] Suas compras, que recomeçaram em 1948 com 19 milhões de cruzeiros, também saltaram rapidamente para cifras muito mais altas, da ordem de 111 milhões em 1949 e 321 milhões de cruzeiros apenas nos quatro primeiros meses de 1951.[31] Assim, a evidenciar que o comércio entre os dois países evoluía para os mesmos níveis de antes das duas guerras mundiais, a recém-fundada RFA, já naquele ano, passara a ocupar o terceiro lugar como o principal fornecedor do Brasil e o seu quarto maior cliente.[32] Em outros termos, depois da missão chefiada pelo Barão von Maltzan (fevereiro de 1950), a RFA, quanto ao volume contratual, tornou-se, abaixo da Grã-Bretanha, o mais importante parceiro entre os países com os quais o Brasil firmara convênios comerciais, excetuando, naturalmente, o livre intercâmbio realizado com os Estados Unidos. Pouco mais de um ano depois, em meados de 1951, as exportações alemãs para o Brasil, que incluíam material ferroviário (locomotivas), equipamentos de perfuração, máquinas, ferramentas, implementos agrícolas e artefatos de precisão e ótica, atingiram o montante de 2,7 bilhões de cruzeiros, enquanto as importações de produtos brasileiros, tais como café, cacau, minério de ferro, algodão,

---

29 Ofício n.17, Pimentel Brandão a Fernandes, Bonn. 3 jul. 1950, Bonn, Ofícios, 1950, AHI-MDB 7/4/13.
30 Boletim Alemão n.7, nov. 1951, Ano I, Escritório de Propaganda e Expansão Comercial do Brasil em Bonn, p.1-2, AA-PA, Ref. 415, Band 35.
31 Ibidem.
32 Ibidem.

amendoim etc., atingiram o montante de 2,3 bilhões de cruzeiros.[33] O déficit do Brasil, após os saldos positivos de 10 milhões de cruzeiros em 1947, 210 milhões em 1948 e 202 milhões em 1949, pulou de apenas 19 milhões em 1950[34] para 356 milhões de cruzeiros em 1951, e continuou a crescer, acarretando o acúmulo de dívidas comerciais atrasadas. Esse desequilíbrio na balança comercial do Brasil ocorreu não apenas com a RFA, mas também com outros países – apesar de a conjuntura externa em 1952 ainda permanecer favorável ao café, o único produto agrícola cujos preços não decaíram naqueles últimos anos –,[35] e decorria, em realidade, do extraordinário impulso que o processo de industrialização no Brasil adquirira, a demandar mais e mais investimentos em bens de capital, cujas importações, da ordem de 34,2% do total das compras pelo Brasil efetuadas durante o curso de 1948 no exterior, saltaram para 43% em 1952,[36] quando as dívidas comerciais do Brasil, já em setembro, atingiram a cifra de 14 bilhões de cruzeiros, dos quais 8 bilhões com os Estados Unidos e 3,8 bilhões com a RFA.[37] Contudo, os empresários alemães não escondiam sua satisfação, prevendo o próximo fornecimento de maquinaria ao Brasil, mesmo ante a perspectiva de que este país viesse a restringir suas importações.[38] Sem dúvida alguma, a Alemanha lutava pela reconquista de seus antigos mercados e, mesmo credora de 3,8 bilhões de cruzeiros, equivalentes na época a 92 milhões de dólares, ela ganhava e ganharia, porquanto assegurava o Brasil como via de escoamento para seus produtos, sem o temor de que um atraso nos pagamentos pudesse influir sobre a vida econômica. Evidentemente, a RFA de nenhum modo

---

33 Ofício n.120, R. J. Guimarães Bastos, encarregado de negócios, a Fontoura, Bonn, 3 jul. 1951, Bonn, jul.-ago. 1951, AHI-MDB 7/4/6.
34 Boletim Alemão n.7, cit.
35 Bericht des Deutschen Botschaft an das Auswärtige Amt, Rio de Janeiro, den 6 out. 1951, 331-00/II, n.1198. 1 Anlage, Betrifft: Industrieprojekte in Brasilien, AA-PA, Ref. 415, Band 44.
36 Viana, 1967, p.17.
37 Ofício n.193, Faro Jr. a Mário de Pimentel Brandão, ministro de Estado interino, Bonn, 17 nov.1952, Ofícios, Bonn, set.-dez. 1952, AHI-MDB 7/5/3.
38 Ofício n.75, Faro Jr. a Fontoura, Bonn, 5 mai. 1952, *Mês Econômico*, anexo único.

quereria perder, conforme o embaixador brasileiro em Bonn, Luiz de Faro Jr., ponderou, o "grande freguês" que era o Brasil, cujo mercado interno em rápido crescimento, com a indiscutível ascensão do padrão de vida da classe média e do proletariado, prometia tornar-se um dos seus grandes compradores.[39] Sua política visava a objetivos de longo prazo, isto é, consistia em aceitar alguns prejuízos imediatos, desde que pudesse obter, no futuro, grandes lucros, ao mesmo tempo que admitia que as perdas de alguns industriais e comerciantes servissem para alimentar os lucros de outros. Mas isso não apenas com o Brasil ocorria.

A escassez de dólares, àquele tempo, constituía um problema mundial. Outros países, como Argentina, Uruguai, Turquia etc., estavam inadimplentes e o déficit da balança comercial dos Estados Unidos, aumentando, atingiria o montante de 750 milhões de dólares em 1953.[40] A RFA parecia aproveitar-se da situação, pois, embora a crise também afetasse as importações de todos os países da Europa, ela incrementava a produção e suas exportações para a América Latina, segundo as previsões, elevar-se-iam a 5,5 bilhões de dólares, razão pela qual se empenhava em conservá-las e desenvolvê-las.[41] Isso, sem dúvida, não por acaso acontecia, mas resultava de eficiente esforço e obstinada persistência com que a RFA, oferecendo preços mais baixos, entregas mais rápidas e prazos mais longos para pagamentos, tratava de fomentar as exportações e reconquistar antigos mercados. E o temor pela concorrência, não apenas pela habilidade com que a RFA voltava a inserir-se no mercado mundial, mas também pela qualidade e pelos preços dos seus produtos, refletia-se em quase todos os jornais europeus, que pu-

---

39 Ofício n.193, Faro Jr. a Pimentel Brandão, ministro de Estado interino, Bonn, 17 nov. 1952, Bonn, Ofícios, jan.-abr. 1952, AHI-MDB 7/5/1.
40 Ofício n.162, Faro Jr. a Fontoura, Bonn, 10 jul. 1953; *Memorandum* n.39, 3 jul. 1953, embaixador, Bonn, 162/1953, anexo único, Bonn, Ofícios, jul.-ago. 1953, AHI-MDB 7/5/6.
41 Ofício n.183, Faro Jr. ao Ministério das Relações Exteriores, Bonn, 5 nov. 1952; *Memorandum* n.31, embaixada em Bonn/183/1952, anexo único, Bonn, Ofícios, set.-dez. 1952, AHI-MDB 7/5/3.

blicavam longos artigos sobre sua campanha comercial, principalmente nos países da América Latina.[42] Com efeito, a Grã-Bretanha, perdendo contratos para a RFA, e a França mostravam-se alarmadas. Porém, de qualquer forma, essa competição, sob todos os pontos de vista, seria "salutar", uma vez que impediria que o Brasil, segundo a opinião de sua embaixada em Bonn, ficasse "à inteira mercê dos Estados Unidos", pelo menos quanto a certos produtos industriais, em relação tanto ao volume de suas possíveis importações quanto, essencialmente, aos preços que, ao que parecia, eles queriam impor no mercado mundial.[43]

Não restava a menor dúvida de que o ressurgimento da Alemanha como potência comercial significava um forte alento para o Brasil, principalmente porque a perda da Europa Oriental, que caíra sob o controle dos comunistas, impelia-a a voltar-se mais e mais na direção do Ocidente, a competir nos mercados onde a Grã-Bretanha e, sobretudo, os Estados Unidos estabeleceram absoluto predomínio desde o início da Segunda Guerra Mundial. Em 1953, as exportações da RFA equivaleram a mais da metade das efetuadas pela Grã-Bretanha, o que configurava um feito notável, dado que elas representaram cerca de 91% entre 1929 e 1937.[44] A expansão do comércio com o Ocidente, máxime com a América Latina, não evitava, entretanto, que a RFA pretendesse também reconquistar seus antigos mercados no Leste Europeu. Esse intuito se evidenciara, nitidamente, quando o parlamento [*Bundestag*] decidiu, por unanimidade, recomendar o reatamento de relações normais com os países do Bloco Soviético, com os quais os Aliados ampliavam seu intercâmbio, não obstante ainda imporem restrições à RFA. Em 1951, a Grã-Bretanha vendera-lhes mercadorias no montante de 360 milhões de marcos, contra exportações de 300 milhões de marcos realizadas pela RFA, segundo revelação de seu ministro da

---

42 Ofício n.35, Faro Jr. a Fontoura, Bonn, 3 jun. 1952; *Memorandum* n.26, *Mês Econômico*, mai. 1952, embaixada em Bonn/85/1952, anexo único.

43 Ofício n.183, Faro Jr. ao Ministério das Relações Exteriores, cit.; *Memorandum* n.31, embaixada em Bonn/183/1952, anexo único, cit.

44 Ofício n.290, Faro Jr. ao ministro das Relações Exteriores Vicente Rao, Bonn, 29 out. 1953, Bonn, Ofícios, set.-dez. 1953, AHI-MDB 7/5/7.

Economia, Ludwig Erhard.⁴⁵ A reabertura dos mercados da Europa Central e Oriental continuava a ser, portanto, de suma importância para a RFA, na medida em que, dentro de sua esfera natural de influência econômica, representavam o melhor escoadouro para sua produção, "sem comparação possível com os mercados de ultramar", o que os tornava "insubstituíveis".⁴⁶ Essa era a percepção do embaixador brasileiro Luiz de Faro Jr., para quem o reatamento das trocas comerciais entre a Alemanha e os países do Leste Europeu favoreceria, indiretamente, mas talvez de forma considerável, as exportações do Brasil, uma vez que ela sempre servira como centro de redistribuição de produtos tropicais, dos quais abastecia aqueles mercados, onde menor procura dos baixos tipos de café havia.⁴⁷

De qualquer modo, o Brasil realmente urgia aumentar as exportações para a RFA. Em 1952, elas totalizaram apenas 312,6 milhões de marcos, enquanto suas importações alcançaram o montante de 646,5 milhões, deixando um déficit de 333,9 milhões de marcos, apesar de, em meados daquele ano, o governo Vargas as ter suspendido, provisoriamente, com o intuito de estabelecer o equilíbrio na balança comercial, ao mesmo tempo que a Bonn enviava o ministro plenipotenciário João Alberto Lins de Barros, como chefe de uma missão especial encarregada de negociar novo ajuste e examinar as "imensas possibilidades de investimentos alemães no Brasil".⁴⁸ Esse era um fato deveras surpreendente. Sete anos após o término da guerra, com uma renda nacional de 111 bilhões de marcos e investimentos da ordem de 20,4 bilhões de

---

45 Ofício n.85, Faro Jr. a Fontoura, Bonn, 3 jun. 1952; *Memorandum* n.26, *Mês Econômico*, mai. 1952, embaixada em Bonn/85/1952, anexo único, Bonn, Ofícios, mai.-ago. 1952, AHI-MDB 7/5/2.
46 Ofício n.143, Faro Jr. a Pimentel Brandão, ministro de Estado interino, Bonn, 24 jun. 1953, Bonn, Ofícios, abr.-jun. 1953, AHI-MDB 7/5/5.
47 Ibidem.
48 Ofício n.101, Faro Jr. a Fontoura, Bonn, 1 jul. 1952; *Memorandum* n.27, *Mês Econômico*, a) Ezequiel Ubatuba, embaixada em Bonn/101/1952, anexo único, Bonn, Ofícios, mai.-ago. 1952, AHI-MDB 7/5/2; Ofício n.137, Faro Jr. a Fontoura, Bonn, 5 jun. 1953; *Memorandum* n.38, *Mês Econômico*, embaixada em Bonn/137/1953, anexo único, Bonn, Ofícios, jul.-ago. 1953, AHI-MDB 7/5/6.

marcos, em 1951,[49] a Alemanha já se preparava para recomeçar também a exportação de capitais. A Krupp A. G. dispunha-se a montar, provavelmente no Rio de Janeiro, uma planta para produção de locomotivas.[50] Também a Volkswagen pretendia instalar uma fábrica em São Paulo e várias empresas, tais como a Rowent Mettallwarenfabrik e J. Trapp (metalúrgicas), Erich Goetze (aparelhos radiológicos e de raios X), Hummel-Werke (motocicletas), Gutehoffnungshütte (adubos químicos) e Glasinstrumentenfabrik Willich (seringas para injeção), manifestavam interesse de instalar-se no Brasil, para onde desejavam transferir máquinas e equipamentos sem cobertura cambial, mas com o direito de registrá-los, nos termos da lei, como investimento estrangeiro e promover a remessa de lucros e dividendos para o exterior ou mesmo a repatriação do capital, sob a forma de numerário.[51]

Essa fórmula possibilitaria que o Brasil prosseguisse no caminho da industrialização, contornando a aguda crise cambial com que se defrontava, desde o final de 1951, quando as crescentes importações de bens de capital e de petróleo, assim como a queda das cotações do café e a evasão de divisas, concorreram, *inter alia*, para outra vez desequilibrar seu balanço de pagamentos. O governo brasileiro, porém, não respondeu. Com o decreto-lei de 3 de janeiro de 1952, Vargas determinara a revisão contábil dos investimentos estrangeiros diretos na economia nacional, de modo a evitar que as companhias internacionais, mediante a sobrevalorização dos estoques de capital, remetessem para o exterior lucros e dividendos acima do limite de 8% sobre os valores registrados, isto é, sobre os valores realmente ingressados no país. A comunidade dos homens de negócio, tanto dos Estados Unidos quanto dos países da Europa, exercera fortes pressões no sentido de forçar a anulação de tal medida. O Congresso brasileiro finalmente aprovou

---

49 Ofício n.79, Faro Jr. a Fontoura, Bonn, 28 mai. 1952, Bonn, Ofícios, mai.-ago. 1952, AHI-MDB 7/5/2.
50 Ofício n.183, Faro Jr. a Fontoura, Bonn, 5 no. 1952; *Memorandum* n.31, Mês Econômico, embaixada em Bonn/183/1952, anexo único, AHI-MDB 7/5/3.
51 Ofício n.240, Manoel Pio Corrêa Jr., encarregado de negócios, a Vicente Rao, Bonn, 28.9.1953, Bonn, Ofícios, Set.-Dez. 1953, AHI-MDB 7/5/7.

um projeto do deputado Adolfo Gentil que, uma vez transformado na Lei n.1.807, de 7 de janeiro de 1953, eliminou quaisquer restrições às transferências de lucros, juros e dividendos, ao criar, paralelamente ao oficial, um mercado livre de divisas. Entretanto, na Alemanha, havia quem a medida de Vargas defendesse. O engenheiro Hans Plath e outros dois colegas, em conversação com o adido comercial brasileiro Ezequiel Ubatuba, recomendaram até mesmo que o Brasil restringisse ao máximo possível as licenças de importação, com o objetivo, senão de forçar, pelo menos de estimular a transferência de determinadas indústrias para dentro do seu território e assim acelerar seu desenvolvimento.[52] Segundo eles, uma vez limitada ao estritamente necessário e imediato a importação de peças de reposto para todo seu sistema de transportes, as indústrias europeias tratariam de lá se estabelecerem e inaugurarem novas fábricas, inclusive no setor petrolífero, qual a Mannesmann fez para a produção de tubos de aço. Assim, com relativo esforço, o Brasil poderia passar a produzir sondas, torres, refinarias, enfim, tudo o que com a indústria do petróleo se relacionasse.[53]

Esse constituía um grave problema. As importações de gasolina e outros combustíveis líquidos, a atingirem a cifra de 250 milhões de dólares, absorviam quase totalmente as reservas cambiais do Brasil e não havia alternativa senão importar petróleo, em vez de seus derivados, ao mesmo tempo que a pesquisa continuava, visando à descoberta de outras jazidas, além da existente na Bahia, onde ainda poucos poços eram explorados.[54] Entretanto, apenas três grandes refinarias opera-

---

52 Ofício n.6, Faro Jr. a Fontoura, Bonn, 3 jan. 1953; *Memorandum* n.33, *Mês Econômico*, dez. 1952, a) E. Ubatuba, embaixada em Bonn/6/1953, Ofícios, jan.-mar. 1953, AHI--MDB 7/5/4.
53 Ibidem.
54 Telegrama da Delegação Brasileira à IV Reunião de Consulta dos Ministros das Relações Exteriores Norte-Americanos, confidencial, 3-4 abr. 1952; Telegrama da Delegação Brasileira à IV Reunião de Consulta dos Ministros das Relações Exteriores Norte--Americanos, Washington, 6 abr. 1951, secreto, Conversações bilaterais, a) João Neves da Fontoura, Pasta de 1951, AGV; Bericht des Deutschen Botschaft an das Auswärtige Amt, Rio de Janeiro, den 6 out. 1951, 331-00/II, n.1198, Betrifft: Industrieprojekte in Brasilien, AA-PA, Ref. 415, Band 44.

vam dentro do seu território: duas no estado de São Paulo (uma em Santos), com produção de 45 e 20 mil barris diários, e uma no Rio de Janeiro, com 10 mil barris diários. As outras, uma das quais na Bahia, com produção de 5 mil barris diários, eram pequenas e insignificantes.[55] A montagem de refinarias com capacidade de produzir até pelo menos 105 mil barris diários, o equivalente ao consumo nacional, constituía, portanto, uma premente necessidade. Por essa razão, Vargas tratou de condicionar o fornecimento de manganês e outras matérias-primas estratégicas à cooperação dos Estados Unidos com o Brasil em seu esforço de desenvolvimento. Entre outras reivindicações, pleiteou que o Departamento de Estado interferisse junto à Defense Production Administration no sentido de que aos equipamentos para montagem e ampliação de refinarias, bem como para a exploração de petróleo, fosse concedida prioridade. Eles, algum tempo havia, já estavam encomendados e não dependiam de financiamentos norte-americanos também.[56] Mas nenhum dos dois órgãos, por vários motivos, interesse teve em atender tal reivindicação e os Estados Unidos somente se dispuseram a fornecer aqueles equipamentos ao Brasil quando, entre 1950 e 1951, os países da Europa voltaram a competir no mercado mundial. Àquele tempo, a Francke Werke-Geschafft, que firmara um contrato com a empresa Distribuidoras Reunidas, e também um grupo de cinco outras firmas alemãs sob liderança de August Kloenne, de Dortmund, participavam, com a Schneider-Creusot, da França, de concorrências internacionais para o fornecimento de tanques à refinaria de Cubatão, no estado de São Paulo.[57]

O esforço para desenvolver a capacidade nacional de transformar matérias-primas e produzir manufaturados não se restringiu ao setor de petróleo. Determinado, em larga medida, pela cronicidade da crise cambial, ele refletiu a consciência de que o desenvolvimento do Brasil

---
55 Ibidem.
56 Sobre o assunto, ver Moniz Bandeira, 1989, p.32-4.
57 Relationauszug über das Francke Werke-Geschafft, den 29 jun. 1951, AA-PA, Ref. 415, Band 40, 4723/51.

estava a exigir rápida superação da estrutura primário-exportadora de sua economia, em que a cultura do café, cujas exportações dependiam, majoritariamente, do mercado norte-americano, ainda continuava a manter absoluto predomínio. E a consolidação da indústria pesada, a partir do funcionamento da usina siderúrgica de Volta Redonda, bem como o crescente poder de compra da população, criou as condições para o estabelecimento de indústrias mais dinâmicas, tanto de máquinas e equipamentos como de material de transporte, com a implantação de um setor automobilístico, de modo que prosseguisse com êxito o processo de substituição das importações. Essa perspectiva, naturalmente, não contemplava os interesses das companhias norte-americanas, tais como Ford, General Motors, Nash e Chrysler, que consideravam o Brasil, onde já possuíam montadoras, não mais que um mercado reservado para absorver suas exportações de automóveis. No entanto, em meados de 1953, o governo Vargas proibiu a entrada no Brasil de veículos montados e determinou que somente as peças automobilísticas ainda sem condições de fabricação no território nacional poderiam receber licenças de importação.[58] Seu propósito consistia em reduzir ao menor número possível a importação de peças, de maneira que o Brasil, tanto quanto estivesse ao seu alcance, passasse a produzi-las e pudesse entregar ao mercado, dentro de algum tempo, um automóvel completamente nacional.[59]

Tal diretriz adotada pelo governo Vargas abalou profundamente as montadoras norte-americanas instaladas no Brasil. A fábrica da Ford, a mais moderna de toda a América do Sul, já estava, aliás, na iminência de paralisar suas atividades, porquanto havia vinte meses que não obtinha qualquer licença de importação e apenas 10% das peças que utilizava na montagem dos veículos fabricados eram no Brasil.[60] Por essa razão,

---

58 Aufzeichnung, Anlage 1 zu Tgb. 564/53-303-02, a) Wolfram, Leiter der Wirtschaftsabteilung, Generalkonsulat der Bundesrepublik Deutschland, São Paulo, den 28 maio 1953, AA-PA, Ref. 415, Band 44.
59 Ibidem.
60 Aufzeichnung, Generalkonsulat der Bundesrepublik Deutschland, São Paulo, den 16 set. 1953, AA-PA, Ref. 415, Band 44.

ao saber que ela só poderia operar com um quinto de sua capacidade de produção, Henry Ford, presidente da Ford Motors Co., sediada em Detroit, desistira, indignado, de comparecer à sua inauguração, em maio de 1953. Construída sobre um terreno de 200.000 m² no bairro do Ipiranga (São Paulo), a fábrica da Ford deveria empregar, segundo o projeto original, cerca de 2.500 operários e montar 125 veículos por dia, mas, no segundo semestre de 1953, sua produção diária, que fora de 85 unidades em 1952, caiu para somente 10 e o estoque de peças talvez não desse, mesmo assim, para mantê-la até o final do ano.[61] A situação não era diferente na Chrysler, Nash e General Motors, a qual, não obstante as dificuldades, prosseguia com a construção de uma fábrica para produção anual de 50 mil unidades, podendo atingir 100 mil mediante estabelecimento de dois turnos de trabalho.[62]

O diretor-geral da Ford em São Paulo, Humberto Monteiro, admitiu, que os brasileiros não estavam satisfeitos com o fato de que as matrizes norte-americanas detivessem 100% do controle acionário de suas filiais no Brasil. O próprio ministro da Fazenda, Oswaldo Aranha, de cuja posição favorável aos Estados Unidos ninguém duvidava, aconselhara--o a transmitir ao seu chefe, em Detroit, que somente as subsidiárias com participação de capital brasileiro e estrangeiro teriam sucesso, no futuro, pois "o Brasil não mais era uma colônia".[63] E daí a vantagem que as fábricas alemãs, em fase de implantação, levariam sobre as norte-americanas, conforme a observação de Wolfram, diretor do Departamento Comercial do Consulado-Geral da RFA em São Paulo.[64]

A Volkswagen, cujos carros gozavam de crescente popularidade por seu bom desempenho e reduzido consumo de gasolina, já se propusera a nacionalizar sua fabricação, e assim não apenas obteve o apoio

---

61 Ibidem.
62 Bericht des Generalkonsulats der Bundesrepublik Deutschland, Tgb. 2149/53, an das Auswärtige Amt, São Paulo, den 10 dez. 1953, AA-PA, Ref. 415, Band 44.
63 Aufzeichnung, verträlich, Anlage zu Bericht n.1687/53, Wolfram, Leiter der Wirtschaftsabteilung, Generalkonsulat der Bundesrepublik Deutschland, São Paulo, den 16 set. 1953, AA-PA, Ref. 415, Band 44.
64 Ibidem.

do influente empresário Olavo Egydio de Souza Aranha, disposto a aceitar a vice-presidência da empresa no Brasil, como conseguiu que o presidente Vargas, pessoalmente, se interessasse pelo projeto.[65] Em maio de 1953, B. Schultz-Wenk, diretor-geral da filial em São Paulo, partira para a RFA, onde discutiria as solicitações e os desejos do governo brasileiro com Heinz Nordhoff, diretor-geral da companhia sediada na cidade de Wolfsburg.[66] Em 30 de outubro daquele ano uma apresentação de onze modelos da Volkswagen foi feita ao presidente Vargas e aos generais do Exército, que não esconderam o interesse em que aquela empresa alemã instalasse fábrica em São Paulo, porquanto seu projeto correspondia ao interesse nacional, tal como o governo brasileiro percebia.[67] O que a Volkswagen planejava era a instalação no Brasil de uma planta industrial, para a fabricação, não montagem, de 13 a 14 mil automóveis por ano, e a divulgação antecipada da notícia, alarmando as concorrentes, desencadeou forte reação.

Os ingleses manifestaram clara preocupação, dado que, no pós--guerra, quase monopolizaram o mercado brasileiro, com seus pequenos carros, modelos Morris, Hillman, Austin, Vauxhall e Cônsul. E as montadoras norte-americanas (General Motors, Ford, Chrysler e Nash) protestaram ao ministro da Fazenda, Oswaldo Aranha, e trataram de tumultuar o projeto.[68] O jornal *O Estado de S. Paulo* noticiou que

---

[65] Aufzeichnung, Anlage 1 zu Tgb. 564/53-303-02, Wolfram, Leiter der Wirtschaftsabteilung, Generalkonsulat der Bundesrepublik Deutschland, São Paulo, den 28 mai. 1953, AA-PA, Ref. 415, Band 44.

[66] Ibidem; Heinz Nordhoff, antes da Segunda Guerra Mundial, fora treinado pela General Motors nos Estados Unidos e mais tarde tornara-se diretor-gerente da Opel, em Brandenburg, onde permanecera até a chegada do Exército Vermelho em 1945. Em 1947, com a esposa e um filho, vivia na penúria em Hamburgo, quando as autoridades da Zona Britânica de Ocupação o descobriram e o levaram para restaurar os padrões de eficiência comercial da Volkswagen, que tivera 65% de suas instalações destruídas pelos bombardeios e voltara a funcionar com uma produção, a princípio, de apenas vinte veículos por dia.

[67] Aufzeichnung, Vertraulich, Tgb. 1940/53, Generalkonsulat der Bundesrepublik Deutschland an das Auswärtige Amt, São Paulo, den 3 nov. 1953, AA-PA, Ref. 415, Band 44.

[68] Bericht, Generalkonsulat der Bundesrepublik Deutschland an das Auswärtige Amt, Tgb. 2149/53, São Paulo, den 10 dez. 1953, AA-PA, Ret, 415, Band 44.

os homens de negócio nos Estados Unidos temiam a concorrência da Alemanha e salientou que "os projetos da Volkswagen para o Brasil [...], se realizados, não deixariam de causar sérios prejuízos à indústria norte-americana".[69]

Dentro do próprio governo brasileiro, segundo se supunha, oposição também havia ao projeto da Volkswagen, uma vez que o ministro da Fazenda, Oswaldo Aranha, era sócio da Willys-Overland. Porém, nem mesmo essa empresa conseguira licença para importar máquinas e peças que lhe permitissem iniciar, em meados de 1953, a montagem prevista de 15 mil Jeeps por ano.[70] De qualquer forma, as pressões e manobras promovidas pelas firmas inglesas e norte-americanas tanto se intensificaram que a Volkswagen de Wolfsburg inseriu no *Manchester Gardian* a notícia de que desistira de instalar uma filial no Brasil. Seu objetivo, que fora assustar a opinião pública brasileira, realmente fora alcançado, pois a veiculação da notícia em telegrama da *United Press* publicado pelo jornal *O Estado de S. Paulo*, em 30 de outubro de 1953, provocou forte reação da imprensa paulista em favor do projeto, levando tanto o comandante Lúcio Meira, subchefe do Gabinete Militar do presidente Vargas, quanto Schultz-Wenk, a desmentirem publicamente sua derrocada.[71]

---

69 *O Estado de S. Paulo*, 9 dez. 1953.
70 Bericht, Generalkonsulat der Bundesrepublik Deulschland an das Auswärtige Amt, Tgb. 2149/53, São Paulo, den 10 dez. 1953, AA-PA, Ref. 415, Band 44.
71 Vertraulich Bericht, Generalkonsulat der Bundesrepublik Deutschland an das Auswärtige Amt, Tgb. 1940/53, São Paulo, den 3 nov. 1953, AA-PA, Ref. 415, Band 44.

# CAPÍTULO 5

A RFA COMO OPÇÃO DE COMÉRCIO E FONTE DE INVESTIMENTOS E TECNOLOGIA – A SITUAÇÃO NA RDA E O LEVANTE DE BERLIM DE 1953 – A POLÍTICA ATÔMICA BRASILEIRA – A MISSÃO DO ALMIRANTE ÁLVARO ALBERTO DA MOTA E SILVA – A COMPRA NA RFA DE ULTRACENTRÍFUGAS PARA ENRIQUECIMENTO DO URÂNIO – A QUEDA DE VARGAS E A MUDANÇA DA POLÍTICA ATÔMICA

Àquele tempo, apesar das dificuldades, as companhias norte-americanas já se orientavam no sentido de construir fábricas (não só para montagem) em São Paulo, de modo a não perder o mercado brasileiro. A Ford planejava produzir caminhões e tratores. E a General Motors tinha um projeto para fabricação de veículos de carga, com 80% de peças nacionais. Entretanto, elas temiam, sobretudo, que o governo brasileiro fizesse concessões à Alemanha, as mesmas anteriormente prometidas às companhias norte-americanas, como defesa contra a importação de automóveis e outros fatores até que a indústria automobilística nacional adquirisse competitividade.[1] De fato, não apenas a Volkswagen, a Mercedes-Benz também se preparava para instalar uma fábrica no Brasil. Já adquirira um terreno de 200 mil m², na Via Anchieta, entre a cidade de São Paulo e o porto de Santos, bem como cerca de US$ 1,5 milhão em máquinas e equipamentos, que, em Hamburg, apenas aguardavam para embarcar a licença de importação

---

1 Balcht. TGB. n. 2149/55. Generalkonsulat der Bundesrepublik Deutschland an das Auswärtige Amt, São Paulo, den. 10 dez. 1953. AA-PA, Ref. 415, Band 44.

solicitada ao governo brasileiro.[2] E ao que tudo indicava, problema haveria em obtê-lo. Tanto o projeto da Mercedes-Benz quanto o da Volkswagen correspondiam ao objetivo de nacionalizar a produção da indústria automobilística e, por essa razão, durante o governo Vargas, a tendência no sentido de favorecer as empresas alemãs crescia não só nas Forças Armadas como também nos círculos do Itamaraty.

Ao recomendar uma rápida solução para o problema dos bens [*Vermögen*] alemães confiscados durante a guerra, o que ainda entorpecia a relação entre o Brasil e a RFA, o embaixador Álvaro Teixeira Soares, chefe da Divisão Política do Ministério das Relações Exteriores, perguntou:

> Qual o grande país que, diferentemente dos Estados Unidos, tem interesse em ajudar-nos no processo de nossa industrialização? [...] Qual o país que tem possibilidade muito grande de oferecer-nos o *know-how* de técnica, operários especializados, maquinaria e até mesmo capitais?

Ele próprio respondeu: "Esse país só pode ser a Alemanha".[3]

O embaixador Álvaro Teixeira Soares, referindo-se ao caso da Companhia Nacional de Álcalis, "cujos capitais buscados em vão nos Estados Unidos", após seis anos de luta e "constantemente bloqueados pela DuPont de Nemours", foram finalmente obtidos na França, "sem maiores dificuldades", ressaltou que,

> nesse particular, teremos de vencer resistências de certo ponto do quadrante – para sermos mais claros, os Estados Unidos –, porque interesses criados na órbita do dólar vêm obstando a que floresça um comércio eficiente e crescente com a Alemanha: e, mais que isso, que a Alemanha nos proporcione assistência técnica, maquinaria e capitais.[4]

---

2  Kf., Nb.
3  Informação para o embaixador Mário de Pimentel Brandão, secretário-geral do Itamaraty, a) Álvaro Teixeira Soares, chefe da Divisão Política, Rio de Janeiro, 29 mar. 1953, AHMRE-B 811 (42)(00), Relações Econômicas, Financeiras e Comerciais, (78) a (816), 1947/67 – 9927.
4  Ibidem.

O nacionalismo que o governo Vargas exprimia voltava-se, como nos demais países da América Latina, contra o predomínio dos Estados Unidos, e naturalmente buscou respaldo nos interesses europeus, mormente alemães, que o adensaram e lhe deram maior substância econômica, na medida em que estavam interessados em reconquistar os mercados perdidos durante a Segunda Guerra Mundial. Contudo, naquela conjuntura da Guerra Fria, ao agravar-se, durante os anos 1950, a confrontação entre os dois polos de poder internacional, a alguns círculos liberais e conservadores parecia que qualquer manifestação contrária aos Estados Unidos resultava de manobra comunista, visando ao favorecimento da União Soviética. Por esse motivo, *inter alia*, o consulado-geral da RFA em São Paulo procurou, cautelosamente, minimizar as notícias sobre a concorrência entre as companhias alemãs e norte-americanas, inclusive sobre a criação da Comissão Mista Brasil--Alemanha para o Desenvolvimento Econômico, que muitos imaginavam vir a ser a sucessora da extinta Comissão Mista Brasil-Estados Unidos, com a finalidade de completar os projetos do Programa do Ponto 4.[5] A frequência com que a imprensa, a partir da publicidade em torno do projeto da Volkswagen, passara a abordar a questão parecera--lhe uma tentativa de jogar a Alemanha contra os Estados Unidos. E, sob sua inspiração, o jornal *O Estado de S. Paulo* publicou um editorial

---

5 Bericht 303-02 Tgb, n.126/54, Generalkonsulat der Bundesrepublik Deutschland an das Auswärtige Amt, São Paulo, den 26 jan. 1954, AA-PA, Ref. 306, Band 90. A Comissão Mista Brasil-Estados Unidos fora criada pouco antes da posse de Vargas na Presidência da República (1951), a fim de equacionar os problemas e formular projetos de desenvolvimento nos setores de transporte, distribuição e energia, entre outros. Mas o andamento dos trabalhos dessa comissão desapontou Vargas. Entre junho e julho de 1953, o Departamento de Estado decidiu, unilateralmente, encerrar suas atividades (ver Moniz Bandeira, 1989, p.30-9). Em informação, secreta e datada de 29 de abril de 1953, o embaixador Teixeira Soares propusera ao secretário-geral do Itamaraty, embaixador Pimentel Brandão, a criação de uma Comissão Mista Brasil-Alemanha, do tipo da que ainda funcionava com os Estados Unidos, para zelar pelo "andamento da política comercial entre os dois países", com "termos concretos de mensuralidade econômica e fitos políticos", AHMRE-B 811 (42)(00), Relações Econômicas, Financeiras e Comerciais, (78) a (81 b), 1947/67 – 9927.

a afirmar que a RFA não tinha a intenção de estimular uma política econômica anti-norte-americana.[6] E realmente ela não tinha.

Embora pequeno, da ordem de apenas 6% dos investimentos realizados na Alemanha Ocidental,[7] o auxílio dos Estados Unidos, por meio do Plano Marshall, fora deveras importante, sem dúvida alguma, para sua recuperação. Quando, em 1947, Truman lançou o European Recovery Program, os efeitos da catástrofe militar ainda se espalhavam por todo o território do antigo *Reich*. O Reichmark, a desvalorizar-se, era cotado a 7,5 centavos de dólar e as indústrias, em sua maioria, estavam paralisadas, entre os escombros, que bombardeios e batalhas deixaram como rastros, enquanto a fome e o desemprego se abatiam sobre a população. Seis anos depois, em 1953, com a ressurreição do seu poderoso parque industrial, a moeda saneada – o Deutsche Mark, cujo valor desde a reforma de 1948 triplicara, passando a valer 23 centavos de dólar[8] – e o comércio exterior obtendo expressivos superávits e propiciando-lhe elevados créditos em ouro e divisas, a Alemanha Ocidental, em todos os setores da economia, revelava uma pujança e uma prosperidade "capazes de fazer inveja a muitos dos vencedores" da Segunda Guerra Mundial, conforme o embaixador brasileiro Luiz de Faro Jr. comentou.[9] E esse quadro contrastava com o existente na RDA, antiga Sowjetische Besatzungszone, onde a indústria siderúrgica, que antes da guerra representava 13,2% da produção total do *Reich* e de cujas instalações o Exército Vermelho desmantelara 80%, recuperava-se e sua produção excedia o volume de 1939, mas onde a manteiga desaparecera até mesmo do mercado negro, assim como os legumes, e havia um déficit de pelo menos 420 mil toneladas de trigo e 1,2 milhão

---

6   Bericht 303-02 Tgb, n.126/54, Generalkonsulat der Bundesrepublik Deutschland an das Auswärtige Amt, cit.
7   Ofício n.200, Faro Jr. ao ministro das Relações Exteriores Vicente Rao, Bonn, 24 ago. 1953, Ofícios, Bonn, jul.-ago. 1953, AHI-MDB 7/5/6.
8   Quando, em 1948, a *Wahrungsreform* ocorreu, o dólar valia 14 marcos. Em 1953, sua cotação caíra para 4,3 marcos.
9   Ofício n.188, Faro Jr. a Vicente Rao, Bonn, 4 ago. 1953, Ofícios, Bonn, jul.-ago. 1953, AHI-MDB 7/5/6.

de toneladas de batatas, estando ainda a alimentação racionada a um quilo de carne por mês.[10]

Ali, somente a indústria siderúrgica fora especialmente privilegiada. Diante do aguçamento da Guerra Fria, o governo de Moscou favorecera sua reconstrução, interessado em que a Sowjetische Besatzungszone/RDA não apenas regularizasse o pagamento das reparações de guerra como também se rearmasse para contrapor-se à RFA. E por isso tanto permitira, antes da invasão da Coreia do Sul pela Coreia do Norte (1949), que ela importasse, legalmente ou por contrabando, vários equipamentos das zonas ocidentais, quando lhe restituísse ou fornecesse outros, e até mesmo grande número de técnicos em metalurgia, na condição de instrutores, com o fito de recompor a força de trabalho desfalcada pela contínua emigração para a RFA. Destarte, à recuperação da siderurgia, necessária à produção de material bélico, os comunistas sacrificaram o desenvolvimento da indústria de bens de consumo, contribuindo para engravescer ainda mais as dificuldades do povo e gerar o ambiente propício à revolta iniciada em 16 de junho de 1953. Naquela data, cerca de 10 mil operários da construção civil saíram à Stalinallee, em Berlim Oriental, em protesto contra a elevação de 10%, no mínimo, nas normas de trabalho, que o governo da RDA determinara, promovendo de fato uma redução dos salários ao impor um aumento do ritmo de produção, sem qualquer contrapartida financeira. A demonstração, no dia seguinte, recresceu e de Berlim Oriental propagou-se por 274 cidades da antiga Sowjetische Besatzungszone [zona de ocupação soviética], onde mais de 300 mil operários desencadearam então uma greve geral, paralisando todos os centros industriais.[11] Aí, como se revelara impotente para conter o levante o governo da RDA, dado que os soldados da Volkspolizei [Polícia Popular] visivelmente simpatizavam com os manifestantes e

---

10 Ofício n.139, Faro Jr. a Fontoura, 8 jun. 1953; Ofício n.140, Faro Jr. a Pimentel Brandão, ministro de Estado interino, 22 jun. 1953, Ofícios, Bonn, abr.-jun. 1953, AHI-MDB 7/5/5.
11 Sobre o tema, ver Moniz Bandeira, 1992, p.76-8.

preferiam desertar para o setor ocidental a fazer uso de suas armas,[12] a União Soviética decidiu intervir *"im Geiste des proletarischen Internationalismus"* [no espírito de internacionalismo proletário],[13] e, segundo o embaixador brasileiro Luiz de Faro Jr. ressaltou,

> não foi o efeito menos sensacional das jornadas de Berlim o de mostrar as tropas "libertadoras" do Exército Vermelho, abrindo fogo contra operários desarmados, no melhor estilo dos regimes reacionários.[14]

Esse episódio evidenciou, dramaticamente, as consequências da contínua espoliação a que a União Soviética submetera a zona ocupada pelo Exército Vermelho, em aberrante contraste com o êxito da política dos Estados Unidos na Alemanha Ocidental. Não se podia negar que Truman sabiamente agira, ao abandonar o Plano Morgenthau, que, se fosse aplicado, acarretaria sérias dificuldades para os próprios Aliados ocidentais, posto que a Alemanha não tinha condições de suprir senão 55% de suas necessidades de consumo e a situação ainda mais se agravara, com a perda dos territórios agrícolas situados na zona oriental e a chegada de cerca de 10 milhões de refugiados.[15] Conquanto a rápida recuperação da Alemanha Ocidental se devesse a vários fatores, entre os quais, sobretudo, o nível educacional, os conhecimentos e a cultura do trabalho que seu povo conservara, o Plano Marshall, ainda que pouco significativo, em comparação com o montante (cerca de 32 bilhões de dólares), destinado aos países da Europa Ocidental, constituiu decisivo contributo para a sua recuperação. Tanto isso é certo que o chamado milagre alemão não ocorrera na região oriental, ocupada pela União Soviética, contra a qual os Estados Unidos garantiram a simpatia e a solidariedade de todo o povo da Alemanha. Não sem razão, portanto, o

---

12 Ofício n.140, Faro Jr. a Pimentel Brandão, ministro de Estado interino, Bonn, 22 jun. 1953, Ofícios, Bonn, abr.-jun. 1953, AHI-MDB 7/5/5.
13 *Geschichte*, 1981, p.157-8; Heitzer, 1987, p.110-2.
14 Ofício n.140, Faro Jr. a Pimentel Brandão, Bonn, 22 jun. 1953, Ofícios, Bonn, abr.-jun. 1953, AHI-MDB 7/5/5.
15 Ofício n.287, Faro Jr. a Rao, Bonn, 28 out. 1957; Ofício n.329, Faro Jr. a Rao, Bonn, 30 nov. 1953, Bonn, Ofícios, set.-dez. 1953, AHI-MDB 7/5/7.

chefe do governo da RFA, o chefe do governo federal [*Kanzler*] Konrad Adenauer, declarou, em 1953, que a Europa devia corresponder à ajuda norte-americana, ajudando a si própria, e necessitava pagar o prêmio da apólice de seguro, pois os Estados Unidos não podiam gratuitamente assegurá-la.[16] A questão consistia então em saber se os Estados Unidos queriam servir-se da Alemanha para combater o perigo comunista ou valer-se do perigo comunista para compelir a Alemanha, bem como toda a Europa Ocidental, a aceitar indefinidamente sua predominância.

Efetivamente, ainda que solidária com os Estados Unidos *vis-à-vis* da União Soviética, a RFA, como Estado nacional, tinha interesses próprios e não se conformava com as restrições à sua soberania e os impedimentos impostos à plena expansão de suas forças produtivas. Adenauer compreendia a imensa vantagem com que a RFA contava, pois nenhuma defesa eficaz da Europa possível seria sem sua cooperação, em virtude da situação em que ela se encontrava, como o fiel da balança entre o Oriente Soviético e o Ocidente euro-norte-americano. Por isso, a reivindicar que suas tropas tratadas fossem de igual maneira como as de outras nacionalidades, ele exigia igualdade de direitos para que a RFA reassumisse a posição de grande potência. Na verdade, as restrições à sua soberania tendiam a desaparecer. E o AHC, que diariamente os abrandava, suspendeu no início de 1953 os limites impostos à sua produção de aço, permitindo que ela aumentasse para 15,3 milhões de toneladas, naquele ano, e alcançasse, com 17,3 milhões em 1954, o mesmo volume de 1938, antes da deflagração de Segunda Guerra Mundial.[17] As restrições só continuaram a atingir a produção de energia nuclear, na qual, segundo se dizia, a Alemanha estava paralisada, embora os primeiros reatores houvessem começado a funcionar, em 1943, durante a Segunda Guerra Mundial. Grande

---

16 Ofício n.45, Faro Jr. a João Neves da Fontoura, Bonn, 5 mar. 1953; *O Mês Político* n.2, fev. 1953, embaixada em Bonn/45/1953, anexo único, Bonn, Ofícios, jan.-mar. 1953, AHI-MDB 7/5/4.
17 Ofício n.51, Faro Jr. ao ministro das Relações Exteriores Raul Fernandes, Bonn, 4 fev. 1955, *Mês Econômico* n.1, jan. 1955, Bonn, Ofícios, jan.-fev. 1955, AHI-MDB 8/1/1.

falta havia de técnicos e cientistas, dos quais segundo posterior revelação da Franz Joseph Straub, ministro de Assuntos Atômicos da RFA, cerca de 1 mil estavam na França, 3 mil na Grã-Bretanha, 10 mil nos Estados Unidos e 15 mil na União Soviética.[18] Àquele tempo, início dos anos 1950, os alemães com a tolerância das autoridades aliadas, já extraíam da Floresta Negra alguma quantidade de urânio, que não podia exceder 9 mil toneladas por ano, e já planejavam a construção de um laboratório, tanto científico quanto experimental, com a instalação de um reator de 1.500 kilowatts, para aumentar a experiência e formar jovens físicos. Mas a pesquisa não tinha condições de avançar, senão com o fim do Estatuto de Ocupação.

No Brasil, reservas de urânio, ao que tudo indicava, bem mais importantes existiam, assim como de outros minerais estratégicos, entre os quais tântalo, manganês, nióbio e tório, imprescindíveis para a indústria de armamentos e pelos quais tanto os Estados Unidos quanto a Grã-Bretanha o máximo interesse demonstravam. Entretanto, desde que o Congresso Nacional aprovara a Lei n. 1.310, promulgada em 15 de janeiro de 1951, as exportações dos principais minérios radioativos passaram a constituir monopólio, sujeitas às mais severas restrições, inclusive a anuência do Conselho de Segurança Nacional, do Conselho Nacional de Pesquisa (CNPq),[19] então criado, bem como, se necessário, do Estado-Maior das Forças Armadas (EMFA), e só poderiam ser autorizadas mediante a obtenção de *compensações específicas*. Isso significava, de acordo com as normas secretamente estabelecidas pelo Conselho de Segurança Nacional, em consonância com o CNPq e o EMFA, que, além de cobrar o valor monetário das exportações de areias monazíticas e de outros minerais estratégicos, o Brasil deveria também exigir, como contrapartida, o fornecimento de *know-how* e facilidades para aquisição

---

18 Ofício n.68, embaixador Abelardo Bueno do Prado ao ministro das Relações Exteriores José Carlos de Macedo Soares, Bonn, 7 fev. 1956, Bonn, Ofícios, jan./mar. 1956, AHI--MDB 8/1/7.

19 Atualmente denominado Conselho Nacional de Desenvolvimento Científico e Tecnológico.

de equipamentos, assim como dos mais modernos reatores já em uso nos Estados Unidos, que o capacitassem a dominar o ciclo completo da produção de energia atômica.[20] E, aí, mais um problema intricou suas relações com os Estados Unidos, que, a alegarem a própria legislação, o Atomic Energy Act ou o McMahon Act, cujos dispositivos proibiam a cessão de equipamentos, a divulgação de informações e a cooperação com outros países no desenvolvimento da tecnologia nuclear, consideraram a lei brasileira, a Lei n. 1.310, "inaceitável"[21] e rejeitaram o princípio das *compensações específicas* como base para a renovação do acordo sobre a compra de areias monazíticas. Na verdade, ao mesmo tempo que tratavam de manter o monopólio da energia nuclear, não mais exclusivo, aliás, pois a União Soviética, em 1949, já explodira sua primeira bomba atômica, os Estados Unidos pretendiam obter o acesso às reservas disponíveis de minérios radioativos existentes no Brasil, sem conceder-lhe as compensações reclamadas. E o governo Vargas, naquelas circunstâncias, capitulou.

Um novo acordo,[22] firmado sem exigir as compensações específicas em fevereiro de 1952, estabelecera que o Brasil forneceria, no período de três anos, 1.500 toneladas de monazita, sendo metade manufaturada e metade *in natura*. No entanto, somente em 1952, os Estados Unidos levaram toda a quantidade de monazita *in natura* e de óxido de tório, correspondente aos três anos, e denunciaram, unilateralmente, o acor-

---

20 As compensações específicas, que o governo brasileiro deveria julgar indispensáveis pela cessão do tório, inclusive sob a forma de monazita, eram: (1) garantia de sobrevivência e desenvolvimento das indústrias nacionais de tratamento químico, mediante a compra de sais de cério e terras raras, em quantidades iguais às da monazita *in natura*; (2) auxílio técnico e facilidades para que o Brasil adquirisse e montasse um reator nuclear com emprego de tório; e (3) auxílio técnico e facilidades para a aquisição de equipamentos de refino da monazita.
21 Sobre o tema, ver Moniz Bandeira, 1989, p.35-40.
22 O primeiro acordo para o fornecimento de 3 mil toneladas de monazita aos Estados Unidos foi formalizado em 10 de jul. de 1945, com validade de três anos. O Conselho de Segurança Nacional, em 27 de ago. de 1946, sugeriu sua denúncia ao presidente Eurico Gaspar Dutra. Porém, apesar de não prorrogado, as exportações prosseguiram até 1951. Salles, 1958, p.86-7.

do.[23] Como o óxido de tório representava apenas 6% da monazita, 94% dos sais de cério e terras raras do produto manufaturado ficaram sem saída, em poder da Orquima S.A., a firma que os refinara, e ela, durante sete meses, lutou, inutilmente para que os Estados Unidos aceitassem o restante da produção. Eles, porém, condicionaram o recebimento dos sais de cério e terras raras produzidas em função do acordo de fevereiro de 1952 à autorização de novas remessas de monazita *in natura*, em troca de seus excedentes de trigo. E, com isso, o Conselho de Segurança Nacional, que consultado anteriormente não fora, e o CNPq não anuíram e ratificaram o princípio das *compensações específicas*, a exigir auxílio técnico e materiais necessários à implantação, no Brasil, de reatores para o desenvolvimento da energia nuclear. Vargas aprovou suas resoluções.[24] Esse impasse, conforme o deputado Renato Archer posteriormente observou, refletiu o antagonismo entre os interesses de uma nação, detentora de processos tecnológicos avançados, a carecer, contudo, da matéria-prima, e os interesses de outra, que possuía matéria-prima e se empenhava para trocá-la pelos conhecimentos indispensáveis a sua utilização.[25] Diante de tal situação, o almirante Álvaro Alberto da Mota e Silva, então presidente do CNPq e principal suporte e artífice da política de *compensações específicas*, percebeu que o Brasil não podia esperar qualquer cooperação dos Estados Unidos e procurou, na Europa, contato com outras fontes científicas. O professor Paul Harteck, antigo reitor da Universidade de Hamburgo, veio ao Brasil e lhe informou que os alemães estavam a desenvolver um processo para separar o isótopo U-235 mediante a ultracentrifugação

---

23 Ibidem.
24 Exposição de Motivos n.361 de 3 jul. 1952, do CSN; Resoluções do CNPq, de 10 a 16 set. 1952, anexas à Exposição de Motivos n.696, de 14 out. 1952; Relatório n.771, de 25 nov. 1953, do secretário-geral do CSN, general A. Caiado de Castro, ao Presidente da República, sobre política governamental no setor da energia atômica; aprovado por Vargas em 30 nov. 1953, ARA.
25 Archer, 1956, p.6.

do fluoreto de urânio[26] e poderiam fornecer os equipamentos ao Brasil. Essa informação o almirante Álvaro Alberto da Mota e Silva transmitiu ao presidente Vargas[27] e iniciou os entendimentos com os professores Wilhelm Groth, do Instituto de Físico-Química da Universidade de Bonn, Konrad Beyerle, da Sociedade Max Planck para o Progresso da Ciência,[28] e Otto Hahn,[29] que descobrira a fissão atômica em 1938. Estava convencido de que encontrara uma "pista, rica em consequências",[30] e, de fato, aqueles cientistas se dispuseram a apoiar seus esforços, visando instalar no Brasil uma usina, com três ultracentrífugas para promover a separação de isótopos, i.e., o enriquecimento do urânio, pois se tratava de produzir a matéria-prima que permitia a fabricação da bomba atômica, e essa atividade de pesquisa o Estatuto de Ocupação ainda vedava na Alemanha. Esse projeto, portanto, exigia "absoluto sigilo",[31] não podendo transpirar para nenhuma pessoa ou organismo estrangeiro,[32] de modo a não causar uma situação de constrangimento

---

26 O urânio é o único combustível nuclear que ocorre na natureza, dentre os que aproveitáveis graças ao fenômeno de fissão atômica. O urânio enriquecido é aquele em que se consegue aumentar, por um processo artificial, a percentagem do isótopo U-235. Para obtê-lo industrialmente conheciam-se dois processos: difusão gasosa e ultracentrifugação. A difusão gasosa era o processo utilizado nos Estados Unidos.
27 Exposição de Motivos n.6, de 21 jan. 1953, do CNPq; Relatório de 30 nov. 1953, confidencial, do almirante Álvaro Alberto da Mota e Silva, aprovado por Vargas em 10 mar. 1953, Gaveta 8, Pasta Produtos Minerais, AOA.
28 Os professores Paul Harteck e Wilhelm Groth deram a orientação científica para a construção das ultracentrífugas, que ficou a cargo do professor Konrad Beyerle, então contratado pela Sartorius-Werke A. G.
29 O cientista Otto Hahn (1870-1968), com seu colega Fritz Strassmann (1902–1980), descobriu, em 22 de dezembro de 1938, a fissão nuclear, mediante o bombardeio de átomos de urânio com nêutrons, provocando explosão dada a enorme quantidade de energia liberada. A descoberta foi revelada em artigo publicado na revista *Naturwissenschaften*. Otto Hahn, fundador e presidente da Sociedade Max Planck para o Progresso da Ciência, recebeu em 1945 o Prêmio Nobel de Química.
30 Relatório de 21 ago. 1953, almirante Álvaro Alberto de Mota e Silva, presidente do CNPq, e Armando Dubois Ferreiro, vice-presidente, ao embaixador Walter Moreira Salles, Washington, cópia, secreto, Gaveta 8, Pasta Produtos Minerais, AOA; também in ARA.
31 Relatórios n.771, de 25 nov. 1953, do secretário-geral do CSN, general Caiado de Castro, a Vargas, secreto, ARA.
32 Ofício de 25 mai. 1953, secreto, almirante Álvaro Alberto da Mota e Silva ao embaixador Moreira Salles, Gaveta 8, Pasta Produtos Minerais, AOA.

e de ameaça à segurança dos cientistas. "Se descobrissem que eles estavam cogitando produzir urânio enriquecido" – o almirante Álvaro Alberto da Mota Silva, posteriormente, comentou –, "isso acarretaria uma crise internacional".[33] Vargas aprovou a execução do projeto, em despacho de 25 de novembro de 1953,[34] o CNPq enviou três químicos brasileiros à Alemanha, a fim de que treinassem o manuseio de gases pesados, especialmente hexafluoretos, e o Banco do Brasil, por ordem de 21 de janeiro de 1954, depositou no Banco Alemão para a América do Sul a importância de 80 mil dólares como parte do pagamento das três ultracentrífugas, para a montagem das quais Groth e Beyerle, secretamente, encomendaram as peças a quatorze diferentes fábricas na Alemanha. O governo do estado do Rio de Janeiro já oferecera, inclusive, um local, em Petrópolis, para a construção da usina[35] e o almirante Álvaro Alberto da Mota e Silva ainda pretendia instalar outra, com a colaboração do Comissariado de Energia Atômica da França e da Société des Produits Chimiques des Terres Rares, para tratamento químico dos minérios atômicos e produção de urânio metálico, nuclearmente puro, em uma área de 300.000 m², doada por lei especial da Assembleia Legislativa de Minas Gerais durante a administração de Juscelino Kubitschek. Entretanto, por causa de suas intervenções nacionalistas na economia – monopólio estatal do petróleo, projeto de nacionalização das empresas de energia elétrica (Eletrobras), limitação das remessas de lucros para o exterior e outras –, Vargas enfrentava crescentes dificuldades com os Estados Unidos, que na política interna se refletiam, a acirrarem as forças da oposição contra seu governo.[36]

---

33 Depoimento à Comissão Parlamentar de Inquérito apud Salles, 1958, p.127; sobre o tema, ver também Füllgraf, 1988, p.45-6.
34 Despacho à margem da Exposição de Motivos n.772 e do Relatório 771, do CSN, do secretário-geral do CSN, general Caiado de Castro, a Vargas, secreto, 25 nov. 1953, ARA.
35 Ofício de 25 jul. 1954, do almirante Álvaro Alberto da Mota e Silva a Vargas, secreto, Pasta de 1954, AGV; Archer, 1956, p.7; Bericht 221-52/2217 – II/56, Ostermann an das Auswärtige Amt, Rio de Janeiro, 17 ago. 1956, AA-PA, Ref. 306, Band 26.
36 Sobre as relações entre o Brasil e os Estados Unidos durante o segundo governo Vargas, ver Moniz Bandeira, 1989, p.29-42; e idem, 1973, p. 333-64.

Um movimento de coronéis do Exército compelira-o a demitir João Goulart do Ministério do Trabalho, depois que ele, com a aprovação do próprio Vargas, elevara em 100% o salário-mínimo e muitos empresários, como os de Minas Gerais, recusaram-se a pagá-lo. A UDN iniciara um processo de *impeachment* e a campanha promovida pelo jornalista Carlos Lacerda por meio da *Tribuna da Imprensa*, agitava as classes médias, com o claro objetivo de provocar um golpe de Estado e o estabelecimento de um regime de exceção. No entanto, entre julho e agosto de 1954, as greves eclodiram em quase todos os estados brasileiros. Tecelões, metalúrgicos, trabalhadores na construção civil e outras categorias paralisaram fábricas em Belo Horizonte, Juiz de Fora, Conselheiro Lafaiete e Ponte Nova. Também em São Paulo, onde os comunistas organizaram a Convenção da Panela Vazia e articulavam uma greve geral pelo congelamento dos preços, a agitação avolumou-se.

Em meio à crise, Vargas estranhamente concordou com uma proposta, apresentada por Oswaldo Aranha, ministro da Fazenda, para a troca de 5 mil toneladas de monazita e 5 mil de sais de cério e terras raras por 100 mil toneladas de trigo Hard Winter n.2, sem exigir quaisquer compensações específicas. Nunca se soube a razão pela qual, mais uma vez, ele capitulou, a violar o dispositivo da Lei n.1.310 e as próprias normas, que aprovara, estabelecidas pelo Conselho de Segurança Nacional e pelo CNPq. Na época, alegou-se que os Estados Unidos descobriram jazidas de minerais radioativos dentro de seu próprio território, e o interesse na monazita brasileira perderiam, deixando as terras raras e os sais de cério refinados pela Orquima sem qualquer possibilidade de colocação no mercado.[37] Outra hipótese foi a de que os amigos o aconselharam a ceder, a argumentarem que ele cairia, se inflexível continuasse. De qualquer forma, a anuência de Vargas às negociações para que novas exportações de monazita se realizassem, sem as *compensações específicas*, coincidiu com a apreensão na Alemanha das três ultracentrífugas pelo brigadeiro inglês Harvey Smith, do Military

---

37 Salles, 1958, p.122.

Security Board, sob ordem do Alto Comissário dos Estados Unidos, o professor James Conant.[38] O motivo alegado baseou-se nos arts. 1º e 2º do Estatuto de Ocupação, que proibia a construção de instalações capazes de separar o isótopo do urânio, cujo potencial de rendimento excedesse a um miligrama de U-235 por 24 horas. Entretanto, a firma Sartorius-Werke A. G. 262,[39] de Göttingen, responsável pela montagem das ultracentrífugas para separação de gases raros, afirmou que elas não permitiam de todo a obtenção do U-235 puro, mas tão somente a intensificação da concentração original desse corpo de 0,73% para o de 0,76%.[40] E a embaixada do Brasil em Bonn, ao comunicar que a possibilidade de recorrer contra aquela decisão existia, informou ao Itamaraty que dois equipamentos do mesmo tipo, com a permissão do AHC, fabricados na Alemanha haviam sido e a funcionar estavam no Instituto de Química e Física de Universidade de Hamburgo.[41]

Evidentemente, os Estados Unidos não se dispunham a admitir que o Brasil recebesse as ultracentrífugas, quando não só lhe negavam facilidades para adquirir reatores – experimentais e dos tipos *power package* e de duplo efeito, para produção e energia – como nem mesmo lhe permitiram que enviasse técnicos a fim de que se especializassem em projeto, construção e condução de reatores nucleares.[42] E, já

---

38  Archer, segundo depoimento, discurso na Câmara dos Deputados, 9 nov. 1967, p.11.
39  A Sartorius-Werke era a antiga firma Präzisionswaagen GmbH [Balanças de Precisão Ltda.], que modificara seu nome em 1939, por causa de uma proibição do governo nazista. Após a Segunda Guerra Mundial, cerca de 52% dos seus bens foram confiscados e seu nome riscado da lista de reparações do ACC. Porém, deu grande contribuição ao desenvolvimento da pesquisa nuclear na RFA, durante os anos 1950.
40  Ofício n.482. Faro Jr. ao ministro das Relações Exteriores Raul Fernandes, Bonn, 29 nov. 1954; Ofício n.521, Faro Jr. a Fernandes, Bonn, 29 dez. 1954, Bonn, Ofícios, set.-dez. 1954, AHI-MDB 7/5/11.
41  Ibidem.
42  Ofício n.814, secreto, almirante Álvaro Alberto da Mota e Silva ao Ministério das Relações Exteriores, Rio de Janeiro, 24 abr. 1953; Ofício n.283, secreto-urgente, general A. Caiado de Castro, secretário-geral do CSN, ao chefe da Seção de Segurança do MRE, Rio de Janeiro, 12 mai. 1953; Relatório, secreto, almirante Álvaro Alberto da Mota e Silva, presidente do CNPq, e Armando Dubois Ferreira, vice-presidente, ao embaixador Moreira Salles, Washington, 21 ago. 1953, cópia, Pasta Minerais Atômicos, AOA; também in ARA.

então, o governo brasileiro nem mais interesse tinha em prosseguir com o projeto de enriquecimento de urânio, de modo que o país se capacitasse a dominar o ciclo completo do produto da energia nuclear. Com a crise política a envolver as Forças Armadas e a evoluir para um golpe de Estado, por causa de um atentado contra o jornalista Carlos Lacerda que resultara na morte do major aviador Rubem Florentino Vaz, Vargas, na manhã do dia 24 de agosto de 1954, tirara a própria vida, com um tiro no coração, seu vice, João Café Filho, assumira a Presidência da República (1954-1955) e formara um ministério com as forças da oposição, que se solidarizavam econômica ou ideologicamente com os interesses norte-americanos, empenhados em promover, internacionalmente, a mais completa liberdade de circulação para seus capitais e mercadorias. Obviamente, qualquer prova nunca apareceu, a confirmar a suspeita da participação direta ou indireta dos serviços de inteligência dos Estados Unidos no processo de desestabilização do governo Vargas. Apenas Tancredo Neves, que fora, naquele período, ministro da Justiça, admitiu conhecer indícios de que a CIA sustentara o diário *Tribuna da Imprensa*, dirigido pelo jornalista Carlos Lacerda.[43] Tais indícios eram tão fortes que não deixavam qualquer margem de dúvida, tanto mais quando se sabia que, em julho daquele mesmo ano, a CIA comprovadamente promovera a invasão da Guatemala, a fim de derrubar o governo de Jacobo Arbenz. E, além do mais, Vargas deixara, como testamento, uma carta em que, a explicar seu suicídio, denunciava a "campanha subterrânea dos grupos internacionais", à qual os grupos nacionais se aliaram, revoltados contra o regime de "garantia do trabalho", a lei dos lucros extraordinários, "detida no Congresso", a "justiça da revisão do salário-mínimo", a "liberdade nacional na potencialização das nossas riquezas por meio da Petrobras", a Eletrobras, "obstaculizada até o desespero", e a defesa do preço do café, que acarretara, como resposta (dos Estados Unidos) "violenta

---

43 Entrevista de Tancredo Neves ao autor, Rio de Janeiro, 22 dez. 1976.

pressão" sobre a economia brasileira, ao ponto de obrigá-lo a ceder.[44] Ao projeto de instalação da usina de enriquecimento do urânio, dentro de um programa para o desenvolvimento do Brasil no campo da energia atômica, ele não se referiu. Esse, no entanto, teria sido um dos principais fatores, *inter alia*, a fomentar a campanha de desestabilização do governo Vargas, segundo a opinião do deputado Renato Archer, que desempenharia relevante papel na Comissão Parlamentar de Inquérito, criada, posteriormente, pela Câmara Federal, para investigar a ingerência dos Estados Unidos no programa nuclear do Brasil.[45] Com efeito, a mudança mais significativa que a queda de Vargas propiciou ocorreu, silenciosamente, na política nuclear brasileira.

A comoção popular e as violentas manifestações contra os Estados Unidos que seu suicídio, a autenticar com sangue a denuncia da carta-testamento, desencadeara impediram que o golpe de Estado se aprofundasse, com o estabelecimento de uma ditadura, o regime de exceção ou "estado de emergência", tal como o jornalista Carlos Lacerda apregoava. Qualquer uso de força contra os manifestantes foi ao máximo evitada. E o próprio Café Filho, ao assumir a presidência do Brasil, dirigiu ao povo uma proclamação, na qual reconheceu a legitimidade daquelas manifestações de pesar e prometeu a continuação da política social de Vargas, ao mesmo tempo que exigia o fim da agitação e das depredações.[46] Conforme o próprio embaixador da RFA, Fritz Öllers, reconheceu, a preocupação com o programa de reforma social e de nacionalismo econômico fora como herança imposta pelo presidente morto aos seus inimigos que se apossaram do poder,[47] dentro dos marcos da Constituição. Assim, os políticos da UDN e os militares

---

44  Carta-testamento de Vargas, cuja cópia ele entregara a João Goulart. Segundo algumas fontes foi José Antunes Maciel Filho que a datilografou.
45  Entrevista de Renato Archer ao autor, em 1971. A mesma opinião ele reafirmou, também em conversa com o autor, em dezembro de 1993.
46  Bericht 205-00 Tgb, n.2251/54, Öllers ao Auswärtige Amt, Rio de Janeiro, 30 ago. 1954, AA-PA, Ref. 205-00/9, Band 5.
47  Bericht 205-00 Tgb, n.2403/54, Öllers ao Auswärtige Amt, Rio de Janeiro, 13 set. 1954, AA-PA, Ref. 205-00/9, Band 5.

da Cruzada Democrática, embora ascendessem aos postos do governo com Café Filho, não puderam reverter completamente a obra de Vargas, uma vez que o regime democrático preservado fora. O monopólio estatal do petróleo permaneceu, não obstante o ministro da Fazenda, Eugênio Gudin, quisesse o melhoramento das relações econômicas com os Estados Unidos[48] e, com o novo chefe da Casa Militar, general Juarez Távora, atacasse a Lei n.2.004, que criara a Petrobras. Porém, o programa nuclear, elaborado pelo almirante Álvaro Alberto da Mota e Silva, em consonância com o Conselho de Segurança Nacional e o EMFA, sofreu radical modificação.

Porquanto o Ministério das Relações Exteriores divergia da orientação nacionalista do CNPq, o general Juarez Távora, ao assumir, como chefe da Casa Militar do presidente Café Filho, a Secretaria Geral do Conselho de Segurança Nacional, decidiu dirimir a controvérsia mediante consulta ao órgão mais habilitado para falar sobre o interesse do Brasil, a embaixada dos Estados Unidos, que lhe remeteu, como resposta, quatro documentos secretos sobre a questão. Dois dos documentos, datados, respectivamente, de 9 e 22 de março de 1954, consistiam de propostas de acordo, já encaminhados ao governo Vargas, para pesquisa de materiais físseis, especialmente de urânio, do qual o governo norte-americano acreditava existirem no Brasil ricas reservas exploráveis.[49] Os dois outros, elaborados, respectivamente, pelo ministro-conselheiro da embaixada dos Estados Unidos, Robert Terril, e por um geólogo da equipe norte-americana, Max White, tinham o caráter de "notas verbais", sem data, e criticavam, acerbamente, o programa que o almirante Álvaro Alberto da Mota e Silva tratava de

---

48 Ibidem.
49 Draft Prospecting Agreement, 9 mar. 1954, confidencial, fotocópia; Tratado de Pesquisas Minerais, 9 mar. 1954, documento secreto n.1, cópia; Programa Conjunto de Cooperação para o Reconhecimento dos Recursos de Urânio no Brasil, [s.d.], confidencial; Draft notes, 22 mar. 1954, secreto, fotocópia; Nota expositiva, documento secreto n.2, cópia, tradução, ARA; Bericht 221-52 Tgb, 2217/56, Ostermann an das Auswärtige Amt, Rio de Janeiro, 2 ago. 1956, AA-PA, Ref. 306, Band 26.

executar para capacitação do Brasil no campo da energia atômica.⁵⁰ A nota, de autoria do ministro-conselheiro e à qual os demais documentos como anexos apareciam, ameaçava o Brasil com sanções e represálias injuriosas pelos Estados Unidos e declarava impossível qualquer entendimento entre os dois países,

> mutuamente satisfatório, mediante novas negociações com o almirante Álvaro Alberto da Mota e Silva ou com o Conselho [Nacional de Pesquisa], tal como se acha, agora, constituído.⁵¹

A outra nota, redigida pelo geólogo Max White, acusava o projeto da usina de enriquecimento do urânio, por ultracentrifugação, de ser uma "aventura germânica" e, após anunciar também uma série de represálias, repetia que

> o estabelecimento, no Brasil, de um processo para a extração de urânio físsil, por meio de importantes organizações de um país europeu, que está proibido, por lei, de obter esse material dentro de suas fronteiras, pode ser considerado uma ameaça potencial aos Estados Unidos e ao Hemisfério Ocidental.⁵²

Ao analisar os quatro documentos, o próprio chefe de gabinete do general Juarez Távora demonstrou que os Estados Unidos não só negavam, desde 1951, as *compensações específicas*, reclamadas pelo Conselho de Segurança Nacional e pelo CNPq, como sempre trataram de assegurar, durante as negociações, "o monopólio das atividades

---

50 Nota manuscrita do general Juarez Távora, sem data e em papel timbrado da Presidência da República, Gabinete Militar, com o seguinte texto: "Confidencial. Fontes de informação e origem da documentação sobre a política atômica brasileiro-norte-americana". Seguem-se os nomes acima referidos, AA-PA, Ref. 306, Band 26.
51 Original em inglês, documento secreto n.3, 28 nov. 1954, riscado e com correções, fotocópia; documento secreto n.3, tradução, AA-PA, Ref. 306, Band 26.
52 Documento secreto n.4, AA-PA, Ref. 306, Band 26; Bericht 221-52 Tgb, 2217/56, Botschaft der BRD (gez. Ostermann) an das Auswärtige Amt, Rio de Janeiro, 2 ago. 1956, AA-PA, Ref. 306, Band 26. "Lamento profundamente que esses documentos reservados, que me foram entregues em confiança e cujo conhecimento me interessava, tivessem vindo a público" (Távora, 1958, p.235); "O documento n.4 é, presumivelmente, cópia de carta de pessoa da embaixada norte-americana, em resposta à indagação que alguém [...] lhe fizera sobre a encomenda das ultracentrífugas" (Ibidem, p.247).

estrangeiras sobre a energia atômica no Brasil".[53] Mesmo assim, o governo brasileiro outorgou-lhes, então, o "tratamento preferencial" para a assinatura de acordos que visassem à execução do programa atômico, e o general Távora, no dia 24 de dezembro de 1954, recomendou ao ministro das Relações Exteriores Raul Fernandes[54] que lhes solicitasse a "concretização de uma proposta global" para o aproveitamento dos materiais radiativos do Brasil.[55] Nada informara ao almirante Álvaro Alberto da Mota e Silva e, algumas semanas depois, exonerou-o da presidência do CNPq, enquanto abandonava as ultracentrífugas, apesar de superadas as dificuldades para sua construção, pois, com o Tratado de Paris, as potências ocidentais reconheceram a soberania da RFA, a fim de que ela se rearmasse e à Otan aderisse, em 9 de maio de 1955. Destarte, o governo Café Filho possibilitou o entendimento com os Estados Unidos, formalizado, em 3 de agosto de 1955, mediante a assinatura do Acordo de Cooperação para Usos Civis de Energia Atômica e do Programa Conjunto de Cooperação para o Reconhecimento dos Recursos de Urânio no Brasil, conforme a proposta contida no documento secreto n.1,[56] bem como o fornecimento de mais 300 toneladas de areias monazíticas, em troca de 500 toneladas de trigo.

Ao conhecer tais protocolos, que o Itamaraty e a embaixada dos Estados Unidos, sigilosamente, negociaram, o EMFA, por meio da Exposição de Motivos n.D-2, de 12 de setembro de 1955, não somen-

---

53 Ofício n.1.017, do coronel José Luiz Bettamio Guimarães, chefe do Gabinete da Secretaria-Geral do Conselho de Segurança Nacional, ao general Juarez Távora, Rio de Janeiro, 25 nov. 1954, secreto, AA-PA, Ref. 306, Band 26.
54 Ele fora ministro das Relações Exteriores no governo Dutra.
55 Carta de Távora ao ministro das Relações Exteriores Raul Fernandes, Rio de Janeiro, 24 dez. 1954. In: Távora, 1958, p.45.
56 "O acordado no Programa Conjunto de Cooperação para o Reconhecimento dos Recursos de Urânio no Brasil [...] corresponde ao preconizado nos anexos n.1 e 2 ao Ofício n.1.017 [...]."; Ofício n.189/Gab./073, general de brigada Nelson de Melo, chefe do Gabinete Militar e secretário-geral do Conselho de Segurança Nacional, aos membros da Comissão de Estudos para a Política de Energia Nuclear, Rio de Janeiro, 4 jun. 1956, secreto, ARA. O Ofício n.1.017, secreto, supracitado, é aquele em que, com data de 25 nov. 1954, o coronel José Luiz Bettamio Guimarães analisara, para o general Távora, os quatro documentos secretos da embaixada dos Estados Unidos.

te criticou o fato de não haver sido consultado quanto aos aspectos militares, como salientou a necessidade de não se comprometerem as reservas de tório e urânio – ainda desconhecidas – com exportações, considerando a segurança futura do Brasil.[57] Porém, o governo Café Filho não durou muito tempo. Dois meses depois do pronunciamento da EMFA, o Exército, sob o comando do general Henrique Teixeira Lott, ministro da Guerra, interveio na crise política e forçou o Congresso a votar o *impeachment* do presidente interino, deputado Carlos Luz, bem como de Café Filho, supostamente enfermo, por favorecerem as articulações de um golpe contra o resultado das eleições para a Presidência e Vice-Presidência da República, em que Juscelino Kubitschek e João Goulart, com o apoio das mesmas forças que sustentaram Vargas, o PSD e o PTB, triunfaram, contra os candidatos da UDN, o general Távora e Milton Campos.[58]

---

57 Exposição de Motivos n.D-2, secreto, EMFA ao Presidente da República, 12 set. 1955, ARA.
58 Esses fatos ocorreram em 11 e 21 de novembro de 1955. Café Filho, supostamente enfermo, afastou-se e o presidente da Câmara dos Deputados, Carlos Luz, o seguinte na linha da sucessão, assumiu interinamente a Presidência da República e tentou demitir o general Lott do cargo de ministro da Guerra, a pretexto de um incidente militar. O Exército interveio e o derrubou. O Congresso legalizou o ato de força, ao votar o *impeachment*, e o mesmo fez contra Café Filho, quando este quis reassumir o governo. Nereu Ramos, presidente do Senado, exerceu interinamente a chefia do governo até a posse de Kubitschek.

# CAPÍTULO 6

## OS CAPITAIS ALEMÃES E O *BOOM* ECONÔMICO DE SÃO PAULO – A VISITA DE LUDWIG ERHARD AO BRASIL – A IMPLANTAÇÃO DO MULTILATERALISMO – A OFENSIVA COMERCIAL DA RFA NA AMÉRICA LATINA – O FRACASSO DO BRASIL EM OBTER EMIGRANTES ALEMÃES – A NECESSIDADE DE FORÇA DE TRABALHO NA RFA E AS RESTRIÇÕES PARA EMIGRAÇÃO

Quando o governo Vargas caiu, em 24 de agosto de 1954, a RFA já orientava suas relações comerciais e seus investimentos externos na direção, sobretudo, do Brasil, entre outros países da América do Sul, como Argentina, Chile, Colômbia e Uruguai. Apesar da crise de energia elétrica, dos reveses da política financeira bem como da relativa falta de matérias-primas, máquinas e peças de reposição, que importadas não podiam ser por causa da escassez de divisas, a industrialização ali prosseguira, impetuosamente, e quem se excluísse daquele processo, conforme o Consulado-Geral da RFA em São Paulo observara, perderia um dos mais importantes mercados da América Latina.[1] Só no estado de São Paulo se realizavam, segundo se dizia, 8,5 obras por hora e foram fundadas 50 mil fábricas, em 1953; seu rápido crescimento afigurava tão estrondoso que o secretário de Estado norte-americano, Dean Acheson, proclamou-o como o "verdadeiro milagre brasileiro".[2] Vinte firmas alemãs, tais como Krupp, Mercedes-Benz, Volkswagen,

---
1 Bericht 330-00 Tgb, n.537/54, Generalkonsulat des Bundesrepublik Deutschland, São Paulo, 5 abr. 1954, AA-FA, Ref. 415, Band 44.
2 Ibidem.

Büssing, R. Bosch GmbH e August Oetker, já estavam ali instaladas.[3] Porém, a decisão de orientar as relações comerciais e os investimentos externos da RFA principalmente na direção do Brasil fora tomada, ao que tudo indicou, após a viagem que Ludwig Erhard, ministro da Economia, fizera à América do Sul, em abril de 1954, e percebera o potencial econômico do país.[4]

Segundo o próprio Erhard admitiu, o intuito e o objetivo da visita aos países da região "mudaram visivelmente" no transcurso da viagem, uma vez que, ao conhecer mais intimamente as circunstâncias econômicas e políticas em que viviam e assim entender melhor os problemas que enfrentavam, desapareceu seu receio de que a "tendência inflacionária" e o "pronunciado dirigismo estatal" impedissem o desenvolvimento da riqueza e das relações com o "mundo livre".[5] Ele teve essa "feliz experiência", e "especialmente significativa" no Brasil, ao saber que seus governantes estavam perfeitamente conscientes quanto ao perigo daqueles métodos, dos quais manifestavam a vontade de livrar-se, na medida do possível, abrindo uma "tendência para o multilateralismo e maior liberdade econômica".[6] Realmente, as intervenções do Estado na economia, durante o governo Vargas, decorreram das necessidades de defender os interesses nacionais e o desenvolvimento do país, como tendia a ocorrer no setor da energia elétrica, cujo déficit na produção, ameaçando a continuidade do processo de industrialização, aumentava cada vez mais porque as empresas (Bond & Share e Light, de capital norte-americano e canadense) não mais investimentos faziam para sua expansão, ao preferirem outros ramos mais rentáveis de negócios.[7]

---

3 Anlage zu Bericht vom 5 mar. 1954, 330-00 allg. 537/54, AA-FA, Ref. 415, Band 44.
4 Ofício n.177, Faro Jr. a Vicente Rao, Bonn, 21 mai. 1954, Bonn, Ofícios, abr.-mai. 1954, AHI-MDB 7/5/9; Press und Informationsamt der Bundesregierung – Pressekonferenz mit Bundeswirtschaftsminister Prof. Ludwig Erhard an Donnerstag, 22 abr. 1954, 17 Uhr, im Bundesratssaal, ALES.
5 Discurso proferido pelo ministro da Economia da Alemanha no banquete em sua homenagem, realizado no Palácio do Itamaraty em 14 de abril de 1954, AHMRE-B 811(42) (00), Relações Econômicas Financeiras e Comerciais, (78) a (816), 1947/67 9927.
6 Ibidem.
7 Bericht 330-00 Tgb, n.537/54, Generalkonsulat des Bundesrepublik Deutschland, cit.

Conforme o secretário-geral do Itamaraty, embaixador Vasco Leitão da Cunha, salientara, o governo brasileiro, a compartilhar com o alemão a crença nos benefícios do comércio multilateral, julgava, de sua parte, vital à "estabilidade econômica" do país a diversificação dos mercados internacionais, não só daqueles para os quais exportava, mas também, e sobretudo, daqueles para onde se voltava, em busca de bens de capitais essenciais à sua industrialização.[8] Isso significava, em outras palavras, que o Brasil, ao aceitar o multilateralismo comercial, queria também libertar-se da quase absoluta dependência em que ainda se encontrava em relação ao mercado norte-americano e que, para tanto, o desenvolvimento das relações econômicas com a Alemanha, que tornara a ocupar, poucos anos depois do término da Segunda Guerra Mundial, o segundo posto entre seus parceiros,[9] afigurava-lhe a melhor alternativa.

Assim, durante prolongadas conversações Erhard e Oswaldo Aranha, ministro da Fazenda no governo Vargas, acertaram introduzir cada vez maior liberdade no intercâmbio entre o Brasil e a Alemanha, a começar pela adoção provisória de certas medidas até o fim das negociações, que prosseguiriam em Bonn. O sistema de pagamentos e o intercâmbio comercial entre os dois países passariam a funcionar em bases mais liberais, ou seja, o governo brasileiro suspenderia o controle de contingentes para o licenciamento de importações oriundas da RFA e o Banco do Brasil, em consequência, teria de oferecer as divisas necessárias, por meio de licitações simultâneas em todas as bolsas do país, e de cotar o dólar-convênio [*Vertragdollar*] alemão no mercado de taxa livre, de modo a incrementar o interesse do capital alemão em empresas brasileiras.[10] A perspectiva da livre negociabilidade do Deutsche

---

8 Discurso pronunciado pelo secretário-geral do Itamaraty, embaixador Vasco Leitão da Cunha, no banquete em homenagem a Ludwig Erhard, AHMRE-B 811(42)(00), Relações Econômicas, Financeiras e Comerciais, (78) a (816), 1947/67 – 9927.
9 Ibidem.
10 Ata final das conversações entre o ministro da Economia da RFA, prof. Ludwig Erhard, e o ministro da Fazenda do Brasil, sr. Oswaldo Aranha, Rio de Janeiro, 14 abr. 1954, confidencial, AHMRE-B 811(42)(00), Relações Econômicas, Financeiras e Comerciais, (78) a (810), 1947/67 9927; Telegrama n.2185, expedido, confidencial, MRE para a embaixada

Mark no mercado brasileiro de câmbio então delineada entusiasmou, particularmente, Erhard, que se dispôs a advogar, perante o Conselho de Ministros, um acordo para a consecução de tal iniciativa. Embora fosse acarretar uma ligeira desvantagem para os exportadores alemães, obrigados assim a concorrer com os norte-americanos, sem a vantagem de uma moeda especial de troca, ela possibilitaria reduzir, senão eliminar, rapidamente o saldo devedor do Brasil.[11] Apesar da cautela quanto ao prognóstico de que o volume das transações entre os dois países alcançasse o montante de 142 milhões de dólares dentro do ajuste comercial, a política da RFA consistia, realmente, em incrementar as importações oriundas do Brasil, no qual seus círculos empresariais, desde antes da viagem de Erhard, já se mostravam propensos a aproveitar ao máximo sua capacidade de investimentos.[12] Com efeito, a participação do algodão brasileiro nas importações alemãs subira de 3,7% para 6% em fins de 1953, a do cacau saltara de 8,5% para 19,5% e as vendas de minério de ferro atingiram a cifra de 44,8 milhões de marcos, quatro vezes mais do que em 1952, ou seja, pulando de 2% para 7% do total das compras do produto realizadas pelo RFA.[13] A única exceção fora o café, que declinara, ligeiramente, de 46,2% em 1952 para 41,1% em 1953.[14] E, nos nove primeiros meses de 1954, as exportações brasileiras para a RFA excederam a previsão de 106 milhões de dólares, a aproximar-se do esperado para o ano todo.[15]

---

    em Bonn, 20 abr. 1954, AHMRE-B, Bonn, CT Exp., 1947/59; Der Bundesminister für Wirtschaft – IP – Tages – Nachrichten (Für den Dienstagebrauch), Bonn, den 17 mar. 1954, n.1840; den 13 abr. 1954, n.1863; den 14 abr. 1954, n.1864; den 15 abr. 1954, n.1865; den 21 abr. 1954, n.1867, ALES.

11  Ofício n.133, confidencial, Faro Jr. a Rao, Bonn, 23.4.1954, AHMRE-B, Bonn, Ofícios Recebidos, 1950/56.
12  Ofício n.70, Faro Jr. a Vasco Leitão da Cunha, ministro de Estado interino, Bonn, 11 mar. 1954, Bonn, Ofícios, jan.-mar. 1954, AHI-MDB 7/5/8.
13  Ofícios n.128 e 129, Faro Jr. a Rao, Bonn, 21 abr. 1954, Bonn, Ofícios, abr.-mar. 1954, AHI-MDB 7/5/9.
14  Ibidem.
15  Ofício n.16, Faro Jr. ao ministro das Relações Exteriores Raul Fernandes, Bonn. 6 jan. 1955, Ofícios, jan.-fev. 1955, AHI-MDB 8/1/1.

A mudança do governo, com o suicídio de Vargas e a ascensão ao poder das correntes mais favoráveis aos interesses dos Estados Unidos, propiciou, no entanto, certas modificações na política econômica do Brasil. O regime instituído pela Instrução n.99 da Sumoc, do Banco do Brasil,[16] pareceu aos empresários alemães criar uma situação preferencial em benefício das exportações brasileiras dirigidas à área do dólar, na medida em que 20% dos cambiais no mercado livre poderiam ser negociados e permitir ganhos em cruzeiros bem superiores aos que possibilitava as vendas para a RFA.[17] Eles recearam que, em consequência, as ofertas de dólares-convênio da Alemanha declinassem nas licitações do Banco do Brasil, acarretando prejuízos para as importações de seus produtores.[18] Protestos houve e o presidente do Banco do Brasil, Clemente Mariani Bittencourt, declarou que a redução da quota de importação de café do Brasil pela RFA prejudicava muito mais o intercâmbio entre os dois países do que medidas tomadas de acordo com os interesses nacionais. Entretanto, o encarregado de negócios do Brasil em Bonn, ministro Manoel Pio Corrêa Jr., esclareceu que redução não houve da quantidade "permitida" de compras e sim da quantidade "obrigatória". E ponderou ao Itamaraty que, se algum dano adviesse para o intercâmbio comercial entre os dois países, o qual sob "aspecto singularmente auspicioso se apresentava", decorreria não de medidas tomadas em relação ao café brasileiro, desde que eles se mantivessem em um nível de preços competitivos, e sim de um "desvio de expedientes exportáveis para outros mercados, motivado por maiores atrativos de ordem cambial".[19] Por sua vez, o embaixador da RFA no Brasil, Fritz Öllers, previu que, embora a oferta de dólares-convênio da Alemanha, nos leilões de divisas, fosse ainda relativamente maior do que a dos outros países, algumas reações incômodas sobreviriam,

---

16 Àquela época, a Sumoc exercia as funções de um Banco Central, responsável pela política monetária.
17 Ofício n.368, ministro-conselheiro Manuel Pio Corrêa Jr. a Raul Fernandes, Bonn, 18 set. 1954, Bonn, Ofícios, set. 1954, AHI-MDB 7/5/11.
18 Ibidem.
19 Ibidem.

quando se realizassem as pretensões dos Estados Unidos – Tratado Interamericano de Comércio, União Interamericana de Pagamentos.[20] Segundo ele, se quisesse manter a posição no Brasil, a RFA deveria rever sua política de investimentos, não deixando de desempenhar importante papel nos momentos psicologicamente corretos, que naquele país ocorressem, como em qualquer outro país, tal como o fez, ao apoiar o projeto de produção de locomotivas, quando os Estados Unidos o abandonaram.[21] O embaixador Öller ponderou, entretanto, que a RFA, na questão dos financiamentos, devia buscar um *modus vivendi* com os Estados Unidos, dado que lhe afigurava uma falta, contra a lógica política, o fato de os dois países, que mantinham estreitas relações, estarem a competir, economicamente, em um importante mercado como o Brasil, um país tão grande em que espaço havia para ambos.[22] Como dificuldades haveria em convencer os bancos norte-americanos a financiar empresas alemãs, a solução talvez fosse tentar obter de instituições sob a influência do governo dos Estados Unidos, como o Banco Mundial, o financiamento para os seus projetos.[23]

O governo Café Filho tendia a favorecer os Estados Unidos, que apoiaram sua formação, sobretudo porque nele contavam, conforme o embaixador Fritz Öllers percebera, com "dois especiais bons amigos" [*ausgesprochene Freunde*], os ministros Raul Fernandes, nas Relações Exteriores, e Eugênio Gudin, na pasta da Fazenda,[24] e não podiam deixar de ajudá-lo, preocupados com a progressiva radicalização da classe operária e o incremento das correntes antinorte-americanas, a fertilizarem o solo para as agitações comunistas.[25] Realmente, pouco tempo depois, um grupo de dezenove bancos norte-americanos, liderados pelo First National City Bank, concedeu um empréstimo de

---

20 Bericht 301-00 Tgb, n.2536/54, Botschaft des Bundesrepublik Deutschlands an das Auswärtige Amt, Rio de Janeiro, 23 set. 1954, AA-PA, Ref. 306, Band 90.
21 Ibidem.
22 Ibidem.
23 Ibidem.
24 Ibidem.
25 Ibidem.

200 milhões de dólares ao Brasil, cuja dívida externa era da ordem de 2 bilhões de dólares (800 milhões a curto prazo e 1,2 bilhão a longo prazo), dos quais devia pagar aos Estados Unidos 90,2 milhões ainda em 1954 e 120,7 milhões em 1955.[26] Entretanto, o governo Café Filho não pôde atender a todas as pretensões norte-americanas, entre as quais a reforma cambial, com a extinção das taxas múltiplas, uma vez que as Forças Armadas a ela se opuseram. Apenas revogou as restrições às remessas de lucros para o exterior e, por meio da Instrução 113 da Sumoc, anulou o caráter protecionista da Instrução 70, baixada ao tempo do governo Vargas, e instituiu um regime de privilégio para as empresas estrangeiras, ao permitir que elas importassem, sem abertura cambial, máquinas e equipamentos, novos ou obsoletos, e sem respeito à existência de similares nacionais, enquanto negava o mesmo direito às indústrias brasileiras. Essa medida, naturalmente, beneficiou não só os capitais oriundos dos Estados Unidos, mas também os investimentos da RFA, com a qual o Brasil firmou um compromisso de manter inalterado o regime de comércio e de pagamentos até 9 de maio de 1955, quando então representantes dos dois países se reuniriam, para negociar novos ajustes, substituindo os princípios do bilateralismo pela crescente multilateralização das trocas internacionais.[27]

Em 1954, as exportações da RFA, cujo governo começara a estabelecer a conversibilidade do *Deutsche Mark* com a adoção, a partir de 1º de dezembro, de diversas medidas liberalizadoras do regulamento de câmbio, bateram outro recorde absoluto, ao atingirem o montante de 21 bilhões de marcos. Esse feito alarmou a Grã-Bretanha, pois, enquanto suas exportações, alcançando também em 1954 a soma de 2,7 bilhões

---

26 Ibidem.
27 Bericht Tgb, n.6273/54, Felix Prentzel, Ministerialdirektor, chefe da Delegação Econômica da RFA, ao Auswärtige Amt, Rio de Janeiro, 7 nov. 1954, AA-PA, Ref. 306, Band 90; Nota confidencial, embaixador Edmundo Barbosa da Silva, chefe do Departamento Econômico e Consular, ao dr. Felix Prentzel, chefe da Delegação Econômica da RFA, Rio de Janeiro, 12 nov. 1954, AHMRE-B 811(42)(00), Relações Econômicas, Financeiras e Comerciais, (78) a (816), 1947/67 – 9927; Telegrama n.72, confidencial, expedido, MRE para o embaixador em Bonn, 20 nov. 1954, ibidem.

de libras esterlinas, evoluíram apenas 3% de 1950 até aquele ano, as vendas da RFA ao exterior, no mesmo período, aumentaram cerca de 225%.[28] O que então ocorreu, em curtíssimo tempo, foi a reconquista dos mercados perdidos pelo III *Reich* depois da guerra. A Alemanha, cuja indústria começara a recuperar-se em 1950, exatamente quando a da Grã-Bretanha atingira o ápice da expansão após a guerra, avançou também sobre a área do dólar, para a qual suas exportações apresentaram o maior aumento em 1954. De 1953 para 1954, suas vendas aos países da América Latina com os quais mantinha ajustes de pagamentos, exceto a Colômbia, cresceram 37%, enquanto as exportações para os demais aumentaram apenas 7%.[29] Esse fato, ao que parecia, decorreu do decréscimo das exportações para a Argentina, que continuaram a cair no primeiro semestre de 1955 (17 milhões de marcos a menos que no mesmo período de 1954), estando ainda o comércio entre os dois países ameaçado de decrescer de 10% a 15% por ano, por causa de diversos fatores, entre os quais o fato de que a RFA, com boa colheita de trigo, pretendia reduzir suas importações de 950 mil para 700 mil toneladas.[30] Entretanto, sem contar a Argentina, as exportações da RFA para Brasil, Chile, Equador, Paraguai e Uruguai cresceram, no conjunto, 22% de 1953 para 1954.[31] Para alguns países, como Uruguai, Chile e México, o aumento situou-se entre 10% e 20%, mas para Brasil, Panamá, República Dominicana e El Salvador alcançou um patamar entre 20% e 30%, sendo ainda bem maior, entre 30% e 35%, para Cuba, Costa Rica, Honduras, Equador, Colômbia e Guatemala, e superior a 50%, nos casos de Bolívia, Haiti, Venezuela e Nicarágua.[32] Pequeno retrocesso registrou-se no Paraguai, para onde as exportações da RFA

---

28 Ofício n.427, embaixador Abelardo B. Bueno do Prado a Raul Fernandes, Bonn, 5 out. 1955, Bonn, Ofícios, out. 1955, AHI-MDB 8/1/5.
29 Ofício n.195, Pio Corrêa a Fernandes, Bonn, 24 mai. 1955, anexo único ao Relatório Econômico sobre a América Latina, Bonn, Ofícios, mai.-jul. 1955, AHI-MDB 8/1/3.
30 Ofício n.383, Pio Corrêa a Fernandes, Bonn, 9 set. 1955, Bonn, Ofícios, ago.-set. 1955, AHI-MDB 8/1/4.
31 Ibidem.
32 Ibidem.

caíram 3%, enquanto para o Peru elas não cresceram mais que 1%. De qualquer forma, em 1954, Brasil, Argentina, Colômbia, Venezuela e México absorveram, respectivamente, 27,3%, 11,4%, 10,7%, 11,4% e 7%, isto é, 71% do total das exportações alemãs para a América Latina.[33]

Essa ofensiva comercial refletiu o continuado *boom* econômico com que a RFA, destruída pela guerra e mesmo desmembrada, aumentava a cada ano, substancialmente, sua produção. Somente de janeiro a agosto de 1955, ela produzira 10.781.584 toneladas de ferro puro e 13.961.578 de aço bruto, apresentando aumentos de 38,7% e 26,8% respectivamente, em relação ao ano de 1954.[34] Afim de atender a tal produção, a RFA, além de utilizar seu próprio minério, que baixo teor de ferro (25%) possuía, passara também a importar de outros países, entre os quais o Brasil, seu oitavo fornecedor, depois de Suécia, Espanha, Canadá, Argélia, Noruega, Índia portuguesa e Libéria.[35] Porém, não apenas de minérios de ferro e outras matérias-primas ela mais e mais necessitava. Conforme o embaixador brasileiro Luiz de Faro Jr. previu, se sua expansão econômica, que lhe permitira a absorção, sem abalo, de muitos milhões de produtores e consumidores – mais de 10 milhões de refugiados em dez anos – prosseguisse naquele ritmo, ela muito em breve teria de apelar para a imigração.[36] Com efeito, a Alemanha, de onde, no passado, levas e levas de emigrantes saíram para os Estados Unidos, Brasil e outros países, defrontara-se, outra vez, com sério e ainda mais grave problema populacional ao término da Segunda Guerra Mundial. Retalhada, suas zonas ocidentais receberam, inicialmente, milhares de cidadãos que fugiram diante do avanço do Exército Vermelho e, em seguida, cerca de 8,5 milhões de pessoas de origem germânica expulsas dos Sudetos, na Tchecoslováquia, da região

---

33 Ibidem.
34 Ofício n.493, Bueno do Prado à Secretaria de Estado, Bonn, 11 nov. 1955, encaminhando relatório de Antônio Xavier da Rocha, ministro para Assuntos Econômicos, Bonn, Ofícios, nov./dez. 1955, AHI-MDB 8/1/6.
35 Ibidem.
36 Ofício n.88, Faro Jr. a Raul Fernandes, Bonn, 4 mai. 1955, Bonn, Ofícios, mar.-abr. 1955, AHI-MDB 8/1/2.

anexada à Polônia, 100.651 km², ou seja, um quarto do antigo território do *Reich* em 1937, bem como de Memel e Königsberg (13.200 km²), incorporadas pela União Soviética, cujo raio de ocupação estendeu-se por mais cinco Estados [*Lander*] – Mecklenburg, Sachsen, Thürigen, Brandenburg e Sachsen-Anhalt – com 108.333 km² e 18,3 milhões de habitantes. Desses 18,3 milhões de habitantes, cerca de 1,5 milhão também passaram para o lado ocidental, até meados de 1951, e esse número tendia a duplicar, porquanto o êxodo cada vez mais recrescia.[37] Só em 1952, aproximadamente 100 mil refugiados, muitos dos quais porque não queriam prestar serviço à *Volkspolizei*, apresentaram-se em Berlim Ocidental, e mais 40 mil entraram na RFA através de outras fronteiras.[38] A média mensal dos que procuravam os setores ocidentais daquela cidade, escapando da RDA, subira então de 4.500 para 7.500 pessoas, no último semestre de 1952, e atingiu um pico de 25 mil em janeiro de 1953.[39] O número de tais refugiados alcançou, em 1976, o total de 2 milhões.[40] Assim, apesar da emigração dos primeiros anos do pós-guerra, a população da Alemanha Ocidental, da ordem de 39 milhões de pessoas em 1939, subiu para quase 50 milhões, em pouco tempo, a aguçar a falta de moradia, o desemprego e a escassez de alimentos.

Tais problemas realmente se configuraram muito graves. Durante a guerra, em cada cinco casas, uma fora completamente destruída e outra tão danificada ficara que ninguém podia habitar. Tornou-se difícil abrigar aquela crescente população, bem como empregá-la. De grande parte das fábricas só restaram escombros e muitas os Aliados

---

37 Ofício n.150/558-(81), R. Jorge Guimarães Bastos, encarregado de negócios, a Neves da Fontoura, Bonn, 10 ago. 1951, Bonn, Ofícios, jul.-ago. 1951, AHI-MDB 7/4/6.

38 Ofício n.8, Faro Jr. a Fontoura, Bonn, 9 jan. 1953, anexo único, Bonn, Ofícios, jan.-mar. 1953, AHI-MDB 7/5/4.

39 Ofício n.37, Faro Jr. a Fontoura, Bonn, 20 fev. 1953, anexo único, Bonn, Ofícios, jan.-mar. 1953, AHI-MDB 7/5/4..

40 Ofício n.201, confidencial, embaixador Abelardo B. Bueno do Prado ao ministro das Relações Exteriores José Carlos de Macedo Soares, Bonn, 8 mai. 1956, AHMRE-B, Bonn, Ofícios Recebidos, secretos e confidenciais, 1950/56.

desmantelaram, no início da ocupação. Esse fato, somado à dificuldade de reconverter para fins pacíficos uma indústria toda adaptada à produção de armamentos, contribuía para reduzir a níveis extremamente baixos as atividades econômicas. Engravescendo ainda mais a situação, a perda das grandes regiões agrícolas, situadas na Alemanha Oriental, prejudicava enormemente a oferta de alimentos, cuja demanda cada vez mais aumentava, em virtude do próprio fluxo de refugiados que continuavam a chegar de lá, bem como, embora em menor quantidade, de outros países sob domínio dos comunistas. Diante de tais circunstâncias, superada a fase inicial em que o general Lucius D. Clay, comandante da Amerikanische Militäradministration [Administração Militar Norte-Americana], obstaculizara a saída de técnicos e outros profissionais especializados, organizações internacionais, algumas filantrópicas, e o próprio governo da RFA, na medida em que começou a experimentar certa autonomia política, trataram de promover a emigração daqueles excedentes humanos. Vários países conseguiram atrair grandes contingentes de trabalhadores, com melhor qualificação, enquanto o Brasil, que muito se empenhara nos primeiros anos após o fim da guerra para selecioná-los, recebeu apenas uma pequena parcela, nem sempre bem escolhida, porque seu governo, talvez já desinteressado, não desenvolveu um esforço consequente.[41] Em 1951, um grupo de 2.500 alemães neste país chegou e recebeu terras no estado do Paraná, bem como créditos concedidos pelos bancos suíços.[42] Em 1953, das 44.106 pessoas que possuíam nacionalidade alemã e emigraram da RFA, somente 893 se destinaram ao Brasil, número relativamente insignificante para um país disposto a receber cerca de 100 mil imigrantes oriundos da Europa Oriental,[43] e mesmo em comparação com os contingentes levados,

---

41 Ibidem.
42 Ofício n.154, R. Jorge Guimarães Bastos, encarregado de negócios, a João Neves da Fontoura, Bonn, 13 ago. 1951, Bonn, Ofícios, jul.-ago. 1951, AHI-MDB 7/4/6.
43 Ibidem.

naquele mesmo ano, para Canadá (24.193), Estados Unidos (11.104) e Austrália (5.393).[44]

Com a economia em franca recuperação, a RFA, àquele tempo, estava a absorver uma quantidade cada vez maior do excedente populacional e não mais tinha forte interesse em fomentar a emigração. Por isso, as atividades do Cime, que, em 1952, começou a funcionar, não alcançaram grande êxito. De 1953 até 1955, o número de emigrantes da RFA decaiu, conforme a demonstração neste quadro:[45]

Tabela 1

|      | Total de emigrantes alemães | Por intermédio Cime | % do Cime |
| ---- | --------------------------- | ------------------- | --------- |
| 1952 | 102.578                     | 37.954              | 37%       |
| 1953 | 60.186                      | 40.325              | 67%       |
| 1954 | 60.545                      | 34.491              | 58%       |
| 1955 | 45.000                      | 21.888              | 49%       |

Dos 135 mil alemães transportados pelo Cime ao longo do quadriênio analisado, apenas 3.101, ou seja, 2,3% dirigiram-se para o Brasil.[46] Quando o Itamaraty, em 1954, deu a sua embaixada em Bonn instruções no sentido de promover negociações para celebrar com a RFA um ajuste sobre imigração, suas gestões não obtiveram êxito. O governo da RFA, a contrariar os primeiros entendimentos, não só se recusou a arcar com qualquer parcela dos custos de transporte, dos quais lhe caberia pagar um terço, devendo os outros dois terços ser cobertos pelo Brasil e pelo Cime, como também se opôs à saída de operários especializados, em virtude da crescente escassez de força de trabalho, que principiava a

---
44 Ofício n.430, Bueno do Prado a Raul Fernandes, Bonn, 6 out. 1955, Bonn, Ofícios, out. 1955, AHI-MDB 8/1/5.
45 Ofício n.201, confidencial, Bueno do Prado a Macedo Soares, Bonn, 8 mai. 1956, AHMRE-B, Bonn, Ofícios Recebidos, secretos e confidenciais, 1950/56.
46 Ibidem.

ocorrer.[47] E as autoridades de Bonn declararam, formalmente, que não cooperariam com qualquer iniciativa que visasse facilitar a emigração de refugiados ou deslocados de guerra de nacionalidade alemã.[48] E, efetivamente, cerca de 340 mil pessoas, em 1953, não conseguiram sair da RFA,[49] cuja política consistiu, cada vez mais, não apenas em dificultar a emigração, mas também em fomentar o êxodo da RDA, atraindo sua população, na medida em que lhe propiciava todos os direitos garantidos pela *Grundgesetz* [Lei Fundamental],[50] inclusive os benefícios sociais, além de outras facilidades, como emprego e moradia, não obstante certo desagrado dos seus próprios habitantes, daqueles que dedicaram seus esforços, desde 1945, à reconstrução do país. Com essa política a União Soviética e o governo comunista de Walter Ulbricht eficientemente cooperaram, pois criaram condições para a evasão de tanta força de trabalho, sobretudo técnicos e operários especializados, ao executarem, na zona oriental, o desmantelamento das fábricas, a coletivização das terras e a sistemática repressão contra todos os dissidentes. Dúvida não restava de que esse constituiu, sob todos os aspectos, inestimável contributo ao revigoramento da economia na RFA. Mas não o suficiente. A RFA, já em 1956, começou também a importar trabalhadores de outros países europeus [*Gastarbeiter*], a fim de empregá-los na indústria, mineração, construção civil, agricultura etc., e para tanto celebrou um acordo com a Itália.

Em poucos anos, a Alemanha transformara-se em país de imigração, não mais de emigração, como fora no passado. Tal condição tendia a acentuar-se, em razão do desequilíbrio na sua estrutura demográfica provocado, em larga medida, pela Segunda Guerra Mundial. Sua população apresentava maior proporção de idosos do que em 1939,

---

47 Ibidem.
48 Ofício n.88, Faro Jr. a Raul Fernandes, Bonn, 4 mai. 1955, Bonn, Ofícios, mar.-abr. 1955, AHI-MDB 8/1/2.
49 Ofício n.430, Bueno do Prado a Fernandes, Bonn, 6 out. 1955, Bonn, Ofícios, out. 1955, AHI-MDB 8/1/5.
50 A Lei Fundamental foi como se chamou a Constituição aprovada em 1949, quando a RFA foi constituída.

dado que o número de pessoas com mais de 65 anos quase duplicara e a força de trabalho, com um percentual bastante elevado do sexo feminino – 123 mulheres para cada 100 homens em idade produtiva –, tornara-se relativamente velha: aproximadamente 5 mais jovens, entre 15 e 34 anos, para 9 na faixa etária de 35 a 65 anos.[51] Assim, diante da necessidade de apelar, inclusive, para trabalhadores não só alemães da RDA, mas também de outras nacionalidades, o governo da RFA não mais podia apoiar a saída de seus cidadãos, muito menos de técnicos e operários especializados, mediante acordo de emigração com o Brasil ou com qualquer outro país, e tanto isso era certo que não renovou aquele celebrado com a Austrália e cujo prazo expirou em 1956. O Brasil, porém, não apresentava condições para atrair uma corrente de emigração espontânea. Nesse país, os operários especializados recebiam metade, um terço ou menos do que os salários pagos na RFA para as mesmas tarefas e, além do mais, os benefícios sociais e os serviços de saúde e educação secundária que o Estado oferecia mostravam-se deficientes e precários. Essas mesmas condições, como salários muito mais baixos, se não podiam induzir a emigração de trabalhadores, serviram, no entanto, como atrativo e estímulo para os capitais da RFA, já em busca de fatores mais baratos de produção, sobretudo força de trabalho e matérias-primas, abundantes no Brasil. E também o clima político favoreceu os investimentos alemães, quando Juscelino Kubitschek, em outubro de 1955, venceu a eleição para a Presidência da República.

---

51 Ofício n.201, confidencial, Bueno do Prado a Macedo Soares, Bonn, 8 mai. 1956, AHMRE-B, Bonn, Ofícios Recebidos, secretos e confidenciais, 1950/56.

# CAPÍTULO 7

A VISITA DE JUSCELINO KUBITSCHEK A BONN – O CONVITE AOS INVESTIDORES ALEMÃES – A DESCOBERTA DAS PRESSÕES DOS ESTADOS UNIDOS CONTRA A POLÍTICA ATÔMICA BRASILEIRA – O PLANO DE METAS E O FLUXO DE CAPITAIS ALEMÃES PARA O BRASIL – O BRASIL COMO PRIORIDADE PARA OS INVESTIMENTOS PRIVADOS DA RFA – A COMPETIÇÃO COM OS ESTADOS UNIDOS E O DESENVOLVIMENTO DA INDÚSTRIA AUTOMOBILÍSTICA

Ainda antes de assumir a Presidência da República, Juscelino Kubitschek (1956-1961), além dos Estados Unidos, visitou cinco países da Europa, entre os quais a RFA, convidado tanto pelo governo quanto por algumas das suas mais importantes indústrias.[1] Graças à situação política interna, ele receou ausentar-se longamente do Brasil e, por essa razão, não mais do que dois dias pôde demorar-se em cada um, exceto nos Estados Unidos, pois sabia que enquanto lá estivesse seus adversários não intentariam qualquer manobra ou mesmo um golpe de Estado que o impedisse de chegar ao governo.[2] No entanto, apesar da escassez de tempo, excepcional homenagem lhe foi prestada, em Bonn. Pela primeira vez, o presidente da RFA, Theodor Heuss, recebeu para um pequeno almoço [*Frühstück*], ao meio-dia, um visi-

---

[1] Bericht 010-01 Tgb. 3512/55/II, vertraulich, Botschaft der Bundesrepublik Deutschlands an das Auswärtige Amt, Rio de Janeiro, 13 dez. 1953, AA-PA, Ref. 306, Band 85.
[2] Ibidem.

tante que não ainda se tornara chefe de Estado[3] e o *Kanzler* [ministro dos Assuntos Estrangeiros] Konrad Adenauer ofereceu uma recepção a uma personalidade estrangeira, em sua residência oficial, o Palácio Schaumburg. Esses fatos não apenas evidenciaram o fortalecimento da RFA no Brasil como também representaram, naquelas circunstâncias, significativo apoio a Kubitschek, cujo governo deveria inaugurar nova fase no relacionamento entre os dois países, conforme tanto as autoridades quanto os empresários esperavam. No encontro com o presidente Heuss, o próprio Kubitschek declarou que, a partir de 1º de fevereiro de 1956, um dia após sua posse como presidente da República, as relações do Brasil com a RFA tomariam forma diferente e acentuou que aceitaria como valiosos colaboradores e amigos os que quisessem lá investir tecnologia e capitais.[4] Por outro lado, durante a recepção para a qual Kubitschek convidara cerca de trezentas personalidades da indústria, comércio e governo, o vice-presidente da Bundesverbander der Deutschen Industrie [Confederação Alemã de Indústria], o sr. Kost, anunciou que muitas grandes e médias empresas da RFA estariam interessadas em investir no Brasil, se obtivessem condições satisfatórias de rendimento, amortização e retorno dos capitais aplicados, após a abertura de filiais.[5] Na mesma oportunidade, ele manifestou a impressão de que o comércio entre os dois países, que esteve estagnado no segundo semestre de 1955, voltaria a reativar-se depois que Kubitschek assumisse o governo, em 31 de janeiro de 1956.[6]

As compras da RFA no Brasil, que aumentaram quase 50%, ao pularem de 95 milhões de dólares, em 1953, para 158 milhões, em 1954, decaíram para 57 milhões de dólares no primeiro semestre de 1955, contra 71 milhões no mesmo período do ano anterior, e não

---

3  A única exceção fora a Princesa Margareth, da Grã-Bretanha.
4  Konzept, Bericht 192/56, Auswärtige Amt an das Botschaft der BRD, Rio de Janeiro; an das Generalkonsulat der BRD, São Paulo; an das Konsulat des BRD, Porto Alegre vsw., an die Botschaft des BRD, Buenos Aires, vsw., Bonn, 25 jan. 1956, AA-PA, Ref. 306, Band 23.
5  Ibidem.
6  Ibidem.; sobre a visita à RFA, ver Kubitschek, 1976, v.II, p.477-81.

evoluíram nos meses subsequentes,[7] por causa, ao que tudo indicava, da política cambial do governo Café Filho, favorável à área do dólar, isto é, aos Estados Unidos. O Banco do Brasil, nos leilões de divisas, tendia a desvalorizar as moedas de países, como a RFA, com os quais o comércio se desenvolvia por acordos bilaterais, em benefício daqueles que praticavam o multilateralismo. Além do mais, outros problemas houve, como a reexportação por firmas da RFA de café brasileiro, comprado com moeda-convênio, para a área do dólar. Cerca de 242.900 sacas, no correr de 1953, teriam sido registradas sob falsa indicação de destino e vultosa transação clandestina ocorrera, envolvendo a troca de café brasileiro por cevada, operação da ordem de 10 milhões de dólares financiada pelo barão Friedrich Karl von Oppenheim, cônsul honorário do Brasil em Colônia e chefe da casa bancária Sal. Oppenheim Jr.[8] Àquele tempo, meados de 1955, RFA, Países Baixos e Grã-Bretanha mantinham entendimentos para estabelecer na Europa uma zona multilateral de pagamentos, que deveria estender-se a outros países, como Bélgica e Luxemburgo, e o Brasil forçosamente teria de aceitar.[9] O principal objetivo consistia em assegurar que, no tratamento das importações e exportações brasileiras, não mais houvesse discriminação contra suas moedas – marco, guilders e libra esterlina – e que elas estivessem disponíveis à taxa de câmbio prevalecente nos mercados oficiais daqueles países e em paridade com o dólar.[10] Entretanto, as dificuldades para execução desses ajustes com os participantes do *pool*

---

7 Aufzeichnung 415-300-01/9-175/55, Abteilungsleiter, Bonn, 12 jan. 1956, AA-PA, Ref. 306, Band 23.
8 Ofício n.113, confidencial, Faro Jr. a Raul Fernandes, Bonn, 17 mar. 1955; Ofício n.132, secreto, Faro Jr. a Fernandes, Bonn, 31 mar. 1955, AHMRE-B, Bonn, Ofícios Recebidos, secretos e confidenciais, 1950/56.
9 Telegrama expedido, confidencial, MRE à embaixada em Bonn, 13 jul. 1955; Telegrama expedido, confidencial, urgente, MRE à embaixada em Bonn, 22 jul. 1955, AHMRE-B, Bonn; Telegrama expedido, 1950/57; Ofício n.300, confidencial, urgente, Pio Corrêa a Raul Fernandes, Bonn, 23 jul. 1955, com anexo único; Ofício n.305, confidencial, Pio Corrêa a Raul Fernandes, Bonn, 27 jul. 1955, com anexo único, AHMRE-B, Bonn, Ofícios Recebidos, secretos e confidenciais, 1950/56.
10 Draft, 19.7.1955, anexo único ao Ofício n.305, Pio Corrêa a Fernandes, Bonn, 27 jul. 1955, cit.

multilateral ocorreram exatamente por causa das reexportações de mercadorias brasileiras para países de moeda conversível ou apenas contra pagamentos em moeda conversível. O Brasil insistira que a RFA que cumprisse o compromisso de não permitir que mercadorias brasileiras importadas, por exemplo, pela Suíça atravessassem seu território, senão contra o pagamento em moeda livremente conversível, o que ela não podia fazer, segundo alegara, pois os negociantes provavelmente receberiam em marcos por tais reexportações.[11]

De qualquer forma, as negociações, visando à adoção de bases multilaterais para os acordos de comércio e pagamentos entre os dois países, prosseguiram durante a visita de Kubitschek a Bonn, pois o impasse não podia perdurar. A RFA, desde 1952, tornara-se o segundo mais importante parceiro do Brasil, apenas abaixo dos Estados Unidos no seu comércio exterior, tanto em importações quanto em exportações, e esse intercâmbio tendia a recrescer, uma vez que a situação, com a ascensão de Kubitschek ao governo, deveria ser ainda mais favorável ao estabelecimento de uma estreita parceria do que antes da Segunda Guerra Mundial, conforme a previsão do secretário-geral da Bundesverbander der Deutschen Industrie, Wilhelm Beutler.[12] De fato, a indústria da RFA tinha grande interesse em investir no Brasil[13] e Kubitschek, que, durante sua curta estadia naquele país, realizara um *tour* pelas fábricas instaladas na região do Reno, manteve importantes conversações com vários empresários, particularmente com Alfried Krupp von Bohlen und Halbach, da firma Fried. Krupp, e Fritz Könecke, da Daimler-Benz, aos quais acenou com incentivos e concessões, a serem concretizadas mediante ulteriores entendimentos.[14] Assim, à medida que se inten-

---

11 Telegramas expedidos, confidenciais, MRE à embaixada em Bonn, 13 jul. 1955, 16 jul. 1955, 22 jul. 1955, 8 ago. 1955, AHMRE-B, Bonn, Telegramas expedidos, 1950/71.
12 Ofício n.110, Bueno do Prado a Macedo Soares, Bonn, 29 fev. 1956, Bonn, Ofícios, jan.-mar. 1956, AHI-MDB 8/1/7.
13 Aufzeichnung 415-300-01/9-175/55, Abteilungsleiter, Bonn, 12 jan. 1956, AA-PA, Ref. 306, Band 23.
14 Konzept, Bericht 192/56, Auswärtige Amt an die Botschaft der BRD, Rio de Janeiro vsw., Bonn, den 25 jan. 1956, AA-PA, Ref. 306, Band 23.

sificasse, o fluxo de capitais fomentaria, naturalmente, o intercâmbio comercial e permitiria à RFA consolidar sua posição no Brasil, onde as tendências nacionalistas novamente se afirmaram, na política interna, em contradição com os Estados Unidos. Um dos pontos de atrito voltou a ser a questão do desenvolvimento da tecnologia nuclear.

Pouco tempo depois da investidura de Kubitschek na Presidência da República, o major Carlos Cairoli descobriu na Secretaria-Geral do Conselho de Segurança Nacional os quatro documentos secretos que a embaixada dos Estados Unidos remetera ao general Juarez Távora, relativos à política atômica do governo Vargas e à fabricação das ultracentrífugas para enriquecimento de urânio, na RFA. Após analisá-los, encaminhou-os ao ministro da Guerra, general Henrique Teixeira Lott, e o assunto provocou imediata reação dos meios militares. Com a Exposição de Motivos n.D-1, de 27 de fevereiro de 1956, dirigida a Kubitschek, o EMFA criticou os acordos celebrados com os Estados Unidos como inconvenientes e ilegais, dado que violavam a Lei n.1.310, de 15 de janeiro de 1951, e reafirmou que o desenvolvimento dos trabalhos relativos à energia atômica e a salvaguarda dos minérios essenciais à sua produção constituíam um imperativo de segurança e de continuidade do progresso industrial do Brasil.[15] Ele não admitia, portanto, que o Brasil aceitasse, como fizera no Programa Conjunto, o compromisso de exportar para os Estados Unidos a quase totalidade do urânio, que porventura se descobrisse em seu território nacional, e defendia uma linha de resistência, com a recomendação de que o Presidente da República não autorizasse outros acordos sem sua prévia audiência. Segundo o EMFA, a impulsão do estado das questões atômicas, bem como das pesquisas correlatas, constituía um "imperativo do momento" e o Brasil estava

> capacitado para encarar com altivez, confiança e, mesmo, certa arrogância tais problemas, exigindo, no âmbito nacional, compensações muito maiores do que

---

15 Exposição de Motivos n.D-1, secreto, EMFA ao Presidente da República, Rio de Janeiro, 27 fev. 1956, ARA.

o simples pagamento em dinheiro, pois que em sua mão possui argumentos decisivos aos quais têm de se dobrar mesmo as mais poderosas nações.[16]

Por julgar inoportuno novo compromisso internacional para a exportação de tório, quando mais nitidamente se acentuara "o interesse universal sobre o material estratégico", que poderia, inclusive, "vir a condicionar o próprio futuro energético" do Brasil, o EMFA, um mês depois, voltou a manifestar-se à Kubitschek, por meio da Exposição de Motivos n.l/CPMPM, de 19 de março de 1956.[17] Sua recomendação visava, abertamente, atingir os Estados Unidos, conforme o ministro-conselheiro da embaixada da RFA, Ostermann, percebera.[18] Ela fora feita sob a influência dos círculos militares nacionalistas, a refletirem os sentimentos das classes médias e das camadas mais baixas da população.[19] Àquela altura, segundo semestre de 1956, a questão já se tornara um escândalo político. O deputado Renato Archer, do mesmo partido de Kubitschek, levou o assunto à tribuna da Câmara Federal, que instalou uma Comissão Parlamentar de Inquérito, e ao ministro Ostermann, encarregado de negócios da embaixada da RFA, pareceu "interessante" o fato de que a divulgação dos quatro documentos da embaixada dos Estados Unidos resultasse no agravamento da discussão sobre a política atômica brasileira, provocado não pela oposição, mas sim por um membro da "ala moça" do PSD e cuja linha de política exterior era fortemente crítica aos Estados Unidos.[20] Diante de tais circunstâncias, Kubitschek não teve alternativa, senão atender à recomendação do Conselho de Segurança Nacional, favorável ao restabelecimento de "normas muito salutares para o interesse nacional, sem optar por

---

16  Ibidem.
17  Exposição de Motivos n. l/CPMPM, secreto, EMFA ao Presidente da República, 19 mar. 1956, ARA.
18  Bericht 221-52/3573/56, Botschaft der BRD (gez. Ostermann) an das Auswärtige Amt, Rio de Janeiro, 6 set. 1956, AA-PA, Ref. 306, Band 26.
19  Bericht 221-52/2573/56, II, Botschaft der BRD (gez. Ostermann) an das Auswärtige Amt, Rio de Janeiro, 14 set. 1956, AA-PA, Ref. 306, Band 26.
20  Bericht 221-52 Tgb. n. 2217/56, Botschaft der BRD (gez. Ostermann) an das Auswärtige Amt, Rio de Janeiro, 2 ago. 1956, AA-PA, Ref. 306, Band 26.

preferência e exigindo compensações específicas à saída de materiais atômicos",[21] e denunciar o Programa Conjunto de Cooperação para Reconhecimento dos Recursos de Urânio, bem como os contratos para a exportação de tório, ao mesmo tempo que autorizava a importação das ultracentrífugas.

Essa decisão, aparentemente, foi tomada sem consulta ao Itamaraty e agravou as dificuldades entre o Brasil, cujo propósito era o de garantir a liberdade de escolher seus parceiros para o desenvolvimento do programa nuclear, e os Estados Unidos, que queriam assegurar o monopólio no setor e não viam com bons olhos a concorrência da Europa, conforme o ministro Ostermann, encarregado de negócios da RFA, percebera.[22] Kubitschek deu à CNEN instruções no sentido de buscar também a cooperação da RFA, provavelmente por causa da proposta que o chefe de sua missão comercial, Felix Prentzel, fizera ao Brasil, alguns meses antes, visando à transformação do tório-concentrado em tório-metal.[23] Pouco tempo depois, o professor Uriel Costa Ribeiro, presidente daquele órgão, comunicou à embaixada da RFA o desejo de que a delegação brasileira estabelecesse ligação e atuasse de acordo com a delegação alemã, durante o encontro da comissão para a organização de uma instituição nacional sobre energia atômica, a realizar-se em Nova York.[24] Ostermann recomendou ao Auswärtiges Amt que a delegação da RFA procurasse ela própria o contato, no qual o Brasil tinha autêntico interesse, mesmo que sua atual atitude diante dos Estados Unidos constituísse manobra política.[25] Segundo

---

21 Ofício n.0189/Gab/073, secreto, general Nelson de Melo, chefe da Casa Militar e secretário-geral do CSN, aos membros da Comissão de Estudos para a Política de Energia Nuclear, Rio de Janeiro, 4 jun. 1956, ARA.
22 Bericht 221 52/2217/56, Botschaft der BRD (gez. Ostermann) an das Auswärtige Amt, Rio de Janeiro, 17 ago. 1956; Bericht 221-52/3573/56; Botschaft der BRD (gez. Ostermann), Rio de Janeiro, 6 set. 1956, AA-PA, Ref. 306, Band 26.
23 Bericht 221-52/2217, II/56, Botschaft der BRD (gez. Ostermann) an das Auswärtige Amt, Rio de Janeiro, 17 ago. 1956, AA-PA, Ref. 306, Band 26.
24 Bericht 221-52/2573/56, II, Botschaft der BRD (gez. Ostermann) an das Auswärtige Amt, Rio de Janeiro, 14 set. 1956, AA-PA, Ref. 306, Band 26.
25 Ibidem.

ele, muitas vezes na imprensa apareciam críticas relativas à questão da fonte dos recursos para a construção de uma indústria atômica, havendo a impressão geral de que o Brasil tentava colocar os Estados Unidos sob pressão. Ostermann não podia responder se Kubitschek, ao denunciar o Programa Conjunto de Cooperação com os Estados Unidos e os contratos para a exportação de urânio, levara o caso longe demais conscientemente, a fim de obter, por esse meio, posteriores concessões, tal como grande número de brasileiros imaginava. Estava inclinado a crer que ele enveredava pelo caminho da resistência mínima, embora não excluísse a hipótese de que Kubitschek, conscientemente, mostrava, àquele tempo, uma face antinorte-americana.[26] No entanto, Ostermann não cria que os Estados Unidos, conforme se noticiava, viessem a condicionar à política atômica do Brasil um empréstimo de 150 milhões de dólares, já prometidos pelo Export-Import Bank.[27] Contudo, muito provavelmente, esse *Junktim* [pacote] foi feito, pois outra explicação não haveria para o fato de Kubitschek, em 31 de dezembro daquele mesmo ano, permitir a exportação de 150 toneladas de monazita (volume, aliás, bem menor do que o do último contrato – 500 toneladas – negociado pelo governo Café Filho), em troca de 600 toneladas de trigo, a prejudicar, enormemente, o comércio do Brasil com a Argentina. Também, a partir de então, o programa de pesquisa, elaborado pelo almirante Álvaro Alberto da Mota e Silva, não mais avançou, por muito tempo, de modo que possibilitasse ao Brasil obter o domínio da fissão nuclear. Em 1957, apesar de o professor Wilhelm Groth confirmar, em carta ao professor João Cristóvão Cardoso, presidente do CNPq, que a demonstração dos ultracentrifugadores de gás fora realizada com resultados satisfatórios, um deles ainda se encontrava em Göttingen, com a firma Sartorius-Werke A.G., que os construíra e reclamava, como parte do pagamento, a importância de

---

26 Bericht 221-52/3573/56, Botschaft der BRD an das Auswärtige Amt, Rio de Janeiro, den 6 set. 1956, AA-PA, Ref. 306, Band 26.
27 Ibidem; Bericht 221-52/2573/56, II, Botschatt der BRD (gez. Ostermann) an das Auswärtige Amt, Rio de Janeiro, den 14 set. 1956, AA-PA, Ref. 306, Band 26.

23.466,66 dólares, alegando que do valor total de 70,4 mil dólares o Brasil só depositara dois terços, ou seja, 46.933,34 dólares, no banco Commerz und Diskonto.[28] Assim, mesmo com a criação da CNEN, as usinas-pilotos cujos equipamentos a RFA e a França produziram, nunca foram realmente instaladas.

Essas concessões, *inter alia*, não arrefeceram as tensões entre o Brasil e os Estados Unidos, cuja oposição ao Plano de Metas com que Kubitschek tratava de impulsionar o processo de industrialização só não impediu o fluxo dos capitais privados norte-americanos por causa da concorrência dos investimentos europeus, notadamente os alemães. O mecanismo de proteção às manufaturadas de origem nacional, restringindo as licenças de importação, mas concedendo favores, isenções e privilégios às empresas estrangeiras que quisessem transferir suas fábricas para o Brasil, funcionou, de modo a atrair seus investimentos, e possibilitou que o ritmo do desenvolvimento econômico se acelerasse, apesar de a queda ininterrupta das exportações, desde 1951, comprimir sua capacidade de pagamentos. Desde que o governo Café Filho, por meio da Sumoc, baixara a Instrução n.113 em 1955, a permitir que firmas estrangeiras fizessem investimentos diretos, o Brasil recebera cerca de 18,4 milhões de dólares dos Estados Unidos contra 5 milhões de dólares da RFA, 5,7 milhões da Grã-Bretanha e 2,4 da França.[29] Essas cifras aumentaram sensivelmente nos primeiros seis meses do governo Kubitschek, ou seja, até 30 de junho de 1956, quando as máquinas e os equipamentos, oriundos dos Estados Unidos e contabilizados como investimentos diretos, somaram 30,1 milhões de dólares, contra 8,2 milhões da RFA, 6,1 milhões da Grã-

---

28 Em meados de 1957, o deputado federal da RFA Walter Drechsel procurou a embaixada do Brasil em Bonn, a fim de pedir sua interveniência para que o CNPq completasse o pagamento dos centrifugadores de gás P5326 encomendados à firma Sartorius-Werke A.G. Ofício n.255, reservado, embaixador Abelardo B. Bueno do Prado a Macedo Soares, Bonn, 3 jul. 1957; Anexo, carta do diretor da Sartorius-Werke à embaixada do Brasil em Bonn, Bonn, Ofícios, jul.-set. 1957, AHI-MDB 8/1/13.
29 Ofício n.437, Bueno do Prado a Macedo Soares, Bonn, 13 nov. 1956, Bonn, Ofícios, out.-dez. 1956, AHI-MDB 8/1/10.

-Bretanha e 4,9 milhões da França.[30] A previsão era de que maiores investimentos alemães, sem cobertura cambial, ainda afluiriam para o Brasil,[31] que, entre 1955 e 1959, receberia, por meio da Instrução n. 113, bens de capital avaliados em cerca de 395,7 milhões de dólares, dos quais 164,2 milhões da Europa Ocidental, quase a alcançar o volume dos investimentos oriundos dos Estados Unidos, da ordem de 192,5 milhões de dólares.[32] Somente a RFA respondera por 72,2 milhões de dólares,[33] e no final de 1956 o Brasil já se destacava como o país estrangeiro onde ela mais fazia investimentos. Segundo informações do seu Ministério da Economia, a RFA, de 1952 até o terceiro trimestre de 1956, já aplicara em diversos países o total de 11.996.344.700 de marcos, o equivalente, na época, a 285.630.000 de dólares, dos quais 62%, ou seja, 722.132.400 de marcos (172 milhões de dólares), em apenas cinco países.[34]

Tabela 2

|  | Marcos (milhões) | Equivalente em dólares (milhões) | % sobre total em dólares |
|---|---|---|---|
| Brasil | 273,5 | 65,1 | 22,7 |
| Canadá | 162,7 | 38,7 | 13,5 |
| Zona Franca | 111,3 | 26,5 | 10,0 |
| Estados Unidos | 103,5 | 24,6 | 8,6 |
| Argentina | 71,1 | 16,9 | 5,9 |

Esse fluxo de capitais dirigiu-se, sobretudo, para os setores de produção em que a Alemanha sempre tivera grande predomínio, tais como:[35]

---

30 Ibidem.
31 Ibidem.
32 Ferreira Lima, 1976, p.401.
33 Ibidem.
34 Ofício n.439, Bueno do Prado a Macedo Soares, Bonn, 13 nvo. 1956, Bonn, Ofícios, out.-dez. 1956, AHI-MDB 8/1/10.
35 Ibidem.

Tabela 3

|  | Marcos (milhões) |
|---|---|
| Siderurgia | 213,9 |
| Química e farmacêutica | 155,8 |
| Eletrotécnica | 133,9 |
| Máquinas | 107,1 |
| Veículos | 82,4 |
| Bancos | 32,0 |

As exportações de capital da RFA ainda eram pequenas, muito inferiores às dos Estados Unidos e da Grã-Bretanha, e não alcançavam 10% dos saldos acumulados no seu balanço de pagamentos. Porém, tais investimentos em indústrias de base contribuíram, decerto, para manter o intercâmbio comercial da RFA com aqueles países, em virtude dos laços duradouros e da complexidade de interesses que eles geravam. Mais ainda a RFA teria de aumentá-los, não só a fim de equilibrar o balanço de pagamentos com os países da CEE e permitir a contenção de constante acumulação de divisas, como também porque seus círculos financeiros estavam convencidos de que os investimentos no exterior constituíam a condição necessária para garantir, a longo prazo, o desenvolvimento das exportações de bens de capital.[36] Com uma posição fortemente credora na União Europeia de Pagamentos, a RFA estava a sofrer pressões para que fomentasse exportações de capital, mas a opção pelo Brasil, ao que tudo indicava, decorreu tanto da necessidade de buscar fatores de produção mais baratos – matérias-primas, entre as quais ferro e manganês, força de trabalho etc. – como também do seu interesse em assegurar o mercado do país mais importante da América Latina e que se lhe afigurava como potência de crescente significado mundial.[37] Evidentemente, razões outras houve. No entanto,

---

36 Ofício n.334, Pio Corrêa a Macedo Soares, Bonn, 9 ago. 1957, Bonn, Ofícios, jul.-set. 1957, AHI-MDB 8/1/13.
37 Entwürf, Allegemeine Instruktion für Herrn Botschafter, Dr. Werner Dankwort, in Rio de Janeiro, Dr. Gerhard Moltmann, Vontragender Legationsrat, an den Botschafter

Kubitschek, que quando fora governador de Minas Gerais favorecera a instalação da Mannesmann-Werke em Belo Horizonte, continuou a esforçar-se para atrair as empresas alemãs e induzi-las a cooperarem com seu programa de rápida industrialização do Brasil. Durante sua visita a Bonn, em janeiro de 1956, ele afirmara que pretendia dar às relações entre o Brasil e a RFA uma "configuração exemplar".[38] Seis meses após assumir o governo do Brasil, assinou um decreto restituindo os bens das empresas alemãs, confiscados durante a Segunda Guerra Mundial, como um "ato de generosa colaboração", de modo a permitir o pleno desenvolvimento de seus negócios em território nacional e beneficiar o comércio com a RFA.[39] Com essa medida, cerca de quinze firmas alemãs, entre as quais a Bayer-Leverkusen, Merk-Darmstadt e companhias de seguro, conseguiram, por meio de negociações e pagamento de uma indenização no valor de 8 milhões de marcos (140 milhões de cruzeiros), a liberação de seus bens ainda não liquidados no Brasil.[40] O governo Kubitschek, além do mais, ratificou o acordo sobre a restauração dos direitos de propriedade industrial e patentes de invenção de firmas alemãs firmado em 1953, problema que tratou de solucionar, "movido pelo mesmo interesse de remover quaisquer obstáculos à mais ampla vinculação das [...] economias" do Brasil e da RFA.[41]

Assim, as últimas grandes questões do pós-guerra no relacionamento entre os dois países foram levadas a uma solução satisfatória, conforme o Auswärtiges Amt considerou, salientando que todos esses fatos convergiram para a formação de uma "atmosfera extraordinariamente

---

    der BRD, Herrn Dr. Werner Dankwort, 306/210-02/91, 04/1485/56, Bonn, den 16 out. 1956, AA-PA, Ref. 306, Band 21.
38  Ibidem.
39  Telegrama expedido n.98, confidencial, MRE à embaixada do Brasil em Bonn, 16 out. 1956, AHMRE-B, Telegramas expedidos, confidenciais, Bonn, 1950/71.
40  *Handelsblatt*, 5 set. 1956, AA-PA, Ref. 306, Band 27.
41  Telegrama expedido n.98, confidencial, MRE à embaixada do Brasil em Bonn, 16 out. 1956, AHMRE-B, Telegramas expedidos, confidenciais, Bonn, 1950/71.

propícia e favorável"[42] ao trabalho do embaixador Werner Dankwort. Na verdade, porém, a atmosfera foi extraordinariamente propícia e favorável à própria continuidade do fluxo de investimentos na direção do Brasil, apesar de alguns fatores contrários, como os rumores sobre a revalorização do marco, a atraírem capitais especulativos do estrangeiro para a RFA, e a carência de recursos para atender à demanda interna de uma economia que não demonstrava ao fim de sua expansão haver chegado. Destarte, a RFA investiu mais na América Latina do que nos próprios países da Europa, durante os anos 1950. Desde fevereiro de 1952 até julho de 1957, ela aplicara nas Américas do Sul e Central o montante de 516.440.600 de marcos (122,9 milhões de dólares), o equivalente a 31% do total dos seus investimentos externos, e apenas o Brasil, que manteve a primeira posição, ainda continuava a absorver 22%.[43] A Europa, no mesmo período, recebera 508,2 milhões de marcos, isto é, 29,9%, o Canadá, 217 milhões de marcos (51,9 milhões de dólares) ou 11,5%, e os Estados Unidos, cerca de 172 milhões de marcos, o equivalente a 10,6%.[44] Tais investimentos concentram-se na siderurgia (302,4 milhões de marcos), indústria química e farmacêutica (207,8 milhões de marcos), máquinas e equipamentos (112,7 milhões de marcos) e automóveis (90,2 milhões de marcos).[45]

Conforme se esperava, a RFA estava a acelerar as exportações de capitais e seus investimentos no estrangeiro duplicaram em três anos, ao saltarem de um total de 1,1 bilhão de marcos, no primeiro trimestre de 1956, para 2,2 bilhões de marcos, no primeiro trimestre de 1959.[46]

---

42 "[...] *Eine ausserordentlich glückliche und günstige Atmosphäre*" (Entwurf – Allgemeine Instruktion für Herrn Botschafter Dr. Werner Dankwort in Rio de Janeiro, Dr. Gerhard Mollmann, Vortragender Legationsrat an den Botschafter der BRD, Herrn Dr. Werner Dankwort, 306/210-02/91.04/1485/56, Bonn, den 16 out. 1956, AA-PA, Ref. 306, Band. 21).
43 Ofício n.334, Pio Corrêa a Macedo Soares, Bonn, 9 ago. 1957, Bonn, Ofícios, jul.-set. 1957, AHI-MDB 8/1/13.
44 Ibidem.
45 Ibidem.
46 Ofício n.459, Bueno do Prado a Macedo Soares, Bonn, 13 nov. 1956, Bonn, Ofícios, out.-dez. 1956, AHI-MDB 8/1/10; Ofício n.191, Bueno do Prado ao ministro das Relações

A tendência, porém, não se alterou e as Américas, suplantando a própria Europa, permaneceram como o continente que mais despertava o interesse das firmas alemãs.[47]

Tabela 4

|  | Marcos (milhões) |
|---|---|
| Américas | 1.165,7 |
| Europa | 828,2 |
| África | 148,6 |
| Ásia | 100,7 |

A predominância das Américas nos investimentos externos da RFA se deveu, mormente, ao Brasil, que recebera, desde 1º de fevereiro de 1952 até o primeiro trimestre de 1959, cerca de 40% daquele total, seguido pelo Canadá e pelos Estados Unidos:

Tabela 5

|  | Marcos (milhões) |
|---|---|
| Brasil | 458,0 |
| Canadá | 331,3 |
| Estados Unidos | 176,8 |
| Argentina | 71,8 |
| América Central | 47,3 |

Porém, não só os capitais alemães afluíram para o Brasil. Segundo revelação do próprio presidente Kubitschek, o ingresso de capitais estrangeiros no país quase triplicou nos seus dois primeiros anos de governo. Saltou de 120 milhões de dólares, em 1955, para 205 milhões,

---

Exteriores Francisco Negrão de Lima, Bonn, 23 jun. 1959, Bonn, Ofícios, abr.-jun. 1959, AHI-MDB 8/2/6.
47 Ibidem.

em 1956, e 330 milhões, até 1º de dezembro de 1957.[48] Mais de 50% provieram dos Estados Unidos, concentrando-se principalmente em São Paulo, onde cerca de 380 firmas norte-americanas, tais como General Electric, Westinghouse, Dupont, Ford e General Motors, já em 1958 estavam a funcionar.[49] Os investimentos alemães situavam-se em segundo lugar e, à frente do *rush* de capitais europeus, constituíram um dos fatores que forçaram as companhias norte-americanas a instalar também suas fábricas no Brasil, durante os anos 1950, a fim de não perder o mercado. De acordo com o depoimento do próprio Kubitschek, a Ford, em face do desafio que o Brasil lhe fazia, insistindo em implantar uma indústria automobilística concorrente, "tudo fez para convencer as autoridades e os empresários de que essa empresa seria impraticável".[50] Esse propósito se evidenciou, nitidamente, desde a implantação da indústria automobilística e durante seu desenvolvimento:

Quadro 1

1951

Jan.        Posse de Vargas na Presidência da República.

Mar.        Primeiro *Memorandum* do governo Vargas sobre a implantação de uma indústria automobilística no Brasil. A Ford Motor Co., em São Paulo, rejeitou a sugestão de iniciar a fabricação (não montagem) de veículos no Brasil.[51]

1952        O comandante Lúcio Meira, presidente de uma comissão criada por Vargas para equacionar o problema, visitou os Estados Unidos a convite da Ford Motor Co., de Detroit, e lá ouviu o argumento de que a implantação de uma indústria automobilística era extraordinariamente complicada e para o Brasil não compensaria.[52] Logo em seguida, o diretor-geral da Ford Motor Co. em São Paulo, Humberto Monteiro, fez diante da Câmara Norte-Americana de Comércio, por instrução de Detroit, uma palestra contra a fabricação de automóveis no Brasil.[53]

---

48  Bericht 415/91.04-305-05 Tgb. n.440/58, Generalkonsulat der BRD, São Paulo, 24 mar. 1958, AA-PA, Ref. 415, Band 215.
49  Ibidem.
50  Kubitschek, 1978, v.III, p.92.
51  "Nationale Brasilianische Kraftfahrzengindustrie", Anlage 1 z. Bericht v: 25 mar. 1958 – 415/91-04-300-05-440/58, AA-PA, Ref. 415, Band 215.
52  Ibidem.
53  Ibidem.

## 1953

| | |
|---|---|
| Jan. | Primeira exposição brasileira de peças e acessórios de automóveis, no Rio de Janeiro. |
| Maio | A Ford inaugurou em São Paulo uma planta de montagem, na qual investira 15 milhões de dólares. Henry Ford II cancelou no último minuto uma visita a Vargas e não compareceu à inauguração de sua fábrica, dado que o governo brasileiro proibira a importação de peças e acessórios para veículos já fabricados no Brasil.[54] |
| Set. | A General Motors começou a construção de uma planta de montagem em São Paulo. |

## 1954

| | |
|---|---|
| Jan. | A Mercedes-Benz apresentou a proposta para a instalação de uma indústria em São Paulo e, ao mesmo tempo, a Volkswagen confirmou o propósito de realizar também naquele estado o projeto de fabricação, não montagem, de 13 a 14 mil automóveis por ano. |

## 1956

| | |
|---|---|
| Jan. | Kubitschek, eleito presidente, visitou os Estados Unidos e outra vez tanto a Ford quanto a General Motors recusaram-se a fabricar veículos no Brasil, alegando que não havia mercado para absorver a produção de uma indústria automobilística.[55] |
| Jun. | O governo brasileiro criou o Grupo Executivo da Indústria Automobilística (GEIA). |
| Set. | Kubitschek inaugurou a fábrica da Mercedes-Benz. |
| Nov. | Inauguração da fábrica da DKW-Vemag, vinculada à Auto-Union, de Düsseldorf (RFA), e início da produção do DKW-Universal. |

## 1957

| | |
|---|---|
| Ago. | A Volkswagen começou a produzir a Kombi em sua própria fábrica. Até o fim do ano, 371 unidades foram lançadas no mercado. |
| Out. | A Ford e a General Motors começaram a fabricar caminhões de 5,5 toneladas com motor a gasolina (30% de peças nacionais, o restante só montagem). A Internacional Harvester apresentou uma proposta para produzir, no Brasil, um caminhão de 7,7 toneladas. |
| Fim do ano | A Mercedes-Benz lançou no mercado 6.200 caminhões e ônibus a diesel. Obteve um lucro de 1 bilhão de cruzeiros. |

---

54 Berich 300-00-1011/53, Generalkonsulat der BDR an das Auswärtige Amt, São Paulo, 22 maio 1953, AA-PA, Ref. 415, Band. 44.
55 Entrevista do ex-presidente Juscelino Kubitschek ao autor, Rio de Janeiro, 7 fev. 1972; ver Moniz Bandeira, 1973, p. 374-5.

1958

Abril        Início da produção do DKW-Jeep e do DKW-Carro de passeio.

Junho      Fornecimento de veículos da Volkswagen (27% de peças nacionais, com a condição de chegar a 90% no final de 1960). Até então 1.600 Kombis foram montadas e a produção de automóveis de passeio subiu para 500 unidades mensais.

Fim do ano    Início da produção de carros de passeio da Mercedes-Benz.

Diante desse conjunto de acontecimentos, tornava-se evidente, conforme um relatório do Consulado-Geral da RFA em São Paulo salientou, que "foram as firmas alemãs que compeliram as norte-americanas a começarem no Brasil a fabricação de caminhões, se o mercado não quisessem perder".[56]

O mesmo também deveria ocorrer no setor de automóveis de passeio. A Ford e a General Motors, provavelmente, principiariam sua fabricação, o que levou o Consulado-Geral da RFA, em São Paulo, a comentar:

> Da produção dessas duas firmas norte-americanas pode-se prever que a encarniçada concorrência pelo mercado brasileiro, em poucos anos, será decidida com luta. Se foi bom ou não desafiar, no Brasil, os norte-americanos, resta esperar para ver.[57]

O acirramento dessa disputa, algum tempo havia, parecia inevitável. Já em outubro de 1956, o Auswärtiges Amt, nas instruções ao embaixador Werner Dankwort, aconselhara-o a não abusar de momentos antinorte-americanos, que ocasionalmente ocorreriam no Brasil, com

---

56 *"Aus diesem Überblick wird ersichtlich, daß es deutsche Firmen waren, die Amerikaner gezwungen haben, die Fabrikation von Lastwagen in Brasilien aufzunehmen"* (Anlage 1 z. Berich v. 25 mar. 1958 – 415/91.04-300-05-440/58, Generalkonsulat der BRD São Paulo an das Auswärtige Amt, AA-PA, Ref. 415, Band 215).

57 *"Die von diesen beiden Amerikanischen Großfirmen genannten Produktionzahlen lassen ahnen, weich erbitterter Konkurrenzkampf in wenigen Jahren auf dem brasilianischen Markt ausgefochten wird. Ob es gut, die Amerikaner in Brasilien herauszufordern, bleibt abzuwarten"* (Anlage 1 z. Berich v. 25 mar.1958 – 415/91.04-300-05-440/58, Generalkonsulat der BRD São Paulo an das Auswärtige Amt, AA-PA, Ref. 415, Band 215).

o fito de tirar "vantagens desleais" [*unlautere Vorteile*] para a RFA, embora reconhecesse que uma "competição justa" [*fairer Wettbewerb*] com os Estados Unidos, tanto no campo econômico quanto no cultural, era natural.[58] De qualquer modo, ainda que a RFA, em termos de diplomacia, não o pudesse desejar, os interesses econômicos de suas empresas contribuíram para robustecer as correntes políticas do nacionalismo, que, no Brasil e demais países da América Latina, assumia um caráter essencialmente contrário ao predomínio dos Estados Unidos. No entanto, esse nacionalismo, no mais das vezes, aparentava uma configuração de esquerda, dado o contexto internacional, marcado pela confrontação bipolar de poderes, em que a Guerra Fria se processava. Aí suas manifestações também assustavam os círculos econômicos e políticos da RFA, sobretudo ao evoluírem para a estatização de empresas. Por essa razão, quando o governador do Rio Grande do Sul, Leonel Brizola, nacionalizou a subsidiária de uma companhia norte-americana de energia elétrica, a Bond & Share, o Itamaraty instruiu o embaixador em Bonn a explicar, em conversações oficiais e particulares com autoridades, banqueiros e homens de negócios alemães, que tal medida de modo algum podia ser interpretada como "gesto de desapreço pela participação do capital estrangeiro no desenvolvimento nacional", pois "constituía a solução que a própria empresa interessada admitia como adequada, nas circunstâncias", ou seja, diante da "precaríssima situação financeira" em que se encontrava e do seu "desaparelhamento técnico e material para prestar o serviço de que tinha concessão".[59] O Brasil, segundo ainda a instrução do Itamaraty, esperava continuar a receber "em ritmo crescente os investimentos alemães", para os quais,

---

58 Entwurf – Allgemeine Instruktion für Herrn Botschafter Dr. Werner Dankwort in Rio de Janeiro, Dr. Gerhard Moltmann, Vortragender Legionsrat, an den Botschafter der BRD, Herrn Dr. Werner Dankwort, 306/210 – 02/91.04/1485/56, Bonn, den 16 out. 1956, AA-PA, Ref. 306, Band 21.
59 Telegrama expedido n. 41, confidencial, MRE para a embaixada em Bonn, 20 jun. 1959, AHMRE-B, Telegramas expedidos, secretos e confidenciais, Bonn, 1950/71.

assim como para os de qualquer origem, seria sempre dispensada a "mais absoluta proteção jurídica".[60]

Os círculos políticos e econômicos na RFA sabiam que, enquanto Kubitschek à frente do governo permanecesse, ele manteria seu plano de desenvolvimento – energia, transporte, implantação de indústrias, produção de navios, construção de Brasília, a nova capital –, o que exigiria a cooperação estrangeira. A Alemanha sempre foi um "parceiro comercial bem-visto", conforme a observação do seu próprio Consulado-Geral em São Paulo.[61] Entretanto, no mesmo relatório, o Consulado-Geral ponderou que, em virtude do "crescente" [zunehmender] nacionalismo, não seria aconselhável o estabelecimento de indústrias no Brasil com 100% de capital alemão.[62] E recordou que Oswaldo Aranha, um dos conselheiros de Kubitschek, dissera a um diretor da Ford, em 1953, quando exercia o cargo de ministro da Fazenda no governo Vargas, que já era tempo de sua companhia buscar a participação de capitais brasileiros, porquanto "nós não vemos com agrado esses investimentos puramente estrangeiros em solo brasileiro".[63] Ameaças parecidas o conhecido industrial paulista Olavo Fontoura também insinuou, quando a Höchter Farbwerke e a norte-americana Grace inauguraram um grande empreendimento conjunto em São Paulo.[64] Contudo, conforme a embaixada da RFA constatara em seu relatório político sobre o ano de 1958, nem os comunistas, que não mais possuíam real influência sobre as massas, nem os "exaltados nacionalistas" [exaltierten Nationalisten] puderam alcançar vantagens nas eleições então realizadas para o Congresso e os governos estaduais, em virtude da atmosfera de tranquilidade

---

60 Ibidem.
61 "[...] Deutschland ist immer ein gern gesehener Handelspartner gewesen" (Bericht 415/91.04-305-05 Tgb. N.440/58, Generalkonsulat der BRD an das Auswärtige Amt, São Paulo, 25 mar. 1958, AA-PA, Ref. 415, Band 215).
62 Ibidem.
63 "Der Finanzminister in der Regierung Getúlio Vargas, Oswaldo Aranha, hatte 1953 zu einem Direktor der Ford-Werke gesagt: 'Es ist höchste Zeit, daß Mr. Ford brasilianisches Kapital aufnimmt. Wir sehn diese rein ausländischen Unternehmen auf brasilianischen Boden nicht gern'" (ibidem).
64 Ibidem.

existente.[65] O que prevaleceu, de acordo ainda com o mesmo relatório, foi um "nacionalismo realista" [*realistischen Nationalismus*] com que Kubitschek, aproveitando as violentas manifestações ocorridas no Peru e na Venezuela contra a visita do Vice-Presidente dos Estados Unidos, Richard Nixon, promoveu a Operação Pan-Americana, a fim de forçar a cooperação dos Estados Unidos.[66]

---

65 Politischer Jahresbericht 306-81.39/0718/59, Botschaft der BRD an das Auswärtige Amt, Rio de Janeiro, den 25 mar. 1959, AA-PA, Ref. 306, Band 94.
66 Ibidem.

# CAPÍTULO 8

## AS DIFICULDADES GERADAS PELO SURTO DE INDUSTRIALIZAÇÃO – O INÍCIO DOS ENTENDIMENTOS COMERCIAIS COM A RDA E OS DEMAIS PAÍSES DO BLOCO SOCIALISTA – A *HALLSTEIN-DOKTRIN* – A VISITA DE VON BRENTANO AO BRASIL – A QUESTÃO DOS IMPOSTOS SOBRE O CAFÉ NA RFA E A AJUDA AO DESENVOLVIMENTO – A FORMAÇÃO DA COMUNIDADE ECONÔMICA EUROPEIA

Em maio de 1958, o vice-presidente dos Estados Unidos, Richard Nixon, vaiado durante seu trajeto pela cidade de Lima, capital do Peru, não conseguira sequer atravessar as portas da Universidade de San Marcos, impedido pelos estudantes. Tais manifestações de hostilidade atingiram o clímax quando ele visitou Caracas, e o governo dos Estados Unidos teve de mandar tropas aerotransportadas (quatro companhias), a fim de protegê-lo e resgatá-lo, evitando que o povo o agredisse. Kubitschek então escreveu uma carta pessoal ao presidente Dwight Eisenhower – da qual o chefe da Casa Civil, Victor Nunes Leal, foi portador e o ministro das Relações Exteriores, José Carlos de Macedo Soares, nem conhecimento tomara –, apresentando-lhe solidariedade, ao mesmo tempo que o exortava a rever as relações dos Estados Unidos com a América Latina. Essa iniciativa, conforme o embaixador da RFA no Brasil, Werner Dankwort, percebeu, constituíra uma advertência para os perigos da Guerra Fria, cujos primeiros sintomas já apareciam na América Latina, que caíra em uma situação econômica ainda mais crítica do que a dos países europeus devastados entre 1945 e 1947, quando o presidente Harry Truman lançou o Plano Marshall, e se tornara o ponto mais vulnerável da Aliança Ocidental.[1] Algum exagero havia de certo em tal observação. Difícil, porém, afigurava-se a defesa do ideal democrático e das benesses da democracia, enquanto a realidade econômica e social, ao sul do hemisfério, conduzia necessariamente ao estatismo.[2] Por essa razão Kubitschek, ao lançar a Operação Pan-Americana, tratara de sensibilizar os Estados Unidos para o problema do subdesenvolvimento, que gerava condições favoráveis à revolução social e à expansão do comunismo, e de os compelir a modificar, em termos políticos, suas relações econômicas com a América Latina, ou mediante a estabilização dos preços dos produtos primários, de modo a evitar a evasão de recursos, e/ou possibilitando que os excedentes exportados a ela retornassem, sob a forma tanto de investimentos privados quanto de financiamentos.

Também o propósito da burguesia brasileira, cujos interesses Kubitschek tão bem representava, consistia em melhorar sua posição na parceria com os capitais estrangeiros, dos quais necessitava para acelerar o desenvolvimento econômico do país. Esses capitais, os alemães à frente arrancando, constituíram, sem dúvida alguma, um dos principais fatores que possibilitaram o extraordinário surto de industrialização, nos anos 1950. O rápido crescimento do setor automobilístico, para o qual o funcionamento da usina siderúrgica de Volta Redonda (Rio de Janeiro) criara as condições, configurou-se como das mais significativas realizações do governo Kubitschek. Seis fábricas de automóveis, três delas alemãs (Mercedes-Benz, Volkswagen e DKW-Vemag), já operavam em 1957, e sua produção, com 60% de peças nacionais, saltou de 26.819 unidades, naquele ano, para 64.969 em 1958 e, segundo as estimativas, seria de aproximadamente 220.000 em 1960.[3] Com o

---

1 Bericht Pol. 306-211-00/1617/58, Dankwort an das Auswärtige Amt, Rio de Janeiro, den 26 jun. 1958, AA-PA, Ref. 306, Band 99.
2 Ibidem.
3 Anlage 1 zu Bericht v. 25 mar. 1958, 415/91.04-00-05-440/58 Generalkonsulat der BRD an das Auswärtige Amt, São Paulo, AA-PA, Ref. 415, Band 15.

resultado, uma indústria de autopeças e acessórios desenvolveu-se no Brasil em tempo recorde, com a instalação de 1.200 a 1.300 fábricas, cerca de 90% a 95% das quais no estado de São Paulo.[4] Esse impetuoso ritmo de industrialização defrontou-se, no entanto, com sérias dificuldades por ele próprio geradas.

A produção da usina siderúrgica de Volta Redonda já não mais atendia à crescente demanda de aço. A Companhia Siderúrgica de São Paulo (Cosipa) ainda não se instalara, porque as negociações com os Estados Unidos e os países da Europa, visando à obtenção de financiamentos, arrastavam-se havia seis anos. Em consequência, as fábricas de automóveis necessitavam importar aços especiais e chapas de aço, ao mesmo tempo que mais da metade das 50 mil toneladas de borracha anualmente consumidas pela indústria de pneus, cujas atividades a falta de matéria-prima quase paralisava, procedia do Extremo Oriente. Naquelas circunstâncias, naturalmente, as importações de petróleo aumentaram, a atingirem o valor anual de 250 milhões de dólares, dado que a modesta produção nacional, embora a pesquisa progredisse, continuava muito aquém das necessidades da emergente indústria automobilística. O Brasil não mais podia maximizar sua receita cambial, a sustentar os preços do café. O volume de suas exportações, por causa da recessão na economia dos Estados Unidos, caíra de 16,8 milhões de sacas (1 bilhão de dólares), em 1956, para 14,3 milhões (845 milhões de dólares), em 1957, e 12,8 milhões (687 milhões de dólares), em 1958. Portanto, o esforço para substituir importações, mediante o processo de industrialização, não aliviara, antes agravara a quase crônica crise cambial, o que levou um alto funcionário do Ministério da Fazenda a comentar:

> Contaram-nos que uma indústria automobilística nacional pouparia divisas; agora verificamos que ela absorve mais divisas do que com as importações de automóveis o Brasil despendia.[5]

---

4 Ibidem; Anlage 1 zu Bericht v. 10 abr. 1959 wi 402/300-05 Tgb., n.439/51, AA-PA, Ref. 415, Band 216.
5 Ibidem.

Esses não constituíam, evidentemente, os únicos problemas. A possibilidade de uma crise, se toda a produção da indústria automobilística, da ordem 220 mil unidades previstas para 1960, não tivesse escoamento, preocupava o próprio Consulado-Geral da RFA em São Paulo.[6] Dificuldades de financiamento poderiam ocorrer. Uma produção de 220 mil veículos, a um preço médio de 450 mil cruzeiros por unidade, exigiria um movimento de aproximadamente 99 bilhões de cruzeiros, mais do que a circulação monetária, que fora de 97 bilhões de cruzeiros em 1957.[7] Além do mais, embora a população do Brasil fosse de 62 milhões de habitantes, o número de consumidores, no nível da Europa ou dos Estados Unidos, situava-se entre 10 e 15 milhões e, tal como o jornalista econômico Frank Arnau, assessor financeiro da Mercedes-Benz do Brasil, havia quem calculasse apenas 7 milhões.[8] De qualquer forma, enquanto, nos Estados Unidos, um operário, a ganhar 500 dólares por mês, podia, em três meses, comprar um Volkswagen, que já custava 1.460 dólares, um operário brasileiro especializado, com um salário de mensal de 16.000 cruzeiros, necessitaria trabalhar 51 meses para adquirir seu carro, a um preço de 496 mil cruzeiros.[9] Diante de tal situação, segundo informação do Consulado-Geral da RFA em São Paulo, o governo Kubitschek não tinha ilusão quanto à ilimitada capacidade de consumo do povo brasileiro. Sua esperança consistiu na exportação de automóveis para os demais países da América do Sul,[10] com os quais, a partir da eleição de Arturo Frondizi para a Presidência da Argentina, o ministro das Relações Exteriores José Carlos de Macedo Soares pretendia formar um bloco, seguindo o exemplo da integração da Europa pelo estabelecimento da Comunidade Europeia do Carvão e do Aço (Monta-Union) e do Conselho

---

6 Ibidem; Anlage 1 z. Bericht v. 25 mar. 1958-415/91.04 300-05 – 440/58. Generalkonsulat der BRD São Paulo an das Auswärtige Amt, AA-PA, Ref. 415, Band 216.
7 Ibidem.
8 Ibidem.
9 Anlage 1 z. Bericht v. 10 abr. 1959 wi 402/300-05 Tgb., n.439/59, Generalkonsulat der BRD São Paulo an das Auswärtige Amt, AA-PA, Ref. 415, Band 216.
10 Ibidem.

Europeu para o Mercado Comum (Europarat).[11] Efetivamente, àquele tempo, o esforço do Brasil, ao impulsionar o ritmo da industrialização, visava também diversificar seu comércio exterior, em relação tanto à pauta das exportações quanto ao número de parceiros, como forma de captar mais divisas e libertar-se da asfixiante dependência em que o predomínio do café ainda o mantinha em relação aos Estados Unidos. Essa necessidade de conquistar novos mercados implicava, forçosamente, a reorientação das diretrizes de política exterior, a aprofundar tendências que se insinuavam desde o governo Vargas, pois, naquelas circunstâncias, o Brasil não mais podia continuar como mediador entre os Estados Unidos e os países da América do Sul. Pelo contrário. À medida que emergia como nação industrial, cada vez mais percebia os vizinhos do continente, onde imensa riqueza de matéria-prima havia, como seu espaço econômico natural e com os quais a integração, reduzindo as dependências em relação aos Estados Unidos e à Europa, possibilitaria o aparecimento na política mundial de um bloco sul-americano, autossuficiente, com mais força e maior autonomia para negociar tanto com os amigos quanto com os adversários.[12] Não se tratava de hostilizar os Estados Unidos. Porém, a mesma necessidade de abrir novos mercados, a fim de vencer a permanente crise cambial, induzia o Brasil a reaproximar-se da União Soviética, com a qual, em 1947, rompera relações diplomáticas, e dos demais países do chamado Bloco Socialista. Tal política, conquanto se defrontasse com a oposição existente dentro do Itamaraty e das Forças Armadas, contava com o apoio do Ministério da Fazenda, que a favorecia como caminho para remover as dificuldades cambiais, bem como, e ainda em maior medida, dos círculos do Congresso, dado que, conforme o embaixador da RFA, Werner Dankwort observara, o propósito do movimento nacionalista, a manifestar-se em representantes de todos os partidos políticos, era

---

11 Bericht Pol. 306/211-00 Tgb., n.984/58, Dankwort an das Auswärtige Amt, Rio de Janeiro, den 8 abr. 1958, AA-PA, Ref. 306, Band 99.
12 Ibidem.

libertar o Brasil da "tutela" [*Bevormundung*] dos Estados Unidos.[13] O próprio embaixador Dankwort salientara, aliás, que o número de comunistas verdadeiros, no Brasil, era "relativamente pequeno" e, o mais significativo, eles não constituíam a base do movimento antinorte--americano.[14] Também admitira que ainda não podia avaliar se, no futuro, o movimento nacionalista evoluiria ou não para o radicalismo em política exterior e se teria fundamento o receio de alguns brasileiros de que o país, em alguns anos, uma "Segunda Síria" [*Zweiten Syria*] se tornasse, embora possível fosse que "forças políticas moderadas" [*politisch gemassigte Kräfte*], como o marechal Henrique Lott, ministro da Guerra, viessem a interceptar essa tendência, de modo que nenhuma mudança de rumo houvesse.[15]

Mesmo diante de tais perspectivas, a probabilidade de que o Brasil tomasse qualquer iniciativa que significasse o reconhecimento diplomático da RDA não parecia preocupar seriamente o embaixador Werner Dankwort. A comissão, nomeada pelo Presidente da República para estudar a questão do comércio com os países do Bloco Soviético, manifestara inequívoca opinião oficial de que a antiga Sowjetische Besatzungszone apresentava especial interesse para o Brasil, por causa de seu desenvolvimento industrial e de sua posição como território de trânsito para o Leste Europeu.[16] Possível então se afigurava que o intercâmbio aumentasse e até mesmo um acordo de pagamentos se estabelecesse com a RDA, que poderia abrir um escritório comercial no Brasil.[17] Esse assunto, aliás, lá estava em pauta, pelo menos, desde 1954, quando o diplomata Sérgio de C. Weguelin Vieira, da Divisão Econômica do Itamaraty, sugerira que se começasse a estudar a questão do reatamento das relações econômicas com a Alemanha Oriental, "sob um ângulo meramente comercial", uma vez que com ela a Argentina e

---

13 Bericht Pol. 306/211-00 Tgb, n.2687/57, Dankwort an das Auswärtige Amt, Rio de Janeiro, den 7 nov. 1957, AA-PA, Ref. 306, Band 25.
14 Ibidem.
15 Ibidem.
16 Ibidem.
17 Ibidem.

outros países do mundo ocidental convênios firmados já haviam e que o próprio Brasil mantinha intercâmbio com Tchecoslováquia, Hungria e Polônia.[18] Até então, o governo brasileiro se abstivera de qualquer contato com a RDA, de um lado, com receio de ferir a *Hallstein-Doktrin*[19] e, do outro, porque a venda dos seus produtos para aquele Estado se processava mediante reexportação pela RFA, o que lhe permitia reduzir o déficit no balanço de pagamentos.[20] Entretanto, como as pressões comerciais recrudesceram, o ministro Edmundo Barbosa da Silva, chefe do Departamento Econômico do Itamaraty, concedeu, em junho de 1955, uma audiência a Fritz Hartmann, chefe da missão comercial da RDA em Buenos Aires, o qual lhe propôs o início de relações comerciais diretas com o Brasil mediante a negociação de um acordo para intercâmbio de mercadorias no valor de 30 a 50 milhões de dólares de cada lado.[21] O interesse da RDA consistia então em comprar não só café como cacau, algodão, sisal, madeiras, couros, frutas, minerais e fumo, bem como vender tratores e máquinas agrícolas, veículos de transporte ferroviário e rodoviário, instalações completas para indústrias em geral, instrumentos de precisão, de ótica, produtos químicos etc.[22] Posteriormente, já no início do governo Kubitschek, o ministro Barbosa da Silva comunicou ao embaixador da RFA, Fritz Öllers, que

---

18 Ofício confidencial, Sérgio C. Weguelin Vieira, chefe da Divisão Econômica, ao ministro Sérgio Correa do Lago, Relações Econômicas entre o Brasil e a Alemanha Oriental, AHMRE-B 811(42)(00), Relações econômicas, financeiras e comerciais, (78) a (81g), 1947/67 – 9927.

19 Essa doutrina foi formulada em 1955 pelo secretário de Estado do Auswärtiges Amt, Walter Hallstein. Para uma compreensão didática, concisa e bastante clara da política exterior da RFA, àquele tempo, ver Pfetsch, 1993, p.115-61.

20 Ofício confidencial, Sérgio C. Weguelin Vieira, chefe da Divisão Econômica, ao ministro Sérgio Correa do Lago, Relações Econômicas entre o Brasil e a Alemanha Oriental, AHMRE-B 811(42)(00), Relações econômicas, financeiras e comerciais, (78) a (81 g), 1947/67 – 9927.

21 Carta de Fritz Hartmann, chefe da Missão Comercial da RDA em Buenos Aires, ao ministro Edmundo Barbosa da Silva, chefe do Departamento Econômico e Consular do Ministério das Relações Exteriores, confidencial, Rio de Janeiro, 4 jul. 1955, tradução do original apresentado em idioma alemão, AHMRE-B 811(42)(00), Relações econômicas, financeiras e comerciais, (78) a (81 g), 1947/67 – 9927.

22 Ibidem.

o Brasil decidira estabelecer, normalmente, relações comerciais com a RDA, da qual receberia em maio uma delegação, porquanto quase todos os países, inclusive a própria RFA, já o houveram feito.[23] Diante de tal argumento, Öllers sentiu-se impossibilitado de dizer qualquer coisa em contrário, mas, desejando que as conversações se restringissem às questões de comércio, pediu que o governo brasileiro não permitisse, como até então procedera, a abertura de uma representação da antiga Sowjetische Besatzungszone em seu território, com o que Barbosa da Silva concordou.[24]

Conforme previsto, a delegação comercial da RDA, dirigida por Georg Kulessa, chegou ao Brasil em maio de 1956, visitou, além de personalidades da área empresarial, o ministro da Fazenda, José Maria Alkmim, reuniu-se, durante alguns dias, com representantes de vários órgãos do governo brasileiro, sob a presidência do diplomata Sérgio Correa de Lago, no Palácio Itamaraty (Rio de Janeiro). As conversações começaram com uma troca de informações sobre os sistemas de comércio exterior e de pagamentos dos dois Estados. Georg Kulessa, a revelar que o principal parceiro da RDA fora do Bloco Soviético era a própria RFA, com a qual seu comércio se alçara, em 1955, a cifra de 650 milhões de marcos, manifestou a intenção de comprar café diretamente do Brasil até o montante de 25 milhões de dólares.[25] Porém, nenhum resultado foi então alcançado. O Brasil, disposto a fechar um acordo bancário bilateral com a RDA, exigira uma garantia de pagamento, a fim de evitar que dela ficasse credor. E, assim, as negociações se arrastaram, de modo que, em fins de 1957, ainda definido não estava se o acordo de pagamentos seria bilateral ou multilateral, a envolver os demais países do Bloco Soviético.

---

23 Bericht 211-00/770/56, Öllers an das Auswärtige Amt, Rio de Janeiro, den 16 mar. 1956, AA-PA, Ref. 306, Band 25.
24 Ibidem.
25 Notas taquigráficas das reuniões realizadas em 16 e 17 maio 1956 com a missão alemã, 811.(42)(81), AHMRE-B 811(42)(00), Relações econômicas, financeiras e comerciais, (78) a (81b), 1947/67 – 9927.

A situação da economia na RDA não se afigurava, internamente, tão boa quanto Georg Kulessa, o chefe da delegação comercial, pretendera apresentar, ao propor um comércio com base na troca de manufaturas por produtos agrícolas e matérias-primas do Brasil. Em 1957, um relatório da embaixada do Brasil em Bonn transmitiu ao Itamaraty que o próprio vice-presidente do Conselho de Ministros do Estado alemão oriental criticara, abertamente, o "planejamento incompetente e pouco realista" como responsável pela desorganização do seu setor industrial.[26] Segundo a informação, carência de capitais na RDA havia e a falta de coordenação resultava em longos períodos de inatividade para as fábricas, que ficavam paralisadas, frequentemente, por causa da irregularidade das entregas de matérias-primas, e tratavam de compensar os atrasos com horas extras, encarecendo a produção.[27] A "incompetência e o descaso administrativos" levavam também as fábricas a aceitarem "encomendas inexequíveis", enquanto, no entanto, o Estado abandonava totalmente as indústrias leves, como as de brinquedos e de cerâmica. Por fim, a ineficiência geral deprimia o moral dos trabalhadores e a burocracia política, "ineficiente e tirânica", inibia os esforços dos técnicos, a tal ponto que, na indústria têxtil, trinta meses decorriam entre a preparação de um novo padrão e o início de sua produção.[28]

De qualquer forma, o governo Kubitschek permitiu que um escritório comercial da RDA, com o qual ajustara a concessão de um crédito compensatório no valor de até 2 milhões de dólares, começasse a funcionar no Rio de Janeiro a partir de janeiro de 1959, mas sem qualquer *status* oficial e com atividades estritamente limitadas à iniciativa privada.[29] Ao Brasil certamente não convinha tomar qualquer

---

26 Relatório Econômico Mensal n.4 sobre a Zona Soviética, set. 1957, anexo ao Ofício n.423, Bueno do Prado à Secretaria de Estado, Bonn, out. 1957, Bonn, Ofícios, out.-dez. 1957, AHI-MDB 8/1/14.
27 Ibidem.
28 Ibidem.
29 Bericht Pol. 306-81.39/0718/59 s 1-4, Botschaft der BRD an das Auswärtige Amt, Rio de Janeiro, den 25 mar. 1959, AA-PA, Ref. 306, Band 94.

atitude que pudesse prejudicar seu excelente relacionamento com a RFA, de cuja política exterior o não reconhecimento diplomático da RDA tornara-se o ponto sensível.[30] O governo de Bonn assumira o direito de representar sozinho [*Alleinvertretungsanspruch*] o povo alemão no âmbito das relações exteriores com terceiros Estados, a arguir que legitimamente o possuía pois fora democraticamente eleito, ao contrário do que acontecera na antiga *Sowjetische Besatzungszone*, onde o regime comunista se estabelecera e se sustentava graças apenas à proteção e ao apoio das tropas da União Soviética. Em consequência, de acordo com a *Hallstein-Doktrin*, a RFA estaria forçada a romper relações diplomáticas e comerciais com o país que reconhecesse a existência da RDA, tal como já fizera, em 1957, com a Iugoslávia. A única exceção admitida era a União Soviética, por tratar-se de uma das quatro Potências Ocupantes.

O governo da RFA receava, naturalmente, perder o controle da situação e que o reconhecimento internacional da *Sowjetische Besatzungszone* como RDA dificultasse a reunificação nacional e a divisão da Alemanha em dois Estados distintos se consolidasse. O Brasil sempre defendera, aliás, sua posição, reconhecendo-o, inclusive nos foros internacionais, como o único e legítimo governo do povo alemão. Motivo não tinha para modificar essa diretriz de política exterior, sobretudo quando pretendia enviar à RFA uma missão com a tarefa de sondar, no meio bancário, estatal e privado, a possibilidade de uma operação financeira que lhe aliviasse as dificuldades cambiais, objetivo para o qual o próprio Kubitschek, por carta, solicitara o apoio de Adenauer.[31] Mas os contatos comerciais tendiam a intensificar-se. Em 1960, Leonel Brizola, governador do Rio Grande do Sul, ao qual a RDA, Polônia, Hungria e Tchecoslováquia ofereceram um crédito de 25 a 30 milhões de dólares, explicou ao cônsul da RFA em Porto Alegre, pedindo-lhe que comunicasse ao governo de Bonn, que sua viagem à Alemanha

---

30 Borowsky, 1993, p.159-60.
31 Telegrama expedido n.29, 22h30, confidencial, MRE à embaixada do Brasil em Bonn, 11 mai. 1959, AHMRE-B, Telegramas expedidos, confidenciais, Bonn, 1950/71.

Oriental, a fim de visitar a Feira de Leipzig [*Leipzig Messe*] não tinha objetivos políticos, apenas comerciais, pois a situação econômica e financeira do seu estado e a "miséria dos brasileiros" [*die Lügere der brasilianischen*] não lhe deixavam alternativa senão aceitar a oferta dos países do Leste Europeu.[32] Segundo ele, negócios podiam ser feitos com todas as pessoas possíveis, independentemente da política e da amizade, enquanto os amigos permaneciam amigos.[33] O que Brizola destarte queria, na opinião do cônsul, era assegurar a validade de sua simpatia e amizade pela RFA, que ele aprendera a valorizar e onde também pretendia visitar algumas indústrias, talvez a Feira de Colônia [*International Hausrat und Eisenwaren-Messe*], além de manter contato com autoridades em Bonn.[34] Seu propósito era também convidar o ministro dos Assuntos Estrangeiros da RFA, Heinrich von Brentano, a visitar o Rio Grande do Sul quando fosse ao Rio de Janeiro, conforme se anunciava, e o cônsul em Porto Alegre recomendou a aceitação, não por causa da numerosa colônia alemã lá existente e sim pela importância política daquele estado.[35]

A viagem de von Brentano ao Brasil ocorreu, efetivamente, em 29 de agosto de 1960, já ao término do governo Kubitschek. Controvérsias políticas, obviamente, não havia, a afetar as relações entre os dois países – Brasil e RFA – cujos pontos de vista sobre a situação internacional – Berlim, não reconhecimento da RDA, Linha Oder-Neisse e, de modo geral, o Conflito Leste-Oeste – também coincidiam. E por essa razão as conversações mantidas entre von Brentano e o embaixador Fernando Ramos de Alencar, ministro interino das Relações Exteriores do Brasil, bem como entre suas equipes de assessores, abordaram quase apenas questões econômicas. E uma delas era, naturalmente, o café. O Brasil, já algum tempo havia, reivindicava a redução dos impostos,

---

32 Bericht Pol. 991-88/3, Konsulat der BRD Porto Alegre an das Auswärtige Amt, den 24 fev. 1960, AA-PA, Ref. 306, Band 98.
33 Ibidem.
34 Ibidem.
35 Ibidem.

que internamente oneravam aquele produto e inibiam a expansão do seu consumo, da ordem de 2,9 quilos *per capita*, em 1958, contra 5,8 quilos na Bélgica e Luxemburgo, 3,9 quilos na Suíça e 4,3 quilos na França.[36] O embaixador do Brasil em Bonn, Abelardo Bueno do Prado, já insistira no tema, em carta a von Brentano, e este, ao responder-lhe, não só alegara não ter a RFA condições de renunciar a tais impostos, dado que, se o fizesse, não disporia de recursos para atender aos projetos de desenvolvimento, como voltara também a cobrar do governo Kubitschek a adoção de medidas para assegurar aos navios de bandeira alemã a livre concorrência, no tráfico com o Brasil.[37] De fato, ao examinar o projeto apresentado ao *Bundestag* pelo SPD, propondo a redução dos impostos internos sobre o café e o chá, o Ministério das Finanças da RFA opinara que tal medida acarretaria uma queda insignificante nos preços, cujo aumento do consumo, calculado entre apenas 4% e 8% para o café e 3% e 5% para o chá pelo Instituto Alemão de Pesquisa Econômica, não compensaria a perda da receita fiscal da ordem de 129 milhões de marcos.[38] O Ministério da Economia também se opôs à proposta dos sociais-democratas. Mas a argumentação das autoridades da RFA não convenceu, pois partia da premissa de que a arrecadação dos impostos sobre o café e o chá, especialmente o primeiro, era necessária ao equilíbrio orçamentário e à manutenção do programa de assistência técnica aos países em desenvolvimento.[39] Segundo a embaixada do Brasil em Bonn, a RFA despendia com tal programa, a cargo do Auswärtiges Amt, o total de 50 milhões de marcos, quantia inferior à metade das taxas arrecadadas sobre o café, no valor

---

36 Ofício n.51, Bueno do Prado ao ministro das Relações Exteriores Horácio Lafer, Bonn, 12 fev. 1960, anexo I, carta do embaixador Bueno do Prado a von Brentano, Bonn, 29 jan. 1961, AHMRE-B, Bonn, Ofícios, jan.-mar. 1960.
37 Ofício n.75, Arnaldo Vasconcelos, encarregado de negócios, a Lafer, Bonn, 3 mar. 1960, anexo 1, carta de von Brentano a Bueno do Prado, Bonn, 11 fev. 1960, original e tradução, AHMRE-B, Bonn, Ofícios, jan.-mar. 1960.
38 Ofício n.81, Arnaldo Vasconcelos, encarregado de negócios, a Lafer, Bonn, 8 mar. 1960, AHMRE-B, Bonn, Ofícios, jan.-mar. 1960.
39 Ibidem.

de 108 milhões de dólares, dos quais apenas 6%, ou seja, 3 milhões, à América Latina se destinavam. Dessa forma o Brasil recebera, em 1959, a importância de 500 mil marcos, com a doação de equipamentos à Pontifícia Universidade Católica do Rio de Janeiro e de algumas poucas máquinas e implementos agrícolas ao Seminário Agrícola, em Videira.[40] Porém, caso os impostos sobre o café e chá fossem reduzidos à metade, conforme hipótese do próprio Instituto Alemão de Pesquisa Econômica, os países exportadores daqueles produtos obteriam uma receita adicional de 30 milhões de marcos, dos quais o Brasil, mantida a participação de 21,4% (apurada entre janeiro e novembro de 1959), receberia pouco mais de 6 milhões, montante duas vezes superior ao empregado no programa de assistência técnica para toda a América Latina.[41] Desse modo, como von Brentano justificara a relutância do governo de Bonn em diminuir os impostos internos sobre o café com a necessidade de financiar os projetos de desenvolvimento, a conclusão era de que o Brasil e os outros exportadores latino-americanos daquele produto estavam a arcar com apreciável parcela do auxílio prestado aos países da África e da Ásia, para os quais a RFA orientava a maior parte do programa de assistência técnica.

Na verdade, conforme a percepção dominante no Auswärtiges Amt, a economia da América Latina já estava suficientemente desenvolvida para atrair os capitais privados, tanto que, entre 1952 e 1960, recebera 610 milhões de marcos, dos quais 472 milhões foram investidos no Brasil.[42] Também o gabinete do *Kanzler* Konrad Adenauer não a apontava entre as regiões politicamente mais difíceis e, até que os critérios fossem modificados, ela tinha poucas chances de obter maior cooperação para os projetos de desenvolvimento, salvo o envio de técnicos e alguma outra ajuda menos dispendiosa.[43] Por essa razão, nas

---

40 Ibidem.
41 Ibidem.
42 *Frankfurter Allgemeine Zeitung*, 27 ago. 1960.
43 Entwurf – Für das Treffen des Ministers mit dem Brasilianischen Botschafter, Bonn, den 28 jul. 1960, n.2717, Betreff: Reise des Min. von Brentano, AA-PA, Ref. 306, Band

conversações com a equipe do Auswärtiges Amt, durante a visita de von Brentano ao Brasil, os representantes do Itamaraty manifestaram a preocupação com a tendência da política exterior da RFA e, em realidade, de toda a Europa Ocidental, que privilegiava os países da África e da Ásia em relação à concessão de auxílio e assistência, deixando a América Latina, economicamente, aos cuidados apenas da iniciativa privada e da exclusiva cooperação governamental dos Estados Unidos.[44] Segundo eles, os mesmos motivos que levaram a África e a Ásia a merecerem prioridade nos programas de assistência e ajuda da RFA indicavam com clareza a "urgente necessidade" de modificar essa tendência, dado que a Guerra Fria, comprometendo "gravemente" a solidariedade interamericana, já se estendera à América Latina, cujas crescentes necessidades a iniciativa privada, de forma adequada, já não podia atender.[45] A alusão, aí, ao caso de Cuba, onde o regime revolucionário de Fidel Castro, ao colidir com os interesses dos Estados Unidos, buscava o apoio da União Soviética, visou sensibilizar von Brentano, sempre intransigentemente contrário a qualquer política que se lhe antolhasse favorável ao comunismo. Tal argumentação, na medida em que, seguindo as premissas da Operação Pan-Americana, tratava de evidenciar a "interdependência da segurança do mundo livre e o desenvolvimento econômico",[46] serviu para justificar a proposta de reestruturação da Comissão Mista Brasil-RFA, criada pelo Acordo de Investimentos de 4 de setembro de 1953, pois o que o governo brasileiro pretendia era atribuir-lhe, principalmente, a formulação de um plano para o pleno aproveitamento das possibilidades de cooperação econômica e técnica entre os países. Von Brentano assumiu, então, uma atitude

---

97 – Aufzeichnung für die Unterhaltung des Herrn Minister mit dem Brasilianischen Bolschafler zur Vorbereitungs der Reise nach Rio.

44 Ofício n.DEA/DPo/69 430.1(81a)(42), confidencial, Paulo Leão de Moura, chefe interino do Departamento Econômico e Comercial, em nome do Ministro de Estado, a Bueno do Prado, embaixador em Bonn, Rio de Janeiro, 19 nov. 1960, AHMRE-B, Bonn, Ofícios expedidos, confidenciais, 1950/71.

45 Ibidem.

46 Ibidem.

bastante cautelosa e, a evitar, cuidadosamente, qualquer posição que pudesse implicar um compromisso concreto e formal do seu país, não aceitou sequer a palavra "programa" no texto da declaração conjunta.[47] Entretanto, após suas conversações no Brasil e a conferência realizada com todos os chefes de missões alemãs na América do Sul e na América Central,[48] von Brentano voltou a Bonn, ao que tudo indicava, disposto a defender o reexame daquelas diretrizes da política exterior, de modo a eliminar, no âmbito da assistência técnica e econômica, a prioridade concedida aos países da África e da Ásia.[49]

Sem dúvida alguma, o rumo tomado pelo regime revolucionário de Fidel Castro e a possibilidade de que a RDA fizesse de Cuba um ponto de apoio, a fim de conseguir audiência entre os outros Estados da América Latina, passaram a preocupá-lo mais seriamente depois que ouvira não apenas a argumentação do Itamaraty, mas, sobretudo, os relatórios dos vinte chefes de missões alemãs naquele continente. Como a revista alemã *Diplomatischer Kurier* ressaltou – a fazer uso *mutatis mutandis* de uma expressão de Pedro, o Grande –, a União Soviética arrombara a "janela para a América do Sul" e esse acontecimento concernia diretamente à RFA, ainda mais quando também a RDA, sempre considerada como a Sowjetische Besatzungszone, tratava de expandir sua influência.[50] Efetivamente, naquelas circunstâncias, o Auswärtiges Amt não podia descuidar-se da América do Sul, entre outros motivos, particularmente por causa do Brasil, que continuava

---

47 Ibidem.
48 A conferência para consulta e troca de informações, sob a presidência de von Brentano, durou três dias, entre 5 e 7 de setembro, após o encerramento de sua visita oficial ao Brasil. A primeira conferência do gênero realizara-se em Montevidéu, em 1953, sob a direção do então secretário de Estado, Walter Hallstein.
49 Ofício n.DEA/DPo/69/430.1(81a)(42), confidencial, Paulo Leão de Moura, chefe interino do Departamento Econômico e Comercial, em nome do ministro de Estado, a Bueno do Prado, embaixador em Bonn, Rio de Janeiro, 19 nov. 1960, AHMRE-B, Bonn, Ofícios expedidos, confidenciais, 1950/71.
50 *Diplomatischer Kurrier*, Bonn, 29 nov. 1960, anexos 1 e 2 (original e tradução) ao Ofício n. 301, embaixada do Brasil em Bonn ao MRE, 8 nov. 1960, AHMRE-B, Bonn, Ofícios, nov.-dez. 1960.

a ser o país – bem acima do Canadá e dos Estados Unidos – onde as empresas alemãs mais investiam.[51] Esse fato dava ao Brasil certa relevância nas relações exteriores da RFA, tanto assim que a possibilidade de que ele aderisse à Otan surgira como um dos temas a serem discutidos durante a viagem de von Brentano em meio às conversações do embaixador Bueno do Prado com o diretor ministerial do Auswärtiges Amt, chefe do Departamento do Ocidente II (encarregado da América do Sul), e este deu a entender que o próprio Adenauer teria "grande satisfação" em consultar Washington, Londres e Paris, se o governo Kubitschek estivesse de acordo.[52] O assunto naturalmente não evoluiu. De um lado, Kubitschek, já no fim do governo, não tinha condições de assumir um compromisso tão grave, levando o Brasil a aderir à Otan, exatamente quando buscava ampliar o comércio com os países do Leste Europeu e o reatamento de relações diplomáticas com a União Soviética constituía uma das principais bandeiras de Jânio Quadros, o candidato da oposição à Presidência da República. Do outro, embora simpatizasse com a ideia, von Brentano entendeu que o próprio Brasil devia tomar a iniciativa de pleitear o ingresso na Otan e começar a gestão por meio de Washington.[53]

De qualquer forma, não era mediante o ingresso do Brasil na Otan, conforme o embaixador Bueno do Prado admitira, que o governo Kubitschek queria investir na segurança contra o comunismo, e sim por meio de projetos de desenvolvimento para os quais requeria a cooperação da RFA. Entretanto, durante sua visita ao Brasil, von Brentano não estava munido de suficiente plenipotência para ir além de uma declaração, ao exprimir, na nota conjunta, o desejo de

---

51 Ibidem.
52 Telegrama n.43, secreto, DPo/942.(00), recebido, Bueno do Prado ao MRE, Bonn, 3-12 jul. 1960, 13h30; Telegrama expedido, n.43 (41630) R8, secreto, MRE à embaixada em Bonn, 20 jul. 1960; Telegrama n.52, 430.1(8117)(42), secreto, recebido, Bueno do Prado ao MRE Bonn 25 jul. 1960, AHMRE-B, secretos, A-K, Telegramas recebidos e expedidos, 1960/61.
53 Entwurf – Für das Treffen des Ministers mit dem Brasilianischen Botschafter, Bonn, den 28 jul. 1960; Betreff: Reise des Minister von Brentano, AA-PA, Ref. 306, Band 97.

incentivar a cooperação técnica e econômica entre a RFA e o Brasil.[54] Havia também necessidade de vencer a resistência de certo grupo de parlamentares alemães, cujos interesses eram contrários à concessão de maiores prioridades à America Latina. Mesmo entre os membros do gabinete de Adenauer, muitos se manifestavam mais favoráveis à Ásia e aos novos Estados da África, onde, segundo entendiam, as debilidades da estrutura econômica e social bem como a fraqueza das instituições democráticas estavam a exigir imediata atenção, pois ofereciam grandes possibilidades à expansão do comunismo. Contudo, os principais porta-vozes do governo de Bonn, tanto do Auswärtiges Amt quanto do Ministério da Economia, sempre deram, nos debates parlamentares, formal apoio aos defensores da prioridade para a América Latina, que contava com a natural predisposição favorável das grandes indústrias alemãs, por causa de seus vultosos interesses no Brasil. Esse fator concorreu, obviamente, para que, ao votar um fundo de 3,8 bilhões de marcos destinado à assistência aos países em desenvolvimento, o grupo parlamentar do governo resolvesse recomendar ao *Bundestag* que concedesse a segunda prioridade à América Latina, abaixo apenas dos países-membros da Otan com características de subdesenvolvimento (Turquia e Grécia) e daqueles da África nos quais, por motivos estratégicos e políticos, ela tivesse particular interesse. Os demais países, inclusive do Oriente Médio, cairiam para o terceiro lugar, enquanto ao Extremo Oriente caberia a última colocação, na ordem das prioridades.[55]

A definição de tais critérios decorreu do entendimento de que os recursos do fundo para auxílio aos países subdesenvolvidos ou em via de desenvolvimento poderiam na América Latina produzir efeitos maiores e mais estáveis do que em outras partes do chamado Terceiro

---

54 Ofício n.338, confidencial, Bueno do Prado ao embaixador Edmundo Barbosa da Silva, ministro de Estado interino, Bonn, 12 dez. 1960, AHMRE-B, Bonn, Ofícios recebidos, confidenciais, 1960/64.
55 Ibidem; Carta-telegrama n.261, confidencial, recebida, Bonn, 9-20 dez. 1960, Bueno do Prado ao MRE, AHMRE-B, Telegramas recebidos, confidenciais, Bonn, 1960/63.

Mundo. Os grandes investimentos que as indústrias da RFA, com excelentes resultados, fizeram no Brasil concorreram, decerto, para que essa percepção se afirmasse. Entretanto, o comércio da América Latina com a RFA estava ante a ameaça de sofrer sérios prejuízos, pois alguns países da Europa, a conformarem o mercado comum, tratavam de estabelecer preferências, a fim de favorecer os produtos de suas antigas colônias africanas, com as quais vínculos econômicos ainda mantinham. A França já solicitara aos demais membros da CEE a aplicação da tarifa *ad valorem* sobre as importações de café. Essa medida, se efetivada, afetaria particularmente as exportações do Brasil, na medida em que a RFA, até então a aplicar uma tarifa baseada no peso do produto, teria de cobrar direitos duas vezes mais altos para o café da América Latina do que para o originário da África.[56] O mesmo, conforme se esperava, aconteceria com o cacau e outros produtos tropicais que permitiram à Alemanha desenvolver, desde o século XIX, relações especiais com o Brasil, apesar de duas vezes interrompidas pelas guerras mundiais, e situar-se como seu segundo maior parceiro comercial, exatamente porque não mantivera laços coloniais duradouros e profundos com a África. Diante de tais perspectivas, o governo brasileiro passou a acompanhar com maior interesse e crescente preocupação o funcionamento da CEE, junto à qual Kubitschek, já em maio de 1960, nomeara um embaixador extraordinário e plenipotenciário, o empresário e, sobretudo, grande poeta Augusto Frederico Schmidt, o principal formulador da Operação Pan-Americana. Ele esperava que os interesses econômicos europeus, particularmente alemães, no Brasil não só permanecessem como ainda mais aumentassem.[57] Porém, o ciclo de expansão da economia brasileira, sustentado pelas importações de bens de produção sem a correspondente cobertura de divisas, já apresentava fortes sintomas de esgotamento. As

---

56 Telegrama n.36, confidencial, urgente, MRE à embaixada em Bonn, 4 jul. 1960, AHMRE-B, CTs expedidos, confidenciais, Bonn, 1960/64.
57 Bericht, n.484/60 Pol. 306-83.01 Tgb., n.947/60, Herbert Dittmann, Botschafter der BRD, an das Auswärtige Amt, Rio de Janeiro, den 6 mai. 1960, AA-PA, Ref. 306, Band 100.

empresas estrangeiras, após a maturação dos seus investimentos, começavam a repatriar os capitais, com o que, incrementando as remessas de lucros, dividendos e *royalties*, pressionavam o câmbio e concorriam para desequilibrar ainda mais o balanço de pagamentos do Brasil, cujo déficit se elevara a 410 milhões de dólares, uma vez que suas exportações (o café ainda cerca de dois terços representava) praticamente estagnaram e, conforme Augusto Frederico Schmidt argumentara em *Memorandum* apresentado à CEE, os "termos *of trade*" pioraram nos últimos dez anos.[58] Recursos, portanto, não havia o suficiente para manter a taxa de investimentos necessários à expansão capitalista e, ao mesmo tempo, atender às reivindicações econômicas e sociais da classe trabalhadora, fortalecida, quantitativa e qualitativamente, pela própria industrialização e a adquirir cada vez maior consciência política. Assim, diante da crise social que se configurava, em meio à crescente inflação (15% a 20% ao ano até 1959), com o recrudescimento dos conflitos de classes, a abalar tanto as cidades (greves gerais) quanto o campo (ocupações de terra), a necessidade de expandir o mercado externo, não apenas para as exportações de café, mas também para colocação do excedente da produção industrial, tornou-se inadiável. A abertura para o Leste Europeu, que Kubitschek iniciara, Jânio Quadros, seu sucessor, dispôs-se a aprofundar.

---

58 Bericht 1508/60, Dittmann an das Auswärtige Amt, Rio de Janeiro, den 22 jul. 1960; Anlage 1, Memorandum der Botschafter Augusto Frederico Schmidt, AA-PA, Ref. 306, Band 97.

# CAPÍTULO 9

A CRIAÇÃO PELA RFA DO FUNDO DE AUXÍLIO AO DESENVOLVIMENTO – A PRIORIDADE PARA OS PAÍSES DA ÁFRICA E DA ÁSIA – A MISSÃO JOÃO DANTAS NA RDA – O INCIDENTE COM O GOVERNO DE BONN – A RFA E A SUSTENTAÇÃO DA *HALLSTEIN--DOKTRIN* – A CRISE NA RDA E A CONSTRUÇÃO DO MURO DE BERLIM – A RENÚNCIA DE JÂNIO QUADROS E A POSIÇÃO DA RFA

Embora apoiado pelas forças mais conservadoras da oposição, o presidente Jânio Quadros (janeiro a agosto de 1961), desde a campanha eleitoral, prometera reatar relações diplomáticas do Brasil com a União Soviética e os demais países do chamado Bloco Socialista. Mais ainda: defendera a Revolução Cubana, bem como o reconhecimento da República Popular da China. Após a inauguração do seu governo, começou a desenvolver uma política exterior potencialmente neutralista. Certo distanciamento dos Estados Unidos na política internacional decorria naturalmente das contradições geradas pelo processo produtivo, cujas necessidades estavam a exigir a ampliação do comércio com os países do Leste Europeu, no qual os círculos econômicos de São Paulo – máxime os cafeicultores – depositavam grande esperança. Quadros, porém, instrumentalizou a política externa, que proclamava independente, com o duplo objetivo de neutralizar a esquerda brasileira, na batalha pela aplicação das medidas eminentemente impopulares do programa econômico e financeiro, e robustecer, ao mesmo tempo, sua capacidade de negociação com as potências do

Bloco Ocidental.¹ O problema fundamental consistia em forçar os Estados Unidos a fazerem maiores concessões econômicas e financeiras. Entretanto, havia questões que dependiam de alguns países da CEE, particularmente a RFA, junto à qual o Brasil continuava a reivindicar a redução dos impostos internos sobre o café e, sobretudo, maior participação da América Latina nos recursos do Fundo para Auxílio do Desenvolvimento [*Entwicklungshilfe-Fonds*]. Apesar da recomendação do grupo parlamentar do governo no *Bundestag* no sentido de situar a América Latina logo abaixo dos países da Otan e daqueles em que ela tivesse interesses políticos e estratégicos, os critérios de prioridade ainda tendiam a privilegiar África e Ásia. E a expectativa era de que a RFA viesse a aplicar quase 4 bilhões de marcos na ajuda aos países do chamado Terceiro Mundo, de modo a atenuar os efeitos excessivos do desenvolvimento de sua própria conjuntura econômica.

Sob a pressão de crescente demanda tanto interna quanto externa, a RFA, em 1960, ampliara ainda mais sua capacidade produtiva e, com um aumento de 11% em relação a 1959 e a taxa de desemprego a cair para somente 1% da força de trabalho, seu PNB totalizou o montante de 274 bilhões de marcos.[2] As reservas do Bundesbank, sempre a crescerem, atingiram, em outubro de 1969, a soma de 31,3 bilhões de marcos e o excedente da balança comercial, segundo as estimativas, seria da ordem de 4,6 a 4,8 bilhões de marcos.[3] Assim, caso a RFA não aumentasse substancialmente o auxílio aos países em desenvolvimento, aos quais se limitava apenas a conceder garantias e créditos de exportação, seria provável que os encargos para a manutenção das tropas aliadas em seu território se tornassem ainda mais pesados, devido às queixas existentes dentro dos Estados Unidos, já a repercutirem nas reuniões do BIRD e do FMI. De qualquer forma, porém, tais recursos do Fundo de Auxílio

---

1 Para análise mais detalhada da chamada política externa independente de Jânio Quadros, vide Moniz Bandeira, 1989, p.57-60; Idem, 1993, p.121-131.
2 Ofício n.103, Embaixada do Brasil em Bonn ao MRE, Bonn, 8 mar. 1961, Anexo único, *Mês Econômico* n.12, dez. 1960, AHMRE-B, Bonn, Ofícios, mar.-mai. 1961.
3 Ofício n.306, Bueno do Prado a Lafer, Bonn, 14 nov. 1960, AHMRE-B, Bonn, Ofícios, nov.-dez. 1960.

ao Desenvolvimento, ao que tudo indicava, não deveriam beneficiar, significativamente, a América Latina. O governo de Bonn insistia em manter a política de dar "tão marcada preferência" aos países da África e da Ásia. E, diante de tal situação, o Itamaraty, no qual o resultado das conversações com von Brentano criara a esperança de que a RFA viesse a tomar uma "atitude mais construtiva" *vis-à-vis* do Brasil, instruiu a embaixada em Bonn no sentido de que manifestasse, informalmente, seu "desapontamento".[4]

A gestão, realizada pelo encarregado de negócios do Brasil, Arnaldo Vasconcelos, e pelos embaixadores de Colômbia, Chile, Costa Rica e Uruguai, em nome de todos os chefes de missão latino-americanos, não alcançou maior êxito. O secretário de Estado do Auswärtiges Amt, Karl Carstens, declarou que ainda não fora tomada qualquer decisão sobre as regiões a contemplar com os recursos do Fundo de Auxílio ao Desenvolvimento e que à América Latina, naturalmente, caberia uma participação adequada, pois ela sempre merecera toda a atenção, tanto que recebera cerca de 60% dos investimentos privados da RFA no exterior.[5] Essa informação não era absolutamente correta. Cerca de 53,9% dos capitais privados da RFA, entre 1952 e setembro de 1960, afluíram para toda a América, incluindo Canadá (14,2%) e Estados Unidos (9,6%), e à América Latina – América Central (4,6%) e América ao Sul (25,5%) – coube a maior parcela, mas apenas o equivalente a 30,1%, devido à destacada posição do Brasil (19,4%), que continuava como o país estrangeiro onde as empresas alemãs, naquele período, mais investiram.[6] Segundo o encarregado de negócios do Brasil observou, as

---

4 Telegrama s/n, confidencial, expedido, MRE para a Embaixada em Bonn, 25 jan. 1961, AHMRE-B, Bonn, Telegramas Expedidos, 1960/64.
5 Ofício n.60, confidencial, Arnaldo Vasconcelos, encarregado de negócios, ao chanceler Afonso Arinos de Melo Franco, Bonn, 7 fev. 1961, Anexo 1, Resumo da entrevista com o secretário de Estado, prof. dr. Kart Carstens em 3 fev. 1961 no Auswärtiges Amt, AHMRE-B, Ofícios Confidenciais, Bonn, 1960/64.
6 Ofício n.36, Embaixada do Brasil em Bonn ao MRE, 24 jan. 1961, Anexo 1, Comunicado do Ministério Federal da Economia de acordo com o Bundesbank, sobre os investimentos privados alemães no exterior, de 1952 a 30 de setembro de 1960, AHMRE-B, Bonn, Ofícios, jan.-fev. 1961.

autoridades alemãs sempre permeavam as manifestações da boa vontade com a asserção de que a América Latina se beneficiara mais do capital privado alemão do que qualquer outro continente, o que o induzia a crer que o governo de Bonn voltaria a levantar esse argumento, a fim de justificar a concessão de prioridade à África e à Ásia na aplicação do Fundo de Auxílio ao Desenvolvimento.[7] O embaixador da Colômbia, na audiência com Karl Carstens e os diretores do Auswärtiges Amt, redarguira que investimentos privados não tinham qualquer relação com o auxílio ao desenvolvimento, uma vez que as empresas sempre buscavam o maior rendimento e a máxima segurança para seus capitais.[8] Mas, poucos dias depois, o presidente do *Bundestag*, Eugen Gerstenmaier, salientou que "não foi por acaso" que a maioria dos investimentos alemães no exterior, durante aquele último decênio, ocorrera no Brasil, onde as empresas encontravam segurança jurídica, "condição prévia fundamental" para qualquer aplicação de capital justificável do ponto de vista econômico, ao contrário da África, que tinha muito mais dificuldades em obter um volume suficiente de recursos, dada a existência dos Lumumbas (referência a Patrice Lumumba, líder revolucionário do Congo).[9] Por essa razão, segundo ele, a América Latina constituía para a RFA, em primeira linha, uma tarefa técnico-comercial a ser assistida com a concessão de créditos, enquanto a África, além de ajuda econômica, necessitava de auxílio educacional.[10]

O governo da RFA estava disposto a cooperar, efetivamente, com o programa de estabilização monetária e a reforma cambial, que Quadros tratava de executar, bem como apoiar a concessão de novos créditos de exportação, cobertos pelo seguro Hermes [*Hermes Versicherungen*

---

7 Ofício n.60, confidencial, Arnaldo Vasconcelos a Afonso Arinos de Melo Franco, Bonn, 7 fev. 1961, AHMRE-B, Ofícios, Bonn, 1960/64.
8 Ibidem.
9 Ofício n.81, Embaixada do Brasil em Bonn ao MRE, 28 fev. 1961, Anexo único: "O significado do auxílio aos países em desenvolvimento", discurso pronunciado pelo dr. Eugen Gerstenmaier, presidente do Bundestag, durante almoço organizado pelos comerciantes da cidade de Bremen, em 10 fev. 1961, AHMRE-B, Bonn, Ofícios, jan.-fev. 1961.
10 Ibidem.

*Gesellschaft*], o qual se aplicaria também a instituições bancárias, a permitir prazos um pouco mais longos do que os habituais. Porém, a concessão de créditos ao Brasil, por meio do Fundo de Auxílio ao Desenvolvimento, continuava ainda em debate ao nível do gabinete de Adenauer.[11] Embora não se excluísse a possibilidade de destinar-lhe alguma parcela de tais recursos, a percepção dominante no governo de Bonn era a de que a América Latina já havia superado o subdesenvolvimento real e, por essa razão, o auxílio financeiro prestado à Argentina proveio de outras fontes.[12] Ela evidentemente não se enquadrava com o caso típico de país subdesenvolvido, porém, diferentemente a situação do Brasil se afigurava. Vastas áreas lá havia onde o subdesenvolvimento se comparava ao das regiões menos favorecidas da Ásia, da África e da própria América Latina, no que até mesmo os representantes do Auswärtiges Amt e do Ministério da Economia concordavam.[13] Naquela ocasião, o embaixador Roberto Campos, a quem Quadros encarregara a missão de negociar com os países da Europa o apoio financeiro ao programa de estabilização monetária, mediante o reescalonamento da dívida externa, acentuou, nas conversações com as autoridades de Bonn, que uma decisão da RFA desfavorável à concessão ao Brasil de recursos do Fundo de Auxílio ao Desenvolvimento sob o pretexto de que se tratava de um país medianamente desenvolvido, capaz de atrair capitais privados, seria interpretado como "ato de indiferença política", uma "discriminação injustificável" e prejudicaria as relações entre os dois Estados, com repercussão negativa em toda a América Latina.[14] Aos industriais e dirigentes de bancos alemães, com os quais,

---

11 Telegrama n.53, confidencial, recebido, Embaixada do Brasil em Bonn ao MRE, 26/26 abr. 1961, AHMRE-B, Telegramas Recebidos, confidenciais, Bonn, 1960/63.
12 Ofício n.183, reservado, Arnaldo Vasconcelos a Afonso Arinos de Melo Franco, Bonn, 5 mai. 1961, AHMRE-B, Bonn, Ofícios, mar.-mai. 1961; Telegrama n.86, confidencial, Embaixada do Brasil em Bonn ao MRE, 29/29 jun. 1961, AHMRE-B, Telegramas Recebidos, confidenciais, Bonn, 1960/63.
13 Ibidem.
14 Telegrama n.53, confidencial, Embaixada do Brasil em Bonn ao MRE, 26/26 abr. 1961, AHMRE-B, Telegramas Recebidos, confidenciais, Bonn, 1960/63; Ofício n.183, Re-

em Frankfurt e Berlim, entendimentos manteve, pediu que também procurassem influenciar o governo de Bonn, no sentido de modificar aquela percepção, pois o Brasil, se não recebesse urgente e efetiva cooperação financeira, seria forçado a interromper o crescente intercâmbio comercial e econômico com a RFA ou buscar, alhures, substitutos parciais e alternativos que a ela não interessavam.[15] Era isso, exatamente, o que estava a acontecer.

Ao mesmo tempo que enviara Walter Moreira Salles, ministro da Fazenda, aos Estados Unidos e o embaixador Roberto Campos à Europa Ocidental, Quadros nomeara o jornalista João Dantas, diretor do *Diário de Notícias*, do Rio de Janeiro, embaixador, como chefe de missão especial, incumbida de visitar os países do Bloco Oriental. Essa iniciativa, até aí, desdobrava tão somente uma tendência de política exterior que se manifestava desde os governos de Vargas e de Kubitschek. Entretanto, no dia 2 de maio de 1961, Quadros determinou que a Missão Dantas se estendesse, "urgentemente", à Alemanha Oriental, i.e., à RDA, que o Brasil não reconhecia como Estado e com a qual apenas um ajuste internacional bancário, assinado em 23 de setembro de 1958, pelo presidente do Banco do Brasil e pelo delegado do Deutsche Noten Bank, Georg Kulessa, regulava as relações comerciais. A notícia, que, por ordem do gabinete do presidente da República, a Agência Nacional, oficialmente, difundira, causou forte impacto tanto mais quanto referia um convite oficial a ser feito ao secretário de Estado da RDA, Willy Hüttenrauch. Seu objetivo certamente fora, além de produzir efeito na política doméstica, provocar a emulação entre os dois Estados alemães,[16] assustando a RFA, que, a aguardar o resultado das negociações do ministro Walter Moreira Salles, nos Estados Unidos, tomara uma atitude protelatória diante das propostas do embaixador Roberto Campos no sentido de que aceitasse

---

    servado, Vasconcelos a Melo Franco, Bonn, 5 mai. 1951, AHMRE-B, Bonn, Ofícios, mar.-mai. 1961.
15  Ibidem.
16  Entrevista do ex-embaixador João Dantas ao autor, Rio de Janeiro, 29 mar. 1994.

um reescalonamento mais favorável para o resgate dos compromissos cambiais do Brasil.[17] Por essa razão, provavelmente, Quadros, após ouvir as ponderações do chanceler Afonso Arinos de Melo Franco, enviou-lhe, no dia 16 de maio, um memorando secreto, no qual instruía o Itamaraty que autorizasse a ida da Missão Dantas à RDA "sem caráter oficial".[18] Dois dias depois, ele recebeu o embaixador da RFA, Herbert Dittmann, e dois representantes do Bundestag, os deputados federais Hermann M. Görgen e Heck, que lhe pediram uma audiência, a fim de solicitar que a visita da Missão Dantas a Berlim Oriental não se consumasse.[19] Na ocasião, Quadros reiterou-lhes que o Brasil não modificara sua política *vis-à-vis* do problema alemão, não reconheceria a RDA e com ela apenas ampliaria relações econômicas e comerciais, de acordo com seus interesses e vantagens, como qualquer nação fazia, inclusive a RFA.[20] De fato, o comércio entre os dois Estados alemães, da ordem aproximada de 1,8 bilhão de marcos, em 1960, ultrapassaria, segundo as estimativas, o montante de 2 bilhões de marcos, em 1961, e as empresas da RFA, das quais cerca de 250 mil representantes visitaram a Feira de Leipzig, tinham o máximo interesse em manter abertos os mercados da RDA, a fim de evitar que as concorrentes da Suécia, da Suíça ou mesmo de outros países da Otan os conquistassem.[21] Contudo, os instrumentos, que regulamentavam tal intercâmbio, não eram chamados acordos ou ajustes, embora na prática e em *ultima ratio* o fossem, e não conti-

---

17 Ibidem.
18 Melo Franco, 1968, p.125.
19 Entrevista do ex-deputado federal alemão, prof. Hermann Görgen, ao autor, Bonn, 21 fev. 1994, Aufzeichnung, Referent: VLRI, Graf zu Pappenheim 306-83-00/91.04/1323/61, Bonn, 31 mai. 196, AA-PA, Ref. 306, Band 144; Politischer Jahresbericht – Brasilien 1961, ibidem, Band 252.
20 Ibidem.
21 "República Democrática Alemã", Relatório Político n.8/9, ago.-set. 1960, Anexo único ao Ofício n.270, Embaixada do Brasil em Bonn ao MRE, AHMRE-B, Bonn, Ofícios, ago.-out. 1960; "República Democrática Alemã", Relatório Econômico, nov.-dez. 1960, Anexo único ao Ofício n. 29, Embaixada do Brasil em Bonn ao MRE, 18 jan. 1961, AHMRE-B, Bonn, Ofícios, jan.-fev. 1961.

nham qualquer referência aos dois Estados, mas tão somente à zona monetária federal alemã (ocidental) e à zona monetária do Deutsche Noten Bank (oriental), uma vez que o governo de Bonn, escorado na *Hallstein-Doktrin*, não admitia qualquer manifestação que pudesse significar o reconhecimento *de jure* ou *de facto* da RDA. Daí por que, até então, nenhum país do Oriente enviara um embaixador especial, representante do seu próprio chefe de governo, à antiga Sowjetische Besatzungszone e mesmo Cuba ainda evitara estabelecer relações diplomáticas com a RDA, para não provocar a ruptura com a RFA, com a qual mantinha um comércio seis vezes maior, e um provável embargo de todas as transações, por parte da CEE.[22] O comandante Ernesto Che Guevara, em dezembro de 1960, estivera em Berlim Oriental, onde concluíra um acordo de comércio, mas na condição de presidente do Banco Nacional de Cuba,[23] enquanto João Dantas, em vez de realizar a viagem, conforme instruções expressas de Quadros transmitidas pelo Itamaraty, de forma "estritamente particular",[24] deu-lhe caráter oficial. Não apenas assinou com o ministro (interino) do Comércio Exterior e Interalemão da RDA, Julius Balcow, um documento formal, intitulado Protocolo de Conversações, como ainda convidou o secretário de Estado, Willy Hüttenrauch, a visitar o Brasil para celebrar um acordo comercial, que anunciou mediante entrevista à imprensa, na qual previa que o intercâmbio do Brasil com aquele Estado alemão saltaria de 18 milhões para 40 milhões de dólares e, eventualmente, alcançaria um montante cinco vezes maior do que as transações com a RFA.[25]

---

22 Carta Telegrama n.125, confidencial, MRE à Embaixada do Brasil em Bonn, 29 out. 1960, AHMRE-B, CTs. Expedidos, 1960/64.
23 "República Democrática Alemã", Relatório Econômico, nov.-dez. 1960, cit.
24 Telegrama n.57, confidencial, urgente, MRE à Embaixada do Brasil em Bonn, 24 mai. 1961, AHMRE-B, CTs. Expedidos, Bonn, 1960/64; Melo Franco, 1971, p. 125-127.
25 Telegrama n.69, confidencial, Embaixada do Brasil em Bonn ao MRE, 29/30 mai. 1961, AHMRE-B, Telegramas Recebidos, confidenciais, 1960/63; Melo Franco, 1968, p. 128; Telegrama n.310, secreto, Gabinete-Rio do MRE ao Gabinete, Brasília, 23 jun. 1961, AHMRE-B, Consulados, Diversos no Interior e Exterior, Telegramas Recebidos e Expedidos, 1960/61.

Decerto, as agências de notícias ocidentais não reproduziram, exatamente, as palavras do embaixador João Dantas, cuja declaração fora a de que, no chamado Protocolo de Conversações, estava previsto que a troca de mercadorias entre o Brasil e a RDA, nos cinco anos seguintes, aumentaria, pelo menos, cinco vezes.[26] Porém, mais do que otimismo, alguma ilusão havia a permear as expectativas de comércio com aquele Estado alemão oriental. Desde 1958, quando o intercâmbio efetivamente começou, as exportações do Brasil para a RDA saltaram de 1,1 milhão (dólar-convênio ou *Verrechnungsdollar*) para 4 milhões de dólares, em 1959, e 12,4 milhões em 1960, enquanto as importações subiram de 504 mil para 1,4 milhão de dólares, em 1959, e 9,7 milhões, em 1960.[27] Esses valores correspondiam a, aproximadamente, 14% das exportações do Brasil para a RFA e 7% de suas importações, sendo que rapidamente cresceram, dado que se tratava de um mercado recém-aberto. Entretanto, em 1961, ano em que a Missão Dantas esteve em Berlim Oriental, as exportações do Brasil para a RDA praticamente se mantiveram no mesmo nível do ano anterior, em torno de 12,4 milhões de dólares, enquanto as importações subiram de 9,7 milhões, em 1960, para 16 milhões de dólares.[28] De qualquer forma, jamais o intercâmbio com a RDA poderia suplantar ou mesmo equiparar-se ao comércio com a RFA, que, naquele mesmo ano, 1961, exportara para o Brasil o montante de 597 milhões de marcos, o equivalente a cerca de 150 milhões de dólares, e importara 615 milhões de marcos, ou seja, aproximadamente 154 milhões de dólares.[29] Ela continuava ainda como o segundo maior parceiro comercial do Brasil, abaixo apenas dos

---

26 Ofício n.252, embaixada do Brasil em Bonn ao MRE, 19 jun. 1961, Anexos 1 e 2; Notícias publicadas pelo jornal *Neues Deutschland*, de Berlim Oriental, nas edições de 28 e 29 de maio e 3 e 4 de junho de 1961.
27 Bericht n.747/61 – wi 415/80.06/0/1498/61 – Dittmann an das Auswärtige Amt, Rio de Janeiro, den 27 jun. 1961, AA-PA, Ref. 415, Band 331.
28 Bericht n.258/62 – wi 415/84.04-0507/62 – Dittmann an das Auswärtige Amt, Rio de Janeiro, 23 fev. 1962, AA-PA, Ref. 415, Band 336.
29 Statistiches Bundesamt – VB 47 – Ein-und Ausfuhr (Spezialhand der BDR aus bzw nach Brasilien in der Berichtsjahren 1960 bis 1962); Ofício n.62, Embaixada do Brasil em Bonn ao MRE, 4 mar. 1963, AHMRE-B, Ofícios, mar.-mai. 1963.

Estados Unidos, e dela também estava a depender o reescalonamento dos seus compromissos cambiais, razão pela qual o encarregado de negócios em Bonn, Arnaldo Vasconcelos, salientara a "inoportunidade" daquela visita a Berlim Oriental[30] e o embaixador Roberto Campos, temendo que suas negociações fracassassem, telefonara ao embaixador Vasco Leitão da Cunha, secretário-geral do Itamaraty, instando-o a emitir, urgentemente, um comunicado oficial, com a declaração de que João Dantas não estava incumbido de qualquer missão diplomática nem autorizado a assinar qualquer convênio com o governo da RDA.[31]

O comunicado, feito à revelia do chanceler Afonso Arinos de Melo Franco, irritou Quadros, que ordenou a demissão do secretário-geral do Itamaraty, a evidenciar sua solidariedade com o embaixador João Dantas, a quem encarregou de comparecer, como seu observador pessoal, ao encontro entre Kennedy e Chruschtoschow em Viena (junho de 1961),[32] e a existência de objetivos de política interna e externa contrários aos métodos tradicionais da diplomacia. Conforme sua própria explicação, o embaixador Leitão da Cunha havia tomado aquela atitude, consciente dos riscos que ela envolvia, a fim de defender o que considerava o "bem do país", ante a ameaça do rompimento da RFA.[33] Sem dúvida alguma, o caráter oficial emprestado à visita da Missão Dantas a Berlim Oriental, agravado pela publicidade, e o convite ao secretário de Estado, Willy Hüttenrauch, inquietaram o governo de Bonn, como o chefe do Departamento Político II do Auswärtiges Amt, Hasso von Etzdorf, manifestara ao encarregado de negócios do Brasil, dado que quase configuravam o reconhecimento *de facto* da RDA, não admitido pela *Hallstein-Doktrin*.[34] Além do mais, Quadros tomara

---

30 Telegrama n.68, confidencial, urgente, Vasconcelos ao MRE, Bonn, 24/24 mai. 1961, AHMRE-B, Telegramas Recebidos, confidenciais, Bonn, 1960/63.
31 Melo Franco, 1968, p.128-131.
32 Bericht n. 638/61 – Pol/700-83.01/9319/61 – Dittmann an das Auswärtige Amt, 9 jun. 1961, AA-PA, Ref. 306, Band 144.
33 Ibidem, p.130.
34 Telegrama n.65, confidencial, Vasconcelos ao MRE, Bonn, 13/13 mai. 1961, AHMRE-B, Telegramas Recebidos, confidenciais, Bonn, 1960/63.

outra atitude bastante estranha para o Auswärtiges Amt. Demorou em atender a um pedido de audiência, que o embaixador da RFA, Herbert Dittmann, havia formulado por instrução direta de Adenauer, e a adiou, depois de marcada, alegando motivo de saúde, mas, entrementes, recebeu o embaixador da Argentina.[35] No entanto, nem Quadros pretendia reconhecer a RDA, quer *de jure* quer *de facto*, nem a RFA realmente se dispunha a romper relações diplomáticas e comerciais com o Brasil por causa da atuação da Missão Dantas. O governo de Bonn sempre se empenhara, firmemente, na sustentação da política de não reconhecimento [*Nichtanerkennungspolitik*] e do direito de representar sozinho [*Alleinvertretungsanspruch*] o povo alemão, princípios consubstanciados na *Hallstein-Doktrin*, com o objetivo de conservar as condições que lhe permitissem, no futuro, reunificar a nação, sob a égide da Aliança Atlântica, e restabelecer a integridade do seu território, na medida em que também não aceitava a linha de fronteiras demarcadas sobre os rios Oder-Neisse. Como consequência, a RFA rompera relações diplomáticas com a Iugoslávia, em 1957, e se recusava a reatá-las com a Tchecoslováquia, Hungria, Romênia, Albânia e Polônia, todos países do chamado Bloco Socialista (exceto a União Soviética, por tratar-se de Potência Ocupante, com direitos e responsabilidades decorrentes dos Acordos de Potsdam), os únicos, até então, a reconhecerem *de jure* a RDA.

Esse, sem dúvida, constituiu um êxito da *Hallstein-Doktrin*, que, não obstante sacrificar poderosos interesses e impedir que as indústrias da RFA expandissem seus mercados no Leste Europeu, evitara que a comunidade internacional aceitasse a existência de outro Estado alemão. Mesmo os países neutralistas não reconheceram a RDA, ao perceberem que ela, com graves problemas estruturais, não podia oferecer senão pequenos créditos e cooperação em projetos de pouca relevância, ao contrário da RFA, da qual a República Árabe Unida (Estado resul-

---

35 Telegrama n.84, secreto, Cláudio Garcia de Sousa ao MRE, Bonn, 23/23 mai. 1961, AHMRE-B, Secretos, A-K, Cts. Recebidos e Expedidos, 1960/61.

tante da união do Egito e da Síria), a Índia e o Afeganistão receberam maciça assistência técnica e financeira. Efetivamente, a fim de isolar a RDA, o governo de Bonn pagou alto preço, deixando-se extorquir por alguns países da África e da Ásia, que ameaçavam reconhecê-la.[36] O Auswärtiges Amt, naquelas circunstâncias, teve de agir com muita flexibilidade e buscar acomodações, tal como aconteceu em 1955-56, quando o Egito anunciou que abriria em Berlim Oriental uma representação comercial, com direitos consulares.[37] O mesmo aconteceu outra vez em 1961, quando a RDA abriu um consulado-geral em Damasco. A RFA apenas salvou as aparências, pois, se rompesse relações com a República Árabe Unida, perderia, provavelmente, todos ou quase todos os países do norte da África, bem como do Oriente Médio, sobre os quais o presidente Gamal Abdel Nasser exercia influência. Após receber a visita de um dos seus dois vice-presidentes, Abdel Latif el Boghdady, concedeu-lhe créditos no valor de 1 bilhão de marcos, dos quais 500 milhões, com juros de 3,5 a.a., destinados à construção da barragem no rio Eufrates, província da Síria.[38] Também, no caso da Guiné, o Auswärtiges Amt, quando estava prestes a fechar sua embaixada em Conakry, percebeu que ainda possibilidade de negociações havia e enviou o embaixador von Etzdorf, chefe do Departamento Político II, para conversar com o presidente Sekou Touré. Este, a recuar, disse-lhe então que não tinha o propósito de reconhecer a RDA, cujo chefe da missão comercial em Conakry, apesar da data marcada, negou-se a receber, e explicou que seu embaixador em Paris não apresentara ao governo de Berlim Oriental credenciais e sim "cartas de legitimação".[39] Mesmo com a Iugoslávia a RFA somente rompera relações diplomáticas (consulares continuou a manter), depois de esgotar todos os recursos, diante da

---

36 Kosthorst, 1993, p.90-3; Borowsky, 1993, p.160.
37 Kosthorst, 1993, p.92-3.
38 Ofício n.269, Cláudio Garcia de Souza, encarregado de negócios, a Melo Franco, Bonn, 30 jun. 1961, AHMRE-B, Bonn, Ofícios, jun.-jul. 1961; Ofício n.313, Arnaldo Vasconcelos, encarregado de negócios, a Melo Franco, Bonn, 2 ago. 1961, AHMRE-B, Bonn, Ofícios, ago.-set. 1961.
39 Ibidem.

inabalável decisão do presidente Joseph Broz Tito de promover a troca de embaixadas com a RDA. Era necessário estatuir um exemplo.[40] Porém, em março de 1959, os dois países iniciaram conversações, visando reatar relações diplomáticas, o que não ocorreu porque a Iugoslávia não aceitou a condição de manter em Berlim Oriental apenas um encarregado de negócios. Àquele tempo, a RDA possuía consulados-gerais em quatro cidades da Ásia e da África – Rangum (Birmânia), Jacarta (Indonésia), Cairo (Egito) e Damasco (Síria) – e a RFA se satisfizera com a explicação de que os titulares não tinham recebido o *exequatur* ou se o tinham (como no Caribe) dele constava a declaração expressa de que tal não implicava reconhecimento do seu país como Estado soberano. O Auswärtiges Amt tolerava, igualmente, que as missões comerciais em Gana, Guiné e Cuba tivessem mais funcionários e relevo político que as embaixadas da RFA.[41] O próprio von Brentano, aliás, indicara a possibilidade de modificar a *Hallstein-Doktrin*,[42] embora aparentemente a política exterior da RFA, àquela época, apresentasse "sensíveis tendências à intransigência", como demonstrara o afastamento de Herbert Dittmann, removido para a embaixada no Brasil, Georg F. Duckwitz, Albert H. van Schespenberg e outros, favoráveis a maior flexibilidade.[43] De qualquer modo, ainda que o Auswärtiges Amt acompanhasse com preocupação a política potencialmente neutralista de Quadros, motivo ainda não havia, de acordo com o precedente de outros países da Ásia e da África, para o rompimento de relações com o Brasil. A embaixada da RFA limitou-se a apresentar ao Itamaraty uma nota verbal,[44] na qual solicitava que um eventual convênio com a RDA não fosse concluído em "nível governamental", dado que até então nenhum país do

---

40  Kosthorst, 1993, p.195.
41  Ofício n.313, Vasconcelos a Melo Franco, Bonn, 2 ago. 1961, AHMRE-B, Bonn, Ofícios, ago.-set. 1961.
42  Kosthorst, 1993, p.184.
43  Ibidem, p.308; Ofício n.313, Vasconcelos a Melo Franco, Bonn, 2 ago. 1961, AHMRE-B, Bonn, Ofícios, ago.-set. 1961.
44  A nota verbal é uma nota diplomática, uma comunicação oficial de uma embaixada a um governo estrangeiro, mas sem assinatura. É redigida na terceira pessoa.

Ocidente o fizera e tal atitude poderia ser explorada pelas autoridades daquele Estado alemão, bem como interpretada por terceiros, como seu reconhecimento.[45] Essa possibilidade, a de que o ajuste comercial com a RDA saísse do nível interbancário para o de governo, continuou a preocupar, realmente, o Auswärtiges Amt.[46] Porém, ou talvez por essa razão, como o objetivo de Quadros fora realmente pressionar o governo de Bonn, todas as negociações evoluíram e se resolveram favoravelmente aos interesses do Brasil. A RFA concordou com a prorrogação dos compromissos comerciais do Brasil, admitindo, inclusive, cobrar apenas uma taxa de juros de 5%, se os demais signatários do Protocolo de Paris, negociado pelo embaixador Roberto Campos, também o fizessem.[47] E as conversações sobre os recursos do Fundo de Auxílio ao Desenvolvimento e a concessão de créditos, a fim de completar o disposto no Protocolo de Paris, avançaram. O secretário de Estado do Auswärtiges Amt, Karl Carstens, voltou a reunir-se com um grupo de chefes de missão latino-americanos, quando, após ressaltar que a RFA tivera papel preponderante nos acordos multilaterais de Paris, visando à consolidação das dívidas comerciais da Argentina e prorrogação dos compromissos do Brasil, indicou o volume sempre crescente das garantias Hermes, que facilitavam o fornecimento de bens de capital, bem como os avais concedidos a vultosos créditos *stand by* ou de assistência dos bancos particulares, como os diversos canais e métodos pelos quais o governo de Bonn cooperava com os países em desenvolvimento.[48]

---

45 Bericht n. 667/61 – Pol.700-83.01. Tgb. 1394/64 – Dittann an das Auswärtige Amt, Rio de Janeiro, 15 jun. 1961 – Anlage: Aide Mémoire, AAPA, Ref. 306, Band 144; Nota Verbal – 700-83.01/98/61– Botschaft der Bundesrepublik Deutschland ao MRE, Rio de Janeiro, 8 ago. 1961, AHMRE-B 811(42)(00), Relações Econômicas, Financeiras e Comerciais, (78) a (81b), 1947/67 – 9927.
46 Telegrama n.107, confidencial, urgente, Vasconcelos ao MRE, Bonn, 19/19 ago. 1961, AHMRE-B, Telegramas Recebidos, confidenciais, Bonn, 1960/63.
47 Ofício n.279, urgente, Vasconcelos a Melo Franco, Bonn, 10 jul. 1961, AHMRE-B, Bonn, Ofícios, jun.-jul. 1961.
48 Ofício n.290, Embaixada do Brasil em Bonn ao MRE, 18 jul. 1961, Anexo único, Introdução do senhor secretário de Estado por ocasião da conferência com os chefes de Missão latino-americanos sobre questões da assistência alemã ao desenvolvimento, em 28 jul. 1961, AHMRE-B, Bonn, Ofícios, jun.-jul. 1961.

Segundo ele, a RFA também tinha perfeito conhecimento de que a maioria dos países latino-americanos já vencera a primeira etapa de países em desenvolvimento propriamente dito e encontravam-se em fase de sistemática industrialização. Entretanto, ainda assim, a quota do Fundo de Auxílio ao Desenvolvimento, para assistência técnica na América Latina, seria muito maior que nos anos anteriores e destinar--se-ia, sobretudo, àquelas áreas onde a população ainda vivia em estado de verdadeira necessidade e, por consequência, mostrava-se disposta a receber e sofrer outras influências. Cartens referiu-se então ao perigo de "infiltração comunista" e declarou que a orientação do governo de Cuba chegara ao limite tolerável pela RFA.[49] Posteriormente, a embaixada do Brasil em Bonn recebeu a informação de que o Brasil ganharia 200 milhões de marcos do Fundo de Auxílio ao Desenvolvimento e outros tantos créditos a longo prazo, para exportação, a serem garantidos pela Hermes.[50]

O governo de Bonn enfrentava problemas muito mais sérios e tinha reais motivos para inquietação. A União Soviética insistia em institucionalizar, definitivamente, a divisão da Alemanha em dois Estados soberanos e, no dia 13 de agosto de 1961, soldados da *Grenzpolizei*, *Volkspolizei* e da *Nationale Volksarmee*, sob a coordenação de Erich Honecker, membro do Politbüro do SED, começaram a levantar um muro com tijolos e, depois, com placas de concreto, a fim de isolar Berlim Oriental de Berlim Ocidental.[51] Essa iniciativa, ainda que a todos surpreendesse, era de algum modo previsível. Nikita Chruschtschow, presidente do Conselho de ministros da União Soviética, ao encontrar--se em Viena com o presidente dos Estados Unidos, John Kennedy, em 3 e 4 de junho de 1961, entregara-lhe um *Memorandum*, no qual ameaçava concluir em separado um tratado de paz com o governo de Berlim Oriental, caso as Potências Ocidentais, até o fim do ano, não o

---
49 Ibidem.
50 Telegrama n.110, confidencial, Embaixada do Brasil em Bonn ao MRE, 23/23 ago. 1961, AHMRE-B, Telegramas Recebidos, confidenciais, Bonn, 1960/63.
51 Sobre o tema ver Moniz Bandeira, 1992, p.83-4.

celebrassem com os dois Estados alemães. Ao comentá-lo, o diplomata Cláudio Garcia de Souza, então como encarregado de negócios do Brasil em Bonn, assinalou que, "como todo Estado comunista em processo inicial de desenvolvimento, onde o regime, sobre ser implacável no cumprimento de metas impopulares, foi imposto pela guerra", a RDA necessitava de "fronteiras herméticas, sem soluções de continuidade nem enclaves",[52] razão pela qual o governo do SED não mais podia tolerar a situação de Berlim Ocidental, como um corpo estranho no seu território, a acolher milhares de refugiados. Ela era então o único Estado em toda a Europa a sofrer contínuo e irreversível processo de diminuição e decadência demográficas, uma vez que, em 1960, a taxa mensal de refugiados oscilava em torno de 14 mil pessoas, das quais cerca de 78,3% tinham idade inferior a 21 anos.[53] Em 1960, a RDA, além de aumentar a jornada de trabalho, que variava, nos diversos setores, de 45 a 48 horas, chegara ao limite máximo da utilização de suas reservas de força de trabalho, cujo declínio continuava a manter--se entre 6% e 7% ao ano. As próprias autoridades do SED admitiam, com otimismo, que a população adulta daquele Estado alemão oriental diminuiria em 650 mil pessoas até 1965. Só no ano de 1960, cerca de 199.188 refugiados, provenientes da RDA e dos antigos territórios do *Reich* colocados no pós-guerra sob jurisdição comunista, refugiaram-se na RFA.[54] Esse êxodo, incrementado, extraordinariamente, depois que o governo do SED executara a coletivização das terras, recresceu para 207.026 pessoas, apenas nos sete primeiros meses de 1961. Se prosseguisse nesse ritmo, a RDA ficaria praticamente despovoada, dentro de

---

52 Ofício n.259, Cláudio Garcia de Souza, encarregado de negócios, a Melo Franco, Bonn, 24 jun. 1961, AHMRE-B, Bonn, Ofícios, jun.-jul, 1961.
53 Relatório Econômico da Zona Soviética n.5, mai. 1960, Anexo único ao Ofício n.188, Embaixada do Brasil em Bonn ao MRE, 5 jul. 1960, AHMRE-B, Bonn, Ofícios, abr.-jul. 1960.
54 "República Democrática Alemã" – Relatório Político n.12 e 13, dez. 1960 e jan. 1961, Anexo único ao Ofício n.70, Embaixada do Brasil em Bonn ao MRE, 15 fev. 1961, AHMRE-B, Bonn, Ofícios, jan.-fev. 1961.

cinco ou seis anos.[55] Assim, a construção do muro, dividindo Berlim em duas partes estanques, constituiria a única forma de vedar o fluxo de refugiados e salvar aquele Estado que a população não legitimava.

À espera de possíveis medidas de retaliação econômica e comercial, o governo de SED preparou-se, naturalmente, para tomar tão brutal e desumana iniciativa, sugerida pelo próprio Walter Ulbricht, seu secretário-geral, a Chruschtschow. E por isso, desde o primeiro semestre de 1961, a RDA tratou de desviar suas importações da RFA, passando a comprar mais e mais coque siderúrgico da Polônia, minério de ferro, cimento e combustível da Ucrânia, máquinas da Tchecoslováquia, produtos agrícolas da Bulgária e sapatos da Romênia.[56] Os estaleiros de Warhemunde, os maiores da RDA, transferiram suas fontes de abastecimento para a União Soviética, deixando de adquirir chapas de aço da Provence Rheinrohr, Friedr. Krupp e Rheinische Stahlwerke, três empresas da RFA, e o mesmo ocorreu com as grandes usinas siderúrgicas de Echwarze Pumpe e Stalinstadt, as refinarias de Schwedt e as novas fábricas de Leuna (produtos químicos), em Merseburg, todas as quais, ainda em fase de instalação, passaram a receber o restante de seus equipamentos de fontes locais ou de outros países do Bloco Socialista, exceto certos produtos, de valor inferior a 20% do originalmente previsto, fabricados no lado ocidental.[57] *De facto*, logo após a construção do Muro de Berlim, Adenauer declarou que a RFA, juntamente com os Estados Unidos, Grã-Bretanha e França, adotaria medidas de pressão econômica contra a RDA e o Bloco Socialista.[58] Isso significava que o governo de Bonn se dispunha a denunciar o *Interzonenhandelsabkommen* [Ajuste de Comércio Interzonal]),[59] tal

---

55 Silge, 1965, p.82; Rühle; Giktz Weussug, 1981, p.154.
56 "República Democrática Alemã" – Relatório Econômico, mai. 1961, Anexo único ao Ofício n.285, Embaixada do Brasil em Bonn ao MRE, 14 jul. 1961, AHMRE-B, Bonn, Ofícios, jun.-jul. 1961.
57 Ibidem.
58 Ofício n.8, Embaixada do Brasil em Bonn ao MRE, Bonn, 21 set. 1961, Anexo único, *Mês Político* n.8, ago. 1961, AHMRE-B, Bonn, Ofícios, ago.-set. 1961.
59 Schwarz, 1991, Band II, p.661.

como autorizado no seu próprio texto, caso as autoridades diplomáticas dificultassem ou suprimissem a liberdade de trânsito em Berlim. Entretanto, o ministro da Economia, Ludwig Erhard, bem como o ministro da Defesa, Franz Joseph Strauß, que até então se presumia favorável a medidas mais duras, e outros membros do gabinete manifestaram-se contra e defenderam, inclusive, a manutenção do ajuste comercial entre os dois Estados alemães. Como o próprio Adenauer também não queria contribuir para o agravamento da situação,[60] o assunto não evoluiu. A reação do governo de Bonn limitou-se a pronunciamentos, mais prudentes que agressivos, e a alguns atos simbólicos, como o cancelamento de competições esportivas entre equipes dos dois Estados alemães, enquanto o senado de Berlim Ocidental suspendia a *avant-première* de uma peça de Bertolt Brecht, que se realizaria no Teatro Schiller.

Nessa conjuntura, em que as tensões internacionais recresciam tanto por causa de Berlim quanto de Cuba, as forças mais conservadoras, no Brasil como nos Estados Unidos, não podiam permitir que Quadros, dando à sua política exterior caráter de provocação, conforme o fizera ao condecorar o comandante Ernesto Che Guevara com a Ordem do Cruzeiro do Sul, obtivesse a plenitude dos poderes.[61] O ministro da Guerra, marechal Odílio Denys, tentou pressioná-lo no sentido de que condicionasse a defesa da autodeterminação de Cuba à realização de eleições livres e periódicas. Em 24 de agosto, onze dias depois do levantamento do Muro de Berlim, Carlos Lacerda, então governador do Estado da Guanabara,[62] compareceu à televisão e delatou que Quadros, a quem até ali estivera politicamente vinculado, pretendia promover um golpe de Estado, o que o levou, na manhã seguinte, a renunciar

---

60 Ibidem, p. 663.
61 Para melhor compreensão dos objetivos políticos de Quadros ver Moniz Bandeira, 1989, p.51-64.
62 A cidade do Rio de Janeiro, que era o Distrito Federal, tornou-se Estado da Guanabara com a transferência da capital para Brasília, em 21 de abril de 1960. Essa situação perdurou até meados dos anos 1970, quando o presidente Ernesto Geisel decretou sua fusão com o Estado do Rio de Janeiro.

à presidência da República. Uma crise nacional profunda então se desencadeou. No Rio de Janeiro e, sobretudo, em São Paulo, rumores circularam, acusando o governo alemão de induzir Lacerda a derrubar Quadros, cujos pormenores das conversações com o deputado Hermann M. Görgen ele não tivera pejo de publicamente utilizar.[63] Na realidade, Quadros renunciara à presidência da República, com o objetivo de criar um impasse institucional. Ele imaginara compelir o congresso a outorgar-lhe a soma dos poderes legislativos, uma vez que os ministros militares, da ala conservadora das Forças Armadas, haveriam de preferir seu retorno ao cargo a permitir que, na condição de vice-presidente da República, o líder trabalhista João Goulart, apontado como homem de esquerda, assumisse o poder. E isso foi o que realmente aconteceu. Porém, a tentativa de golpe de Estado fracassou. Como o embaixador da RFA, Herbert Dittmann, observou, os ministros militares com suas exigências inconstitucionais (impedir a posse de Goulart), caíram em "perigoso isolamento" [*gefährliche isolierung*].[64] O governador Leonel Brizola levantou o Rio Grande do Sul e o III Exército, o mais poderoso do Brasil, com ele se alinhou na defesa da legalidade. Parte dos oficiais do I Exército, comandado a partir do Rio de Janeiro, e do II Exército, sediado em São Paulo, não se dispôs também a usar da violência para impedir a posse de Goulart.[65] Além do mais, a crise poderia tornar-se ainda mais crítica, pois havia dias que os bancos estavam parados, o abastecimento começava a falhar, os preços subiam, os estivadores mantinham o porto do Rio de Janeiro paralisado, enquanto a ameaça de uma greve geral cada vez mais aumentava. Destarte, como temiam não poder aplicar medidas de força, porque, para tanto, não mais contavam com a lealdade das tropas,[66] os ministros militares – marechal Odílio

---

63 Bericht n. 1182/61-306-81.00/5/2404/61, (VS – Nur für den Dienstgebrauch!) – Dittmann an das Auswärtige Amt, Rio de Janeiro, 28 set. 1961, AA-PA, Ref. 306, Band 139.
64 Fernschreiben n. 262 (verschlüsselt) Dittmann an das Auswärtige Amt, Rio de Janeiro, den 31 ago. 1961, AA-PA, Ref. 306, Band 94.
65 Bericht n. 1125/61 – Pol. 306-81.00/2/2210/61, Dittmann an das Auswärtige Amt, Rio de Janeiro den 14 set. 1961, AA-PA, Ref. 306, Band 94.
66 Ibidem.

Denys (Guerra), almirante Sílvio Heck (Marinha) e brigadeiro Gabriel Gun Moss (Aeronáutica) – tiveram de aceitar uma solução negociada, mediante a qual Goulart assumiu a presidência da República, mas em um regime parlamentarista implantado pelo congresso durante a crise.

O embaixador Herbert Dittmann avaliou que o Brasil, ao modificar, precipitadamente, a Constituição, pagou pelo apaziguamento um preço muito elevado: mesmo superando a crise aguda, sem um conflito armado, ele entraria em um período de crise latente, em que as rápidas mudanças de governo acarretariam a instabilidade política.[67] O ministro-conselheiro da embaixada da RFA, Gerhard Moltmann, previu que uma articulação do descontentamento silencioso e difundido poderia conduzir a uma radicalização, de modo que os militares outra vez se insurgissem e ameaçassem o regime.[68] Esse receio, segundo ele, não era injustificado, tanto que o presidente Goulart denunciara, em discurso, que um pequeno grupo de insatisfeitos estava a conspirar contra o interesse nacional e a ordem constituída, com intenção de desfechar *putsh*. E aí, Moltmann acentuou, apenas um perigo potencial havia.[69]

---

67  Fernschreiben n. 267, Dittmann an das Auswärtige Amt, Rio de Janeiro, den 2 set. 1961; Fernschreiben Nr. 275, Dittmann an das Auswärtige Amt, Rio de Janeiro, den 6 set. 1961, AA-PA, Ref. 306, Band 94.
68  Bericht n. 1198/61 – Pol. 306-81.10/0/2582/61, Gerhard Moltmann an das Auswärtige Amt, Rio de Janeiro, den 19 out. 1961. AA-PA, Ref. 306, Band 94.
69  Ibidem.

# CAPÍTULO 10

## OS RECEIOS DE ADENAUER DIANTE DOS ENTENDIMENTOS ESTADOS UNIDOS--UNIÃO SOVIÉTICA – A APROXIMAÇÃO RFA--FRANÇA – O AUXÍLIO AO DESENVOLVIMENTO E A PREOCUPAÇÃO COM O NORDESTE BRASILEIRO – A LEI DE REMESSA DE LUCROS E O FLUXO DOS INVESTIMENTOS ALEMÃES – A MISSÃO GRANOW E O IMPASSE NA QUESTÃO DO TRANSPORTE MARÍTIMO – O ROMPIMENTO DAS RELAÇÕES DA RFA COM CUBA

O governo parlamentar de centro-esquerda, com o deputado Tancredo Neves, do PSD, como primeiro-ministro, e Goulart na Presidência da República, não modificou as diretrizes da chamada política externa independente nem alterou o relacionamento do Brasil com a RFA, onde a mudança na correlação de forças, internamente, começava a abalar o poder de Adenauer. Nas eleições federais de 17 de setembro de 1961, realizadas pouco mais de um mês depois da construção do Muro de Berlim, a coligação CDU-CSU teve 45,3% dos votos válidos e perdeu a maioria absoluta no *Bundestag*, o que obrigou o velho estadista, quase a completar 86 anos, a buscar, não sem dificuldades, um entendimento com o FDP (liberais), já então a firmar-se como a terceira força política da RFA, para formar um novo gabinete. Esse resultado se deveu, segundo as observações, à moderação com que ele reagira diante do levantamento do Muro de Berlim. O encarregado de negócios do Brasil, Arnaldo Vasconcelos, comentou que pela primeira vez o homem comum passara a vê-lo com "certa desconfiança", porquanto, naquele momento, a reunificação da Alemanha mais do que nunca "aparecia como um sonho impossível de ser realizado".[1] A *Hallstein-Doktrin* começava a afigurar-se inútil, a promover não apenas o isolamento da RDA, mas também o autobloqueio da RFA, na medida em que a impedia de reconquistar os mercados do Leste Europeu. Foi provavelmente por isso que o SPD, que pela primeira vez conseguira mais de um terço dos sufrágios, e, sobretudo, o FDP, cuja bancada no *Bundestag*, com mais 25 mandatos, aumentara em um terço, avançaram nas eleições de 17 de setembro. Este último partido, herdeiro das tradições liberais da revolução de 1848, quando exprimira as aspirações da classe média das grandes cidades, representava a elite dos industriais e comerciantes enriquecidos durante os anos do milagre econômico [*Wirtschaftswunder*] e, embora coincidisse com a coligação CDU-CSU no apoio à Otan, no fortalecimento do Exército Federal [*Bundeswehr*] e, obviamente, no esforço pela reunificação da Alemanha, discordava da política *vis-à-vis* dos países do Leste Europeu, com os quais queria que a RFA normalizasse as relações – o que até então a *Hallstein-Doktrin* impedia –, a fim de ampliar seu comércio. O entendimento para a formação do novo governo passava, portanto, pela mudança no Auswärtiges Amt, o que tornou inevitável a queda de von Brentano.

Por um breve instante, Adenauer imaginou fazer de Walter Hallstein o novo ministro dos Assuntos Estrangeiros, julgando que um jurista com a sua experiência seria o homem ideal para promover a reorientação da política exterior da RFA e encontrar nova e inteligente fórmula para a questão de Berlim.[2] Entretanto, seu nome, por estar vinculado ao da famosa doutrina, encontrou resistência no FDP e Adenauer terminou por escolher Gerhard Schröder, que não era o candidato

---

1 Ofício n.393/600.(81a), Vasconcelos ao ministro das Relações Exteriores Francisco Clementino de San Tiago Dantas, Bonn, 16 out. 1961, AHMRE-B, Bonn, Ofícios, out.--dez. 1961.
2 Schwarz, 1991, Band II, p.693.

de seu desejo.[3] Pouco tempo depois de constituído o novo gabinete, Erich Mende, líder do FDP, manifestou-se favoravelmente à revisão da política exterior da RFA *vis-à-vis* dos países do Leste Europeu. Sua posição refletia os interesses dos industriais alemães, prejudicados pela *Hallstein-Doktrin*, cuja aplicação não permitia o estabelecimento de relações com a Tchecoslováquia, Hungria, Polônia, Romênia, Albânia e Iugoslávia, dificultando o acesso aos seus mercados. Fácil, no entanto, não parecia a reformulação da política exterior da RFA. Adenauer, desde que, em 1949, optara ou fora levado a optar pelo caminho do alinhamento na Aliança Atlântica, afastara qualquer possibilidade de reunificação nacional cuja consequência fosse a neutralização política e militar da Alemanha. Como essa era a única fórmula aceitável pela União Soviética, ele se alarmou com a chamada linha de apaziguamento [*appeasement-Linie*] do presidente dos Estados Unidos, John Kennedy (1961-1963),[4] que abandonara a doutrina militar de ameaça de *massive retaliation*, implementada por seu antecessor Dwight Eisenhower (1953-1961), do Partido Republicano, em favor da *flexible response* na condução da Guerra Fria.

Os Estados Unidos, de fato, tratavam de buscar uma acomodação com a União Soviética. Seu embaixador em Moscou, Llewellyn Thompson, realizou sondagens junto ao ministro dos Assuntos Estrangeiros, Andrei Gromyko, e o secretário de Estado, Dean Rusk, manteve, em Washington, conversações com o embaixador soviético, Anatoly F. Dobrynin. Os meios oficiais de Bonn acompanharam com visível intranquilidade tais esforços de aproximação.[5] Adenauer, ao declarar que eles seriam infrutíferos, deixou extravasar, publicamente, a inquietação, que começara a manifestar, já entre setembro e outubro

---

3   Ibidem, p.696.
4   Ibidem, p.743, 745.
5   "Notas sobre a Política Interna e Exterior da RFA", Visita do ministro de Estado Francisco Clementino de San Tiago Dantas à RFA, mai. 1962, AN-APSTD – AP 47, Caixa 40, Pacote 5; Ofício n.59, embaixador C. de Ouro Preto a Renato Archer, ministro de Estado interino das Relações Exteriores, Bonn, Ofícios, jan.-fev. 1962.

de 1961.⁶ Ele sempre receara que o *Four-Power Agreement* se realizasse às expensas da RFA.⁷ E seu maior temor, então, era de que os Estados Unidos, por cima de sua cabeça, alcançassem um acordo com a União Soviética, à custa de Berlim.⁸ Essa possibilidade, aliás, não parecia muito remota. De um lado, Berlim, que era militarmente insustentável e, em caso de guerra, nada representaria, perdera importância para os Estados Unidos, na medida em que a construção do muro estancara as fugas em massa por meio da linha divisória da cidade e eliminara-lhe a função de foco de propaganda do sistema capitalista em pleno seio do chamado Bloco Socialista. Do outro, a União Soviética passara a dispor de poderoso trunfo para negociação, uma vez que Cuba, cuja adesão ao comunismo, a 90 milhas do litoral de Miami, provocara o pânico nos norte-americanos. Assim, diante de tal situação, a posição dos Estados Unidos *vis-à-vis* da questão de Berlim, a parecer se tornar flexível, levou Adenauer a aproximar-se ainda mais estreitamente do general Charles de Gaulle, então Presidente da França e com o qual, desde 1958, ele desenvolvera real e profunda amizade. Os dois velhos estadistas efetivamente se entenderam, além dos limites protocolares, e se uniram não só na oposição à União Soviética, mas também na resistência aos Estados Unidos.

Àquela época, não obstante o caráter bipolar do conflito Leste--Oeste, agudas contradições internas começaram a abalar tanto o chamado Bloco Socialista quanto o Bloco Ocidental. De um lado, a União Soviética se confrontava com o cisma da China Popular, sob a direção de Mao Tsé-tung. Do outro, de Gaulle se insurgira e retirara a França da estrutura militar da Otan. No entanto, dentro de tal contexto, a RFA preocupava ainda mais os Estados Unidos, cuja *dual containment policy* visou impedir que a RFA – e não apenas a União Soviética – viesse a dominar a Europa.⁹ Assim, da mesma forma que,

---

6   Notas sobre a Política Interna e Externa da RFA, cit.; Borowsky, 1993, p.176.
7   Schawartz, T. A., 1991, p.185.
8   Pfetsch, 1993, p.157.
9   Schwartz, T. A., 1991, p.299.

sem a cooperação da RFA, os Estados Unidos não tinham condições de conter a União Soviética na Europa, sem a ameaça da União Soviética os Estados Unidos não podiam segurar a RFA.[10] Adenauer não era e nunca fora um títere dos norte-americanos, como os comunistas o quiseram caracterizar, e se tornara o "único e fervoroso degaullista" fora da França.[11] Evidentemente diferenças de opinião havia dentro da coligação CDU-CSU-FDP, que dominava o governo de Bonn, dividida em duas correntes, os *Atlantiker*, defensores da colaboração multilateral com os demais membros da Otan, e os *Gaullisten*, favoráveis a certo bilateralismo franco-alemão, temerosos de que a RFA fosse a vítima da distensão entre os Estados Unidos e a União Soviética. De qualquer modo, porém, o entendimento de Adenauer com de Gaulle levou a RFA a fazer concessões em sua política agrícola, para facilitar o acordo entre a França e os demais associados da CEE, dentro da qual, em consequência, passara também a demonstrar desinteresse pelas reivindicações da América Latina.[12]

Já em várias ocasiões, o Itamaraty, por meio da embaixada em Bonn, havia manifestado ao governo da RFA a "profunda apreensão" do Brasil quanto às medidas de caráter restritivo e discriminatório que a CEE adotara ou se propunha a adotar contra terceiros países, em consequência da extensão a todos os seus membros, em bases até mesmo mais amplas, do regime preferencial de que os países africanos gozavam para o acesso de seus produtos aos mercados das antigas metrópoles.[13] A resposta sempre fora no sentido de que os problemas relativos à tarifa externa comum constituíam assunto para exame multilateral,

---

10 Ibidem.
11 Werth, 1967, p.320.
12 Resposta à Circular n.4.129, a) secretário Ivan Batalha, anexo n.4 ao Ofício n.480, confidencial, Vasconcelos a San Tiago Dantas, Bonn, 27 dez. 1961, AHMRE-B, Bonn, Ofícios recebidos, 1960/64.
13 *Memorandum*, Bonn, 6 nov. 1961, anexo n.4 ao Ofício n.463, embaixada do Brasil em Bonn ao MRE, 6 dez. 1961, AHMRE-B, Bonn, Ofícios, out.-dez. 1961; "A CEE e a Alemanha – O Projeto de Isenção para os Produtos Tropicais", Visita do ministro de Estado, San Tiago Dantas, à RFA, mai. 1962, AN-APSTD – AP 47, Caixa 40, Pacote 5.

dentro do GATT e da CEE. Mas as listas de reivindicações solicitadas pelo Brasil sempre foram sistematicamente rejeitadas pela delegação da CEE, no GATT, levando-o a suspender as negociações, já em começos de 1961, em razão dos resultados insatisfatórios.[14] Segundo a percepção do Itamaraty, o governo de cada país da CEE tinha também responsabilidades individuais, de modo que podia, a todo instante, exercer influência positiva sobre seus outros sócios. A RFA não só não correspondera às concessões que o Brasil lhe fizera, como, beneficiada por um superávit altamente favorável, ainda levantara obstáculos à correção do desequilíbrio da balança comercial, forçando-o a utilizar escassas divisas para financiar suas importações.[15] Assim, uma vez que as exportações para a RFA não alcançaram elevado nível e até mesmo podiam decair, com o resultado das preferências tarifárias e outras vantagens concedidas pela CEE aos países e territórios africanos associados, o Brasil corria o risco de que os investimentos diretos alemães e os financiamentos dos setores públicos e privados viessem a agravar a posição deficitária do seu balanço de pagamentos.[16]

Esse constituía então um dos principais problemas nas relações entre o Brasil e a RFA. O ministro das Relações Exteriores do governo João Goulart (1961-1964), Francisco Clementino de San Tiago Dantas, ponderou, durante sua visita a Bonn, em maio de 1962, que o progressivo desequilíbrio da balança comercial entre os dois países poderia comprometer seriamente o fluxo de investimentos e as exportações financiadas da RFA, por diminuir a capacidade de pagamento do Brasil, cujas receitas continuaram a sofrer gradual redução. A criticar as restrições quantitativas e as elevadas taxas internas, que tendiam a contrair o consumo de certos produtos latino-americanos, entre os quais o café, e reduzir as importações da RFA, ele condenou, naquela oportunidade, o regime preferencial outorgado pelo CEE a países e territórios africanos

---

14 Telegrama n.26-61030, confidencial, urgente, MRE à embaixada do Brasil em Bonn, 24 mar. 1961, AHMRE-B, Bonn, Telegramas expedidos, 1960/64.
15 Ibidem.
16 A CEE e a Alemanha – O Projeto de Isenção para Produtos Tropicais, cit.

por meio de uma associação "incompatível" com as regras do GATT, estabelecidas para salvaguardar a ordem econômica internacional.[17] O governo alemão argumentou, por sua vez, que a formação da CEE não trouxe consequências negativas, senão muito positivas, para o Brasil, cujas vendas aos países que a integravam subiram de 217,7 milhões de dólares, em 1950, para 253,2 milhões, em 1959, para 248,6 milhões, em 1960, e 313,4 milhões, em 1961, apresentando, assim, um crescimento de 43,9% no período.[18] Todavia, tanto a África quanto a Ásia tiveram também prioridade na concessão da ajuda financeira concedida pela RFA. Ao distribuir, em 1961, os recursos do Fundo de Auxílio ao Desenvolvimento, da ordem de 5,5 bilhões de marcos, ela destinou quase 3 bilhões (54,19%) a onze países da Ásia, 1,3 bilhão a vinte países da África e 909 milhões (16,55%) a seis países da Europa,[19] enquanto a apenas três países da América Latina caberiam 345 milhões, dos quais o Brasil receberia 200 milhões, sendo e o restante destinado a Bolívia e Chile.[20] Na Ásia, a Índia avultava-se como o principal beneficiário da ajuda ao desenvolvimento e, dos recursos do programa de assistência técnica, cujo volume a RFA aumentara de 74,5 milhões de marcos, em 1960, para 270 milhões, em 1961, aquele continente receberia 44%, a África 40%, ficando 10% para a América Latina, 4% para a Europa e 2% para projetos de interesse geral.[21]

---

17 "Elementos para o discurso do ministro de Estado em Bonn", Visita do ministro de Estado, F. C. de San Tiago Dantas, à RFA, mai. 1962, AN-APSTD – AP 47, Caixa 40, Pacote 5, Política e Negócios, Rio de Janeiro, 11 jun. 1962, p.8-9.
18 Aufzeichnung, Ref.: VLR I Graf zu Pappenheim – 306-82-21/91.04/1225/62, Betr.: Besuch des brasilianischen Außenministers San Tiago Dantas in des Bundesrepublik vom 17-19 mai. 1962; Unterlagen für Gespräche mit dem brasilianischen Außenminister San Tiago Dantas anläßlich seines Besuches in der Bundesrepublik am 18-19 mai. 1962, AA-PA, Ref. 306, Band 255.
19 A Turquia estava relacionada entre os países europeus e a Síria, entre os africanos.
20 Ofício n. 105, embaixada do Brasil em Bonn ao MRE, 26 fev. 1962, AHMRE-B, Bonn, Ofícios, jan.-fev. 1962.
21 Ofício n.1, embaixada do Brasil em Bonn ao MRE, 5 jan. 1962, AHMRE-B, Bonn, Ofícios, jan.-fev. 1962; Ofício n.150, embaixada do Brasil em Bonn ao MRE, 26 mar. 1962, AHMRE-B, Bonn, Ofícios, mar.-jun. 1962.

Diante do fato incontestável de que os países asiáticos (54,19%) e africanos (22,98%) foram, absolutamente, os maiores favorecidos na distribuição do Fundo de Auxílio ao Desenvolvimento, as autoridades da RFA alegaram que o simples exame da destinação percentual dos recursos, pelos quatro continentes, nada indicava, dado que os prazos, dentro dos quais a cooperação se estenderia, variavam consideravelmente e, com o tempo, poderiam ocorrer deslocamentos em benefício de uma ou de outra área. O retraimento da RFA na concessão do auxílio oficial à América Latina, contrastando com o tratamento dispensado à Índia, Paquistão, Irã e países árabes, explicava-se pelo seu natural receio de interferir na órbita dos Estados Unidos.[22] Cada vez mais sua tendência para retardar a efetivação do programa de cooperação econômica acentuava-se, quando ela envolvia necessariamente somas elevadas e, sobretudo, nos casos que interessavam à América Latina, preterida, de fato, em favor da Ásia e da África, quer por motivos políticos e estratégicos, quer pelo pressuposto de que o auxílio à América Latina constituía uma atribuição dos Estados Unidos.[23] Quanto ao Brasil, especificamente, a desconfiança na sua orientação econômica e financeira estaria a embaraçar a liberação de recursos pela RFA.

Efetivamente, em 31 de julho de 1961, os bancos alemães, com garantia do Estado, consentiram em oferecer ao Banco do Brasil um crédito *stand-by* de 32 milhões de dólares, em um total de 110 milhões concedidos por um consórcio de bancos europeus. No dia 22 de setembro, depois da renúncia do presidente Jânio Quadros (25 de agosto), a RFA concluiu um Acordo de Consolidação com o Brasil, cujos atrasados comerciais montavam a 92 milhões de dólares, ao mesmo tempo que lhe prometera a concessão de 200 milhões de marcos do Fundo de Auxílio ao Desenvolvimento. Essas decisões visaram aliviar-lhe as

---

22 Resposta à Circular n.4.129, a) A. C. Deniz de Andrade, Bonn, 5 dez. 1961, anexo n.2 ao Ofício n.480, confidencial, Vasconcelos a San Tiago Dantas, Bonn, 27 dez. 1961, AHMRE-B, Bonn, Ofícios recebidos, 1960/64.
23 Ofício n.39, confidencial, embaixada do Brasil em Bonn ao MRE, 25 jan. 1962, AHMRE-B, Ofícios recebidos, confidenciais, 1960/64.

dificuldades financeiras. Mas o governo João Goulart posteriormente se afastou da linha de liberdade cambial e não concretizou o esperado acordo com o FMI, na medida em que não admitia a intromissão de nenhum banco de outro país no âmbito da soberania nacional do Brasil,[24] e também não formulou um esquema para plena utilização dos prometidos recursos do Fundo de Auxílio ao Desenvolvimento. Só encaminhou ao governo de Bonn, com poucas exceções, projetos reduzidos, tipicamente de assistência técnica, ao maior dos quais correspondia um financiamento de apenas 3 milhões de marcos.[25] Por sua vez, as autoridades da RFA manifestavam franca preferência pelos projetos que beneficiassem o Nordeste brasileiro, região considerada de fato subdesenvolvida e onde, por causa da ameaça potencialmente revolucionária das Ligas Camponesas, desejavam que se concentrasse a aplicação da maior parte dos 200 milhões de marcos.[26] Esses, no entanto, não eram os únicos nem os maiores obstáculos à liberação daqueles recursos do Fundo de Auxílio ao Desenvolvimento. Outras questões, como, *inter alia*, a disputa em torno do transporte marítimo, restavam pendentes. O governo da RFA, sob forte pressão dos armadores alemães, sobretudo da empresa Hamburg-Südamerikanische Dampfschiffahrts-Gesellschaft,[27] estabeleceu um *Junktim* condicionando uma à outra, e enviou ao Brasil, em meados de 1962, o embaixador Hans Ulrich Granow como chefe de missão especial com objetivo de manter com o Itamaraty amplas negociações, envolvendo a conclusão do Acordo Básico sobre Assistência Técnica e a formação de uma Comissão Mista Brasil-Alemanha.[28] As negociações, no entanto, chegaram

---

24 Aufzeichnung, Ref.: VLR I Graf zu Pappenheim, 306-82-21/91.04/1225/62, 15 mai. 1962, AA-PA, Ref. 306, Band 253.
25 Ibidem; Ofício n.111, embaixador Carlos Silvestre de Ouro Preto a San Tiago Dantas, Bonn, 28 fev. 1962, AHMRE-B, Bonn, Ofícios, jan.-fev. 1962.
26 Ibidem; Ofício n.39, confidencial, embaixada do Brasil em Bonn ao MRE, 25 jan. 1962, AHMRE-B, Ofícios recebidos, confidenciais, 1960/64.
27 Ofício n.76, embaixada do Brasil em Bonn ao MRE, 12 fev. 1962, AHMRE-B, Bonn, Ofícios, jan.-fev. 1962.
28 Ofício n.77, embaixada do Brasil em Bonn ao MRE, 12 fev. 1962, AHMRE-B, Bonn, Ofícios, jan.-fev. 1962; "Problemas pendentes entre o Brasil e a RFA", Visita do ministro

a sério impasse. A Missão Granow, tanto no protocolo sobre transporte marítimo quanto no protocolo sobre cooperação econômica e assistência técnica, exigiu a inclusão da cláusula que permitia às empresas da RFA escolherem, livremente, navios de qualquer bandeira para a exportação de mercadorias financiadas pelo Fundo de Auxílio ao Desenvolvimento destinadas ao Brasil.[29] Seu propósito era possibilitar a participação da Hamburg-Süd nos fretes e não só decorria de uma recomendação do *Bundestag* como tinha fundamento na legislação de comércio exterior da RFA, cujas autoridades não cessaram de insistir na impossibilidade de conceder auxílio financeiro ou mesmo assistência técnica a países que discriminassem navios de bandeira alemã.[30] Entretanto, embora apresentasse propostas conciliatórias, de modo que navios de bandeira alemã e brasileira tivessem participação equitativa no transporte das mercadorias financiadas pelo Fundo de Auxílio ao Desenvolvimento, o Itamaraty não aceitou aquela cláusula por ferir a legislação nacional, cujos dispositivos conferiam privilégio ao Lloyd Brasileiro. E, até que as duas companhias – Hamburg-Süd e Lloyd Brasileiro – alcançassem um entendimento, a Missão Granow suspendeu as conversações, mas em consequência ficaram bloqueadas as negociações sobre o crédito de 200 milhões de marcos do Fundo de Auxílio ao Desenvolvimento.[31]

Àquela mesma época, o ministro federal para a Cooperação Econômica, Walter Scheel, esteve no Brasil e, conquanto sua visita, por solicitação do próprio Auswärtiges Amt, não fosse considerada oficial,[32]

---

de Estado, San Tiago Dantas, à RFA, mai. 1962, AN-APSTD – AP 47, Caixa 40, Pacote 5.
29 Telegrama n.131, confidencial, MRF à embaixada do Brasil em Bonn, 26 jul. 1962, AHMRE-B, Bonn, Telegramas expedidos, 1960/64.
30 Ofício n.382, urgente, confidencial, Ouro Preto ao ministro das Relações Exteriores Hermes Lima, Bonn, 23 nov. 1962, AHMRE-B, Bonn, Ofícios recebidos, confidenciais, 1960/64.
31 Telegrama n.131, confidencial, MRE à embaixada do Brasil em Bonn, 27 jul. 1962, AHMRE-B, Bonn, Telegramas expedidos, confidenciais, 1960/64.
32 Verbalnote 306-82-20/91./1834/62, Auswärtige Amt an die Brasilianische Botschaft, den 20 jul. 1962, anexo n.1 ao Ofício n.252, confidencial, urgente, embaixador Ouro Preto a San Tiago Dantas, Bonn, 26 jul. 1962, AHMRE-B, Bonn, Ofícios recebidos, confidenciais, 1960/64.

as autoridades do Itamaraty, informalmente, desenvolveram com ele algumas conversações, ponderando que a RFA não devia condicionar a concessão de recursos do Fundo de Auxílio ao Desenvolvimento e o encaminhamento dos outros assuntos à questão dos transportes marítimos.[33] O interesse do Brasil, a aguardar que os entendimentos diretos entre a Hamburg-Süd e o Lloyd Brasileiro resultassem em um acordo formal, era retomar as negociações suspensas, a fim de poder assegurar a cooperação econômica e técnica da RFA, prometida desde meados de 1961 à missão do embaixador Roberto Campos. O embaixador do Brasil em Bonn, Carlos Silvestre de Ouro Preto, não esperava, porém, que as autoridades alemãs se dispusessem a aceitar a reabertura das conversações e a única vantagem que via em formular tal proposta era deixar à RFA o ônus da recusa e verificar se ela realmente pretendia converter a promessa, "aliás, modesta e longe de assegurada", dos 200 milhões de marcos em instrumento de barganha, para satisfazer "todas e quaisquer pretensões mesmo as menos justificáveis", e não apenas em matéria de transporte marítimo.[34] Por essa razão, diante da perspectiva de novas dificuldades, ele sugeriu que o Brasil reexaminasse sua atitude em relação à prometida ajuda da RFA.

Conforme o embaixador Ouro Preto percebera, as relações entre os dois países cada vez mais se complicavam. Em meados de 1962, o governo de Bonn decidiu baixar de 80% para 75% dos capitais as garantias, que até então cobriam os investimentos privados alemães no Brasil, cujas reservas de divisas, praticamente esgotadas, quase nem mais permitiam a importação de víveres, e ao mesmo tempo as elevou a 90% para a maioria dos países.[35] A medida, segundo a explicação,

---

33 Carta-Telegrama n.177, confidencial, urgente, MRE à embaixada do Brasil em Bonn, 31 out. 1962, AHMRE-B, Bonn, Telegramas expedidos, confidenciais, 1960/64.
34 Telegrama n.177, secreto, urgente, C. S. de Ouro Preto ao MRE, Bonn, 3/3 out. 1962, AHMRE-B, Telegramas recebidos, secretos, Bonn, 1962; Ofício n.382, urgente, confidencial, Ouro Preto ao ministro das Relações Exteriores Hermes Lima, Bonn, 23 nov. 1962, Ofícios recebidos, confidenciais, 1960/64.
35 Telegrama n.177, secreto, urgente, Ouro Preto a Hermes Lima, Bonn, 3/3 out. 1962, Telegramas recebidos, secretos, Bonn, 1962; *Handelsblatt*, Düsseldorf, 5 set. 1962, anexo

fora tomada porque a Câmara Federal, no Brasil, aprovara, em segunda votação, a Lei de Remessa de Lucros,[36] julgada nociva aos interesses do capital estrangeiro, e pelo fato de não existir um acordo com a RFA para proteção dos seus investimentos, tal como proposto pela Missão Granow e rejeitado pelo Itamaraty. Até então, entretanto, as empresas alemãs encontraram no Brasil um clima bastante favorável e nele aplicaram seus capitais, atraídas certamente pela alta lucratividade e não pelas garantias estatais, que somente começaram a funcionar a partir de 1960 e que o governo de Bonn concedia para todos os outros continentes. Com efeito, ainda em 1961, o continente americano continuou a atrair mais capitais alemães (323,5 milhões de marcos) do que qualquer outro, depois da Europa Ocidental (715,8 milhões marcos), tendo primazia a América do Sul, com 191,1 milhões de marcos.[37] Apenas o Brasil, superando o Canadá (455,6 milhões) e os Estados Unidos (336,1 milhões), registrou, no final daquele ano, um volume total de investimentos privados alemães da ordem de 639,7 milhões de marcos, quase 40% dos capitais aplicados em países da Europa Ocidental (1,7 bilhão), cerca de três vezes mais do que nos da África (221,9 milhões) e quatro vezes mais do que nos da Ásia (150,4 milhões).[38] Não obstante, o forte interesse das empresas da RFA pela América Latina principiava a diminuir. Os investimentos privados alemães, que entre 1950 e 1962 ali foram mais altos do que em qualquer outra região, alcançaram, em 1961, nível bem inferior (191,1 milhões de marcos na América do Sul e 55,4 milhões de marcos na América Central) ao das aplicações na Europa Ocidental (715,8 milhões de marcos) e na América do Norte

---

único ao Ofício n.305, embaixada do Brasil em Bonn ao MRE, 13 set. 1962, AHMRE-B, Bonn, Ofícios, jun.-out. 1962.
36 Essa lei fora aprovada, em primeira votação, pela Câmara Federal, no segundo semestre de 1961. O Senado, embora, inicialmente, quisesse recusá-la *en bloc*, preferiu modificá--la. Porém, ao voltar à Câmara Federal, os nacionalistas trataram de introduzir artigos adicionais, que restabeleceram o projeto original.
37 "Investimentos alemães no exterior no ano de 1961", anexo único ao Ofício n.201, embaixada do Brasil em Bonn ao MRE, 22 mai. 1962, AHMRE-B, Bonn, Ofícios, mar.-jun, 1962.
38 Ibidem.

(791,7 milhões de marcos somente no Canadá e nos Estados Unidos). Nada indicava que essa tendência viesse a mudar. O Brasil, país no qual os interesses da RFA se concentravam, entrara em um período de crescente instabilidade e a sombra da Revolução Cubana projetava-se sobre todo o continente, do Rio Grande, fronteira dos Estados Unidos com o México, até a Patagônia.

De qualquer forma, de 1950 a 30 de junho de 1962, a América Latina recebera o equivalente a 34 bilhões de marcos de fundos privados da RFA.[39] Contudo, o Brasil não se conformou com a atitude do governo de Bonn, ao computar esse expressivo afluxo de capitais como auxílio ao desenvolvimento, dado que, por mais que contribuísse para o progresso do continente, ele ocorrera em virtude da elevada rentabilidade que os investimentos lá obtinham. Segundo a percepção da embaixada do Brasil em Bonn, essa era uma forma de "distorcer a realidade", com o intuito de "fugir a maiores compromissos no campo do auxílio direto, por meio dos fundos públicos", dos quais a RFA, naquele mesmo período, somente 577 milhões de marcos destinara à América Latina.[40] Tal quantia, ao longo de doze anos, afigurava-lhe "insignificante", reduzindo-se a nada, em termos de ajuda direta de capital, e a muito pouco, no que se referia à assistência técnica, uma vez que fora absorvida, em sua maior parte, pelos organismos internacionais, bem como pelas garantias às exportações contra riscos comerciais e aos investimentos privados contra riscos políticos.[41] Sem dúvida alguma, ela realmente fora diminuta, sobretudo quando comparada com os compromissos assumidos pela RFA, somente no ano de 1962, com a Índia, da ordem de 550 milhões de marcos, e com o Paquistão, ao qual prometera mais 220 milhões de marcos, elevando para 470 milhões sua contribuição ao II Plano Quinquenal daquele país, ao passo que a concessão dos 200 milhões de marcos ao Brasil ainda não se efetivara e apenas mais dois

---

39 Ofício n.338, embaixada do Brasil em Bonn ao MRE, 17 out. 1962, AHMRE-B, Bonn, Ofícios, jul.-out. 1962.
40 Ibidem.
41 Ibidem.

países da América Latina – Paraguai (12 milhões) e Bolívia (15 milhões) – receberiam recursos do Fundo de Auxílio ao Desenvolvimento. O ministro dos Assuntos Estrangeiros da RFA, Gerhard Schröder, manifestou o propósito de rever esta política ao anunciar, durante o X Congresso da Seção Evangélica da CDU-CSU, que dinamizaria o auxílio ao desenvolvimento da América Latina.[42] Na mesma ocasião, ele informou que o governo de Bonn pretendia empenhar-se para que a CEE contribuísse, eficazmente, para a solução dos problemas de mercados dos países latino-americanos, que necessitavam de urgente ajuda, não de maneira a tornar "os ricos ainda mais ricos", mas sim de modo a proporcionar aos pobres modalidades de trabalho com salário justo e melhor padrão de vida.[43]

As intenções de Schröder provavelmente não contavam com o respaldo de todos os setores de Bonn. Poucos dias depois, 9 de outubro de 1962, o *Kanzler* Adenauer, ao apresentar, perante o *Bundestag*, seu programa de governo, não fez sequer alusão ao problema do auxílio aos países subdesenvolvidos, fato criticado pelo deputado Erich Ollenhauer, líder do SPD,[44] muito menos à América Latina, que, segundo a percepção predominante, estava dentro da área de influência dos Estados Unidos e não da Europa. A RFA, como o principal cenário da Guerra Fria, tinha outras preocupações. De um lado, os Estados Unidos estavam a favorecer um *modus vivendi* com a RDA, o que Adenauer não aceitava, temendo que Berlim fosse sacrificada num *quid pro quo*.[45] Do outro lado, a própria RFA, ao que tudo indica, começara efetivamente a manter conversações para troca de missões comerciais com Hungria, Bulgária e Romênia, cujas economias estavam

---

42 Ofício n.332, Ouro Preto a Hermes Lima, Bonn, 10 out. 1962, AHMRE-B, Bonn, Ofícios, jul.-out. 1962.
43 Ibidem.
44 Ofício n.335, Ouro Preto a Hermes Lima, Bonn, 16 out. 1962, AHMRE-B, Bonn, Ofícios, jul.-out. 1962.
45 Carta-Telegrama n.144, confidencial, MRE à embaixada do Brasil em Bonn, 25 jun. 1962, AHMRE-B, Bonn, Telegramas expedidos, confidenciais, 1960/64.

ligadas aos sistemas hidrográficos do Savo e do Danúbio.[46] Ela então já era, na Europa Ocidental, o principal parceiro da Tchecoslováquia, com a qual seu comércio assumia proporções consideráveis e, segundo informações correntes em Praga, desenvolvia negociações secretas, visando ao restabelecimento de relações diplomáticas.[47] As dificuldades configuravam-se, naturalmente, enormes e com a Polônia, embora esta tivesse na RFA uma representação comercial, as relações somente não se ampliavam por causa da questão da Linha Oder-Neisse. A *Hallstein--Doktrin* tendia, assim, a adquirir maior flexibilidade, o que não impediu o governo de Bonn de aplicá-la, sem hesitação, contra Cuba, com a qual rompeu relações diplomáticas e comerciais no momento – janeiro de 1963 – em que ela reconheceu a RDA, ao concordar com que suas respectivas missões, em Havana e em Berlim Oriental, passassem a ser embaixadas.[48] Essa decisão ocorreu como consequência da crise internacional deflagrada em outubro de 1962, quando Kennedy submetera Cuba ao bloqueio naval, com o objetivo de compelir a União Soviética a remover os mísseis balísticos que instalara no território cubano. A RFA apoiara-o e o próprio Adenauer manifestara-se particularmente favorável tanto ao bombardeio das plataformas de foguetes como à invasão da ilha, ainda que receasse alguma reação contra Berlim ou mesmo a guerra nuclear.[49] Ao contrário da RFA, a RDA, como integrante do Pacto de Varsóvia, havia determinado que seus navios intensificassem os transportes para abastecê-la. Na realidade, porém, aquela atitude

---

46 Carta-Telegrama n.120, confidencial, embaixada em Viena (Carlos F. Duarte) ao MRE, 8/10 out. 1962, AHMRE-B, Bonn, Telegramas confidenciais, 1960/70.
47 Carta-Telegrama n.161, confidencial, embaixada em Praga (Jayme de Barros Gomes) ao MRE, 7/18 dez. 1962, AHMRE-B, Bonn, Telegramas recebidos, confidenciais, 1960/63; Telegrama n.33, confidencial, MRE à embaixada do Brasil em Bonn, 20 mar. 1963, AHMRE-B, Bonn, Telegramas expedidos, 1960/70.
48 Aufzeichnung 306-83.00/91.22/83/63, Bonn, 14 jan. 1963; Verbalnote 300-83--00/91.22/71/63, das Auswärtige Amt an die Botschaft der Republik Kuba, Bonn, 14 jan. 1963, AA-PA, Ref. IB2, Band 354.
49 Schwarz, 1991, Band II, p.772-3.

do governo de Fidel Castro não podia surpreender.[50] Tratava-se de um desdobramento natural de sua política exterior, ao aprofundar-se o conflito com os Estados Unidos. Em meados de 1960, a RDA estabelecera em Havana uma representação consular, transformada um ano depois em missão, com certos direitos e privilégios consulares, e o mesmo, logo em seguida, Cuba fizera em Berlim Oriental. A RFA, até então, demonstrara tolerância, mas não podia admitir um desafio aberto à *Hallstein-Doktrin*, apesar de sua aplicação contra Cuba, com todas as consequências econômicas daí resultantes, poder dificultar as negociações com os países do Leste Europeu que visavam à troca de missões comerciais.[51]

O que facilitou a adoção da medida – o rompimento de todas as relações – foi o fato de o intercâmbio de mercadorias entre os dois países, além de pouca monta, estar a decrescer sensivelmente desde a vitória da revolução, em 1959. As exportações de Cuba para a RFA, que era, na Europa Ocidental, seu principal parceiro, caíram de 36 milhões de marcos, em 1960, para 6,7 milhões, em 1961, e voltaram a subir, apesar de não chegar ao nível de dois anos passados, para 20,3 milhões em 1962, enquanto as importações despencaram de 45,2 milhões de marcos, em 1960, para 38,2 milhões, em 1961, e 14 milhões, em 1962.[52] Aliás, de modo geral, as vendas da RFA aos países latino-americanos, por causa do agravamento da crise cambial que os afetava, declinaram ligeiramente, passando de aproximadamente 2,4637 bilhões de marcos, nos três primeiros trimestres de 1961, para 2,432 bilhões no mesmo período de 1962. Porém, suas compras aumentaram 20,2%, saltando de 2,6299 bilhões de marcos para 3,1615 bilhões no mesmo período. As importações provenientes da Argentina praticamente duplicaram, elevando-se de 333,9 milhões de marcos, nos três primeiros trimestres

---

50 Carta-Telegrama n.18, confidencial, MRE à embaixada em Washington, 17 jan. 1963, AHMRE-B, Washington, CTs-Telegramas, jan.-jun. 1963.
51 Relatório mensal da embaixada do Brasil em Bonn, jan. 1963, AHMRE-B, Bonn, Ofícios, jan.-fev. 1963.
52 Ofício n.45, embaixada do Brasil em Bonn ao MRE, 12 fev. 1963, AHMRE-B, Bonn, Ofícios, jan.-fev. 1963.

de 1961, para 618,4 milhões, em 1962, ao passo que as exportações para aquele país baixaram de 618,7 milhões de marcos em 1961, para 580,1 milhões, no mesmo período de 1962.[53] No caso do Brasil, as importações da RFA, no final de 1962, alcançaram o montante de 660,3 milhões de marcos, contra 614,9 milhões, em 1961, enquanto suas exportações desceram de 596,9 para 555,8 milhões de marcos, no mesmo período.[54] Assim, conforme se podia perceber, o comércio entre os dois países apresentava nova tendência. Essa melhoria da posição exportadora do Brasil, cujas vendas à RFA, lideradas pelo minério de ferro, consistiam basicamente de café, algodão, oleaginosos, madeira, cacau e laranja, era em si lenta e carecia de maior significado, em virtude da constante e generalizada desvalorização dos produtos primários no mercado mundial. O preço do minério de ferro baixara de 11,6 dólares a tonelada de arqueação (Estados Unidos) em 1957 para 0,8 dólares por volta de outubro/novembro de 1962. Comportamento semelhante tiveram, no mesmo período, o café e o cacau, cujas cotações caíram, respectivamente, de 57,3 para 34 dólares cada cem libras (Estados Unidos) e de 30,4 para 20 dólares cada cem libras (Estados Unidos), bem como o algodão, que declinara de 29,6 para 26,5 dólares cada cem libras (México).[55] Por outro lado, cerca de 93,2% do valor das importações do Brasil, entre janeiro e setembro de 1962, corresponderam a produtos manufaturados e a melhoria de sua posição na balança comercial decorrera não apenas dos problemas cambiais, que lhe reduziam a capacidade de compra, como também do fim ou interrupção do ciclo dos grandes empreendimentos industriais realizados pelas empresas da RFA no seu território.

A debilidade da moeda no Brasil representava um dos principais fatores, *inter alia*, do declínio das importações que fazia da RFA, uma vez

---

53 Ibidem.
54 Ofício n.62, embaixada do Brasil em Bonn ao MRE, 4 mar. 1963, AHMRE-B, Bonn, Ofícios, mar.-mai. 1963.
55 Relatório mensal da embaixada do Brasil em Bonn, jan. 1963, AHMRE-B, Bonn, Ofícios, jan.-fev. 1963; Ofício n.39, embaixada do Brasil em Bonn ao MRE, 11 fev. 1963, AHMRE-B, Bonn, Ofícios, jan.-fev. 1963.

que as constantes alterações da taxa de câmbio do cruzeiro dificultavam o planejamento e a efetivação de projetos a longo prazo, como a provisão de equipamentos industriais. Da perda do valor do cruzeiro riscos enormes resultavam, tanto para os importadores brasileiros quanto para os exportadores alemães. Outros obstáculos, evidentemente, havia. O sistema que permitia a aquisição de moeda-convênio em condições mais favoráveis do que as oferecidas no mercado livre começara a estimular as importações provenientes de países do Leste Europeu, em detrimento de fornecedores tradicionais, como a RFA, cujas empresas, no entanto, ainda se mostravam interessadas em remover os empecilhos e ampliar o intercâmbio com o Brasil. Condições existiam. Apesar de o ingresso de capitais estrangeiros no Brasil terem caído da média de 80,7 milhões de dólares por ano, entre 1955 e 1960, para 26,4 milhões em 1961 e somente 19 milhões em 1962, os investimentos alemães não diminuíram. Da ordem de 531,4 milhões de marcos, entre 1952 e 1960, eles aumentaram em 108,3 milhões de marcos até 1961, subindo para 639,7 milhões, e em mais 132,9 milhões, em 1962, quando totalizaram o valor de 772,6 milhões de marcos.[56] Tais números indicavam que as empresas alemãs continuavam a confiar no Brasil e ainda o mantinham à frente do Canadá (696 milhões de marcos), da Suíça (633,8 milhões de marcos), dos Estados Unidos (367,8 milhões de marcos) e da Argentina (231,2 milhões de marcos) como o país estrangeiro para onde mais exportavam capitais,[57] não obstante a crescente instabilidade política que o abalava desde a renúncia do presidente Quadros, em agosto de 1961. A Lei n.4.131, limitando as transferências de lucros e *royalties* para o exterior, mas ainda a depender de regulamentação pelo presidente Goulart, ameaçou reduzir ou mesmo paralisar esse afluxo de capitais e aumentou a exigência de um acordo de garantia de

---

56 Ofício n.274, embaixada do Brasil em Bonn ao MRE, 31 jul. 1963, anexo único, carta dirigida pela Confederação das Câmaras de Indústria e Comércio da RFA ao chefe do Serviço de Propaganda e Expansão Comercial (Sepro), ministro João Guilherme Aragão, Bonn, 17 jul. 1963, cópia, AHMRE-B, Bonn, Ofícios, jun.-jul. 1963.
57 Ofício n.102, embaixada do Brasil em Bonn ao MRE, 29 mar. 1963, AHMRE-B, Bonn, Ofícios, mar.-mai. 1963.

investimentos. Porém, a principal questão a empecer as relações entre a RFA e o Brasil constituía, *inter alia*, a dos transportes marítimos, à qual as autoridades de Bonn subordinaram a concessão de quaisquer auxílios, inclusive os projetos de desenvolvimento – reaparelhamento hospitalar e financiamento a pequena e média indústrias – apresentados pelo governador do estado da Guanabara, Carlos Lacerda.[58]

Esse impasse levou o embaixador alemão em Brasília, Gebhard Seelos, a advertir, diretamente, o ministro dos Assuntos Estrangeiros, Gerhard Schröder, para o risco de a política da RFA *vis-à-vis* do Brasil não só permanecer estéril como se tornar prejudicial para ela própria.[59] Segundo ele, diante do decisivo papel que o Brasil futuramente desempenharia na orientação política da América Latina, mesmo os Estados Unidos aceitavam certa animosidade e até algumas ofensas (como desapropriações etc.) aos seus próprios interesses, sem as misturar com o conjunto de suas relações.[60] Schröder respondeu que a oferta de auxílio da RFA não se vinculava apenas a condições políticas[61] e, em março, o embaixador Gebhard Seelos comunicou ao Itamaraty o desejo do governo alemão de retomar as negociações.[62] O Brasil manifestou grande interesse em fazê-lo, mas não tinha condições de enviar uma delegação a Bonn naquele mês e, além do mais, necessitava reexaminar alguns itens da agenda tratados pela Missão Granow. De qualquer forma, se bem que fossem complicadas, tanto mais pelo pedido de uma terceira frequência para a Lufthansa, as conversações recomeçaram, por meio das respectivas embaixadas, quando o Lloyd Brasileiro e a Hamburg-Süd, no primeiro semestre de 1963, chegaram ao acordo para a formação

---

58 Relatório mensal da embaixada do Brasil em Bonn, out. 1962, anexo único ao Ofício n.355, embaixada do Brasil em Bonn ao MRE, 5 nov. 1962, AHMRE-B, Bonn, Ofícios, nov.-dez. 1962.
59 Brief, Botschaft Gebhard Seelos an den Bundesminister des Auswärtige Amt, Gerhard Schröder, Rio de Janeiro, den 29 nov. 1962, AA-PA, Ref. III B 4, Band 14.
60 Ibidem.
61 Brief, Schröder an den Seelos, Bonn, den 24 jan. 1963, AA-PA, Ref. III B 4, Band 14.
62 Telegrama n.29, confidencial, MRE à embaixada em Bonn, 8 mar. 1963, AHMRE-B, Bonn, Telegramas expedidos, confidenciais, 1960/64.

de um *pool*. Mesmo assim os entraves persistiram. O Brasil, segundo se comprometera com a Missão Granow, concordava em garantir uma "participação equitativa" dos navios e aviões de ambas as bandeiras nos transportes de pessoas e mercadorias resultantes de concessões de créditos do Fundo de Auxílio ao Desenvolvimento.[63] Entretanto, a RFA considerou que o acordo de *pool* entre o Lloyd Brasileiro e a Hamburg-Süd não satisfazia às exigências do *Bundestag* nem se coadunava com seus compromissos dentro da CEE.[64] Ela insistia em um acordo em nível governamental com base no princípio da livre escolha da bandeira transportadora, o que causou estranheza ao Itamaraty, pois fora essa, exatamente, a causa do impasse nas negociações com a Missão Granow. O embaixador do Brasil em Bonn, Carlos Silvestre de Ouro Preto, supôs que a RFA estivesse sob pressão dos seus parceiros da CEE, os quais, de certo, não desejavam que a "discriminação de bandeiras" praticada pelo Brasil favorecesse, ainda que indiretamente, a Hamburg-Süd, e suspeitou que a Alemanha tomara tal atitude, talvez, em acordo com a França, cujo governo, por coincidência ou não, solicitou também uma terceira frequência para a Air France.[65] Contudo, como as duas companhias de navegação, mediante o acordo de *pool*, haviam superado, em nível particular, as dificuldades, os governos de Bonn e de Brasília tiveram de encontrar uma fórmula que satisfizesse a ambos e, em 7 de julho de 1963, firmaram o Protocolo sobre a Regulamentação dos Transportes Marítimos, abrindo o caminho para as negociações financeiras.[66]

---

63 Telegrama n.49, confidencial, MRE à embaixada em Bonn, 26 abr. 1963, AHMRE-B, Bonn, Telegramas expedidos, confidenciais, 1960/64.
64 Ibidem; Telegrama n.47, confidencial, MRE à embaixada em Bonn, 17 abr. 1963, AHMRE-B, Bonn, Telegramas expedidos, confidenciais, 1960/64; Telegrama n.54, confidencial, embaixada em Bonn ao MRE, 24/25 abr. 1963, AHMRE-B, Bonn, Telegramas recebidos, confidenciais, 1960/63.
65 Telegrama n.57, confidencial, embaixada em Bonn (C. S. de Ouro Preto) ao MRE, 29/29 abr. 1963, AHMRE-B, Bonn, Telegramas recebidos, confidenciais, 1960/63.
66 Telegrama n.75, confidencial, embaixada em Bonn (C. S. de Ouro Preto) ao MRE, 29 mai. 1963; Telegrama n.83, confidencial, embaixada em Bonn (Ouro Preto) ao MRE, 31/4/3 jun. 1963, AHMRE-B, Bonn, Telegramas recebidos, confidenciais, 1960/63.

# CAPÍTULO 11

A POLÍTICA DE KENNEDY E A QUEDA DE
ADENAUER – A MISSÃO EGYDIO MICHAELSEN –
O ASSASSINATO DE KENNEDY – O GOLPE DE
ESTADO NO BRASIL – A VISITA DO PRESIDENTE
HEINRICH LÜBKE – MUDANÇA NO GOVERNO
DE BONN – A *OSTPOLITIK* DE WILLY BRANDT
E O ESTABELECIMENTO DE RELAÇÕES ENTRE
O BRASIL E A RDA – OS ENTENDIMENTOS
BRASIL-RFA SOBRE PESQUISA ATÔMICA

As dificuldades econômicas, financeiras, sociais e políticas do Brasil, em meados de 1963, afiguravam cada vez mais graves para os círculos oficiais de Bonn. Em face da *"quasi permanente Militärkrise"* e da *"prekären Situation"* do governo Goulart, o próprio ministro dos Assuntos Estrangeiros, Gerhard Schröder, não escondeu a preocupação com as perspectivas que se delineavam, por causa do *"explosive"* crescimento demográfico, da ordem de 3,5% a o ano.[1] Segundo ele, a população do Brasil, calculada, então, em 75 milhões de habitantes, subiria para 105 milhões até 1973, alcançaria 150 milhões em 1983 e em trinta anos, ou seja, em 1993, seria de 210 milhões. Entretanto, a entrada de divisas no país, que fora de 1,4 bilhão de dólares, em 1953, quando sua população ainda se situava em torno de 55 milhões, não ultrapassara, em todo caso, o valor de 1,4 bilhão de dólares, em 1962, dez anos depois, conquanto o volume das exportações brasilei-

---

1   Brief-MB 684/63, Bundesminister des Auswärtigen, G. Schröder, an E. H. Helmuth Burchardt, Bergassessor a.D., Bonn, den 19 ago. 1963, AA-PA, Ref. III B 4, Band 17.

ras aumentasse e o número de habitantes crescesse para 75 milhões.[2] Esse fenômeno tinha como causa, em larga medida, a deterioração dos preços das matérias-primas e dos produtos agrícolas. Ao apontá-lo, Schröder mais uma vez demonstrou compreensão dos problemas sociais da América Latina, decorrentes da contradição entre a baixa taxa de desenvolvimento econômico e a explosão demográfica, conforme ele próprio assinalara, ao regressar da reunião com os embaixadores da RFA nos países da região, realizada em Cuernavaca (México) entre 26 e 31 de maio de 1963.[3] Naquela mesma ocasião, ele também declarara que, diante dos esforços do comunismo internacional e da aparição do castrismo, a Europa devia mostrar solidariedade com a América Latina e, em estreita colaboração com os Estados Unidos, tratar de promover seu desenvolvimento, a apressar-lhe a estabilização política dentro dos princípios democráticos que caracterizavam o mundo ocidental.[4] A grave crise internacional, desencadeada pela instalação de mísseis soviéticos em Cuba, e o subsequente reconhecimento da RDA pelo governo de Havana feriram, naturalmente, a sensibilidade do Auswärtiges Amt, conduzindo-o a voltar ainda mais suas atenções para o Brasil, onde o *malaise* [mal-estar] político interno se tornara *malaise* econômico e financeiro, segundo a expressão do embaixador Gebhard Seelos.[5]

O debilitamento do governo Goulart, com a intensificação das lutas sociais no país e a radicalização política, constituiu um fator de enorme inquietação para os círculos econômicos e financeiros da RFA. O governo de Bonn suspendeu a concessão de garantias para os investimentos no Brasil, diante da inexistência de um acordo sobre a matéria e do

---

2 Ibidem.
3 Relatório mensal da embaixada do Brasil em Bonn, jun. 1963, anexo único ao Ofício n.225, embaixada do Brasil em Bonn ao MRE, 9 jul. 1963, AHMRE-B, Bonn, Ofícios, jun.-jul. 1963.
4 Ibidem.
5 *"Die innenpolitische Malaise ist aus zu einer wirtschaftlichen und finanziellen Malaise geworden"* (Bericht n.1126/63 415-80.05/1994/63, Seelos an das Auswärtige Amt, Rio de Janeiro, den 12 set. 1963, AA-PA, Ref. III B 4, Band 18.

atraso na regulamentação da Lei n.4.131, o qual retardava o registro dos capitais estrangeiros e, na prática, cerceava as transferências de lucros. Tal medida vedou o fluxo para o Brasil de mais de 25 milhões de dólares em novos investimentos alemães.[6] O presidente da RFA, Heinrich Lübke, adiou a viagem que realizaria ao Brasil em outubro por causa, talvez, da mudança do ministério, na RFA, bem como da recomendação feita pelo embaixador Seelos, desde o início de 1963, por considerar, entre outras razões, que a situação de Goulart não estava clara, conquanto o resultado do plebiscito de 6 de janeiro daquele ano acabasse com o regime parlamentarista e lhe devolvesse a plenitude dos poderes como Presidente da República.[7] A situação em ambos os países era de expectativa. Adenauer, no dia 15 de outubro, renunciara à chefia do governo, por causa de pressões não só de forças internas como também do próprio Kennedy, que pretendia forçá-lo a rever sua política exterior, aceitando o *statu quo*, isto é, a divisão da Alemanha, o Muro de Berlim e a fronteira na Linha Oder-Neisse, de modo que os Estados Unidos e a União Soviética pudessem alcançar um entendimento.[8] Como o líder da coligação CDU-CSU, Heinrich Krone, declarou que a RFA seria a "vítima da política norte-americana de distensão".[9] Mas Ludwig Erhard, sucessor de Adenauer como *Kanzler*, declarou, alguns meses depois, que não admitiria nenhuma distensão [*Entspanung*] à custa da RFA.[10] No entanto, o Brasil, onde a conspiração para depor o presidente Goulart evoluía, sofria pressões ainda mais fortes dos Estados Unidos, que lhe bloquearam os créditos externos, dificultando-lhe o reescalonamento das dívidas, cujos prazos venciam, e deixando-o sem

---

6 Telegrama n.198, confidencial, urgentíssimo, embaixada em Bonn (Ouro Preto) ao MRE, 20/21 nov. 1963, AHMRE-B, Bonn, Telegramas recebidos, 1960/63.
7 Bericht n.72/63-306-82.20/0020/63, Seelos an das Auswärtige Amt, Rio de Janeiro, 17 jan. 1963, AA-PA, Ref. III B 4, Band 22; Telegrama n.22, secreto, embaixada em Bonn (Ouro Preto) ao MRE, 1 mar. 1963, AHMRE-B, secretos, A-B, CTs-Telegramas, 1962/63.
8 Schwarz, 1991, Band II, p.840-53.
9 *Wir sind das Opfer der amerikanischen Entspannungspolitik* apud Ibidem, p.853.
10 Erhard, 1988, p.865-74.

recursos para financiar o balanço de pagamentos. Era a outra vítima dos Estados Unidos, não da política de distensão, mas do enrijecimento de sua política na América Latina ante o desafio da Revolução Cubana, pois o Brasil era o único país no continente ainda a opor-se à sua estratégia de segurança contra o comunismo implementada pela Organização dos Estados Americanos (OEA), o que levou o conselheiro político da embaixada da RFA, Gerhard Moltmann, a salientar que essa atitude, ainda que parecesse "surpreendente" e "inquietante", nada tinha de extraordinária para um observador da política externa do Brasil.[11] Segundo ele, a política externa brasileira adquirira, como demonstravam os fatos, "certo acento antinorte-americano" e manteria a chamada linha "independente" diante das exigências dos Estados Unidos, sob quaisquer circunstâncias.[12] Aí, a consideração do governo brasileiro, pela marcada sensibilidade nacional e pelos sentimentos antinorte-americanos, desempenhava papel decisivo com a tática de política interna, em que os ventos sopravam as velas da esquerda radical.[13] Porém, o próprio embaixador Seelos percebera, já em setembro de 1963, que, mais cedo ou mais tarde, a explosão da aguda crise no Brasil, onde os comunistas procuravam utilizar o crescente antinorte-americanismo, dependia, em larga medida, da política dos Estados Unidos, para cujo governo não mais bastavam as garantias habituais sobre a melhoria das relações entre os dois países.[14] Mesmo em tais circunstâncias, no entanto, o Brasil e a RFA retomaram as negociações financeiras, previstas e possibilitadas pela conclusão do acordo sobre transporte marítimo.

Em meados de novembro de 1963, o governo Goulart enviou a Bonn uma delegação, sob a chefia do ministro da Indústria e Comércio, Egydio Michaelsen, empresário do Rio Grande do Sul de origem alemã

---

11 Bericht n.467/63-306-83.00/0923/63, Moltmann an das Auswärtige Amt, den 25 abr. 1963, AA-PA, Ref. I B 2, Band 329.
12 Ibidem.
13 Ibidem.
14 Bericht n.1188/63-306-81.10/0/2058/63, Seelos an das Auswärtige Amt, den 25 set. 1963, AA-PA, Ref. III B 4, Band 14.

e percebido como "amigo dos alemães", o que ao embaixador Seelos parecia importante para o "bom decurso" das negociações,[15] as quais principiaram pelo problema das garantias governamentais da RFA aos investimentos de suas empresas no Brasil, onde a consideração por ela era "muito alta".[16] As autoridades de Bonn queriam um tratado sobre a matéria. Porém, manifestaram-se dispostas a restabelecer as garantias antes mesmo de iniciar as conversações, previstas para o primeiro semestre de 1964, visando à celebração do tratado, se o governo brasileiro, em uma declaração, assegurasse:

1. tratamento justo e adequado para os investimentos alemães e não discriminação em face do capital nacional;

2. pagamento em valor efetivo das indenizações, isto é, garantia de sua transferência em moeda alemã, em eventuais casos de desapropriação;

3. autorização para transferência de no mínimo 10% dos capitais investidos, conforme previsto nos arts. 31 e 32 da Lei n.4.131, cuja regulamentação sofria atraso, o que constituía um fator de descontentamento para os alemães.[17]

Dificuldades houve até que as delegações do Brasil e da RFA acordaram uma fórmula razoável de declaração, que permitia ao governo de Bonn restabelecer as garantias oficiais para os investimentos privados no Brasil, uma vez que um montante superior a 255 milhões de dólares já estava a esperar uma solução para o problema.[18] As negociações então progrediram, substancialmente, a ponto de as autoridades de Bonn, contrariando pela primeira vez seus rígidos princípios sobre

---

15  Fernschreiben n.227, Seelos an das Auswärtige Amt, Rio de Janeiro, den 7 nov. 1963, 16h50, AA-PA, Ref. III B 4, Band 16.
16  Politischer Jahresbericht 1963, I B 2.81.39/1372/64, Seelos an das Auswärtige Amt, Rio de Janeiro, den 20 abr. 1964, AA-PA, Ref. I B 2, Band 321.
17  Telegrama n.198, confidencial, urgentíssimo, embaixada em Bonn (Ouro Preto) ao MRE, 20/21 nov. 1963, AHMRE-B, Bonn, Telegramas recebidos, 1960/63.
18  Telegrama n.202, confidencial, urgentíssimo, embaixada do Brasil em Bonn (Ouro Preto) ao MRE, 23 nov. 1963, AHMRE-B 811(42)(00), Relações econômicas, financeiras e comerciais, (78) a (81b), 1947/67 – 9927.

ajuda financeira, aceitarem a reivindicação, entre outras apresentadas pelo ministro Michaelsen, de os recursos do Fundo de Auxílio ao Desenvolvimento também financiarem fornecimento da indústria brasileira.[19] Assim, as delegações dos dois países, em 30 de novembro de 1963, puderam firmar, finalmente, o Protocolo sobre Cooperação Financeira, mediante o qual a RFA outorgou ao Brasil os créditos no valor de 200 milhões de marcos, prometidos desde setembro de 1961, à Missão Roberto Campos e dos quais 102 milhões se destinariam a financiar projetos industriais no Nordeste.

Àquele mesmo tempo, quando as negociações do ministro Michaelsen com as autoridades de Bonn evoluíam, Kennedy, no dia 22 de novembro, foi assassinado e o vice-presidente Lyndon Johnson assumiu a chefia do governo norte-americano. As previsões foram as mais sombrias. O deputado Sérgio Magalhães, presidente da Frente Parlamentar Nacionalista e um dos maiores expoentes do PTB, observou que o crime de Dallas possivelmente ainda não resolvera a contradição entre as "correntes reacionárias" nos Estados Unidos – a exaltada e a moderada – e, antevendo a "ameaça de uma ofensiva sem precedentes contra a soberania dos países latino-americanos", prenunciou que a primeira consequência da nova política norte-americana seria o golpe nas instituições brasileiras "para facilitar os acordos antinacionais e calar a voz dos nacionalistas".[20] Com efeito, Johnson nomeou secretário de Estado adjunto para os Assuntos da América Latina seu amigo particular, o embaixador Thomas Mann, que anteriormente servira à Administração Eisenhower. Ele, favorável à chamada "linha dura" em política exterior e adverso às diretrizes de Kennedy, por julgá-las demasiadamente tímidas,[21] não só intensificou a pressão, visando ao completo isolamento econômico e diplomático de Cuba, conforme

---

19  Ibidem.
20  Magalhães, O período crítico, *O Semanário*, 28 nov.-4 dez. 1963, n.361, p.1.
21  Ofício n.783, secreto, embaixador Manuel Pio Corrêa Jr. ao ministro das Relações Exteriores João Augusto de Araújo Castro, México D.F., 17.12.1963, AHMRE-B, Ofícios recebidos, secretos, A-Q, 1963.

Roberto Campos, embaixador do Brasil em Washington,[22] previra, como incentivou todos os esforços para promover a desestabilização do governo Goulart, convencido de que o comunismo estava a corroê-lo.[23] Uma de suas medidas, de acordo com a orientação estabelecida desde o tempo da administração Kennedy, consistiu em ativar a concessão dos auxílios da Aliança para o Progresso diretamente a alguns estados brasileiros, cujos governadores eram hostis a Goulart, a impedir, por esse meio, que qualquer recurso pudesse financiar o orçamento federal e o balanço de pagamentos do Brasil.[24] Goulart já antes reagira. Em meados de 1963, publicamente, mandara o Itamaraty comunicar ao Departamento de Estado que não mais toleraria aquele procedimento que atentava contra a soberania nacional e a unidade da federação brasileira.[25] Estava disposto a denunciar a Aliança para o Progresso caso a embaixada dos Estados Unidos continuasse a não considerar a realidade do Estado nacional e o monopólio das relações exteriores pela União, ao executar uma política de corrupção e aliciamento de governadores de estados e prefeitos de municípios, com o propósito de formar ela própria, dentro do Brasil, uma clientela em oposição ao governo federal.

Segundo o próprio Thomas Mann, os Estados Unidos pensaram "financiar, assim, a democracia".[26] Mas o que estavam a fazer configurava, de fato, uma intervenção insólita nos assuntos internos do Brasil, para fomentar a dissensão civil, atitude que contrastava com a da RFA, que, em novembro de 1963, concluíra com o governo Goulart as negociações financeiras, inclusive sobre os recursos do Fundo de Auxílio ao Desenvolvimento, sem estabelecer condições políticas, apenas com

---

22 Telegrama n.886, confidencial, embaixada do Brasil em Washington (Roberto Campos) ao MRE, 20/21 dez. 1963, AHMRE-B, Washington, CTs-Telegramas confidenciais, jul.-dez, 1963.
23 Declarações de Thomas Mann transmitidas pela Associated Press, *Correio da Manhã*, 19 jun. 1964.
24 Ibidem.
25 *Diário de Notícias*, 30 jun.-1 jul. 1963.
26 Declarações de Thomas Mann, *Correio da Manhã*, 19 jun. 1964.

exigência de contrapartidas econômicas e garantias jurídicas. Mesmo acompanhando com preocupação os acontecimentos, sobretudo a crise de autoridade e a radicalização política, o Auswärtiges Amt sabia que o comunismo no Brasil não representava um "perigo agudo" para o Estado.[27] Entretanto, à medida que o conflito com os Estados Unidos acentuou a orientação nacionalista do governo brasileiro, percebida como comportamento xenófobo [*Fremdenfeindliche Einstellung*], os investidores da RFA alarmaram-se.[28] Da mesma forma que as norte-americanas ou de outras nacionalidades, inclusive brasileiras, as empresas alemãs instaladas no Brasil voltaram-se, na maioria, contra o governo Goulart, com medo do que se lhes afigurava como "perigo do comunismo" [*Gefahr des Kommunismus*], medo que as *spoiling actions* da CIA e a crescente instabilidade política alimentavam. O próprio presidente da Câmara de Comércio e Indústria Brasil-Alemanha de São Paulo, o banqueiro João Batista Leopoldo Figueiredo, tornou-se o presidente do Ipes, entidade organizada com a finalidade de fomentar, em níveis tanto doutrinário quanto político, a campanha contra as tendências de esquerda e articular a elite empresarial com as correntes de oposição dentro das Forças Armadas.[29] Somente poucas empresas alemãs, entre as quais a Mannesmann e a Volkswagen, tendiam ainda a sustentar o governo Goulart ou mantinham uma atitude dúplice.[30]

Naquelas circunstâncias, com o aguçamento dos antagonismos sociais, que se refletiu dentro das Forças Armadas com um motim de marinheiros induzido por *agents provocateurs* de serviços de inteligência, as condições para a deflagração do golpe de Estado amadureceram. Os

---

27 Politischer Jahresbericht 1963 I B 2 81.39/1372/64, Botschaft der BRD an das Auswärtige Amt, Rio de Janeiro, den 20 mai. 1954 AA-PA, Ref. I B 2, Band 321.
28 Brief, Dr. Werner Heuze, Geschäftsführung, Auto-Union (DKW-Vemag), Vemag S.A. Lizenznehmerin, an den Herrn Gerhard Schröder, Bundesminister des Auswärtigen, Ingolstadt, den 16 dez. 1963, AA-PA, Ref. III B 4, Band 18.
29 Dreifuss, 1981, p.162-209, 362-72; Bericht-Pol. 306 (Brasil), Generalkonsulat der BRD an die Botschaft der BRD, São Paulo, den 7 fev. 1962, AA-PA, Ref. 306, Band 143.
30 Entrevista do prof. Hermann Görgen, presidente da Deutsche-Brasilianische Gesellschaft, Bonn, 21 fev. 1994.

militares, no dia 1 de abril de 1964, derrubaram o governo constitucional do presidente João Goulart e assenhorearam-se do poder. O marechal Humberto Castelo Branco, escolhido, algumas semanas depois, para ocupar a Presidência da República, tratou de alinhar-se com os Estados Unidos, que se dispunham a conceder-lhe maciça ajuda, a fim de que o Brasil se tornasse o intermediário de suas diretrizes estratégicas na América Latina.[31] No entanto, o embaixador Gebhard Seelos já antecipara ao Auswärtiges Amt que as relações do Brasil com a RFA não se modificariam, qualquer que fosse o governo. E não se modificaram. O presidente da RFA, Heinrich Lübke realizou a programada viagem ao Brasil, em 11 de maio de 1964, e os dois países prosseguiram com as conversações sobre alguns problemas ainda pendentes, entre os quais a liquidação final dos bens alemães confiscados durante a Segunda Guerra Mundial, a pretensão da Lufthansa a uma terceira frequência semanal e o acordo para garantia dos investimentos.[32] O governo Castelo Branco (1964-1967), em seguida, apresentou às autoridades da RFA os projetos visando à utilização do crédito de 200 milhões de marcos, dos quais 102 milhões foram destinados a projetos industriais no Nordeste; 14 milhões a Cemig, para a compra de dois grupos de turbina-gerador para as unidades 5 e 6 de Três Marias; 24 milhões à Companhia Vale do Rio Doce, para a compra de equipamentos necessários ao porto de Tubarão; 6,3 milhões a Acesita; 5,6 milhões à Administração do porto do Rio de Janeiro; 8 milhões ao estado da Guanabara, para equipamentos hospitalares; e 7 milhões a Satipel.[33] A mudança da Lei n.4.131, imposta ao Congresso, constituiu outra de suas medidas imediatas e naturalmente agradou os círculos econômicos e as autoridades da RFA, dado que sua regulamentação pelo governo Goulart, como resposta

---

31 Sobre o tema, ver Moniz Bandeira, 1989, p.141-57.
32 Telegrama n.56, confidencial, MRE à embaixada do Brasil em Bonn, 16 mai. 1964, AHMRE-B, Bonn, Telegramas expedidos, confidenciais, 1960/64.
33 Telegrama n.76, confidencial, MRE à embaixada do Brasil em Bonn, 23 jun. 1964, AHMRE-B, Bonn, Telegramas expedidos, confidenciais, 1960/64; Nota DEOc/ DPF/79/822.3(81a)/1964/3, ministro das Relações Exteriores Vasco Leitão da Cunha ao embaixador Gebhard Seelos, Rio de Janeiro, 24 jun. 1964, AA-PA, Ref. III B 4, Band 16.

às pressões econômicas e financeiras dos Estados Unidos, excluíra os reinvestimentos da base de cálculo para as transferências de lucros, o que atingia todas as empresas estrangeiras. Contudo, não facilitou o acordo sobre garantias para os investimentos alemães no Brasil.

Iniciadas com base no documento submetido ao governo de Bonn, em novembro de 1963, pela Missão Michaelsen, as negociações, realizadas entre 29 de junho e 24 e julho de 1964, evoluíram com grande cordialidade, mas enfrentaram sérias dificuldades. O Itamaraty, cuja delegação o embaixador Edmundo Barbosa da Silva chefiava, sempre considerou, fundamentalmente, que o acordo deveria permitir, sobretudo, a execução das garantias de seguros concedidas pela entidade própria do governo da RFA, a admitir, em consequência, a sub--rogação por meio de pessoa ou entidade capaz de exercer os direitos do sub-rogante, segundo as leis do Brasil. O apelo ao arbitramento por parte do governo da RFA só poderia ocorrer após a exaustão de todos os recursos aos tribunais brasileiros e somente em caso de denegação de justiça, exceção prevista no Direito Internacional. Por seu lado, a delegação da RFA, dirigida pelo embaixador Dietrich von Mirbach, pretendeu que o acordo especificasse, de forma contratual, garantias contra desapropriação, riscos de guerra, transferência e manutenção, por vinte anos, das condições existentes ao tempo da implementação do investimento. Tais exigências, as mesmas que os Estados Unidos fizeram quando iniciaram conversações semelhantes com o Brasil, geraram um impasse. As negociações foram suspensas, com a perspectiva de recomeçarem no mês de outubro.[34] Mas os dois países outra vez

---

34 Telegrama n.85, confidencial, MRE à embaixada do Brasil em Bonn, 25 jul. 1964; Telegrama n.86, confidencial, MRE à embaixada do Brasil em Bonn, 26 jul. 1964; Telegrama n.89, confidencial, MRE à embaixada do Brasil em Bonn, 29 jul. 1964, AHMRE-B, Bonn, Telegramas expedidos, 1960/64; Ofício n.96, MRE à embaixada do Brasil em Bonn, confidencial, Rio de Janeiro, 24 jul. 1964; anexos: Ata reservada assinada pelo embaixador Edmundo Barbosa da Silva, chefe da Delegação do Brasil, e pelo embaixador Dietrich von Mirbach, chefe da Delegação da RFA, Rio de Janeiro, 24 jul. 1964; Comunicado conjunto, Rio de Janeiro, 24 jul. 1964, AHMRE-B, Bonn, Ofícios expedidos, confidenciais, 1950/71.

não conseguiram um consenso sobre a questão. O Brasil continuou a julgar as exigências da RFA inaceitáveis, uma vez que se chocavam com a ordem jurídica interna e significavam realmente concessão de privilégios aos investidores alemães, em detrimento dos brasileiros ou de outras nacionalidades, e os dois países não conseguiram firmar qualquer acordo. Não obstante, o governo de Bonn criou um mecanismo que permitia às empresas alemãs segurarem seus investimentos. Destarte, a transferência líquida de capitais privados da RFA para o Brasil, que despencara de 132,9 milhões de marcos em 1962, para 26,2 milhões em 1963, 25,1 milhões em 1964 e DM 15,4 milhões em 1965, voltou a subir para 47,4 milhões de marcos em 1966, 72,8 milhões em 1967 e saltou para 227 milhões de marcos em 1968.

Vários fatores, obviamente, concorreram para que tal fenômeno se produzisse. De um lado, a economia brasileira, acometida entre 1963 e 1966 por uma profunda recessão, começara, em 1967, a recuperar-se e a atrair, novamente, os investimentos estrangeiros. Do outro, durante os anos 1960, a RFA tornara-se, em todo o mundo, o maior exportador líquido de capitais, cuja saída o próprio governo estimulava com o objetivo não só de avigorar-lhe a presença em outras regiões como de retirar de Estados Unidos, Grã-Bretanha e alguns sócios da CEE um dos principais argumentos em favor da revalorização do marco. Sua economia, de fato, entrara em uma fase de plena prosperidade e expansão, a necessitar, crescentemente, de trabalhadores estrangeiros [*Gastarbeiter*], cuja imigração o governo de Bonn encorajava, bem como de novos mercados para o excedente da produção. Em 1962, cerca de 700 mil trabalhadores estrangeiros, dos quais 266 mil italianos, 87 mil espanhóis e 69 mil gregos, além de outras nacionalidades, exerciam atividades na RFA.[35] Esse contingente, que naquele ano representava cerca de 1,1% da força de trabalho, aumentou de tal modo que por volta de 1973 chegaria a quase 10% do total.[36] A necessidade de abrir novos

---

35 Ofício n.253, embaixada do Brasil em Bonn ao MRE, 23 jul. 1963, AHMRE-B, Bonn, Ofícios, jun.-jul. 1963.
36 Fulbrook, 1991, p.199.

mercados levou a RFA, entre 1963 e 1964, a firmar ajustes com Polônia, Romênia, Hungria e Bulgária, para a troca de missões comerciais, com privilégio e imunidades diplomáticas,[37] indicando uma tendência para o abrandamento da *Hallstein-Doktrin*. A própria RDA, àquele tempo, já havia aberto dois escritórios – um em Frankfurt, outro em Düsseldorf – para o comércio interzonal [*Büro für den Interzonenhandel*], e se tornava cada vez mais dependente do fornecimento de produtos da RFA, que poderia suspendê-lo se o governo Walter Ulbricht não respeitasse as regras acordadas sobre o tráfego de mercadorias e pessoas para Berlim Ocidental.[38] As relações entre os dois Estados alemães tendiam a refletir a distensão no conflito Leste-Oeste. Alterações muito significativas começaram a ocorrer na política interna da RFA. Em julho de 1966, os social-democratas quase obtiveram a maioria absoluta nas eleições para o Parlamento em Nordrhein-Westfalen, estado [*Land*] que concentrava 25% do eleitorado alemão e onde a democracia-cristã tradicionalmente predominava. A recessão – que afetava as indústrias carbonífera e siderúrgica do Ruhr e elevara, pela primeira vez, o número de desempregados acima de 100 mil –, a alta do custo de vida e o eventual aumento dos aluguéis constituíram, provavelmente, algumas das principais causas do desgaste de Erhard,[39] de cuja habilidade política Adenauer sempre tivera um conceito altamente crítico. Ao que tudo indicava, porém, quase duas décadas de imobilismo na política exterior da RFA, sem que a *Hallstein-Doktrin*, salvo isolar diplomaticamente a RDA, apresentasse resultados positivos e concretos no sentido da reunificação nacional, influíram sobre a decisão do eleitorado de Nordrhein-Westfalen. A coligação CDU-CSU, com a qual o FDP rompera por não aceitar, *inter alia*, a proposta de Erhard para o aumento

---

37 Telegrama n.15, confidencial, urgente, MRE à embaixada do Brasil em Bonn, 12 fev. 1964, AHMRE-B, Bonn, Telegramas expedidos, confidenciais, 1960/64.
38 Carta-Telegrama n.200, confidencial, embaixada do Brasil em Bonn (Ouro Preto) ao MRE, 4/11 jun. 1963, AHMRE-B, Bonn, 1960-63; Ofício n.249, Ouro Preto ao ministro das Relações Exteriores Evandro Lins e Silva, Bonn, 22 jul. 1963, AHMRE-B, Bonn, Ofícios, jun.-jul. 1963.
39 Kleinmann, 1993, p.254-55.

dos impostos, teve de buscar entendimento com o SPD e formar, não só no *Land*, mas também em nível federal, a Grande Coalizão. Essa crise inquietou o governo dos Estados Unidos, por causa da possibilidade de que a luta em torno da sucessão de Erhard favorecesse, dentro e fora da CDU, as correntes nacionalistas que defendiam a condução da política exterior em base semelhante à da França de Gaulle, diante das frustrações geradas pelo problema da reunificação e do futuro *status* nuclear da RFA. Com efeito, a facção Adenauer-Lübke derrotou a linha Erhard-Schröder, representativa dos *Atlantikern*; Kurt Georg Kiesinger, Ministro-Presidente de Baden-Würtemberg, assumiu, como *Kanzler*, a chefia do governo alemão e Willy Brandt, do SPD e ex-prefeito [ex-*Bürgmeister*] de Berlim Ocidental, tornou-se então *Vizekanzler* e ministro dos Assuntos Estrangeiros, enquanto Herbert Wehner, também do SPD e autor de um plano para reunificação do país, ocupou o cargo de ministro para a Questão Alemã Conjunta [*Minister für Gesamtdeutsche Frage*].

Tal mudança inaugurou novo período nas políticas interna e externa da RFA, onde diretrizes econômicas neokeynesianas passaram também a substituir as neoliberais até então prevalecentes, e se aprofundou ainda mais com as eleições federais de 1969, nas quais o SPD obteve 42,7% dos votos, contra 39,3% em 1965. A Willy Brandt coube então organizar o novo governo da RFA em coalizão com o FDP (5,8% contra 9,5% em 1965), que se inclinava para a esquerda desde o final de 1967, quando Walter Scheel substituiu Erich Mende na sua liderança.[40] O término de duas décadas de predomínio da coligação CDU-CSU, que permanecia com 46,1% (47,6% em 1965), possibilitou a reorientação da política exterior da RFA na direção do Leste Europeu, a *Ostpolitik*.[41] Na verdade, em fins dos anos 1960 e princípio dos 1970, a *Hallstein-Doktrin*, já flexibilizada pelo *Politik der Bewegung* [política de movimento] de Schröder, estava completamente esgota-

---

40 Treue, 1990, p.1044-5; Miller; Potthoff, 1988, p.216-7; Kleinmann, 1993, p.315-6; Borowsky, 1993, p.359-60.
41 Política de abertura para os países da Europa do Leste (N. E.)

da. O próprio *Kanzler* Kurt Georg Kiesinger trocara cartas com Willi Stoph, ministro-presidente da RDA, com a qual a maioria dos países do Terceiro Mundo – Camboja, Iraque, Sudão, Síria, Vietnã do Sul, Iêmen do Sul e Egito – haviam estabelecido relações diplomáticas.[42] Na América Latina, o Chile também o fizera, após a eleição do líder socialista Salvador Allende para a Presidência da República, sem que a RFA com ele rompesse as relações diplomáticas e comerciais pela aplicação da *Hallstein-Doktrin*.[43] Isso não significava que o governo da coligação SPD-FDP, com Willy Brandt como *Kanzler* e Walter Scheel no Auswärtiges Amt, havia renunciado ao objetivo de reunificar a Alemanha. Pelo contrário. Seu propósito consistia em alcançá-lo por outros meios, isto é, pelo incentivo à mudança na RDA, por meio da aproximação da RFA [*Wandel durch Annäherung*], segundo a tese do social-democrata Egon Bahr, e para tanto se tornava necessário normalizar o relacionamento entre os dois Estados alemães bem como com os demais países do Bloco Soviético. Assim, reconhecendo que a existência de mais de um Estado no território alemão não seria algo novo, Brandt tratou de estabelecer com a RDA as bases para um entendimento preliminar, que conduziria à ulterior reunificação do país. E ele tivera a coragem de tomar tal iniciativa ao partir, em maio de 1970, para um encontro com Willi Stoph, primeiro em Erfurt, onde foi vivamente aclamado, e depois em Kassel, no mesmo ano.

A situação internacional configurava-se muito diversa da que existira nos anos 1950 e princípio dos 1960, quando a Guerra Fria esteve no apogeu. A implementação da *Ostpolitik*, com a formação do governo Brandt-Scheel, coincidiu com a *détente*, que as duas superpotências procuravam alcançar. Os Estados Unidos, chafurdados na Guerra do Vietnã, enfrentavam sérias dificuldades internas, tanto financeiras quanto políticas, e necessitavam reduzir os altos custos da política de *containment* do comunismo por meios militares. Por sua vez, a União

---

42 Kleinmann, 1993, p.302; Pfetsch, 1993, p.170.
43 Ibidem; Obendörfer, 1975, p.348-50.

Soviética temia que os Estados Unidos se acercassem da China, com a qual suas relações continuavam tensas, e pretendia não apenas cortar os insuportáveis gastos com a produção de armamentos como obter, no Ocidente, a tecnologia e os equipamentos imprescindíveis à modernização de alguns setores industriais, de modo a aumentar a oferta de bens de consumo para a população. A RFA, dentro de tal conjuntura, não podia isolar-se, inclusive porque a distensão também lhe convinha à medida que possibilitava a ampliação dos mercados no Leste Europeu. Por tais razões, *inter alia*, Brandt procedeu à remoção dos obstáculos que ainda impediam à RFA normalizar completamente suas relações não só com a RDA, como também com os países do chamado Bloco Socialista. Em 12 de agosto de 1970, ele e Scheel firmaram com Alexey Kossigin e Andrei Gromyko, por parte da União Soviética, o Tratado de Moscou [*Moskauer Vertrag*], mediante o qual o governo de Bonn reconheceu a inviolabilidade do *statu quo* das fronteiras na Europa Central, isto é, reconheceu, de fato, o direito do regime comunista da Alemanha Oriental, bem como da Polônia, aos antigos territórios do *Reich* colocados "provisoriamente" sob sua administração pela Conferência de Potsdam. Esse ato permitiu que a RFA, em 7 de dezembro do mesmo ano, assinasse o Tratado com a Polônia, aceitando a Linha Oder--Neisse, e, depois de Estados Unidos, União Soviética, Grã-Bretanha e França celebrarem o *Four-Power Agreement* sobre o trânsito para Berlim (3 de setembro de 1971), concertasse com a RDA, em 21 de dezembro de 1972, o primeiro Tratado Básico [*Grundlagenvertrag*], pelo qual estabeleceram relações, em nível não de embaixadas mas de troca de representações, de acordo com a fórmula de que não eram países estrangeiros, mas dois Estados da mesma nação, a Alemanha.[44] Com isso, Brandt buscou evitar que a situação de dois Estados distintos e separados se cristalizasse e que o ingresso de ambos na ONU, bem como em outros organismos internacionais, não prejulgasse nem prejudicasse o encaminhamento de ulteriores negociações, visando à

---
44 Sobre o tema, ver Moniz Bandeira, 1992, p.85-7.

sua reunificação, conceito esse que, conforme Andrei Gromyko, então ministro dos Assuntos Estrangeiros da União Soviética, salientou, constituíra um empecilho ao andamento das negociações, pois sempre implicava a ideia de "absorção" da RDA pela RFA.[45] Contudo, alguns observadores consideraram a celebração de tais atos internacionais um avanço da esquerda, por meio do SPD, na RFA e um "brilhante sucesso" da "paciente" diplomacia de Leonid Breschnew, ao levar os Estados Unidos e seus aliados – o que nem Joseph Stálin nem Nikita Chruschtschow conseguiram – a legitimarem um regime que repetidamente haviam denunciado como baseado na força bruta e que, para estancar a evasão de seus habitantes, tivera de erguer o infame Muro de Berlim.[46]

A revogação da *Hallstein-Doktrin* permitiu que a RDA, até então reconhecida apenas por dezenove Estados (a maioria do Bloco Socialista ou seus dependentes), passasse, já em 1973, a manter relações diplomáticas com dezenas de outros (68), inclusive com o Brasil, onde o governo militar, chefiado pelo general Emílio Médici (1969-1974), internamente, intensificara a repressão contra a esquerda e, em nível internacional, colaborava com a execução de golpes de Estado na Bolívia, Uruguai e Chile. Os antagonismos ideológicos não estorvaram os interesses econômicos e comerciais. Apesar do feroz anticomunismo do regime autoritário, entre os países em via de desenvolvimento, o Brasil tornara-se, desde pelo menos 1967, o primeiro parceiro comercial da RDA, ultrapassando a Índia e o Egito. Até setembro daquele ano, o intercâmbio entre os dois países alcançara o dobro do volume registrado em 1966. As cifras, naturalmente, não foram elevadas. Em 1966, ao Brasil coube apenas uma parcela de aproximadamente 25 milhões de dólares no volume do comércio exterior da RDA, calculado então em 6 bilhões de dólares.[47] Os valores das transações entre os dois países

---

45 Gromyko, 1989, p.198-9.
46 Waldman, 1976, p.187-90; Ulam, 1983, p.63-5.
47 Carta, confidencial, Otto Volker, diretor-geral substituto da Deutscher Innen, und Aussenhandel Maschinen-Export ao ministro das Relações Exteriores José Magalhães Pinto,

cresceram nos anos subsequentes e o estabelecimento de relações diplomáticas ensejou a inauguração, em 1974, de um serviço regular de navegação RDA/Lloyd Brasileiro/Aliança, bem como a celebração, em 1977, de um Ajuste Interbancário entre o Banco Central do Brasil e o Deutsche-Außenhandelsbank A.G., com a abertura de uma conta de *clearing* semelhante à existente nos anos 1930. Assim, à parte Cuba e, posteriormente, Nicarágua, nenhum país da América Latina, nem mesmo o México, logrou acercar-se da posição que o Brasil conquistara nas relações econômicas da RDA.[48] Entretanto, a RDA nem mesmo entre os países do chamado Bloco Socialista ocupou uma posição relevante nas relações econômicas do Brasil, que continuava também como o principal parceiro da RFA na América Latina.

Apesar de relativamente estagnado entre 1962 e 1964,[49] o comércio entre esses dois países voltou a tomar forte impulso na segunda metade dos anos 1960. De 1965 a 1971, as exportações do Brasil para a RFA aumentaram quase 100%, enquanto suas importações – em virtude da aceleração do desenvolvimento industrial, a partir de 1968, em taxas bastante altas – cresceram cerca de 370% no mesmo período e 500% nos anos seguintes, até 1975.[50] Em 1976, o intercâmbio entre os dois países, que duplicara entre 1971 e 1972 e somara, em 1973, aproximadamente 1,4 bilhão de dólares, nos dois sentidos, situou-se um pouco acima de 2 bilhões de dólares (FOB), o que representou um incremento de 30% em três anos.[51] Esse impulso nas transações bilaterais refletiu a alta da conjuntura econômica no Brasil, cujo desenvolvimento, a taxas de 9%, 10% e 11% ao ano, de 1968 até 1974, voltara a atrair os investimentos

---

    cópia cedida ao autor por um ex-colaborador da Representação Comercial da extinta RDA em São Paulo.
48  Göthner, 1990, p.8.
49  Nesse período, enquanto as exportações do Brasil para a RFA subiram de 109,6 milhões de dólares (FOB), em 1962, para 111,5 milhões em 1963 e 133,6 milhões em 1964, suas importações, por causa da grave crise cambial, caíram de 152 milhões em 1962 para 134,3 milhões em 1963 e 103,2 milhões em 1964 (Fonte: Sepro – Colônia).
50  Ibidem.
51  Brasil, IBGE, *Comércio exterior – séries estatísticas*, 1985.

diretos alemães. Após drástica redução entre 1963 e 1966, a aplicação de capitais privados da RFA no Brasil subiu de 72,8 milhões de marcos em 1967 para 227,5 milhões em 1968 e, após oscilar, nos anos subsequentes entre 128 e 189,1 milhões, saltou para 427,8 milhões de marcos em 1974, 450,5 milhões em 1975, 576,5 milhões em 1976 e 587,8 milhões em 1977, apesar de ainda persistirem as dificuldades para a elaboração do Acordo de Garantia de Investimentos. Além de o governo de Bonn ter encontrado uma fórmula que permitisse às empresas alemãs segurar seus investimentos no Brasil, o clima de ordem e de estabilidade, com o regime militar a conter as reivindicações dos trabalhadores e a propiciar altas taxas de rendimento, constituiu poderoso fator de atração para os capitais estrangeiros em geral. Nem as operações de guerrilha urbana conseguiram perturbá-lo, nem o sequestro do embaixador da RFA no Brasil, Ehrenfried von Holleben, pelo Comando Juarez de Guimarães Brito,[52] em junho de 1970, abalou as relações entre os dois países, apesar de alguns incidentes diplomáticos.[53] Diante da pressão diretamente exercida pelo então *Kanzler* Willy Brandt, o general-presidente Emílio Médici atendeu às exigências dos guerrilheiros a fim de evitar gravíssimo problema internacional, uma "ruptura branca" por parte da RFA, caso von Holleben fosse assassinado, tal como acontecera, poucos meses antes, com o embaixador na Guatemala, Karl von Spreti.[54]

Os militares, que exercem o poder no Brasil, trataram de preservar no melhor nível o relacionamento com a RFA, não obstante naturais desconfianças ideológicas *vis-à-vis* do seu governo formado pelos social-democratas e liberais. Aliás, além dos aspectos diplomáticos da questão, salientados pelo ministro das Relações Exteriores, Mário Gibson Barboza, fortes interesses não lhes permitiam outro comportamento. Embora houvesse aderido ao Tratado de Proscrição das Armas Atômicas na América Latina (Tlatelolco), o Brasil,

---

52 Constituído por militantes das organizações de esquerda Vanguarda Popular Revolucionária (VPR) e Aliança Libertadora Nacional (ALN).
53 Barboza, 1992, p.166-73.
54 Ibidem, p.166.

de acordo com as diretrizes do Conselho de Segurança Nacional e do Estado-Maior das Forças Armadas, estabelecera tantas ressalvas que praticamente o invalidaram.[55] Reservara-se o direito de utilizar, "sob todas as suas formas", a energia nuclear para fins pacíficos.[56] Desde 1967, reorientara sua política exterior e intensificava seus esforços em obter a "cooperação necessária" à sua "rápida nuclearização", conforme as próprias palavras do general Arthur da Costa e Silva (1967-1969),[57] que assumira a presidência da República apoiado pela direita nacionalista das Forças Armadas.[58] Por essa razão, o governo militar também se recusava a subscrever o Tratado de Não Proliferação das Armas Nucleares (TNP), por percebê-lo como instrumento da União Soviética e dos Estados Unidos para estratificar o *statu quo* mundial e preservar sua hegemonia.[59] Como julgava o programa nuclear proposto pelos Estados Unidos insatisfatório e medíocre, por não transferir tecnologia, entrou em negociações secretas com a RFA, que em 1963 sondara, informalmente, a possibilidade de concluir com o Brasil um acordo de cooperação, permitindo às firmas alemãs construírem em território brasileiro uma usina para a separação do isótopo U-235, pela ultracentrifugação, como contrapartida aos trabalhos de pesquisa e prospecção de urânio.[60] Esse acordo, no qual Hans H. Haunshild, subsecretário do Ministério de Pesquisa Científica por mais de uma década, e Franz Joseph Straub, ex-ministro da Energia Atômica e, na época, ministro das Finanças, confirmaram o interesse, convinha

---

55 Perry, 1976, p.32.
56 Exposição do ministro das Relações Exteriores José Magalhães Pinto na Câmara dos Deputados, Brasília, 10 mai. 1967, Secretaria-Geral Adjunta para o Planejamento Político, Documento da Política Externa (de 15 de março a outubro de 1967), [s.d.], p.26.
57 Discurso de Costa e Silva no Itamaraty, em 5 abr. 1967, ibidem, p.14.
58 Ver Moniz Bandeira, 1989, p.163-85.
59 O embaixador Mário Gibson Barboza, ministro das Relações Exteriores durante o governo Médici, considerou-o "discriminatório e leonino" (Barboza, 1992, p.201).
60 Batista, O Acordo Nuclear Brasil-Alemanha, *paper* apresentado no IV Seminário Nacional sobre 60 anos de política externa promovido pelo Instituto de Pesquisa de Relações Internacionais do MRE, juntamente com o Programa de Política Internacional & Comparada da USP, Brasília, 8 mar. 1993.

aos dois países. A RFA havia desenvolvido, em nível de demonstração técnica, dois processos para a separação do isótopo U-235 – o da ultracentrifugação, nos laboratórios do Centro de Pesquisa Nuclear [*Kernforschungsanlage*, KFA] de Jülich, e o do jato centrífugo [*jet nozzle*], no Centro de Pesquisa Nuclear [*Kernforschungszentrum*, KFZ] de Karlsruhe –, mas o Tratado de Paris, de 1955, impedia a produção de urânio enriquecido em escala industrial dentro de suas fronteiras, o que a colocava na dependência de fornecimentos norte-americanos, cada vez mais incertos. O Brasil, por sua vez, empenhava-se em obter a tecnologia do enriquecimento de urânio e a proposta informal da RFA atendia às exigências de *compensações específicas* para os fornecimentos de material físsil a outro país, estabelecidas desde o início dos anos 1950 pelo Conselho de Segurança Nacional e pelo CNPq.

Em 7 de maio de 1962, o presidente João Goulart havia inaugurado a construção do Instituto de Engenharia Nuclear (IEN), onde funcionaria o reator Argonauta, a ser produzido por uma empresa brasileira, com um índice de nacionalização de 93%. Cerca de três meses depois, em 27 de agosto de 1962, promulgou a Lei n. 4.118, traçando a Política Nacional de Energia Nuclear e assegurando o monopólio estatal sobre a pesquisa e lavra das jazidas de material nuclear, bem como o comércio dos minérios, produção de materiais nucleares e sua industrialização. Em 31 de dezembro de 1963, enviou Mensagem ao Congresso Nacional, mostrando a necessidade de iniciar a construção da primeira central nuclear no Brasil, com a utilização do urânio natural como combustível e independência na construção de reatores, inclusive de tório, conforme planejava desde 1961, quando assumiu o governo. Esses projetos foram abandonados pelo governo do marechal Humberto Castelo Branco, após o golpe militar de 1º de abril de 1964, apoiado pelos Estados Unidos. Mas o marechal Artur da Costa e Silva, ao assumir o governo (1967-1968), mudou a política e declarou que trataria de conquistar recursos externos e maior soma de cooperação estrangeira, quer sob a forma de meios materiais, quer de auxílio técnico, a fim de que o Brasil tivesse "intensa participação" na revolução científica e tecnológica do século XX e acentuou que a energia nuclear desempenharia um papel relevante e poderia vir a ser das mais poderosas alavancas a serviço do progresso do país, porquanto, sem ela, "ainda não libertos de uma forma de subdesenvolvimento, iremos rapidamente afundando em uma nova e mais perigosa modalidade que seria o subdesenvolvimento científico e tecnológico".[61] Em meados de 1968, o Itamaraty encaminhou ao governo de Bonn, embora sem caráter oficial, um projeto de Acordo sobre a Utilização Pacífica da Energia Nuclear, no qual revelava particular interesse em desenvolver estudos sobre os reatores do ciclo de tório.

Um ano depois, em 9 de junho de 1969, o Brasil e a RFA firmaram um Acordo Geral de Cooperação nos Setores de Pesquisa Científica e Desenvolvimento Tecnológico, possibilitando a execução de vários projetos, inclusive para o desenvolvimento da energia nuclear. Quando o sequestro do embaixador von Holleben ocorreu, em junho de 1970, o Brasil ainda estava a negociar com a RFA um convênio especial sobre energia atômica, mediante o qual tratava de assegurar a transferência de conhecimentos [know-how] para os especialistas brasileiros e a posição de nação mais favorecida para o Brasil no mercado de assistência técnica remunerada, o que parecia constituir uma vantagem, dada a participação ativa da RFA no Mercado dos Seis – a Euratom. Um representante do Centro de Pesquisa Nuclear [Kernforschungsanlage, KFA] de Jülich, dr. Nehring, já havia mantido, em maio de 1970, entendimentos com a CNEN. Os dois órgãos, em 23 de abril de 1971, firmaram em Brasília o Convênio Especial sobre Cooperação Científico-Tecnológica, prevendo o intercâmbio de técnicos e cientistas em tecnologia da produção de energia, mediante uso de reatores atômicos e matérias-primas, bem como em combustíveis e ciclos de combustíveis etc. O convênio também previa um programa de cursos

---

61 Declaração do presidente Artur da Costa e Silva por ocasião da primeira reunião ministerial, em 16 mar. 1967. In: Ministério das Relações Exteriores – Secretaria-geral Adjunta para o Planejamento Político, *Documentos de política externa* (de 15 de março a 15 de outubro de 1967), p.5.

de verão, a serem ministrados em Brasília por professores do Centro de Pesquisa Nuclear de Jülich, para capacitação e aperfeiçoamento de técnicos e cientistas brasileiros. Entretanto, a ideia da construção de uma usina para o enriquecimento do urânio pela ultracentrifugação não prosperou naquela ocasião, dado o temor do ministro de Minas e Energia, Antônio Dias Leite, de que o projeto pudesse prejudicar as negociações em curso com o Banco Mundial sobre o financiamento das usinas hidrelétricas.[62] A RFA terminou por concluir, em 1970, entendimentos (iniciados também em 1968, quando fizera as sondagens junto ao Brasil) para a construção das usinas de enriquecimento de urânio pelo processo de ultracentrifugação, em Almelo, na Holanda, e em Capenhurst, na Grã-Bretanha, países com os quais havia formado uma *joint venture*, a empresa tripartite Urenco.

---

62 Ibidem.

# CADERNO DE IMAGENS

Jacob Fugger (1459-1525), banqueiro alemão de Augsburg, foi quem financiou a viagem de Pedro Álvares Cabral. A família Fugger, envolvida no comércio de especiarias, financiou várias viagens de navegadores na primeira metade do século XVI, fornecendo recursos aos reis de Portugal e Espanha. Jacob Fugger começou a investir no Brasil, comercializando a madeira (pau-brasil) de tinturaria, desde 1504, por intermédio do cristão-novo Fernão de Magalhães, a quem o rei Dom Manuel I, de Portugal, concedera a propriedade da ilha de São João da Quaresma (atual arquipélago de Fernando de Noronha), descoberta por Gonçalo Coelho em 1503. – Arquivo pessoal do autor.

Quando transferiu a corte de Lisboa para o Rio de Janeiro (1808), o príncipe-regente, futuro rei Dom João VI (1767-1826), encarregou o geólogo alemão Wilhelm Ludwig von Eschwege de construir em Congonhas do Campo (MG) uma usina siderúrgica, a Fábrica Patriótica, para produção de ferro líquido, e o engenheiro militar Friedrich Ludwig Wilhelm Varnhagen de estudar a possibilidade de construir uma usina siderúrgica no morro de Araçoitaba, perto de Sorocaba (SP) – onde foi instalada, em 1810, a Real Fábrica de Ferro São João de Ipanema. – Arquivo do Instituto Histórico e Geográfico Brasileiro.

Fr. L. W. Varnhagen, amigo de Eschwege.

O engenheiro militar alemão Friedrich Ludwig Wilhelm Varnhagen (1783-1842) vivia desde 1802 em Portugal, onde trabalhou na fábrica de ferro de Figueiró dos Vinhos, que produzia canhões e outros armamentos. Quando chegou ao Brasil, o príncipe-regente Dom João encarregou-o de planejar a Real Fábrica de Ferro São João de Ipanema, que, durante o século XIX, produziu não somente armamentos e munições, inclusive para a guerra contra o Paraguai, mas também os mais diversos artigos de aço. – *Guilherme Luís, Barão de Eschwege*: Patriarca da Geologia Brasileira, de Friedrich W. Sommer, Editora Melhoramentos. 1952.

Real Fábrica de Ferro São João de Ipanema, planejada e dirigida por Friedrich Ludwig Wilhelm Varnhagen. Aquarela de Jean-Baptiste Debret, 1827. – Companhia Editora Nacional/Fau/USP.

O metalurgista e geógrafo alemão Wilhelm Ludwig Freiherr von Eschwege (1777-1855) chegou ao Brasil com a corte de Lisboa e foi encarregado pelo príncipe-regente Dom João de implantar, em Congonhas do Campo (MG), uma produção de ferro em escala industrial – o que ocorreu com a Fábrica Patriótica. Também colaborou na extração de ferro por malho hidráulico, em Minas Gerais, e introduziu os pilões hidráulicos na mineração do ouro. Voltou a Portugal em 1821. Faleceu na Alemanha em 1855. – *Guilherme Luís, Barão de Eschwege*: Patriarca da Geologia Brasileira, de Friedrich W. Sommer, Editora Melhoramentos. 1952.

Eschwege no uniforme de general português.

José Joaquim de Lima e Silva Moniz de Aragão (1877-1974) foi o primeiro embaixador do Brasil na Alemanha, quando a legação foi elevada ao nível de embaixada, em 1935. Porém, em 1938, após o presidente Getúlio Vargas declarar *persona non grata* o embaixador da Alemanha, Karl Ritter, o III Reich tomou a mesma medida contra o embaixador Moniz de Aragão, que retornou ao Brasil e foi nomeado embaixador em Londres; ocupou essa função por doze anos, até 1952, quando completou 70 anos de idade. – Embaixada do Brasil em Londres.

Na foto, o centro de Berlim Oriental completamente destruído, durante os bombardeios. À direita aparece a abóbada do Reichstag. – Arquivo Nacional.

Durante a Segunda Guerra Mundial, os Aliados – Estados Unidos e Grã-Bretanha – lançaram sobre a Alemanha milhares de bombas (cerca de 416 mil incendiárias) que devastaram entre 70% e 80% das cidades, destruindo dois milhões de casas, além de bibliotecas, arquivos e outros bens, e mataram entre 420 mil e 570 mil pessoas, das quais 80 mil eram crianças. O auge dos bombardeios ocorreu entre 1943 e 1945, carbonizando ou sufocando diariamente mil pessoas, quando a guerra já estava praticamente ganha. Na foto, a cidade de Nüremberg, em 1945, completamente arrasada. – Arquivo Nacional.

Konrad Adenauer, como presidente do Conselho Parlamentar, promulgou a Grundgesetz (Lei Fundamental) em 23 de maio de 1949, constituindo a RFA, e como líder da CDU assumiu a chefia do governo da RFA, com sede em Bonn – cidade construída pelos romanos, à margem do Reno, em 10 a.C. – Bundesbildstelle – Bonn. Press- und Informationsamt der Bundesregierung.

O economista Ludwig Erhard promoveu, em 20 de junho de 1948, a reforma monetária (*Währungsreform*), introduzindo o *Deutsche Mark* (marco alemão) nas três zonas ocupadas pelos Aliados ocidentais – Estados Unidos, França e Inglaterra. Ele sucedeu Adenauer e governou a RFA entre 1963 e 1966. – Bundesarchiv.

A foto mostra, no centro de Berlim Ocidental, a igreja evangélica Kaiser-Wilhelm-Gedächtniskirche, na Breitscheidplatz, na Kurfurstendamm, já reconstruída, no início de 1950, porém, deixou-se conservada, como monumento, a ruína da antiga, destruída pelos bombardeios dos Estados Unidos, durante a II Guerra Mundial. – Arquivo Nacional.

O presidente Getúlio Vargas, no seu segundo governo (1951-1953), pretendeu desenvolver a energia nuclear no Brasil e autorizou o vice-almirante Alberto da Mota e Silva a encomendar, na Alemanha, a fabricação de três ultracentrífugas para enriquecimento de urânio. Na foto, está Getúlio Vargas, em ocasião do banquete no Itamaraty, em 31 de janeiro, de 1951, dia de sua posse na Presidência do Brasil, com outros membros convidados para participar do governo. – CPDOC.

O vice-almirante Álvaro Alberto da Mota e Silva (1889-1976), criador e primeiro presidente do Conselho Nacional de Pesquisa (CNPq), foi quem entrou em entendimento com os cientistas alemães Wilhelm Groth, Konrad Beyerle e Otto Hahn (o responsável pela fissão nuclear) e comprou três ultracentrífugas para enriquecimento de urânio. Mas o brigadeiro inglês Harvey Smith, do Military Board Security, apreendeu todo o material e impediu o embarque para o Brasil. Na foto, o vice-almirante Álvaro Alberto da Mota e Silva preside uma sessão da Comissão de Energia Atômica da ONU. – Arquivo da Marinha do Brasil.

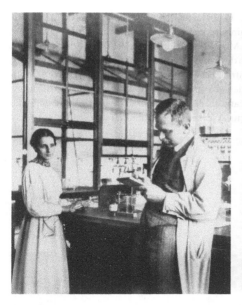

O professor Otto Hahn foi um dos cientistas alemães com os quais o vice-almirante Álvaro Alberto da Mota e Silva entrou em entendimento na Alemanha. Na foto, Otto Hahn e sua colaboradora, a professora Lise Meitner (1878-1968), no Instituto de Química Kaiser Wilhelm, da Universidade de Berlin, em 1913. Os dois descobriram o Isótopo Protactinium 231. Em 1933, com a tomada do poder por Adolf Hitler, Lise Meitner, que era judia, fugiu para a Áustria e, em 1938, asilou-se na Suécia. – Arquivo pessoal do autor.

O professor Wilhelm Groth (1904-1977), durante a Segunda Guerra Mundial, trabalhou no projeto cognominado Uranverein (Uranium Club), que visava desenvolver ultracentrífugas para o enriquecimento de urânio. Foi encarregado de orientar a fabricação das ultracentrífugas que seriam embarcadas para o Brasil. – Arquivo Nacional.

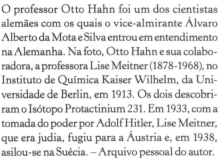

O professor Konrad Beyerle integrou a Uranverein, sociedade alemã que desenvolvia o projeto de energia atômica, e dedicou-se à construção de ultracentrífugas para enriquecer o urânio-235, em colaboração com os professores Paul Harteck, então diretor do Departamento de Física-Química da Universidade de Hamburg, e Wilhelm Groth, sob os auspícios do Conselho de Pesquisa Nuclear (Kernforschungsrat). Durante a Segunda Guerra Mundial, trabalhou na empresa Anschütz & Co. G.m.b.H., em Kiel, e, em 1943, conseguiu enriquecer o urânio até 5%. Konrad Beyerle foi um dos cientistas com os quais o vice-almirante Álvaro Alberto da Mota e Silva contratou a construção das três ultracentrífugas a serem exportadas para o Brasil. Na foto, o professor Konrad Beyerle, em 1948, na Sociedade Max-Planck, da qual era membro. – Archiv der Max-Planck-Gesellschaft, Berlin-Dahlem.

O professor Paul Harteck (1902-1985), ex-reitor da Universidade de Hamburg, esteve no Brasil a convite do vice-almirante Alberto da Mota e Silva, que fora à Alemanha e dele recebera a informação do processo de enriquecimento de urânio por meio da ultracentrifugação. Harteck e o professor Wilhelm Groth deram a orientação científica para a construção das ultracentrífugas, a cargo do professor Konrad Beyerle, então contratado pela Sartorius-Werke A.G. – Bundesarchiv.

Na foto, uma das três ultracentrífugas que o almirante Álvaro Alberto da Mota e Silva comprou na Alemanha. Essa ultracentrífuga foi recuperada e montada pelo Centro Tecnológico da Marinha em São Paulo (CTMSP). – Centro Tecnológico da Marinha em São Paulo.

A Volkswagen começou a montar automóveis no Brasil em 1953, dentro de um galpão no bairro do Ipiranga. O primeiro carro montado foi o Beetle, com alguns dos componentes importados da Alemanha, completamente desmontados e enviados para o Brasil. De 1953 a 1957, a Volkswagen montou 2.820 veículos. Mas a primeira linha de montagem foi efetivamente instalada em 1957, quando foi lançada a Kombi 00001, totalmente brasileira. – Arquivo da Volkswagen do Brasil.

A construção da primeira fábrica da Volkswagen no Brasil demorou três anos. Começou em 1956, em térreo com 10.200 m² no km 23,5 da Via Anchieta (São Bernardo do Campo). Sua inauguração ocorreu em 18 de novembro de 1959, com a presença do presidente Juscelino Kubitschek. Essa foi a primeira fábrica da Volkswagen instalada fora da Alemanha. – Arquivo da Volkswagen do Brasil.

Em 7 de outubro de 1953, a Mercedes-Benz instalou-se oficialmente no Brasil. Porém, só em 28 de setembro de 1956 foram inauguradas as instalações da fábrica, em São Bernardo do Campo, com a presença do presidente Juscelino Kubitschek que, na ocasião, experimentou a direção de um chassis destinado à montagem dos ônibus LP 312, com motor dianteiro. – Arquivo pessoal do autor.

Sob licença da indústria alemã Auto Union, a empresa Vemag S/A – Veículos e Máquinas Agrícolas, que representava no Brasil a empresa sueca Vabis, da Scania, lançou em 1956 seu primeiro veículo, a perua DKW-Vemag. Esse veículo foi montado com peças importadas da Alemanha, mas a fábrica começou a produzir automóveis DKW-Vemag, totalmente nacionais, a partir de 1958. – Arquivo Nacional.

Na foto, o presidente João Goulart, no topo da escada, quando inaugurou, em 1962, a construção do Instituto de Engenharia Nuclear (IEN), onde funcionaria o reator Argonauta. Abaixo, Paulo Didier Vianna, diretor da CBV Ltda. (construtora do Argonauta), seguido do professor Marcello Damy – então presidente da Comissão Nacional de Energia Nuclear (CNEN). – Acervo da Comissão Nacional de Energia Nuclear.

O presidente Ernesto Geisel (1974-1979) acentuou o caráter nacionalista na política externa do Brasil, firmou o acordo nuclear com a RFA e rompeu o acordo militar com os Estados Unidos, além de outras importantes iniciativas, como reconhecer a independência e os governos revolucionários de Angola, Moçambique, Guiné-Bissau e Cabo Verde. – Arquivo Nacional.

O *Kanzler* Helmut Schmidt continuou, por meio do acordo nuclear, a política de Willy Brandt e fortaleceu as relações econômicas e políticas com o Brasil. – Bundesbildsstelle Bonn Press- und Informationsamt der Bundesregierung.

O embaixador Paulo Nogueira Batista conversa com o *Kanzler* Helmut Schmidt, em 1974, durante reunião da Comissão Mista Teuto-Brasileira de Cooperação Econômica. – CPDOC.

A ultracentrífuga do tipo Zippe é um aparelho para separar o urânio-235, desenvolvido na Alemanha pelo professor austríaco Gernot Zippe e por uma equipe de cientistas – que ao fim da Segunda Guerra Mundial foram capturados pelas tropas do Exército Vermelho e levados para a União Soviética. Menos de dez países dominam a tecnologia da ultracentrifugação e o tipo Zippe foi aprimorado no Brasil, no Centro Tecnológico da Marinha em São Paulo (CTMSP), no Centro Experimental Aramar (CEA), inaugurado em 1988, no município de Iperó (SP) – Arquivo pessoal do autor.

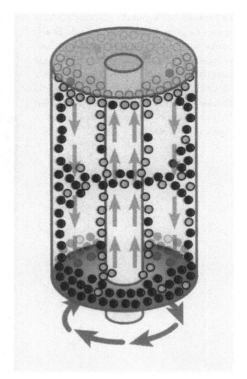

A ultracentrífuga apresentada na imagem é o tipo usado pela Urenco, consórcio de Alemanha, Inglaterra e Holanda. O tubo apoia-se em um mancal mecânico, sustentado no topo por mancais magnéticos. O tipo autóctone de ultracentrífuga, desenvolvido no Brasil pelo Centro Tecnológico da Marinha em São Paulo (CTMSP) e pelo Instituto de Pesquisas Energéticas e Nucleares (IPEN), é parecido com o da Urenco, porém mais avançado e com diferenças fundamentais. Ele funciona por levitação, equipado com um tubo cilíndrico que gira no vácuo, sem atrito entre os metais, em velocidade supersônica para separar o urânio-235, combustível, do urânio-238. Tanto o mancal superior como o inferior são magnéticos. – Centro Tecnológico da Marinha em São Paulo.

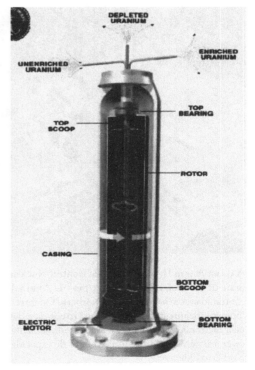

O presidente Fernando Collor de Mello tratou de impedir a capacitação do Brasil como potência nuclear. Em ato público, colocou a pá de cal dentro de um túnel de concreto, escavado numa encosta da Serra do Cachimbo, no oeste do Pará, dentro da área de jurisdição da base aérea Brigadeiro Velloso. Collor ordenou sua destruição. – Agência O Globo.

A usina Angra II, como parte da Central Nuclear Almirante Álvaro Alberto, está localizada na praia de Itaorna, entre os municípios de Angra dos Reis e Paraty (RJ). As obras civis da usina, contratadas com a Construtora Norberto Odebrecht, começaram em 1976. Porém, a partir de 1983, foram praticamente paralisadas em virtude da redução de recursos financeiros do governo. Operada pela Eletronuclear, a usina foi inaugurada somente no ano 2000 e iniciou a produção comercial em fevereiro de 2001, atingindo um fator de capacidade de cerca de 90%. – Arquivo da Construtora Norberto Odebrecht.

A partir do fim dos anos 1970, a Marinha do Brasil começou a desenvolver o projeto para a construção de submarinos a propulsão nuclear (Prosub). Na foto, a maquete do submarino nuclear brasileiro, tal como projetado pelo Centro Tecnológico da Marinha em São Paulo. – Centro Tecnológico da Marinha em São Paulo.

O casco do submarino nuclear francês, que aparece na foto, igual ao do submarino Scorpène, será adaptado ao submarino nuclear do Brasil, que possui 100 metros de comprimento. Entre vários fatores, o Brasil optou pela França, porque a Alemanha – proibida pelos tratados da Segunda Guerra Mundial – nunca havia construído e operado submarinos nucleares. – Arquivo da Marinha do Brasil.

A empresa estatal francesa Direction Technique des Constructions Navales & Direction des Constructions Navales (DCNS) formou uma *joint venture* com a Odebrecht, denominada Itaguaí Construções Navais (ICN), para a construção de um estaleiro, a Unidade de Fabricação de Estrutura Metálica (Ufem), quatro submarinos convencionais e um submarino com propulsão nuclear, em Itaguaí (RJ). As obras estão em pleno ritmo desde 2010, tendo inclusive começado a transferência de tecnologia. Os submarinos convencionais deverão estar prontos em 2014. Na foto, a maquete da base naval e do estaleiro. – Arquivo da Construtora Norberto Odebrecht.

Vista geral do canteiro de Angra III, com o edifício do reator ao centro, focalizando a montagem do envoltório de contenção – uma esfera de aço com 56 metros de diâmetro, projetada para impedir qualquer tipo de vazamento de radiação. Sua construção, iniciada em 1983, foi paralisada em 1986, por falta de recursos, e retomada no governo do presidente Lula. A conclusão está prevista para 2014. – Acervo Eletrobras-Eletronuclear.

A fotomontagem mostra, em primeiro plano, Angra III após a conclusão das obras, seguida de Angra II e Angra I, ao fundo. Assim deverá ser o conjunto da Central Nuclear Almirante Álvaro Alberto em 2015. – Acervo Eletrobras-Eletronuclear.

O presidente Lula recebeu a chefe do governo federal da Alemanha, Angela Merkel, no Palácio do Planalto, em 14 de maio de 2008. – Presidência da República.

O presidente Lula e a *Kanzlerin* Angela Merkel, em conferência de imprensa, durante visita de Estado a Berlim, em 3 de dezembro de 2009. – Presidência da República.

Dilma Rousseff, então candidata à Presidência da República, sendo apresentada pelo presidente Lula à chefe do governo alemão, Angela Merkel, em Berlim. – Presidência da República.

De Berlim, em 4 de dezembro de 2009, o presidente Lula viajou com a ministra Dilma Rousseff (Casa Civil) em um trem de alta velocidade para Hamburgo, onde participaria do "Seminário Brasil-
-Alemanha: tempo para uma nova parceria econômica". – Presidência da República.

À esquerda, Roberto Simões, então superintendente da Odebrecht Industrial, aperta a mão de Stefan Zoller, diretor-executivo da Cassidian/EADS, em 31 de maio de 2010, data em que firmaram em Munique um memorando de intenção com o objetivo de criar no Brasil uma *joint venture* para a construção de sistemas para vigilância costeira e de fronteiras, bem como de guerra eletrônica. Na ponta da mesa, à direita, o embaixador Antônio Patriota, na época secretário-geral do Itamaraty. Arquivo da Construtora Norberto Odebrecht.

# CAPÍTULO 12

A POLÍTICA ATÔMICA NOS ESTADOS UNIDOS E AS RAZÕES DO ACORDO NUCLEAR BRASIL-RFA DE 1975 – OS INVESTIMENTOS ALEMÃES NO BRASIL E A CRISE DOS ANOS 1980 – A PARALISAÇÃO DAS OBRAS DE ANGRA II E III – A TRANSFERÊNCIA DE TECNOLOGIA DE ENRIQUECIMENTO DE URÂNIO POR ULTRACENTRIFUGAÇÃO – O COMÉRCIO ENTRE O BRASIL E A RDA – A EXIGÊNCIA DE SALVAGUARDAS ABRANGENTES PELA RFA E AS NEGOCIAÇÕES DO MINISTRO DAS RELAÇÕES EXTERIORES CELSO AMORIM EM 1994

Ao mesmo tempo que fomentava, com a cooperação científica e tecnológica da RFA, diversos empreendimentos de pesquisa, para os quais especialistas militares, bem como alguns civis, cumpriam o programa de formação e aperfeiçoamento no Centro de Jülich, o governo brasileiro continuou as negociações para a instalação da primeira usina de produção de energia nuclear em Angra dos Reis, no estado do Rio de Janeiro. O acordo foi finalmente fechado, em 1972, com a Westinghouse. Essa corporação norte-americana, cuja tentativa de adquirir o controle acionário da Jeumont-Schneider (650 milhões de francos em volume de negócios) o presidente da França, Georges Pompidou, vetara para impedir que ela se estabelecesse dentro da CEE, tinha já a seu crédito a experiência com a construção de 43 centrais nucleares e, com a General Electric, dominava 50% do mercado internacional de reatores. Entretanto, a fim de preservar o monopólio tecnológico dos Estados Unidos e manter o *statu quo* mundial, o governo de Washington não permitia que as empresas norte-americanas participassem da produção de material nuclear fora do seu território ou cooperasse com outros países na compra, projeção ou construção de usinas para o enriquecimento do urânio e reprocessamento do combustível irradiado. O Brasil ainda teve de aceitar severas restrições, ao firmar o contrato com a Westinghouse. Conforme o general Hugo Abreu, chefe do Gabinete Militar e secretário-geral do Conselho de Segurança Nacional no governo Ernesto Geisel (1974-1979), observou,

> os norte-americanos não apenas nos privaram do conhecimento dos detalhes técnicos como, muito mais que isso, nos forneceram uma caixa-preta lacrada e nem nos disseram o que há lá dentro. Nossos técnicos podem apenas operar a usina. Nada mais.[1]

Os militares brasileiros não se conformaram com tal situação. Não somente eles queriam a transferência dos conhecimentos científicos e tecnológicos relativos a todo o ciclo de produção da energia nuclear, como a crise de 1973-1974, detonada quando os Estados árabes, em guerra contra Israel,[2] embargaram o fornecimento de petróleo ao Ocidente e elevaram o preço do barril a níveis até então inimagináveis, mostrou a urgente necessidade de capacitar o Brasil com fontes alternativas de geração térmica de energia, de modo a atender à expansão industrial, que se presumia fosse continuar em taxas bastante altas ainda por outras décadas. O chamado Plano 90, estudo elaborado pela Eletrobras entre 1973 e 1974, estimava que a demanda de eletricidade cresceria a uma taxa anual média de 8,7%, no caso de mercado baixo, ou de 11,4%, no caso de mercado alto, e previa a necessidade de seis a oito usinas núcleo-elétricas de 1.200 megawatts cada, ou seja, entre 7.200 e 9.600 megawatts, dentro de um programa de construção de usinas hidrelétricas, com capacidade total de 44.600 megawatts, estimado o

---

1 Abreu, 1979, p.43.
2 Em outubro de 1973, durante a celebração do Yom Kippur, o início do ano judaico, a Síria e o Egito atacaram Israel, com o objetivo de recuperar os territórios perdidos em consequência da guerra de 1967.

potencial hidráulico em 150.000 megawatts.³ A expectativa, de acordo com as avaliações, era a de que o aproveitamento dos recursos hídricos da região centro-sul aproximava-se do limite.⁴

Fatores de insegurança e preocupação também determinaram a decisão do governo brasileiro. Os Estados Unidos, como os únicos fornecedores do combustível nuclear, o urânio enriquecido, perderam a confiabilidade. A Westinghouse comprometera-se com o fornecimento de, pelo menos, 500 toneladas de urânio enriquecido ao Brasil e o Departamento de Energia dos Estados Unidos, a fim de garanti-lo, solicitara o pagamento antecipado de um montante em torno de 4 milhões de dólares.⁵ Todavia, em março de 1974, o United States Army Environmental Command (Usaec), alegando problemas burocráticos, deixou de fornecer à RFA o serviço de enriquecimento de urânio, o que obrigou o governo de Bonn a recorrer às suas reservas, para evitar a paralisação dos reatores da Rheinische Westfälische Elektricitätsgesellschaft (RWE).⁶ Pouco tempo depois, colocaram sob ressalva contratos para o abastecimento de 45 reatores estrangeiros, inclusive o reator comprado pelo Brasil à Westinghouse, com a explicação de que as demandas comerciais de urânio enriquecido superavam sua capacidade de produção. O motivo parecia verdadeiro e o valor do pagamento adiantado, naturalmente, foi devolvido, mas a instabilidade do fornecimento pelos Estados Unidos do serviço de enriquecimento de urânio ressaltou a extrema vulnerabilidade da posição do Brasil. A segurança de aprovisionamento e a redução das dependências externas, mediante a absorção da tecnologia nuclear, tornavam-se, portanto, um imperativo estratégico. O Brasil, ao decidir-se pela linha de reatores de

---

3 Entrevista do embaixador Paulo Nogueira Batista ao autor, São Paulo, 26 mai. 1994. Foi ele quem negociou o Acordo Nuclear com a RFA, na condição de secretário-geral adjunto de Assuntos Econômicos do Itamaraty; posteriormente, exerceu a Presidência da Nuclebras.
4 Entrevista de Shigeaki Ueki, ministro de Minas e Energia no governo Geisel, ao autor, São Paulo, 2 mai. 1994.
5 Ibidem.
6 Mirow, 1979, p.14.

potência a urânio enriquecido, não podia permitir que os suprimentos do combustível contivessem os mesmos elementos de incerteza configurados no abastecimento do petróleo. Seu objetivo consistiu, então, em capacitar-se plenamente para a produção de energia nuclear com fins civis, embora pudesse obter, como consequência, um potencial bélico, cujo desenvolvimento, porém, dependeria de ulterior decisão a ser tomada de acordo com uma doutrina militar, se necessário fosse. Com tal orientação, naquelas circunstâncias, o general Geisel procurou entendimento com outros países para obter a cooperação necessária ao desenvolvimento da indústria nuclear no Brasil, usando, para robustecer seu poder de barganha, a disposição de comprar até oito usinas nucleares. A França, por meio do Comissariado de Energia Atômica, manifestou o desejo de participar na prospecção de minerais radioativos e no estabelecimento de uma indústria de componentes de reatores, mas não se interessou pela etapa de enriquecimento de urânio. Só a RFA se dispôs a negociar um acordo profundo e integrado, visando à implantação, no Brasil, de todo o ciclo de geração da energia nuclear, desde a pesquisa e lavra do urânio até o enriquecimento, produção do elemento combustível e reprocessamento, além da fabricação de reatores de potência. O acordo nuclear começou a ser negociado pelo embaixador Paulo Nogueira Batista, subsecretário de Assuntos Econômicos do Itamaraty.

Quando os Estados Unidos puseram forte e intensa pressão para que a Alemanha não firmasse o acordo nuclear com o Brasil, o general Ernesto Geisel (1974-1979) endureceu: ou a RFA mantinha os termos negociados ou o acordo passaria a ser discutido com a França.[7] O *Kanzler* Helmut Schmidt resistiu. Se cedesse à pressão dos Estados Unidos, a RFA perderia um negócio da ordem de US$ 4,5 bilhões e as consequências para a indústria e toda a economia alemã teriam incalculáveis prejuízos, uma vez que o governo de Bonn investira cerca de DM 20 bilhões no desenvolvimento da tecnologia nuclear e o acordo

---

7 "Uma forte nação pacífica", *Veja*, São Paulo, 2 jul. 1975.

com o Brasil geraria contratos com mais de trezentas empresas alemãs e garantiria o emprego de 13 mil trabalhadores da KWU. Assim, após um ano de negociações secretas, o ministro dos Assuntos Estrangeiros da RFA, Hans-Dietrich Genscher, e o ministro das Relações Exteriores brasileiro, Antônio Azeredo da Silveira, firmaram, em 27 de junho de 1975, o Acordo de Cooperação paro Usos Pacíficos da Energia Nuclear, que previa a instalação, no Brasil, de oito centrais termonucleares, cada uma com capacidade de 1.200 megawatts e de uma usina de enriquecimento de urânio por processo de jato centrífugo [*jet nozzle*], ainda em fase de experimentação, bem como de uma fábrica de reatores, a ser construída em Sepetiba (Rio de Janeiro) e cuja produção, com início calculado para o fim de 1978, possibilitaria a completa nacionalização dos equipamentos. A execução desse programa ficou a cargo de consórcios formados, basicamente, pela Nuclebras, empresa estatal brasileira, formalmente vinculada ao Ministério de Minas e Energia, e pela Kraftwerk Union (KWU), subsidiária da Siemens e que, inicialmente, fora constituída como *joint venture* com a AEG-Telefunken.

A RFA dispôs-se, assim, a cooperar para a implantação e o desenvolvimento, no território do Brasil, de uma indústria nuclear autônoma capaz de abastecer futuramente a América Latina e outras regiões do então chamado Terceiro Mundo, bem como transferir-lhe, paralelamente à construção das oito usinas de geração de energia, os conhecimentos tecnológicos associados ao tipo de reator escolhido (reator à água pressurizada). Ela tivera, sem dúvida alguma, fortes razões para assumir esse empreendimento, desafiando a política dos Estados Unidos que sempre se opuseram à transferência das tecnologias de enriquecimento e reprocessamento de urânio para países do Terceiro Mundo. De um lado, embora já estocasse grandes reservas de combustível nuclear, a cooperação com o Brasil permitia à RFA assegurar seu acesso a jazidas de urânio porventura existentes em território brasileiro, libertando-se também da dependência em relação aos suprimentos norte-americanos. Do outro, a indústria alemã percebera que podia valer-se da tecnologia nuclear para abrir novos mercados para seus produtos no exterior, onde a concorrência se intensificava, e assim compensar a tendência declinante, no médio prazo, da demanda interna.[8] Entretanto, o acordo nuclear provocou a mais vigorosa oposição dos Estados Unidos, que tudo fizeram para o inviabilizar, a aplicarem fortes pressões sobre o Brasil e a RFA. A alegação consistiu, sobretudo, no fato de que o Brasil não subscrevera o TNP. O senador John Pastore, presidente do *Joint Congressional Committee on Atomic Energy*, exprimiu, em enérgico discurso, o temor de que, diante da instabilidade política mundial, surgisse em outro país da América Latina um novo Fidel Castro, dispondo de instalações para a fabricação de bomba atômica, e ressaltou que

> esse perigo em potencial está sendo criado por um aliado nosso, em nosso próprio quintal, enquanto o governo dos Estados Unidos está fortemente empenhado em defender a Alemanha Ocidental de um perigo semelhante.[9]

A celebração do acordo nuclear com o Brasil gerou, pela primeira vez, grave crise nas relações entre os Estados Unidos e a RFA.[10] Suas implicações militares e estratégicas, em razão das características peculiares da indústria atômica, inquietaram, naturalmente, as autoridades de Washington. Esse aspecto político não constituiu, porém, a causa fundamental das desavenças. Na verdade, fortes interesses comerciais alimentaram-nas, conforme percebera Helmut Schmidt, sucessor de Willy Brandt na chefia do governo alemão,[11] pois as grandes corporações norte-americanas – Westinghouse e General Electric, das quais o senador John Pastore era identificado como lobista – estavam a perder sua supremacia no mercado mundial.

Até então os Estados Unidos monopolizaram a comercialização de usinas e equipamentos nucleares, fornecendo, entre 1968 e 1971, mais de 90% dos reatores vendidos no mercado internacional. Entre-

---

8 Fabrício; Herzog, "Energia nuclelétrica para o Brasil", *Deutsch-Brasilianische Hefte*, 4 mai. 1985, p.232-47. Fabrício era diretor da Nuclebras, e Herzog da KWU.
9 *Jornal do Brasil*, 5 jun. 1975, p.4.
10 Hanrieder, 1991, p.358-9; ver também Grabendorff, "Brasil y la República Federal de Alemania", *Estudios Internacionales*, n.57, jan.-mar. 1982, p.38-59.
11 *Jornal do Brasil*, 26 jun. 1975, p.3.

tanto, ao mesmo tempo que a demanda mundial de reatores nucleares, tecnologia e elementos combustíveis rapidamente aumentara, como consequência da crise do petróleo, aquela percentagem decaíra para 70% em 1974. Quando o Brasil e a RFA, no ano seguinte, firmaram o acordo nuclear, a KWU já recebera mais encomendas que o total dos quatro consórcios norte-americanos liderados por Westinghouse e General Electric, cujos negócios o governo de Washington começava a prejudicar, ao vedar-lhes a exportação do ciclo completo de produção do combustível nuclear. Esse impedimento, que servira para manter o monopólio da tecnologia atômica e a predominância estratégica dos Estados Unidos como potência industrial e militar, tornara-se uma desvantagem comercial para aquelas companhias norte-americanas *vis-à-vis* das concorrentes europeias, a KWU (alemã) e a Framatome (francesa).[12] Elas, assim, não tiveram condições nem de conquistar os novos mercados, então a se abrirem, nem de conservar aqueles, como o Brasil, onde os Estados Unidos tradicionalmente predominaram. Aliás, dentro do governo norte-americano, alguns círculos entenderam que a Westinghouse teria fechado o contrato para o fornecimento de reatores ao Brasil, em lugar da KWU, se recebesse autorização para exportar, conjuntamente, a tecnologia de enriquecimento e reprocessamento do urânio. Porém, mudança na política de Washington não houve. Pelo contrário, James Earl (Jimmy) Carter, candidato do Partido Democrata à Presidência dos Estados Unidos, explorou o tema durante a campanha eleitoral e anunciou que, se vencesse, tomaria medidas contra a proliferação das armas nucleares, a começar por um apelo a todas as nações para que cessassem a venda de usinas de enriquecimento e processamento de urânio, paralisando a execução dos acordos Brasil--RFA e França-Paquistão.[13] Com efeito, ao iniciar sua administração, em janeiro de 1977, ele aplicou fortes pressões sobre o Brasil e a RFA. Cyrus Vance e Warren Christopher, secretário e subsecretário de Es-

---

12 Häckel, "Der Export von Nuklearteknologie", *Die Internationale Politik 1975/76*, 1981, p.78-89.
13 *Jornal do Brasil*, 26 set. 1976, p.16.

tado dos Estados Unidos, logo viajaram a Bonn e a Brasília, mas suas gestões não tiveram sucesso. Em fins de março de 1977, o presidente Jimmy Carter pressionou o Chase Manhattan Bank e o Eximbank para que suspendessem todos os financiamentos negociados com o Brasil e até mesmo paralisou o fornecimento à RFA de serviço de enriquecimento de urânio. Seu objetivo consistiu em compelir os dois países a denunciarem ou reverem o acordo nuclear, com a introdução de salvaguardas complementares [*comprehensive safeguards*], semelhantes às estabelecidas pelo TNP, e a exclusão da usina de enriquecimento do urânio e reprocessamento do combustível. Essas exigências eram inaceitáveis e a intromissão do governo norte-americano no acordo nuclear aguçou o nacionalismo nas Forças Armadas brasileiras. Como consequência, a pretexto de um relatório do Departamento de Estado sobre a situação dos direitos humanos no Brasil, o presidente Geisel, mediante o Decreto n.79.376, de 11 de março de 1977, ab-rogou, o acordo militar com os Estados Unidos celebrado em 15 de março de 1952, bem como os demais instrumentos bilaterais de cooperação entre as Forças Armadas dos dois países.[14] Seis meses depois, em março de 1978, ele realizou uma visita oficial a Bonn, a primeira de um chefe de Estado brasileiro à RFA,[15] e lá foram assinados vários convênios complementares ao acordo nuclear, visando ao desenvolvimento da tecnologia de reatores de alta temperatura e utilização do tório como combustível.

Naquela ocasião, durante um banquete oferecido a Geisel pelo presidente da RFA, Walter Scheel, Helmut Schmidt criticou duramente o comportamento dos Estados Unidos,[16] onde quatro dias depois (10 de março de 1978) o presidente Jimmy Carter sancionou o Nuclear Non-Proliferation Act, com base no qual poderia suspender, a qualquer instante, o fornecimento de urânio enriquecido aos países que não acatassem as diretrizes de política atômica emanadas de Washington.

---

14 Sobre o tema, ver Moniz Bandeira, 1989, p.234-43.
15 Kubitschek estivera na RFA, em 1956, mas ainda não assumira a Presidência do Brasil.
16 *IstoÉ*, 15 mar. 1978, p.7.

Essa lei fora proposta em 1975 pelos deputados norte-americanos Clarence Long e Jonathan Bingham por causa, exatamente, do acordo nuclear Brasil-RFA. Eles consideraram que os exportadores norte-americanos sofreram enormes prejuízos por estarem submetidos a controles mais rígidos quanto ao tipo de equipamento a oferecer, o que permitiu à RFA conseguir os contratos, embora necessitasse importar dos Estados Unidos 86% do combustível consumido por suas usinas. O Nuclear Non-Proliferation Act constituiu, portanto, grave ameaça não só contra a RFA, como também contra a França, cujo abastecimento de urânio enriquecido dependia, fundamentalmente, do serviço dos Estados Unidos.[17] O próprio deputado Clarence Long, em discurso no Congresso norte-americano, declarou:

> Se dissermos que não venderemos determinado tipo de equipamento, outros países vão vendê-lo. Entretanto, esses países dependem de nós por muitos anos para o fornecimento de urânio enriquecido. Esse combustível é usado para gerar energia elétrica e movimentar as indústrias desses países. O corte dos suprimentos, portanto, ameaçará esses países com a paralisação de seus reatores nucleares e a perda da energia elétrica necessária para sustentar suas indústrias.[18]

Contudo, ao contrário das expectativas, Carter aparentemente evitou agravar a crise no relacionamento dos Estados Unidos com o Brasil e a RFA. Autoconvidado, no final de março, visitou Brasília e afirmou que o Nuclear Non-Proliferation Act não se aplicava nem ao Brasil nem à RFA.[19] O mesmo repetiu o secretário de Estado norte-americano, Cyrus Vance, para o ministro dos Assuntos Estrangeiros do governo de Bonn, Hans-Dietrich Genscher. As autoridades norte-americanas possivelmente confiaram em que os atrasos, bem como os problemas

---

17 A RFA necessitava importar dos Estados Unidos 86% do combustível nuclear que utilizava, e a França, 62%. Ambos continuariam a depender dos Estados Unidos até a década de 1980, segundo o deputado Clarence Long (apud *Jornal do Brasil*, 6 mar. 1978, p.10).
18 Ibidem.
19 Entrevista do ex-ministro das Relações Exteriores Antônio Azeredo da Silveira ao autor, Rio de Janeiro, 20 jul. 1987.

técnicos e financeiros, que já se evidenciavam, dificultariam a execução do Acordo Nuclear, o que tornava desnecessária sua oposição.[20] Mas, na verdade, continuaram a exigir do governo brasileiro a aceitação de salvaguardas abrangentes [*full-scope safeguards*], ao que o Departamento de Energia dos Estados Unidos condicionou a emissão de licença de exportação para o fornecimento de hexafluoreto de urânio (UF6) enriquecido, destinado à usina Angra I, construída pela Westinghouse. Dado que o contrato lhe dava exclusividade no fornecimento de tais serviços para Angra I, ameaçou cobrar multa de 20 milhões de dólares, caso o governo brasileiro recorresse à Urenco como fonte alternativa. O impasse estabelecido no próprio Departamento de Estado só foi solucionado em 1981, após entendimentos diretos do embaixador Paulo Nogueira Batista, presidente da Nuclebras, com o então vice-presidente dos Estados Unidos George Bush.[21]

Efetivamente, após resistir a fortes pressões diplomáticas dos Estados Unidos, bem como às críticas de cientistas brasileiros e ecologistas alemães, o acordo nuclear começou a defrontar-se com vários transtornos, em meio a denúncias de irregularidades e de falhas técnicas na construção de Angra I (Westinghouse), reforçada pelos novos cálculos de custos da energia nuclear, que recomendavam melhor aproveitamento dos recursos hidráulicos. As encomendas de equipamentos para atender às necessidades do Programa Nuclear começaram então a atrasar e os próprios empresários perceberam que ele dificilmente seria executado tal como concebido no acordo com a RFA. Em 1979, quando o general João Batista Figueiredo sucedeu a Geisel na Presidência do Brasil, o clima era de expectativa. Certeza não havia sequer sobre a prioridade para a construção das três ou quatro primeiras usinas. A produção de energia nuclear não mais se afigurava primacial, havendo o governo

---

20 "Deutsch-Brasilianischer Atomgeschäft läuft heiss – Verzögerungen und technische Schwierigkeiten stellen Milliarden-Projekt in Frage", *Süddeutsche Zeitung*, Frankfurt, 6 out. 1978; sobre o tema, ver também Greño-Velasco, "El Acuerdo Brasil-RFA y el principio de no proliferación nuclear", *Revista de Política Internacional*, nov.-dez. 1977, p.113-43.
21 Entrevista do embaixador Paulo Nogueira Batista ao autor, cit.

Figueiredo (1979-1985) reduzido drasticamente os investimentos públicos previstos para os anos subsequentes. Entretanto, a desaceleração das obras de construção das usinas termonucleares, acentuada a partir de 1979 pela recessão na economia mundial e pelo agravamento da crise da dívida externa, não impediu que o fluxo de capitais privados da RFA para o Brasil, recrescendo desde 1974, quando começou o governo Geisel, continuasse bastante elevado até 1983. Nesse período de dez anos, as empresas alemãs aplicaram no Brasil cerca de 5,2 bilhões de marcos, quase cinco vezes mais que nos dez anos precedentes, isto é, de 1964 a 1973, conforme demonstra a seguir:

Tabela 1
Investimentos diretos da RFA no Brasil (transferência líquida)[22]

| Ano | Milhões (marcos) |
|---|---|
| 1964 | 25,1 |
| 1965 | 15,4 |
| 1966 | 47,4 |
| 1967 | 72,8 |
| 1968 | 227,5 |
| 1969 | 155,8 |
| 1970 | 128,0 |
| 1971 | 178,6 |
| 1972 | 158,1 |
| 1973 | 189,1 |
| 1974 | 427,8 |
| 1975 | 450,5 |
| 1976 | 576,5 |
| 1977 | 587,8 |
| 1978 | 424,3 |

continua

22 Fonte: Deutsche Bundesbank.

continuação

| Ano | Milhões (marcos) |
|---|---|
| 1979 | 532,9 |
| 1980 | 362,7 |
| 1981 | 731,0 |
| 1982 | 603,2 |
| 1983 | 528,6 |

Em 1984, o fluxo de capitais caiu para 130,2 milhões de marcos e, embora em 1985 as empresas da RFA ainda se dispusessem a aplicar no Brasil o montante de 5 bilhões de marcos no quinquênio seguinte, o que se registrou foi um "desinvestimento" líquido de 69,2 milhões de marcos, naquele ano, e de 422 milhões em 1986,[23] quando, apenas no primeiro semestre, foram repatriados aproximadamente 278 milhões de marcos, contra 262 milhões nos doze meses anteriores.[24] Esse fato, que ocorrera pela primeira vez desde a fundação da RFA em 1949, deveu-se a vários fatores econômicos (restrições às remessas de lucros impostas pelo Banco Central, Plano Cruzado, com o congelamento de preços etc.) e políticos (incerteza quanto aos rumos da Constituinte a instalar-se em 1987 e ao modelo econômico, que adotaria forma de renegociação da dívida externa etc.). A transferência líquida de capitais, nos três anos subsequentes, da ordem de 238 milhões de marcos em 1987, 98 milhões em 1988 e 174 milhões em 1989, situou-se apenas em torno de 10% das intenções de investimentos manifestadas em 1985. De qualquer modo, porém, a participação da RFA no total dos investimentos estrangeiros registrados no Brasil aumentou de 11,4%, em 1974, para 13,25%, em 1983, e 14%, em 1989, enquanto a dos Estados Unidos, antes de quase 50%, continuou a cair, baixando de 36,3% para 31,82% e 25%, no mesmo período.[25]

---

23 Der Bundesminister für Wirtschaft, V B 5 – 954 449, Bonn, den 4 jul. 1990, Betr: Brasilien, hier, Bilaterale Wirtschaftsbeziehungen.
24 Setti, "Alemães tiram dinheiro do país e adiam investimento", Jornal do Brasil, 4 nov. 1986, p.18.
25 Brasil industrial 1974, v.1, p.76; dados também fornecidos pelo consulado da RFA no Rio de Janeiro, em 1984, e pela embaixada da RFA, em 1990.

O comércio refletiu também o avanço e o recuo no acordo nuclear. Recuo agravado pela crise da dívida externa, cuja explosão fora desencadeada, em 1982, pelo inaudito aumento das taxas de juros nos Estados Unidos. As importações de produtos alemães pelo Brasil, que se elevaram em cerca de 500% entre 1970 e 1975 (mais de 200% no quinquênio anterior), mesmo com ligeiro decréscimo em 1977, continuaram a crescer até 1980, quando atingiram o montante de 1,6 milhão de dólares (FOB) e começaram a declinar, caindo para 628.993 dólares (FOB) em 1984.[26] A queda situou-se em torno de 40%. Mas as suas exportações para a RFA, cujo incremento fora de mais de 100% entre 1970 e 1975, subiram de 918.899 dólares (FOB), em 1976, para 1 milhão de dólares, em 1977, e se mantiveram relativamente estáveis, acima daquele patamar, variando até o máximo de 1,3 milhão de dólares, em 1985.[27] A RFA, assim, propiciou ao Brasil cada vez maiores superávits. Mas as crescentes dificuldades no cumprimento do acordo nuclear entravaram a expansão do comércio entre os dois países e quase prejudicaram a cooperação científica e tecnológica, que se processava com sucesso. Desde 1979, quando o ministro da Economia, Otto Graf von Lambsdorff, visitou Brasília, a RFA estabelecera um

---

26 Brasil, IBGE. *Comércio exterior – séries estatísticas*, 1985, p.137.
27 Ibidem. Os dados fornecidos pelo Statisches Bundesamt diferem das estatísticas do IBGE e do Banco Central do Brasil, em decorrência do sistema de registro por país de origem adotado pela RFA. A diferença resulta do chamado Efeito de Roterdã, uma vez que tradicionalmente grande parte das exportações do Brasil entram na RFA através daquele porto, na Holanda. Assim, enquanto as autoridades brasileiras registram apenas o destino declarado, no caso, a Holanda, os alemães, que verificam as mercadorias quando atravessam as fronteiras, tomam como base o país de origem. As estatísticas alemãs apresentavam, por conseguinte, valores mais altos, o que, de modo geral, não modifica as tendências para o crescimento ou o declínio das importações e exportações. Porém, as tendências e as variações relativas, expressas em dólares e em marcos, muitas vezes apresentam nítidas diferenças em virtude de acentuadas oscilações cambiais. Por exemplo, as exportações do Brasil para a RFA, em marcos, aumentaram pouco mais de 18% de 1980 para 1981, quando evoluíram de 2,9 para 3,4 milhões de marcos, e cerca de 20% de 1981 para 1982, quando subiram de 3,4 para 4,2 milhões de marcos, ao passo que, em dólares, elas diminuíram 5% de 1980 para 1981 (de 1,6 para 1,5 milhões de dólares) e um pouco mais de 11 % de 1981 para 1982 (de 1,5 para 1,7 milhões de dólares). Essa diferença se deveu à revalorização do dólar, promovida pelo Presidente dos Estados Unidos, Ronald Reagan, em 1981. Os dados referidos são oriundos do Statisches Bundesamt.

*Junktim* [combinação], condicionando a transferência da tecnologia do ciclo completo de produção do combustível nuclear à compra dos oito reatores.[28] A argumentação consistia em que a instalação do setor sensitivo, que abrangia o enriquecimento do urânio e o reprocessamento do combustível, só se justificaria com a construção de determinado número de centrais nucleares e que a existência de apenas duas não bastava. O Brasil, por outro lado, argumentava que se comprometera a comprar quatro usinas e apenas manifestara intenção de adquirir outras quatro, dando preferência à RFA. O Brasil assim procedera, porquanto realmente não se justificava a implantação de uma usina de enriquecimento e reprocessamento de urânio se fosse apenas para o abastecimento de duas centrais nucleares.

Assim um impasse se formou e o governo Figueiredo engravesceu-o quando decidiu desacelerar até mesmo a construção das usinas Angra II e III, depois de uma auditoria realizada pelo FMI, entre 1982 e 1983, nas contas do Estado brasileiro, o que provocou o adiamento, para 1991 e 1992, das datas previstas para elas entrarem em funcionamento. Os critérios aplicados pelo então ministro da Fazenda, Antônio Delfim Netto, foram naturalmente políticos e atenderam aos interesses dos Estados Unidos. Entretanto, desde 1979, quando os problemas financeiros, entre outros fatores, começaram a empecer a execução do acordo nuclear, as Forças Armadas brasileiras impulsionaram as pesquisas para a obtenção da tecnologia de enriquecimento do urânio, desenvolvendo, fora dos controles e salvaguardas da Agência Internacional de Energia Atômica (AIEA), o Programa Nuclear Paralelo, no qual engajaram técnicos e cientistas brasileiros que, em virtude do Acordo Geral de Cooperação de 1969, do Convênio Especial sobre Cooperação Científico-Tecnológica de 1971 e do próprio Acordo Nuclear de 1975, treinaram e receberam cursos de aperfeiçoamento no Centro de Pesquisa Nuclear [*Kernforschungsanlage*, KFA] de Jülich, no Centro de

---

28 Füllgraf, 1988, p.89-90; Fischer, "Ist der deutsch-brasilianische Nuklearvertrag gefährdet?", *Deutsch-Brasilianische Hefte*, jan. 1985, p.29-31.

Pesquisa Nuclear [*Kernforschungszentrum*, KFK] de Karlsruhe, assim como na própria Siemens. Em 5 de setembro de 1987, José Sarney, o primeiro civil a ocupar a Presidência da República (1985-1990) depois do golpe de Estado de 1964, anunciou oficialmente que o Brasil conseguira o completo domínio da tecnologia do enriquecimento de urânio pelo processo de ultracentrifugação,[29] o mesmo que os professores Paul Harteck e Wilhelm Groth começaram a desenvolver, nos anos 1940, e o presidente Getúlio Vargas tentara importar, em 1954. Esse processo a Urenco, consórcio formado pela RFA, Grã-Bretanha e Holanda, passou a utilizar, porém, com outro aparelho mais compacto e eficiente, desenvolvido pelo físico austro-húngaro Gernot Zippe (1917-2008).[30]

Os professores Gernot Zippe e Wilhelm Groth trabalhavam em projetos paralelos de desenvolvimento de centrífugas e trocavam informações entre si. Se o projeto das três ultracentrífugas, compradas pelo almirante Álvaro Alberto da Mota e Silva, não houvesse sido sabotado pelo general Juarez Távora e o ministro João Neves da Fontoura, o Brasil poderia ter adentrado os anos 1960 dominando a tecnologia de enriquecimento que iria prevalecer até o século XXI: a das ultracentrífugas Zippe, a tecnologia adotada pela Urenco (mais evoluída com relação ao embrião dos anos 1960) e também pela Rosatom (Викторина), da Rússia.[31] Esse tipo de ultracentrífuga (Zippe) foi ainda aprimorado, no

---

29 O processo de ultracentrifugação do hexafluoreto de urânio (UF6) foi desenvolvido a partir de um princípio da física, segundo o qual a força centrífuga varia de acordo com o peso das substâncias, possibilitando separar o isótopo U-235 do isótopo U-238, cuja massa é mais pesada. Colocado o UF6 dentro de um tambor redondo a circular em alta velocidade rotativa, por meio da ultracentrifugação o isótopo U-238, mais pesado, corre para as margens, enquanto o isótopo U-235 concentra-se no fundo, atraído pela força centrípeta.
30 O cientista Gernot Zippe vivia na Alemanha, trabalhara para Luftwaffe (Força Aérea), durante a Segunda Guerra Mundial, e foi aprisionado pelas tropas do Exército Vermelho, quando ocuparam Berlim. Levado para a União Soviética, como prisioneiro de guerra, produziu esse modelo de ultracentrífuga. Libertado em 1956, teve suas notas sobre o confiscadas pelos soviéticos. Porém conseguiu reconstituir o projeto de memória, e recriou o aparelho na Universidade de Virgínia, nos Estados Unidos. A CIA tentou recrutá-lo para as pesquisas nucleares secretas. Ele não aceitou e regressou à Alemanha.
31 "Os proeminentes nesse trabalho foram os professores Wilhelm Groth, da Universidade de Bonn, e Gernot Zippe, que construiu as ultracentrífugas para a União Soviética e foi

Brasil, pelo Instituto de Pesquisas Energéticas e Nucleares-Comissão Nacional de Energia Nuclear (IPEN-CNEN/SP) e pela Marinha do Brasil, no Centro Tecnológico da Marinha em São Paulo (CTMSP),[32] com algumas significativas inovações tecnológicas, como os mancais de levitação magnética, que têm maior velocidade e produtividade e a diferenciam da alemã, sem similar em outro país.[33] A notícia de que o Brasil adquirira o domínio completo dos ciclos de produção do urânio enriquecido repercutiu nos círculos políticos de Bonn.

Conquanto o acordo nuclear de 1975 só se referisse ao processo de jato centrífugo [*jet nozzle*], cuja viabilidade industrial ainda suscitava muitas controvérsias,[34] a tecnologia da ultracentrifugação para enriquecimento do urânio fora realmente transferida da RFA para o Brasil. Isso ocorrera por meio dos técnicos e cientistas brasileiros que treinaram e se aperfeiçoaram nos centros de pesquisas de Jülich e Karlsruhe, bem como na própria Siemens, uma vez que eles não estavam sob as salvaguardas do AIEA.[35] Um relatório do Auswärtiges Amt,

---

contratado pela AEC (Atomic Energy Comission). Zippe retornou julho último à Alemanha e é agora associado com a Degussa Co. de Frankfurt, que manufatura centrífugas experimentalmente ("Atoms at Retail", *Time*, 24 out. 1960). "O professor Groth diz que as centrífugas existentes requerem somente um décimo da quantidade de eletricidade necessitada pelos aparelhos de difusão da mesma capacidade [...] O modelo atual da Degussa por ser construído por US$ 1.000 e, de acordo com Zippe, produzirá em um ano uma libra de U-235 [...] Ambos Groth e Zippe creem que as centrífugas poderão competir economicamente com as de difusão gasosa na produção de combustível nuclear, enriquecido em U-235, para as plantas de energia atômica" ("U 235 – Das Staatsgeheimnis", *Spiegel*, 19 out. 1960).

32 Atualmente denominada Coordenadoria para Projetos Especiais – São Paulo (Copesp).
33 O eixo central da ultracentrífuga tipo-Zippe, aprimorada no Brasil, gira, levitando, sem apoio e sem atrito entre as peças. Tem maior durabilidade, com menor consumo de energia, o que permite enorme competitividade na produção de urânio.
34 O processo de *jet nozzle*, desenvolvido pelo professor Erwin Becker, do Centro de Pesquisas Nucleares de Karlsruhe e de resultados ainda duvidosos, constou oficialmente do Acordo Nuclear de 1975, porque a Holanda se opusera à transferência da tecnologia de ultracentrifugação, patenteada pela Urenco, da qual ela era, com a RFA e a Grã-Bretanha, um dos sócios.
35 Entrevista do ex-ministro das Relações Exteriores Antônio Azeredo da Silveira ao autor, Rio de Janeiro, 20 jul. 1987. A revelação do almirante Othon Luiz Pinheiro da Silva que a Copesp chegou a ter 610 especialistas, que visitaram instituições científicas, mantendo intenso intercâmbio com colegas de países que detinham a tecnologia nuclear, e coleta-

datado de 26 de outubro da 1987, confirmou que cerca de 20% dos técnicos e cientistas atômicos brasileiros, preparados na RFA, foram incluídos no Programa Nuclear Paralelo.[36] O almirante Othen Luiz Pinheiro da Silva, que durante 15 anos presidiu a Coordenadoria de Projetos Especiais (Copesp), da Marinha, contou ao jornalista Hélio Contreiras que "o Brasil dominou a tecnologia do enriquecimento do urânio no início dos anos 1980 à custa de uma bem montada operação de espionagem."[37] Conforme revelou, a Copesp chegou a ter 610 especialistas, que visitaram instituições científicas e mantiveram um intenso intercâmbio com colegas de países que detinham a tecnologia nuclear, entre eles Estados Unidos, Inglaterra, Alemanha, França e Holanda, aproveitavam para coletar informações estratégicas e, pelo menos dois engenheiros, tiveram amplo acesso a muitas que foram fundamentais para o projeto nuclear brasileiro. Evidentemente, ao referir-se a outros países, o almirante Othen Luiz Pinheiro da Silva evitou especificar a Alemanha, onde realmente os técnicos e cientistas brasileiros adquiriram os conhecimentos necessários para desenvolver as ultracentrífugas, no Centro de Pesquisa Nuclear [*Kernforschungsanlage*, KFA] de Jülich e no Centro de Pesquisa Nuclear [*Kernforschungszentrum*, KFK] de Karlsruhe. E, assim, o Brasil pôde então concluir, em apenas três anos, o processo de transformação do urânio em combustível nuclear. "O recurso à espionagem não foi uma opção usada apenas no Brasil, pois outros países fizeram o mesmo para alcançar o domínio de uma tecnologia que nenhuma nação cedia" – ressaltou o almirante, Hernani Fortuna, do Centro de Estudos de Política e Estratégia da Escola de Guerra Naval, argumentando que, na ocasião era fundamental, para o Brasil adquirir o domínio da tecnologia do enriquecimento do urânio, "o que foi negado ao país pelos Estados Unidos e por outras nações".

---

ram informações estratégicas, fundamentais para o projeto nuclear brasileiro, confirma a informação dada ao autor pelo chanceler Azeredo da Silveira em 1987.
36 Schmidt-Eenboom, 1993, p.289.
37 Contreiras, "Espionagem à brasileira. Governo montou operação para saber os segredos da tecnologia nuclear de países como Alemanha e Estados Unidos". *IstoÉ Independente*, n. 1544, 5 mai. 1999.

Também houve a colaboração direta do químico alemão Karl-Heinz Schaab, diretor da Rosch e ex-funcionário da Maschinenfabrik Augsburg-Nürnberg (MAN), empresa subcontratada pela Urenco, especializada na fabricação de rotor, o cilindro da centrífuga, capaz de promover 90 mil rtm (rotações por minutos). Com larga experiência na fabricação dos componentes de centrífuga e teste dos equipamentos, e acusado pelo governo da Alemanha de haver vendido documentos classificados, inclusive os desenhos de uma versão experimental da supercrítica centrífuga de 3 metros, denominada TC-11,[38] em 1995, ele fugiu para o Brasil, onde, no fim dos anos 1980 e começo da década de 1990, teria colaborado no Programa Nuclear Paralelo.[39] Conforme a repórter Tania Malheiros, que passou dez anos investigando a área nuclear no Brasil, Schaab possivelmente repassou tecnologia para o então diretor de Aramar, o capitão de fragata Othon Luís Pinheiro da Silva,[40] o engenheiro que projetou a centrífuga de enriquecimento de

---

38 O cientista Karl-Heinz Schaab havia sido condenado, em 1993, a onze meses de prisão e pagamento de DM 20.000, acusado de violar as leis de exportação. Em 1995, ele fugiu para o Rio de Janeiro, quando o governo da Alemanha acusou-lhe de traição, depois que os serviços de inteligência e contraespionagem descobriram reproduções fotográficas de uma secreta centrífuga a gás, desenvolvida pela Urenco, que Karl-Heinz Schaab teria roubado juntamente com outros projetos de fabricação de ultracentrifugadoras para enriquecimento de urânio. O Bundeskriminalamt (BKA), a polícia criminal federal da Alemanha, e a Urenco confirmaram que as reproduções foram vendidas ao Iraque, antes da Guerra do Golfo (1991), por DM 500 mil (o equivalente, na época, a US$ 350 mil). "Iraq's Acquisition of Gas Centrifuge Technology". Part II: Recruitment of Karl Heinz Schaab. Institue for Science and International Security (ISIS).
39 Naquela época, entre 1987 e 1988, o cientista alemão Bruno Stemmler, da MAN Technologie e amigo de Karl-Heinz Schab, pretendeu vender ao Brasil o processo patenteado para para aplicação de camada óxido sobre o rotor de aço de centrífuga (Albright, *Bulletin of the Atomic Scientists,* dez. 1993, p.29-36).
40 O almirante teve Othon Luiz Pinheiro da Silva é atualmente o presidente da Eletronuclear. Em 1994, ele teve o telefone sua residência monitorado e seu apartamento vigiado por um espião americano que se mudou para o mesmo prédio onde morava. "'Isso quase causou um incidente diplomático', diz." Por isso, o almirante Othon Luiz Pinheiro da Silva adotou a política do isolamento: "Só falo de trabalho com meus funcionários". Essa também é a orientação de Cláudio Rodrigues, diretor do IPEN (Wiziack, "A ciência sob pressão", *IstoÉ Independente,* n.1946 14 fev. 2007. O almirante Othon Luiz Pinheiro da Silva também contou ao repórter Hélio Contreiras que "durante dois anos teve como vizinho um agente de informações do Consulado americano em São Paulo, um homem

urânio, desenvolvida pelo IPEN-CNEN/SP e pelo CTMSP, nos anos 1980.[41] Embora não haja comprovação, o professor Gerardo José de Pontes Saraiva, em estudo publicado pela a Escola Superior de Guerra (ESG), ressaltou haver "indícios de que Schaab e outros especialistas teriam ajudado o Brasil da mesma forma", dado o fato de que, "entre 1988 e 1989, eles teriam tido seus passaportes, várias vezes, carimbados em Bagdá e São Paulo – Iperó". E acrescentou: "Schaab supostamente forneceu equipamentos à Marinha brasileira na mudança de máquinas de aço para centrífugas de fibras de carbono".[42] Em 1996, ele foi preso, no Rio de Janeiro, durante o governo do presidente Fernando Henrique Cardoso (1995-2003), atendendo a uma ordem exarada pelo governo do *Kanzler* Gerhardt Schrader, da Alemanha.[43] Mas sua extradição

---

ligado à CIA". O almirante residia na Rua Fernão Cardim, 140, apartamento 191, em São Paulo. No oitavo andar, exatamente no apartamento 181, havia um vizinho chamado Ray H. Allard. O almirante Othon da Silva contou "que havia em São Paulo outros agentes ocultos da CIA à procura de informações do setor nuclear. O agente Allard era, então, usado também para desviar as atenções sobre os outros agentes. Segundo o almirante, Ray H. Allard não tinha nenhum trabalho regular, consistindo a sua única atividade na coleta de informações sobre as atividades da Copesp, que presidia, no gerenciamento do programa nuclear. Na sua avaliação, o governo brasileiro falhou ao não tomar providências no sentido de impedir que as ações de espionagem não fossem devidamente denunciadas ao Departamento de Estado americano ou que Allard cessasse suas atividades. O agente escapou sem problemas. Um relatório confidencial da marinha, cujo teor o almirante confirma, revela que ele desocupou o apartamento de São Paulo no dia 26 de julho de 1994 e voltou aos Estados Unidos. 'Seu retorno pode ter tido o objetivo de eliminar provas mais concretas do constrangimento que causou ao presidente da Copesp por mais de dois anos', diz o relatório" (CONTREIRAS, "Espionagem à brasileira. Governo montou operação para saber os segredos da tecnologia nuclear de países como Alemanha e Estados Unidos", cit.).

41 "O almirante Álvaro Alberto ficaria satisfeito com seu colega de arma. Em 1978, Othon Luiz Pinheiro foi encarregado de reunir cientistas para viabilizar a construção de uma centrífuga de propulsão nuclear no Brasil, incluindo as etapas do ciclo de combustível ainda não dominadas: conversão, enriquecimento e reconversão. O desenvolvimento da máquina nacional levou 27 anos e custou US$ 200 milhões em pesquisas. A máquina enriquece o urânio em forma gasosa, tem baixo consumo de energia e demanda manutenção a cada cinco anos de uso. O Brasil fabrica 20 por mês. 'Com uns R$ 15 milhões em investimento, dobraremos essa 126 marca'". (Saraiva, Escola Superior de Guerra, *Cadernos de Estudos Estratégicos*, ago. 2007, p.126).

42 Ibidem, p.145, 245.

43 "O pedido de socorro ao engenheiro alemão Karl Heinz Schaab chegou ao vice-presidente do Partido Democrático Trabalhista (PDT) e ex-secretário de Justiça no Rio, Vivaldo

foi negada pelo notável jurista, ministro Luiz Octavio Gallotti, do Supremo Tribunal Federal, pois a acusação configurava "crime político puro, cujo conceito compreende não só o cometido contra a segurança interna, como o praticado contra a segurança externa do Estado".[44]

O representante do governo alemão alegou que a tecnologia de enriquecimento de urânio exportada para o Brasil, desde 1975, pela Siemens, não tinha utilidade militar. Porém o cientista Gernot Zippe, referindo-se à preocupação que seu invento havia causado, declarou, filosoficamente, à rádio BBC, que "com uma faca se pode descascar uma batata ou matar o vizinho".[45] O ministro das Relações Exteriores do governo Sarney, Roberto de Abreu Sodré, admitiu, em 1988, que a tecnologia de enriquecimento de urânio, pelo processo de ultracentrifu-

---

Barbosa, com uma justificativa: 'Este homem trabalhou no desenvolvimento do submarino nuclear brasileiro'. Schaab está preso há uma semana. Caiu numa armadilha da Polícia Federal que o atraiu à Divisão de Polícia Marítima, Aérea e de Fronteiras, no Rio, com a promessa de lhe fornecer uma carteira de identidade. Agora, ele deverá esperar o julgamento de um pedido de extradição apresentado pela Alemanha, onde é acusado de ter participado ativamente na corrida do Iraque às armas nucleares." (RABINOVICI, "Alemão ajudou projeto de submarino nuclear", *O Estado de S. Paulo*, 19 dez. 1996). Karl-Heinz Schaab foi preso, no Rio de Janeiro, em dezembro de 1996. Em março de 1998, foi libertado e, em setembro de 1999, regressou voluntariamente à Alemanha, onde foi julgado e preso durante três meses, pois foram considerados os 15 meses que passara detido no Brasil. Contudo, teve de pagar DM 80 mil de multa e outras taxas (Institue for Science and International Security – ISIS).

44 Julgamento: 4 mar. 1998. Órgão Julgador: Tribunal Pleno. Publicação: DJ DATA-5 nov. 1999, p.33 EMENT VOL-01970-1 PP-00085 RTJ VOL-00171-01 PP-00053. Ementa: Extraditando acusado de transmitir ao Iraque segredo de Estado do governo requerente (República Federal da Alemanha), utilizável em projeto de desenvolvimento de armamento nuclear. Crime político puro, cujo conceito compreende não só o cometido contra a segurança interna, como o praticado contra a segurança externa do Estado, a caracterizarem, ambas as hipóteses, a excludente de concessão de extradição, prevista no art. 77, VII e §§ 1º a 3º, da Lei n.6.815-80 e no art. 5º, LII...). Reconhecendo a motivação política do chamado "crime contra a segurança externa de Estado", o Tribunal, com fundamento no art. 5º, LII da CF que veda a extradição de estrangeiro por crime político, e no art. 77, VII da Lei n.6.815/80 ("*Não se concederá a extradição quando:... VII – o fato constituir crime político.*"), indeferiu pedido de extradição formulado pelo governo alemão, em que se imputava ao extraditando, Karl-Heinz Schaab, a transmissão de segredo de estado (energia nuclear) a autoridade estrangeira (República do Iraque).

45 "'With a kitchen knife you can peel a potato or kill your neighbour', he says." ("The Zippe Type – The Poor Man's Bomb BBC", *BBC Radio 4*,, 19 mai. 2004, quarta-feira 21h-21h30. Disponível em: <http://www.bbc.co.uk/radio4/science/zippetype.shtml>.

gação fora integrada ao Programa Nuclear Paralelo.[46] De fato, o Brasil experimentou os dois processos de enriquecimento de urânio – o da ultracentrifugação, mais eficiente para uso militar, e o do jato centrífugo –, porém, apenas este constou do acordo nuclear de 1975, como um "jogo normal", um "mero teatro", porque a "tecnologia militar é mantida em segredo e a que não interessa do ponto de vista militar é oficializada", conforme avaliara o professor Leon Grünbaum, do *Kernforschungszentrum* de Karlsruhe, já em 1978.[47]

De qualquer forma, o acordo nuclear de 1975, por meio, sobretudo, do Protocolo Industrial, favoreceu o Programa Nuclear Paralelo implementado pelas Forças Armadas brasileiras. Mesmo depois de virtualmente paralisada a construção de Angra II e III, a Siemens, que dissolvera e transformara a KWU em um dos seus departamentos, continuou a receber para formação e treinamento técnicos e cientistas atômicos brasileiros, recrutados para trabalharem no Programa Nuclear Paralelo. Também a fábrica da Nuclebras Equipamentos Pesados S.A. (Nuclep), subsidiária da Nuclebras instalada em Itaguaí (Rio de Janeiro), foi aproveitada, a partir de 1986, pela Marinha de Guerra do Brasil, empenhada em produzir reatores à água pressurizada, com 38 e 40 megawatts, e em obter a tecnologia do enriquecimento do urânio para a construção de dois do total de três submarinos do tipo JKL 209/1400, encomendados à RFA, bem como do primeiro submarino brasileiro de propulsão nuclear, o NAC-1, com a cooperação do estaleiro alemão Ingenieur Kontor Lübeck. Ao mesmo tempo, embora sem uma relação direta com o acordo nuclear, a empresa alemã Deutsche Forschungs und Versuchsanstalt für Luft und Raumfahrt (DFVLR) colaborou com o Centro Técnico Aeroespacial (CTA), em São José dos Campos (São Paulo), dirigido pela Aeronáutica brasileira, para a fabricação de veículos lançadores de satélite. Destarte, no final dos anos 1980, o Brasil, dominando o ciclo completo da fissão nuclear, estava capacitado,

---

46 Schmidt-Eenboom, 1993, p.289.
47 Füllgraf, 1988, p.59-60.

com o aporte científico e tecnológico da RFA, a construir não apenas submarinos nucleares, mas também a própria bomba nuclear.

Essa perspectiva inquietou a AIEA, que, em julho de 1969, criticou os importadores brasileiros e os exportadores alemães por não prestarem as informações obrigatórias sobre a transferência de tecnologia nuclear. Pouco tempo depois, em 1º de agosto daquele ano, o líder do SPD, Hans-Jochen Vogel, dirigiu uma carta ao *Kanzler* Helmut Kohl, censurando o governo de Bonn por permitir que a transferência de tecnologia alemã ajudasse o Brasil a fabricar armas atômicas.[48] Essa suspeita realmente havia. A imprensa, em 1986, revelara a existência de um poço, com um quilômetro de profundidade, escavado pela Aeronáutica na Serra do Cachimbo para realizar, provavelmente, testes nucleares. Mas não era fácil estabelecer a diferença entre pesquisas para fins pacíficos e para uso militar. O domínio do ciclo completo de enriquecimento do urânio possibilitava não só a produção do combustível, necessário à operação tanto do submarino NAC-1 quanto das usinas termoelétricas, como a fabricação da própria bomba nuclear, que os veículos lançadores podiam transportar, transformando-se em mísseis balísticos, da mesma forma que serviam para colocar em órbita satélites meteorológicos ou de comunicação. O serviço de informações da RFA – o Bundes Nachrichtendienst – não encontrou fundamento para a grave acusação de Vogel, segundo a qual o governo de Bonn estaria a infringir o TNP, e esse esclarecimento fortaleceu a avaliação de que o Programa Nuclear Paralelo, fora do controle internacional, tinha caráter puramente civil.[49] Assim, no final de 1989, o *Bundestag* aprovou a prorrogação do acordo nuclear de 1975, após a superação de algumas dificuldades criadas pela decisão do Brasil de dar maior ênfase ao seu esforço autônomo, em pesquisa nuclear, e pelas divergências com a RFA sobre as obrigações dos países quanto à notificação de salvaguardas à

---

48 Schmidt-Eenboom, 1993, p.288-9.
49 Ibidem, p.289.

AIEA.⁵⁰ No entanto, por causa principalmente do problema do Iraque, com o qual, inclusive, o Brasil cooperava no campo nuclear, a RFA, a partir de 1990, passou a exigir dos países recipiendários de tecnologia sensível a adesão a um regime de salvaguardas mais amplas e abrangentes, como requisito para o licenciamento de suas exportações. Aos países com os quais mantinha acordos de cooperação, ela concedeu um prazo de cinco anos para que pudessem adaptar-se às suas condições.

Paralisada a construção das usinas Angra II e III, o Brasil já não oferecia tantos atrativos para a RFA, cujas atenções e interesses se voltavam para a vertiginosa sucessão de acontecimentos no Leste Europeu. Em apenas 125 dias de 1989, os regimes comunistas na Polônia, Hungria, Tchecoslováquia, Bulgária, RDA e Romênia esboroaram-se, como consequência do processo de reestruturação econômica (*Perestroika*) e transparência política (*Glasnost*) desencadeada a partir da própria União Soviética. A derrubada do Muro de Berlim tornou a reunificação da Alemanha inevitável. A RDA não poderia resistir à invasão do marco [Deutsche Mark]. Sua economia, altamente subsidiada, ineficiente e incapaz de propiciar à população bens e serviços, em quantidade e em qualidade, de acordo com as necessidades que o desenvolvimento tecnológico no Ocidente criara, enfrentava sérias dificuldades desde 1981. Seu endividamento líquido com o Ocidente alcançara o montante de 11,6 bilhões de dólares, o maior depois da Polônia, entre os países do Bloco Socialista.⁵¹ A partir de meados de 1982, ela não obtivera crédito dos bancos ocidentais, assustados com o colapso financeiro do México, a evidenciar o agravamento da crise da dívida externa nos países do Terceiro Mundo. No fim daquele ano, o débito da RDA com a RFA alcançara um montante superior a 1 milhão de VEs⁵² e ela devia ao Ocidente uma importância que oscilava entre 9 e 13 milhões

---

50 Thompson Flores, "Relações Brasil-Alemanha" (manuscrito cedido ao autor pelo embaixador do Brasil na RFA, Francisco Thompson Flores, em janeiro de 1994).
51 Dennis, 1988, p.143.
52 *Verrechnungseinheiten*, unidade contábil equivalente ao marco (Deutsche Mark). Sobre o tema, ver Ibidem, p.152; e Moniz Bandeira, 1992, p.91-2.

dólares, dos quais 40% venceriam dentro de um ano, com juros muito altos.[53] Como os bancos ocidentais negavam-lhe a concessão de novos créditos e a União Soviética não dispunha de meios para ajudá-la, foi o auxílio da própria RFA que não permitiu que a aguda escassez de divisas viesse a paralisar a economia da RDA. Por interveniência do líder conservador da Baviera, Franz Joseph Straub, o governo de Bonn, sob a direção de Helmut Kohl, da CDU, avalizou, junto aos bancos alemães, empréstimos à RDA, da ordem de 1 bilhão de marcos, em 1983, e 950 milhões de marcos, em 1984.[54] O total dos financiamentos, revelado pelo próprio Erich Honecker, alcançou o volume de 3 bilhões de marcos[55] e, aparentemente, o governo de Bonn pretendeu evitar que a provável desestabilização do *socialismo real* provocasse a intervenção militar da União Soviética e prejudicasse os esforços de aproximação entre as duas Alemanhas.[56]

A crise de divisas, que, àquela época, afetara não apenas a RDA, mas também o Brasil e toda a América Latina, não favoreceu o comércio bilateral entre os dois países, de acordo com um sistema de compensação [*clearing*], tal como acontecera nos anos 1930. Pelo contrário. As exportações da RDA para o Brasil declinaram de 103,2 milhões de dólares (FOB), em 1984, para 76,2 milhões, em 1985, 64,7 milhões, em 1986, e, após permanecer no mesmo patamar, 65,1 milhões, em 1987, voltou ligeiramente a subir para 74,9 milhões, em 1988, e 76,8 milhões de dólares, em 1989, ano em que começou sua desintegração como Estado.[57] Em relação às importações, elas caíram de 162,9 milhões de dólares (CIF), em 1984, para 80,9 milhões, em 1985, mas subiram

---

53 Spittmann, 1990, p.94.
54 Dennis, 1988, p.151-2.
55 Andert; Herzberg, 1991, p.352; Moniz Bandeira, 1992, p.92-3.
56 A concessão de tais empréstimos, naquelas circunstâncias, constituiu um negócio bastante lucrativo, pois não implicou qualquer risco para os bancos alemães. O governo da RFA deu-lhes uma declaração de garantia de pagamento com a soma das tarifas de trânsito [*Transitpauschale*], que anualmente fornecia à RDA.
57 Göthner, 1990, p.14. Os números citados, fornecidos pelo prof. Karl Christian Göthner, da Universidade de Rostock, diferem dos existentes na Divisão Especial de Pesquisas e Estudos Econômicos do MRE, mas as tendências indicadas coincidem.

para 167,4 milhões, em 1986, e 171,1 milhões, em 1987, voltando a declinar para 154,4 milhões, em 1988, e 86,1 milhões de dólares em 1989.[58] De acordo com as cifras registradas pelo Itamaraty, as compras da RDA no Brasil despencaram de 142 milhões de dólares (FOB), em 1986, para 55 milhões, em 1990, quando ela se dissolveu e seus cinco *Länder* se integraram na RFA (3 de outubro), o que representou um decréscimo de 21% ao ano, enquanto o valor de suas exportações aumentou 8,9%, em termos médios anuais, passando de 79 para 111 milhões de dólares no mesmo período.[59] No conjunto, o intercâmbio bilateral (exportações mais importações, base FOB) entre os dois Estados baixou de 221 milhões de dólares, em 1986, para 166 milhões de dólares, em 1990,[60] ou seja, decaiu, em média, 6,9% ao ano, percentual maior do que o verificado na queda das transações com todo o Bloco Soviético.[61] De qualquer forma, naquele período, o Brasil, onde a RDA possuía alguns investimentos no valor de 155 mil dólares alocados nos setores de serviços (87%) e indústria mecânica (13%), acumulou superávits da ordem de 384 milhões de dólares, sendo ainda credor, em 31 de dezembro de 1990, de uma dívida no valor de 78,5 milhões de dólares relativa ao financiamento de importações, transferida com a reunificação da Alemanha, naquele ano, para o governo de Bonn.[62]

Ao contrário do que ocorrera com a RDA, as compras da RFA no Brasil, com predominância de produtos industrializados (55,4%)

---

58 Ibidem, p.15.
59 Ministério das Relações Exteriores, Secretaria Geral de Política Exterior, Divisão Especial de Pesquisas e Estudos Econômicos, *Perfil econômico-comercial da Alemanha unificada*, jun. 1991, p.32-4.
60 Ibidem, p.32.
61 Os produtos básicos constituíram, predominantemente, a pauta das exportações do Brasil para a RDA entre 1987 e 1989. Porém, sua participação, da ordem de 82,2% em 1987, reduziu-se para 63,9% em 1989, ao passo que a dos manufaturados subiu de 8,5% para 26,7% no mesmo triênio. Os produtos industrializados, por sua vez, chegaram a alcançar, em 1989, 83,1%, enquanto os produtos básicos representavam apenas 16,9% do total.
62 Ministério das Relações Exteriores, Secretaria Geral de Política Exterior, Divisão Especial de Pesquisas e Estudos Econômicos, *Perfil econômico-comercial da Alemanha unificada*, cit., p.41.

sobre os produtos básicos (44,6%), cresceram em média 4% ao ano, subindo de 1 bilhão de dólares, em 1986, para cerca de 1,3 bilhão em 1990, enquanto suas exportações aumentaram 8% ao ano, no mesmo período, e saltaram de 1,3 para 1,7 bilhão de dólares, entre 1989 e 1990.[63] Contudo, enquanto a contribuição da RFA para as importações do Brasil manteve-se relativamente estável, da ordem de 10% em 1961, 10,9% em 1975, 6,9% em 1980, 10% em 1985 e 8,5% em 1990, sua participação relativa nas exportações decresceu de 8% em 1975, para 6,6%, em 1980, 5,1% em 1985 e 4,1% em 1990.[64] Esse declínio obedeceu a várias causas, como o fato de que, ao longo daqueles trinta anos, o Brasil, a diversificar os mercados e sua pauta de exportações, ampliou a venda de manufaturados sobretudo aos países da África e da América Latina. A observância de normas técnicas na preservação ambiental, que a RFA passara a exigir para a importação de manufaturados, bem como o aumento da concorrência dos produtos tropicais, oriundos da África e introduzidos na CEE por meio da França e da Grã-Bretanha, contribuíram, no entanto, para diminuir o crescimento das vendas do Brasil àquele país, da ordem de apenas 4% ao ano, no período de 1986 a 1990. Quanto às importações, a participação relativa da RFA manteve--se estável, isto é, estagnou, por causa de vários fatores, entre os quais, provavelmente, o próprio desenvolvimento industrial do Brasil, que possibilitou em larga medida a satisfação das próprias necessidades internas, conjugados com o regime de restrições alfandegárias e as frequentes crises cambiais. Porém, a RFA, tornando-se a primeira potência comercial do mundo, passara cada vez mais a orientar, principalmente a partir dos anos 1970, suas exportações para dentro da própria CEE, com a qual, na década de 1980, chegara a realizar 54% de suas transações comerciais, obtendo, em 1988, um superávit de 80,8 bilhões de marcos, de um total de 128 bilhões, com um aumento de 30% sobre o

---

63 Ibidem, p.19-20; Ferreira Jr., "Brasil-Alemanha – Relações Econômico-Comerciais – 1827-1993". Geraldo Miniuci, manuscrito, jul. 1993. Ferreira Jr. era chefe do Escritório Comercial da embaixada do Brasil na RFA.
64 Ibidem.

resultado de 1987.⁶⁵ Naquele ano, os países em desenvolvimento não representavam mais do que 9,5% dos mercados para os excedentes que escoavam de sua produção, enquanto os Estados Unidos e o Canadá constituíam um pouco menos de 9% e o chamado Bloco Socialista, cerca de 4,3%.⁶⁶ O mesmo aconteceu com os investimentos diretos que sempre serviram para promover relações especiais e consolidar a penetração dos mercados estrangeiros. Seu fluxo cada vez mais se dirigiu para a CEE, principalmente Itália, França e Grã-Bretanha, e o Brasil, o país estrangeiro onde as empresas da RFA, de 1952 até os anos 1960, mais aplicaram capitais, caiu para a quinta posição, abaixo dos Estados Unidos. Em 1989, o estoque de investimentos diretos da RFA no exterior somava 205,6 bilhões de marcos, dos quais 89,9 bilhões (mais de 50%) na CEE, 58,3 bilhões nos Estados Unidos e 5,5 bilhões no Canadá.⁶⁷ Em 1991, já após a reunificação da Alemanha, ele subiu para 258,8 bilhões de marcos, dos quais 131,7 bilhões (mais de 50%) continuavam na CEE, 59 bilhões nos Estados Unidos e 6,3 bilhões no Canadá.⁶⁸ Porém, o estoque de investimentos diretos da RFA no Brasil, da ordem de 9,7 bilhões de marcos, o equivalente a 70% do total aplicado por suas empresas na América Latina, em 1989, decaiu para 7,6 bilhões de marcos, em 1991, o que significou uma redução de 2,1%, ao passo que, no México e na Argentina, ele aumentou, respectivamente, de 2,4 para 31 bilhões e 1,7 bilhão de marcos.⁶⁹

O Brasil, em 1991, ainda ocupou o quarto lugar entre os países onde a RFA financiava programas de cooperação técnica e o oitavo entre aqueles contemplados com recursos do Fundo de Auxílio ao Desenvolvimento, do qual lhe destinara, do início dos anos 1960 até os 1990, o montante de 2,7 bilhões de marcos.⁷⁰ No campo da cooperação

---

65 Lequesne, 1990, p.97.
66 Urban, 1990, p.265.
67 *Deutsche Bundesbank Monatsbericht*, abr. 1993, 45 Jahrgang, n.4, p.41.
68 Ibidem.
69 Ibidem.
70 Desse total, 1,1 bilhão de marcos foram destinados à cooperação financeira e 1,6 bilhão de marcos à cooperação técnica (Thompson Flores, "Relações Brasil-Alemanha", cit.).

científico-tecnológica, o Brasil compartilhou com a Índia o primeiro lugar no volume de recursos aplicados em projetos de cooperação.[71] Desde 1963, quando firmara com o Brasil o Acordo Básico de Cooperação Técnica, ocorreu, por conseguinte, certa mudança na atitude da RFA. Para isso a percepção do conflito Norte-Sul muito contribuiu, à medida que, a partir de 1971 e, sobretudo, depois do choque do petróleo de 1973-1974, passou a influenciar as diretrizes da política exterior dos governos de Brandt e de Schmidt, substituindo, parcialmente, a noção do conflito Leste-Oeste, atenuada pela *Ostpolitik*.[72] Àquele tempo (1975), Egon Bahr (SPD) assumiu o Ministério de Cooperação e a RFA delineou uma estratégia que considerava a pobreza das massas do Terceiro Mundo um problema em si carente de medidas diretas em relação às necessidades mais elementares. Mesmo assim, de acordo com a observação dos membros da Associação Alemã de Pesquisa sobre a América Latina (ADLAF), a importância desta região para a política de desenvolvimento implementada pela RFA continuou, por causa de erros de avaliação de seus problemas socioeconômicos, relativamente reduzida até 1982, absorvendo apenas 14% do auxílio prestado com recursos públicos pelo governo de Bonn, no valor total de 7,6 bilhões de marcos naquele ano.[73]

O governo *Kanzler* Helmut Kohl, formado, em 1982, pela coligação CDU-CSU-FDP, não modificou a política de auxílio ao desenvolvimento, seguida pela RFA, com base na estratégia das necessidades fundamentais. Assim, a cooperação financeira que prestava ao Brasil como auxílio ao desenvolvimento concentrou-se, predominantemente, no Nordeste, onde 75% dos projetos de saneamento básico, atendimento médico a populações carentes e eletrificação de zonas rurais foram executados até 1988. Pressionada pela opinião pública interna, a RFA voltou-se mais e mais para os problemas do meio ambiente, como o desmatamento da Amazônia, e concedeu prioridade para os projetos

---

71 Ibidem.
72 Zettelmeier, 1990, p.253.
73 Ibidem, p.257; Benecke et al., 1984, p.20.

ecológicos, máxime para o Programa-Piloto para a Preservação das Florestas Tropicais, concebido na Cúpula Econômica do Grupo dos Sete, em 1990, e ao qual destinou 250 milhões de marcos para a aplicação na Amazônia Legal e em um pequeno trecho da Mata Atlântica, no estado de São Paulo.

Mas, em virtude da reunificação da Alemanha, o governo de Bonn começou a cortar os recursos públicos destinados aos projetos de desenvolvimento nos países do Terceiro Mundo, a fim de que os pudesse aplicar nas obras necessárias à recuperação e à modernização da infraestrutura econômica da zona oriental. As empresas privadas alemãs ensaiaram dirigir investimentos para os países do Leste Europeu, cujos mercados pareciam oferecer enormes oportunidades de negócios, com o esbarrondamento dos regimes comunistas. O Brasil, onde elevadíssimas taxas de inflação ainda persistiam e as denúncias de corrupção ameaçavam a própria estabilidade do governo, não se situara, portanto, em nenhum nível na escala de prioridades da RFA. O presidente Fernando Collor de Mello (1990-1992) firmou um acordo quadripartite com a Argentina, a Agência Brasileiro-Argentina de Controle e Contabilidade de Materiais Nucleares (ABACC) e a AIEA e cedera integralmente ao Tratado de Tlatelolco, retirando as ressalvas sobre as explosões atômicas para fins pacíficos, o que significou na prática a aceitação do TNP. No início de setembro de 1990, a fim de impedir a capacitação do Brasil como potência nuclear, colocou, em ato público, a pá de cal dentro de um túnel de concreto, escavado numa encosta, na Serra do Cachimbo, no oeste do Pará, dentro da área de jurisdição da Base Aérea Brigadeiro Veloso. Assim, solenemente, deu início ao seu fechamento. O túnel, aberto, secretamente, visava à realização de explosões atômicas, como parte do Programa Nuclear Paralelo. Tinha mais de 300 metros de profundidade. Seu sucessor na chefia do governo,[74] o presidente Itamar Franco (1992-1995), autorizou,

---

74 Acusado de corrupção, o presidente Collor caiu em 1992 como consequência de *impeachment* que o Congresso Nacional promoveu.

em 1993, a liquidação da Nuclei, a *joint venture* criada com o objetivo de implantar a usina-piloto para a separação do isótopo U-235 pelo processo de centrifugação. A construção das usinas Angra I e III, ambas com tecnologia fornecida pela Siemens/KWU,[75] dentro do acordo nuclear Brasil-Alemanha de 1975, continuou suspensa, custando ao Brasil um montante da ordem de 200 a 300 milhões de dólares por ano, para manter e conservar os equipamentos fornecidos pela Alemanha, que o incluíra na lista H dos seus regulamentos de comércio exterior, entre os países para os quais proibia a transferência de tecnologia sensível, até a obtenção de salvaguardas abrangentes. No segundo semestre de 1993, durante sua passagem por Brasília, a caminho de Buenos Aires para uma reunião com os embaixadores da Alemanha na América Latina, o ministro dos Assuntos Estrangeiros, Klaus Kinkel, chegou, inclusive, a mencionar a necessidade de o Brasil subscrever o TNP. Mas o governo de Bonn contentou-se com a aprovação pelo Congresso brasileiro (após alguma relutância) do Acordo Quadripartite (Brasil- -Argentina-ABACC-AIEA) e das emendas e modificações ao Tratado de Tlatelolco. O ministro das Relações Exteriores Celso Amorim, ao visitar Bonn em fevereiro de 1994, procurou avançar com os entendimentos para a retirada do Brasil da lista H e a prorrogação por um novo período de cinco anos, a partir de 1995, do Acordo Nuclear com a Alemanha. O Brasil obteve então um financiamento para serviços e bens importados da Alemanha, no valor 758 milhões de dólares, dos quais 455 milhões correspondiam a créditos destinados pela Siemens à Angra III, cujo projeto o governo Itamar Franco decidiu arquivar, e dispôs-se a dar uma contrapartida no montante de 733 milhões de dólares. As autoridades de Bonn reclamaram, no entanto, o acordo de proteção dos investimentos, em torno do qual um impasse perdurava havia trinta anos e cuja superação possibilitaria decerto o reaquecimento das relações econômicas entre os dois países.

---

75 As usinas eram do tipo PWR (Pressurized Water Reactor), com o núcleo refrigerado a água leve desmineralizada.

# CAPÍTULO 13

OS FATORES ECONÔMICOS DETERMINANTES DA QUEDA DOS INVESTIMENTOS ALEMÃES NO BRASIL – PERDA DE ESPAÇO DA ALEMANHA NA ECONOMIA BRASILEIRA A PARTIR DE 1995 – A GRANDE COALIZÃO CDU-SPD NA ALEMANHA – DENÚNCIA DO ACORDO SOBRE BITRIBUTAÇÃO – ANGELA MERKEL NO BRASIL E SUA CONVERSA COM LULA – O IMPASSE NA QUESTÃO DO BIODIESEL E A RESISTÊNCIA AO ETANOL

O governo do *Kanzler* Helmut Kohl (1982-1998), formado pela CDU-FDP, criou, em 1994, o *Gesprächskreis Lateinamerika* [Grupo de Trabalho para América Latina] e lançou, em 1995, o *Lateinamerika – Konzept der Bundesregierung* [América Latina – Concepção Estratégica do Governo Federal], com o objetivo de promover o engajamento e ampliar a participação da Alemanha nos mercados da América Latina, onde pretendia apoiar a implantação de centros comerciais e industriais, de modo que os capitais alemães aproveitassem as privatizações das empresas estatais ainda a serem efetuadas. Nessa região, o Brasil era o país onde se concentravam as maiores empresas com capital alemão ou de origem alemã – de 1.400 a 1.500, que geravam cerca de 360 mil empregos diretos e, em 1994, obtiveram um faturamento global da ordem de 28,5 bilhões de dólares, o equivalente a 15% do PIB industrial do país.

Ao contrário do que escreveu o embaixador Roberto Abdenur, demonstrando vaidosamente sua incapacidade de avaliação, as relações entre o Brasil e a Alemanha, durante sua longa gestão (1995-2002), não experimentaram nenhuma notável evolução. A Alemanha não se afirmou como parceiro fundamental do Brasil e, não obstante seu peso nos setores produtivo e de investimentos, perdeu muito espaço na economia brasileira. Os capitais alemães praticamente não participaram do processo de privatizações das empresas estatais e do *boom* das fusões, acelerados pelo governo Fernando Henrique Cardoso que, até de forma lesiva ao interesse nacional, escancarou a economia brasileira para os investimentos estrangeiros, favorecidos por recursos públicos do Banco Nacional do Desenvolvimento (BNDES) e mediante licitações manipuladas, fraudes em avaliações e comissões milionárias, conforme amplamente na época e posteriormente divulgado.

Em 1995, o estoque de investimentos diretos estrangeiros no Brasil era da ordem de 43 bilhões de dólares, de acordo com o censo realizado pelo Banco Central do Brasil, e de 47,8 bilhões de dólares, conforme a *United Nations Conference on Trade and Development* (Unctad).[1] A Alemanha ainda possuía o segundo maior estoque de capitais investidos no Brasil, cerca de 5,8 bilhões de dólares, o equivalente a 10% dos investimentos estrangeiros, somente suplantada pelos Estados Unidos, que ocupavam a primeira posição, com 16,5% do total. A partir de 1998, o fluxo de capitais estrangeiros para o Brasil cresceu em média 30 bilhões de dólares por ano e saltou de 41,7 para 103 bilhões de dólares em 2000.[2] Entretanto, o estoque de investimentos alemães diretos no Brasil caiu de 9,4 bilhões de dólares, em 1992, para 5,8 bilhões, em 1995, e 5,1 bilhões, em 2000, ou seja, despencou de 10% para 3% do estoque total, sendo a Alemanha suplantada pela Espanha, que passou a ocupar o segundo lugar no *ranking* dos países investidores, com 8%, pela Holanda, com 7%, e pela França, com 4%.[3]

---

[1] UNCTAD, *World Investment Report 2010*. Disponível em: < http://www.unctad.org/templates/webflyer.asp?docid=13423&intItemID=2068&lang=1>.
[2] Lacerda; Oliveira, "Influxos de investimento direto estrangeiro (IDE) no Brasil: uma análise da desnacionalização da estrutura produtiva nos anos 2000", 2009.
[3] Ibidem.

Diversos fatores concorreram para que a participação da Alemanha, no total dos investimentos diretos estrangeiros no Brasil, despencasse de 14%, em 1995, para somente 5%, em 2000.[4] O fim da Guerra Fria, a queda do Muro de Berlim, a absorção do antigo território da Sowjetische Besatzungszone (a extinta RDA), a abertura dos mercados nos países do Leste Europeu, com o esboroamento dos regimes comunistas, e o colapso da União Soviética, dividida em quinze Estados independentes, entre 1989 e 1991, produziram profundas mudanças nos interesses econômicos, políticos e geopolíticos da Alemanha, levando-a a concentrar-se, fundamentalmente, em outras questões, naquela conjuntura, mais relevantes. A reconstrução, recuperação e reorganização dos cinco *Länder* da Alemanha Oriental, após a reunificação do país, requereram vultoso volume de capitais, tanto públicos quanto privados. Situada entre o Ocidente e o Oriente da Europa, a Alemanha tratou de assegurar a estabilidade dos países do Leste Europeu, por motivos tanto econômicos quanto estratégicos.[5] Para esses países do Leste Europeu, na sua vizinhança, bem como para a Federação Russa e a China, que aderiram à economia de mercado e à globalização e ofereciam aos capitais força de trabalho altamente qualificada e barata, as empresas alemãs transferiram grande parte de seus meios de produção, investindo em setores fundamentais da economia.

Além de tais fatores, desde 1995, a economia da Alemanha crescera de modo pouco expressivo – em média 1,5%, abaixo, portanto, de outras potências industriais da Europa e dos Estados Unidos. Esse fato estacionou, relativamente, a demanda interna, sem que ela fosse contrabalançada pelas exportações. Daí o governo Gerhard Schröder (1998-2005) estimular um arrocho salarial, que possibilitou aumento da competitividade da Alemanha no mercado mundial, mas desviou os

---

4   Fonte: Banco Central, German Trade Investments, Distribuição por países de origem, out. 2010. De acordo com os dados do Departamento da Europa do Ministério das Relações Exteriores, o percentual dos investimentos diretos da Alemanha no Brasil caiu de 17%, em 1995, para 6,8%, em 2001 (Ministério das Relações Exteriores, *Alemanha*). Sobre a evolução dos investimentos até 1994, ver Wever, 1995, p.371-83.
5   Moniz Bandeira, 1995, p.47.

investimentos dos setores voltados para as exportações. Com relação ao intercâmbio comercial, as exportações da Alemanha para o Brasil haviam aumentado cerca de 250% entre 1990 e 2001, mas as importações de produtos brasileiros pela Alemanha, no mesmo período, cresceram apenas cerca de 50%.[6] Em relação ao ano 2000, quando a capital da Alemanha foi transferida para Berlim, não houve nenhum avanço nas exportações do Brasil, que permaneceram estagnadas, enquanto as importações apresentaram um incremento de quase 10%, muito perto do patamar de 5 bilhões de dólares registrado em 1997 e 1998. E as perspectivas para 2002 indicavam a manutenção de um quadro negativo, uma vez que, nos quatro primeiros meses do ano, o Brasil exportara para a Alemanha cerca de 700 milhões de dólares e importara pouco mais de 1,4 bilhão de dólares.[7]

Ao contrário do previsto, e ainda que o Setor Comercial (Secom) da embaixada nem tivesse suficientes meios humanos para o trabalho de promoção do Brasil, o intercâmbio comercial bilateral com a Alemanha cresceu, nos dois sentidos, a partir de 2003, saltando de 7 para 9 bilhões de dólares em 2004, e aumentando 23% no primeiro semestre de 2005. Porém, além do déficit crônico do Brasil, que diminuiu para 1 bilhão de dólares em 2004, a estrutura do intercâmbio, do tipo colonial, não se modificara. Somente três produtos de base (minério de ferro, soja e café) representavam mais de 40% do total das exportações do Brasil para a Alemanha, enquanto eram importados produtos de alto valor agregado. Apesar das boas relações entre os dois países, a realidade foi que, durante os sete anos de seu mandato, o *Kanzler* Gerhard Schröder realizou seis visitas bilaterais à China e apenas

---

6  Fonte: MRE, Encontro Econômico Brasil-Alemanha 2002, XXIX Reunião da Comissão de Cooperação Econômica e XX Encontro Empresarial, Hamburgo, jun. 2002.

7  Ibidem. Com relação a déficits e superávits na balança comercial dos dois países, as estatísticas do comércio computadas pelo IBGE e pelo Banco Central do Brasil quase sempre discreparam dos dados apresentados pelo Statisches Bundesamt, em razão de a Alemanha adotar o sistema de registro por país de origem (ver Capítulo XII, nota 27). Por isso, enquanto nas estatísticas da Alemanha o Brasil aparece com superávit, as brasileiras registraram déficit.

uma ao Brasil, em fevereiro de 2002, quando foi acordado um plano de parceria estratégica entre os dois países, que nunca saiu do papel. Dois meses depois de sua visita ao Brasil, em 26 de abril, o governo de Schröder aprovou a lei *Atom-Ausstiegsgesetzes* [Lei de Desativação da Energia Atômica], abandonando o programa de energia nuclear, o que impediu a concessão da garantia Hermes [*Exportkreditgarantien*] a créditos para exportação do resto dos equipamentos da Siemens/ KWU destinados à conclusão de Angra III.

A usina nuclear Angra II,[8] que foi construída com tecnologia alemã da Siemens/KWU, dentro do Acordo Nuclear Brasil-Alemanha, fora inaugurada no ano 2000, quase no fim do governo de Fernando Henrique Cardoso,[9] e entrou em operação no ano seguinte com 1350 MWe (o dobro de energia de Angra I), e, em seu primeiro ano, atingiu um fator de capacidade de quase 90%.[10] A era neoliberal do presidente Fernando Henrique Cardoso (1995-2003), que completara a subordinação do Brasil aos interesses econômicos e geoestratégicos dos Estados Unidos, com a adesão ao Tratado sobre a Não Proliferação Nuclear (TNP),[11] por ele assinada em 1995 e ratificada 1998, estava, entre-

---

8 A usina Angra II integra a Central Nuclear Almirante Álvaro Alberto, constituída pelo conjunto das usinas nucleares Angra I e Angra III, esta ainda em construção, até 2015.
9 O presidente Fernando Henrique Cardoso, em 1996, liberou, como prioridade, a continuação da obra inacabada de Angra II e acelerou a sua construção quando percebeu, em 1998, a necessidade de maior produção de energia elétrica, em razões das frequentes interrupções no fornecimento de luz ocorridas no país.
10 A Angra II gerou em 2008 a segunda maior quantidade de energia elétrica da história do Brasil (10.488.289 megawatts-hora – MWh), apenas um pouco abaixo de 2001 (10.498.432 MWh), quando começou a operar.
11 O Brasil recusou-se a aderir ao Protocolo Adicional, com as modificações do Tratado de Não Proliferação (TNP), que o presidente Fernando Henrique Cardoso assinou, em 1997, revertendo uma diretriz de política exterior, mantida inalterável ao longo de 29 anos. Não obstante, o Brasil ainda continuou a sofrer restrições à aquisição de materiais nucleares no exterior. Os Estados Unidos e as demais potências europeias, entre as quais a Alemanha, voltaram a renovar as pressões, inclusive com desinformações plantadas na imprensa, para que abrisse suas instalações nucleares às inspeções intrusivas da AIEA, subscrevendo o Protocolo Adicional aos Acordo de Salvaguardas com a AIEA. Se o Brasil aceitasse esse Protocolo Adicional, os inspetores da AIEA, vinculados de um modo ou de outro aos Estados Unidos e às demais potências, estariam autorizados a devassar, sem aviso prévio, qualquer instalação de sua indústria nuclear, tais como as fábricas de

tanto, chegando ao fim e a Alemanha quase não tivera participação no processo de privatização das empresas estatais intensificado pelo governo brasileiro e que constituíram quase doações feitas ao capital estrangeiro. Em 27 de outubro de 2002, o líder sindical Luiz Inácio Lula da Silva, candidato do Partido dos Trabalhadores, ganhou a eleição para a Presidência da República. Cerca de dois anos depois, também terminou na Alemanha a era do *Kanzler* Gerhard Schröder, que havia governado com base na coalizão SPD-Grünen/Bündnis 90 (Verdes). O SPD, além de sofrer derrotas importantes nas eleições de alguns *Länder*, como em Nordrhein-Westfalen, estava dividido por disputas internas e o governo começou a enfrentar dificuldades para a aprovação de suas iniciativas pelo Conselho Federal [*Bundesrat*].[12] Gerhard Schröder pediu então um voto de confiança ao *Bundestag*. Seu propósito era ser derrotado, de modo que pudesse dissolver o *Bundestag*, de acordo com a Lei Fundamental, e convocar (e ganhar) eleições parlamentares, inicialmente previstas para 2006, fortalecendo seu governo.

O resultado das eleições parlamentares (SPD com 34,30% e CDU-CSU com 35,2%) não permitiu, entretanto, que nenhum dos dois maiores partidos tivesse maioria para formar o governo. Gerhard Schröder não conseguiu seu objetivo. O povo alemão, indeciso, não encontrou melhor opção. O SPD pouco se diferenciava da CDU-CSU,

---

ultracentrífugas, a Fábrica de Combustível Nuclear de Resende (no Rio de Janeiro), o Instituto de Pesquisas Energéticas e Nucleares, em São Paulo, e o Centro de Desenvolvimento da Tecnologia Nuclear (CDTN), em Minas Gerais, entre outras unidades. Com o vazamento do segredo tecnológico da ultracentrífuga autóctone, que desenvolveu, com importantes diferenciais em relação à de outros países, o Brasil perderia a competitividade científica, técnica, comercial e industrial, e seus esforços de capacitação nuclear poderiam ser obstaculizados pelas grandes potências, empenhadas em manter o oligopólio não só militar, como também civil, existente no mercado mundial.

12 O *Bundesrat* é integrado por 69 representantes dos governos dos dezesseis *Länder*, cada um dos quais tem direito de eleger indiretamente, de acordo com o tamanho de sua população, entre três e seis representantes, muitos dos quais são os próprios ministros-presidentes ou ministros. Cabe ao *Bundesrat* aprovar as leis federais, assim como as que se relacionam com a União Europeia. Na Alemanha, ele não é considerado parlamento, mas ramo do Executivo. Porém, alguns juristas, politólogos e diplomatas estrangeiros entendem que ele constitui uma espécie de Câmara Superior, como a Câmara dos Lordes na Inglaterra e o Senado nos Estados Unidos.

dado que Schröder estava a executar um programa de caráter neoliberal – a Agenda 2010 – como forma de enfrentar a crescente dívida pública do país, e Angela Merkel, líder da CDU-CSU, pretendia, por sua vez, promover reformas que radicalizavam e aprofundavam ainda mais o modelo neoliberal – redução do Estado e fortalecimento do mercado –, desmontando parcialmente o regime de bem-estar social baseado na economia social de mercado, implantado a partir de 1949, quando a Alemanha foi instituída. Porém, diante da impossibilidade de formar outras coalizões – SPD-Grünen/Bündnis 90 ou CDU-FDP (liberais) – a única alternativa foi o casamento da CDU-CSU com o SPD, formando, pela segunda vez na história da Alemanha,[13] a Grande Coalizão, a fim de alcançar a maioria absoluta e possibilitar a constituição do governo. Uma vez que a coligação CDU-CSU obtivera 150 assentos no *Bundestag* e o SPD, 145, coube a Angela Merkel (CDU) substituir Gerhard Schröder na chefia do governo alemão.

Luiz Felipe de Seixas Corrêa, que assumiu a embaixada brasileira em Berlim em 29 de setembro de 2005, onze dias após as eleições federais de 18 de setembro e em meio ao impasse das negociações da CDU com o SPD para a formar a Grande Coalizão e assegurar a governabilidade do país, defrontou-se com problemas e prioridades em áreas críticas, de grande importância, sobretudo, para a agenda econômica bilateral, como a denúncia pela Alemanha do *Doppelbesteuerungsabkommen* [Acordo para Evitar a Bitributação, ABT], celebrado em 1975.[14] O governo alemão recorreu precipitadamente à denúncia do acordo, após

---

13  A Grande Coalizão CDU-SPD governou a Alemanha pela primeira vez entre 1966 e 1969, sob a liderança do chanceler Kurt Georg Kiesinger (CDU), que teve Willy Brandt (SPD) como vice-chanceler e ministro dos Assuntos Estrangeiros.
14  A bitributação consiste na cobrança de impostos similares, em dois ou mais países, de um mesmo contribuinte, pelo mesmo trabalho ou ganhos de capital e por igual período de tempo. Se uma empresa estrangeira no Brasil gerou lucro, a Receita Federal cobra o Imposto de Renda da Pessoa Jurídica (IRPJ), no fim do ano fiscal. Quando esse lucro ou ganhos de capital forem remetidos à matriz da empresa, em um país que não tem acordo com o Brasil para evitar a bitributação, um imposto semelhante é cobrado pelo governo estrangeiro. É o que passou a ocorrer com a Alemanha, após o governo da chanceler Angela Merkel denunciar o acordo com o Brasil.

negociações, concluídas de maneira áspera, em que tentaram desviar para si parte das capacidades tributárias consagradas ao Brasil no acordo de 1975, especialmente quanto à tributação de juros, dividendos, *royalties*, ganhos de capital e rendimentos de serviços prestados de forma independente (não assalariada).

As delegações do Brasil e da Alemanha não alcançaram um entendimento para a renegociação do acordo. O Ministério das Finanças da Alemanha alegava que vários dispositivos do acordo estavam ultrapassados, não mais correspondendo às regras modernas de tributação internacional, pois o Brasil não podia mais se enquadrar na categoria de país em desenvolvimento e não precisava de mecanismos para assegurar ou beneficiar investimentos estrangeiros. A Receita Federal do Brasil não se mostrou disposta a renegociar o ABT nos moldes pretendidos pela Alemanha, dado que eles implicariam transferência de arrecadação para o Fisco alemão e constituiriam, ao mesmo tempo, "precedente indesejável para futuros acordos". Destarte, não havendo consenso, o governo Gerhard Schröder, em 5 de abril de 2005, denunciou o acordo, que deixou de vigorar em 1º de janeiro de 2006, conforme determinou o art. 1º do Ato Declaratório Executivo n.72 da Secretaria da Receita Federal do Brasil, de 22 de dezembro de 2005.[15]

A manutenção do *matching credit*,[16] derivado da cláusula de *tax sparing* do Acordo Brasil-Alemanha, principalmente no que se referia à dupla tributação sobre os juros, foi uma das principais causas de sua denúncia. O outro argumento da Alemanha foi que o Brasil interpretava diversas regras do acordo de maneira diferente daquelas prescritas pelo modelo da Organização para a Cooperação e Desenvolvimento Econômico (OCDE), chegando muitas vezes a desrespeitá-las com relação à transferência de preços, e não demonstrou interesse em negociar os

---

15 Brasil. "Ato declaratório executivo SRF n.72", de 22 dez. 2005. Texto completo disponível em: <http://www.receita.fazenda.gov.br/legislacao/atosexecutivos/2005/SRF/ADSRF072.htm>.
16 Consideração de um crédito fictício dado pelo país recebedor do investimento para fins de isenção fiscal no país de origem do investimento. Cf. Pohlmann, 2008, p.14.

pontos de conflitos.[17] Contudo, nenhum outro país da União Europeia denunciou o acordo de bitributação com o Brasil por não se ajustar ao modelo da OCDE. A Alemanha foi o único,[18] e tal iniciativa unilateral foi atribuída ao fato de que o governo Gerhard Schröder, visando aumentar a arrecadação de recursos por causa da crescente dívida pública, queria que as cerca de 1.200 empresas de capital alemão instaladas no Brasil[19] só pagassem neste país metade do imposto de renda, sendo a outra metade paga na Alemanha.[20] O governo brasileiro não aceitou essa proposta. Se o fizesse, teria de estender o mesmo privilégio aos demais

---

17  A embaixada da Alemanha declarou que o motivo da denúncia foi o fracassado esforço de submeter o acordo a uma profunda revisão, dado que, no seu entendimento, muitos aspectos necessitavam de revisão (*Gazeta Mercantil*, 1 nov. 2005). Um dos pontos fundamentais das divergências na interpretação das cláusulas do Acordo para Evitar a Dupla Tributação em Matéria de Impostos sobre a Renda e o Capital foi a tributação, no Brasil, das remessas para o pagamento de serviços técnicos que não envolvessem transferência de tecnologia, prestados pelas empresas alemãs que não tivessem estabelecimento permanente no Brasil. As autoridades fiscais do Brasil entendiam que tais pagamentos estariam classificados na cláusula "Rendimentos não expressamente mencionados" (art. 22 do Acordo), podendo ser tributados no Brasil, afastando o entendimento de que as referidas remessas recebessem o tratamento de rendimentos de bens imobiliários, lucros das empresas, ganhos de capital, dividendos ou *royalties*, previstos no art. 7 do Acordo.
18  O Brasil tem acordo para evitar a bitributação com 29 países, que não incluem Estados Unidos, Alemanha, Inglaterra e Suíça.
19  Aproximadamente oitocentas delas estão sediadas na Grande São Paulo, mas em cidades do interior paulista também estão estabelecidas indústrias importantes, como a Bosch (Campinas), a ZF (Sorocaba) e a Basf (Guaratinguetá). As alemãs trabalham predominantemente nos setores automobilístico e de autopeças, químico e farmacêutico, energia e telecomunicações, e máquinas e equipamentos, empregando entre 250 e 300 mil trabalhadores, sobretudo nas montadoras do ABC paulista e nas indústrias do interior desse Estado.
20  As empresas alemãs têm cerca de 15,7 bilhões de dólares em investimentos no Sul e Sudeste, regiões habitadas por 59% da população brasileira e responsáveis por 76% do PIB e 78% dos produtos industrializados do Brasil (Fonte: Câmara Brasil-Alemanha, São Paulo, 27 dez. 2010). Segundo a Secretaria dos Portos da Presidência da República, em 2009, o fluxo de investimentos diretos brasileiros para a Alemanha somou 17 milhões de dólares, mais de oito vezes o valor total de investimentos diretos realizados no Brasil durante o mesmo ano, que foi da ordem de 2 milhões de dólares. Esse valor classificou a Alemanha como 12° maior receptor de investimentos brasileiros no período (Brasil, Secretaria de Portos, "Brito na Alemanha", 25 mai. 2010. Disponível em: <http://www.portosdobrasil. gov.br/destaques/noticias-2010/2010-noticias-de-maio/brito-na-alemanha>).

países com os quais mantinha ABTs, com base na cláusula de "nação mais favorecida" constante nos tratados internacionais de comércio. A iniciativa da Alemanha, sem possibilidade de entendimento e superação do impasse, criou uma situação que prejudicou o fluxo de investimentos a partir de pequenas e médias empresas, tanto do Brasil[21] quanto, principalmente, da Alemanha, bem como a permanência num e noutro país de profissionais, cujos salários passaram a ser duplamente tributados e, portanto, bastante reduzidos. No entanto, o governo alemão não conseguiu seu objetivo, o de atingir os lucros das grandes empresas e grupos alemães com investimentos no Brasil.[22] Essas grandes empresas, como a Siemens, Volkswagen e outras, não tiveram maiores problemas. Transferiram as operações para suas filiais em outros países da União Europeia, entre os quais Espanha e Países Baixos, que continuaram a manter ABTs com o Brasil.

Conforme se soube, o embaixador Seixas Corrêa, no início de 2006, sondou o secretário de Estado do Ministério de Finanças, Gerd Ehlers, sobre a possibilidade de alguma flexibilidade que permitisse a retomada das negociações. Sua reação foi muito negativa, revelando ressentimento e arrogância diante da firme atitude tomada pela Receita Federal nas reuniões que precederam a denúncia em 2005 e sua entrada em vigor no dia 1º de janeiro de 2006. O secretário de Estado declarou,

---

21 Entre as empresas brasileiras com investimentos na Alemanha, estão: Banco do Brasil S.A.; Banco Itaú; TAM Brazilian Airlines; Softex Europe; CPS Souza (Büro-Service--Baldham Murilo Souza); Aliança Navegação e Logística Ltda.; Companhia Brasileira de Metalurgia e Mineração (CBMM); Eletromotores WEG S.A; Bematech Europe GmbH (*software*); e Sadia Foods GmbH (Fonte: Banco Central do Brasil, "A recepção pelo Brasil dos investimentos alemães e os capitais brasileiros destinados à Alemanha", s.d. Disponível em: <http://www.receita.fazenda.gov.br/Aduana/IDE/IDEBrasilAlemanha/recpeloBra.htm>).

22 A Daimler-Benz/Mercedes, Volkswagen, Hoechst, Basf, Bosch e Mannesmann são algumas das maiores empresas alemãs instaladas no Brasil. Em 2002, a *Gazeta Mercantil*, em seu Balanço Anual, apontou sete grupos alemães entre os trezentos maiores grupos do Brasil: Siemens (81º lugar), Mahle (97º), AGF Allianz (123º), Deutsche Bank (138º), Dresdner Bank (153º), WertLB (156º) e Bayer (170º) (Fonte: Banco Central do Brasil, "A recepção pelo Brasil dos investimentos alemães e os capitais brasileiros destinados à Alemanha", cit.).

peremptoriamente, que, se o Brasil não aceitasse os termos propostos pela Alemanha, não haveria conversação. O embaixador brasileiro ainda tentou mostrar que assim era impossível um entendimento, e ele, ríspido, repetiu que não haveria conversação e o acordo seria denunciado. Por conseguinte, fechou as portas a qualquer negociação. A Seixas Corrêa, muito constrangido pela forma com que foi tratado, não restou alternativa senão fechar a pasta e sair da sala.

Além da assinatura do Acordo sobre Cooperação no Setor Energético com foco em Energias Renováveis e Eficiência Energética, com a criação de grupo de trabalho sobre biocombustíveis, e da troca das notas diplomáticas, mantendo em vigor o Acordo de Cooperação para os Usos Pacíficos da Energia Nuclear, de 1975, a Alemanha e o Brasil ratificaram e atualizaram o Plano de Ação da Parceria Estratégica, com o objetivo de aprofundar o diálogo político regular, em suas variadas vertentes e também em temas de mútuo interesse da agenda internacional, como "estimular entendimentos com vistas a retomar o diálogo sobre possibilidades de negociação de novo acordo para evitar a bitributação".[23] A perspectiva de superação do impasse, porém, logo se desvaneceu. A Receita Federal do Brasil não demonstrou interesse em iniciar conversações sem que o governo da Alemanha manifestasse, formalmente, disposição de moderar suas demandas. E isso não ocorreu.

O embaixador Seixas Corrêa, diplomata da maior competência, percebeu, entretanto, que com a recuperação do ímpeto e da estabilidade da economia brasileira era possível atrair investimentos alemães para um setor prioritário, o dos biocombustíveis, promovendo uma complementação entre o bioetanol, desenvolvido no Brasil e cuja competitividade podia contribuir positivamente para a mudança da matriz energética alemã para moldes mais sustentáveis, e o biodiesel, do qual a Alemanha era o maior produtor e consumidor, responsável por cerca de 42% da produção mundial, com capacidade de gerar 1 milhão de

---

23 Plano de Ação da Parceria Estratégica Brasil-Alemanha, nota n.*228*, Brasília, 14 mai. 2008.

toneladas anuais e a expectativa de produzir até 2 milhões de toneladas em 2008.[24] Quando a *Kanzlerin* [chanceler] da Alemanha, Angela Merkel, realizou, de 13 a 15 de maio de 2008, sua primeira (e única) visita oficial ao Brasil, acompanhada por empresários, parlamentares e autoridades do governo, pareceu abrir-se uma perspectiva de superação do impasse.

A conversa que ela manteve com o presidente Lula foi muito desagradável. Ao iniciar o encontro, houve um desencontro. Angela Merkel logo abordou, de forma crítica, as questões de energia e biocombustíveis, referindo-se diretamente às práticas de trabalho forçado e ao desmatamento da Amazônia, e comentou, de modo paternalista, que o problema ambiental comprometia muito a boa imagem que o Brasil – com sua estabilidade e desenvolvimento econômico, bem como com o êxito de seus programas sociais – estava a projetar no exterior. Sua impressão era a de que a principal preocupação do governo brasileiro era o desenvolvimento econômico da Amazônia e não a preservação ambiental. O presidente Lula, perceptivelmente agastado, contestou e disse que não considerava admissíveis lições de meros "curiosos" sobre uma realidade que desconheciam e que esses problemas cabiam ao Brasil e não à Alemanha. Com uma percepção estereotipada e simplista da realidade, não só do Brasil como da América do Sul, Angela Merkel referiu-se ainda a governos "populistas de esquerda", em alusão à Venezuela, e defendeu seu isolamento. Conversar com os presidentes do

---

24 Entrevista com Klaus-Ulrich Henschel, "Bio-Diesel-Beimischung bietet Sparpotenzial", *Capital*, 2008. Disponível em: <http://www.capital.de/politik/100010470.html>. A produção do biodiesel é feita a partir da colza (couve-nabiça, *Brassica napus*), de cujas sementes se extrai o óleo que é a principal matéria-prima desse combustível. A extração do óleo gera um farelo proteico, utilizado como ração animal. O óleo é distribuído na forma pura, isento de mistura ou aditivos, para a rede de abastecimento de combustíveis. Variedades de colza, com níveis menores de ácido erúcico e de glucosinolatos, foram desenvolvidas no Canadá e receberam o nome *canola*, que significa *Canadian oil low acid*. O termo *canola*, porém, foi generalizado e aplicado a todo óleo de colza, sem considerar seus níveis de ácido erúcico. Em maio de 2003, o Parlamento Europeu aprovou uma diretiva com o objetivo de substituir os combustíveis fósseis pelos combustíveis renováveis, alcançando-se o percentual de 5,75% em 2010, mas a Alemanha pretendia ir mais além e alcançar 10%.

Brasil e do Chile sobre "o avanço dos regimes populistas de esquerda na região" foi, aliás, um dos principais objetivo da viagem da *Kanzlerin* Angela Merkel, conforme antecipou o embaixador Christoph Heusgen, seu assessor de política exterior. O presidente Lula opôs-se, porém, às suas observações, marcadas por um viés ideológico conservador, ponderando que o regime democrático estava a funcionar em toda a América do Sul e que se devia respeitar o processo político de cada país. Ao término do encontro, ele, muito contrariado, desabafou que só não deu por encerrada a conversa e lhe pediu para sair do gabinete por se tratar de uma chefe de governo.

Apesar do mal-estar ocorrido na reunião com o presidente Lula, a visita da *Kanzlerin* Angela Merkel ao Brasil teve algum resultado. As divergências em torno da questão nuclear foram resolvidas. Os dois países assinaram o Acordo sobre Cooperação no Setor Energético e, mediante troca de notas, foi revigorada a vigência do Acordo Nuclear de 1975, que o *Kanzler* Gerhard Schröder não quisera renovar em 2004, de acordo com a reforma da *Atom-Ausstiegsgesetzes* [Lei de Desativação da Energia Atômica], de 26 de abril de 2002,[25] que suspendera a construção de novas centrais nucleares na Alemanha e determinara o desligamento das existentes até 2020[26] e a gradual paralisação dos acordos de cooperação no campo da energia nuclear firmados com outros países, sustando os créditos governamentais de exportação, garantidos pela garantia Hermes, e obstaculizando o financiamento de Angra III.

---

25 O governo Gerhard Schröder, em acordo com o partido Grünen/Bündnis 90, com o qual o PSD estava coligado, havia decidido, desde 2000, acabar com o uso da energia nuclear e promover o desenvolvimento de tecnologia para a produção de energias renováveis. Um ano após a reforma da lei de energia atômica, em 2002, a central nuclear de Stade, em Niedersachsen, foi desativada e, em 2005, também o foi a de Obrigheim, em Baden--Württemberg. Em 2009, a Alemanha tinha dezessete usinas nucleares em operação.

26 A Alemanha produziu, em 2008, 148.663 gigawatts-hora (GWh), apesar de problemas de licenciamento e manutenção. Das dez maiores centrais nucleares do mundo em 2008, cinco eram alemães – I sar 2, Brokdorf, Emsland, Neckar 2 e Phillipsburg 2 – que produziram um total de 58.417 GWh. Porém, o maior parque nuclear do mundo, com capacidade instalada de 106.476 megawatts, está nos Estados Unidos, onde operam 104 usinas (69 com reatores à água pressurizada e 35 com reatores à água fervente) e, em 2008, geraram 842.360 GWh.

Além da revalidação do Acordo Nuclear de 1975, que possibilitaria a retomada do projeto de construção de Angra III com os mesmos equipamentos e a mesma tecnologia usada em Angra II, foi assinado um acordo de cooperação no valor de 40 milhões de euros, a fim de financiar três projetos na área ambiental na Amazônia (manejo florestal sustentável, Fundo para Áreas Protegidas e Projeto Arpa II), bem como o Plano de Ação da Parceria Estratégica Brasil-Alemanha, mediante o qual a Alemanha formalizou o propósito de cooperar na implementação do Plano Amazônia Sustentável, sucessor do Programa-Piloto para a Proteção das Florestas Tropicais Brasileiras (PP-G7).[27]

Entretanto, não obstante todo o empenho do embaixador Seixas Corrêa, os entendimentos, tanto econômicos quanto políticos, não avançaram na área dos biocombustíveis. Se algumas empresas e setores do governo tinham interesse em colaborar na sua produção, os grandes grupos da indústria automobilística e as correntes ambientalistas e inúmeras ONGs, muitas de caráter religioso e outras ligadas aos movimentos sociais, opunham-se ao agronegócio no Brasil e defendiam o protecionismo na União Europeia. Além de incapazes de aceitar a diversidade e entender realidades distantes e diferentes daquela existente na Europa, tais ONGs, em larga medida imbuídas por interesses econômicos unilaterais, projetavam a imagem do Brasil de forma estereotipada e generalizada, e fomentaram crescentes resistências à importação do etanol. Formou-se uma aliança espúria entre a grande indústria automobilística alemã – preocupada com a preservação da imagem de potência e luxo dos carros da Mercedes, da BMW e da Audi, a seu ver incompatíveis com a utilização do etanol –, o cartel

---

[27] O PP-G7 resultou de uma proposta feita pelo ex-*Kanzler* Helmut Kohl, em 1992, por ocasião da Conferência das Nações Unidas sobre Meio Ambiente e Desenvolvimento no Rio de Janeiro. O programa seria financiado pelos países do G7, a União Europeia, os Países Baixos e o Brasil, por um total de aproximadamente 340 milhões de dólares. O Banco Mundial assiste o Brasil na coordenação do Programa e administra o Fundo Fiduciário de Florestas Tropicais (Rain Forest Trust Fund). A Alemanha contribuiu com mais de 300 milhões de euros, porém, nenhum outro país do G7 cumpriu o compromisso de colaboração.

internacional do petróleo – historicamente vinculado à grande indústria automobilística –, o Grünen/Bündnis 90 – para o qual o aumento da produção de cana no Brasil conduzirá à destruição da floresta amazônica –, e as ONGs ambientalistas radicais e intolerantes – estreitamente vinculadas a entidades religiosas alemãs (Adveniat, Caritas e Misereor) e brasileiras (Pastoral da Terra), bem como ao movimento cristão em favor da reforma agrária e aos pequenos proprietários, tradicionalmente contrários ao agronegócio.

Em meio a tais contradições e resistências, sem definir claramente uma política própria para o país e incapaz de influenciar tanto quanto queria as decisões da União Europeia, o governo da Alemanha evitou aprofundar qualquer negociação com o Brasil sobre a questão dos biocombustíveis. Sempre se esquivou de conversar sobre pontos mais concretos, como precisar as dimensões do mercado a ser aberto para o etanol brasileiro, e sobre suas perspectivas. Conquanto identificasse uma série de elementos positivos na produção de biocombustíveis no Brasil, entre os quais a inexistência de subsídios ao etanol e a redução de emissões de gases de efeito estufa, o relatório sobre bioenergia e sustentabilidade, divulgado em 2008 pelo Conselho Científico do Governo Federal para Mudanças Climáticas Globais, considerou que a experiência do Brasil dificilmente poderia ser reproduzida em outros países em desenvolvimento e afirmou que o governo brasileiro relutava em assumir compromissos de sustentabilidade, e por isso seria melhor que as negociações se processassem em nível multilateral e não bilateral.

O Brasil não estava entre as prioridades da política exterior da Alemanha. Elas se concentravam, fundamentalmente, em recompor o estreito relacionamento com os Estados Unidos, abalado pela oposição do *Kanzler* Gerhard Schröder à invasão do Iraque, em 2003, e em consolidar a União Europeia, mediante a criação de mecanismos institucionais delineados numa Constituição,[28] que foi rejeitada em

---

28 A Constituição tentou substituir todos os tratados anteriores do bloco. O novo tratado faz emendas ao Tratado sobre a União Europeia (Maastricht) e ao Tratado de Esta-

plebiscito pelos eleitores da França e da Holanda e substituída pelo Tratado de Lisboa.[29] A Alemanha também tratava de integrar ao seu espaço econômico os países pertencentes ao extinto Bloco Soviético, que adotaram a economia de mercado e se tornaram de fundamental importância estratégica para investidores alemães, atraídos pelos custos de seus fatores de produção, dez vezes mais baratos do que na maioria dos países industriais da União Europeia. Esses países do Leste Europeu – sobretudo, Hungria (108,7 bilhões de euros), Polônia (106,8 bilhões de euros), República Tcheca (94,8 bilhões de euros) e Eslováquia (32,2 bilhões de euros) – foram os que mais receberam investimentos diretos da Alemanha entre 1999 e 2008. Também houve pesadas inversões de capital na Ucrânia, que recebeu em apenas quatro anos (2005-2008) investimentos diretos da ordem de 27,7 bilhões de euros,[30] mais do que o dobro destinado à América Latina entre 2004 e 2008 (12,5 bilhões de euros).[31]

Os países do Leste Europeu absorveram, entre 1999 e 2008, mais investimentos diretos da Alemanha do que os países asiáticos, embora a emergência da China, com notáveis taxas de desenvolvimento, e da Índia, abrindo novos e amplos mercados, inclusive de trabalho, oferecessem às grandes corporações alemãs condições seguras, estáveis e lucrativas para a aplicação de capitais, bem como possibilidade de contar com fornecedores locais de tecnologia e de investimentos alemães. De 1999 a 2008, elas investiram 93,5 bilhões de euros na China, 76,8 bilhões no Japão; 60,6 bilhões na Rússia, onde havia 6 mil

---

belecimento da Comunidade Europeia (Roma), sem referência aos símbolos da União Europeia – bandeira, hino e lema –, apesar de eles continuarem a existir.

29 O Tratado de Lisboa que entrou em vigor em 1º de dezembro de 2009, não substituiu, porém modificou, os Tratados sobre a União Europeia e a Comunidade Europeia, conferindo à União instrumentos jurídicos necessários e instituições mais eficientes, com o objetivo de melhorar o funcionamento do bloco de 27 países e tratar de questões de interesse comum, como globalização, mudanças climáticas, segurança e energia.

30 Fonte: Deutsche Bundesbank, Total der Deutschen Direktinvestitionen im Ausland, abr. 2010.

31 Fonte: Deutsche Bundesbank, Eurosystem, Bestandserhebung über Direktinvestitionen, abr. 2010.

empresas alemãs, e 54,5 bilhões em Cingapura.[32] De um total de 850,9 bilhões de euros em investimentos diretos da Alemanha em 126 países registrados pelo seu Banco Central em 2008, 70,1% destinaram-se à Europa, 18% à América do Norte, 6,8% à Ásia, 1,4% à América do Sul (cabendo ao Brasil 0,9%), 1,3% à América Central, 0,8% à Austrália e apenas 0,5% à África.[33]

---

32 A China é a principal receptora dos investimentos diretos da Alemanha na Ásia. Em 2008, ela absorveu um total de 17,9 bilhões de euros, praticamente o dobro do Japão (8,91 bilhões) e também de Cingapura (8,47 bilhões). A Coreia do Sul (4,30 bilhões) e a Índia (4,27 bilhões) foram, entre os países asiáticos, os menos favorecidos pelos investimentos diretos da Alemanha (Fonte: Deutsche Bundesbank, Deutsche Direktinvestitionen im Ausland, Bestandserhebung über Direktinvestitionen, jun. 2003, abr. 2006, abr. 2008, abr. 2010.
33 Fonte: Deutsche Bundesbank, Eurosystem, Bestandserhebung über Direktinvestitionen, abr. 2010.

# CAPÍTULO 14

CONCENTRAÇÃO DOS INVESTIMENTOS ALEMÃES NO LESTE EUROPEU – A CRISE FINANCEIRA MUNDIAL E SEU IMPACTO NOS BANCOS E NA ECONOMIA DA ALEMANHA – ENDIVIDAMENTO DOS ESTADOS NACIONAIS DA ÁREA DO EURO – O CASO DA GRÉCIA – O PAPEL DA ALEMANHA NA CRISE – COMPRA DOS SUBMARINOS FRANCESES PELO BRASIL – A RETOMADA DO PROJETO DE ANGRA III

Não apenas os investimentos, mas também o comércio exterior da Alemanha concentrou-se cada vez mais nos países da Europa e nos Estados Unidos. Seus parceiros comerciais mais importantes estavam na União Europeia, que absorvia cerca de metade de suas exportações. Somente a França, em 2006, importou da Alemanha mercadorias no valor de 85 bilhões de euros, e os Estados Unidos, cerca 78 bilhões de euros. Entre 2004 e 2007, a Alemanha ampliou seu comércio com os países da Europa Central e Oriental, que aderiram à União Europeia e começaram a adotar o euro como moeda. Em 2008, a Alemanha destinou 63,6% de suas exportações aos 27 países da União Europeia,[1] enquanto os Estados Unidos, seu segundo maior parceiro, absorveram apenas 7%.[2]

Desde que se constituiu, em 1949, a Alemanha tornou-se um país cada vez mais rico e sua população, em 2008, detinha uma poupan-

---

[1] *Fischer Weltalmanach 2011*, 2010, p.117.
[2] Ibidem, p.143.

ça, em dinheiro efetivo, ações e títulos de seguro, da ordem de 4,4 trilhões de euros, o que representava 177,95% do PIB, calculado em 2,5 trilhões.[3] Sua economia, porém, sempre dependeu fundamentalmente do comércio exterior. Conquanto dependente da importação de matérias-primas e energia, a Alemanha nunca teve déficit na balança comercial (exceto nos dois primeiros anos da década de 1950) e suas exportações, compostas em cerca de 80% de produtos industrializados, eram responsáveis por um em três postos de trabalho criados no país.[4] Essa dependência do comércio exterior, no entanto, tornou a Alemanha vulnerável, ao submetê-la demasiadamente às perturbações da conjuntura econômica mundial.[5] Daí o forte impacto que ela sofreu ao irromper a crise econômica e financeira, deflagrada nos Estados Unidos no primeiro semestre de 2007, quando grandes corretoras, como Merrill Lynch e Lehman Brothers, suspenderam a venda de colaterais e o mercado imobiliário entrou em colapso.

A inadimplência de devedores hipotecários provocou a *débâcle*, ao afetar empréstimos de empresas, cartões de crédito etc. Em setembro de 2008, a crise, tornando-se sistêmica, atingiu o setor bancário, com a bancarrota e a dissolução do Lehman Brothers, o quarto banco de investimento dos Estados Unidos, após 158 anos de atividade. Logo em seguida, os bancos europeus, inclusive os alemães, registraram enormes prejuízos com contratos baseados em hipotecas *subprime* [papéis "podres"] de resgate muito improvável, isto é, sério risco de não pagamento, comprados de instituições norte-americanas. O Deutsche Bank apresentara um déficit de 4,8 bilhões de euros no quarto trimestre de 2008. O Hypo Real Estate (HRE), o quarto maior banco hipotecário da Alemanha, foi dos mais atingidos. Em 6 de outubro de 2008, a *Kanzlerin* Angela Merkel, embora contrária a fornecer qualquer

---

3 Ibidem, p.144.
4 "O comércio exterior", *Deutsche Welle*, 21 jan. 2011. Disponível em: <http://www.dw--world.de/dw/article/0,,1024567,00.html>. Perfil da Alemanha: <http://www.tatsachen--ueber-deutschland.de/pt/home1.html>
5 Ibidem.

ajuda, como fez o governo norte-americano, alternativa não teve senão intervir para salvar o HRE por meio de um plano de emergência, do qual participaram outros bancos privados, no valor de 50 bilhões de euros. Tal medida visava impedir que sua falência contaminasse todo o sistema financeiro alemão e provocasse uma crise generalizada no país.[6] O governo alemão teve de estatizá-lo, bem como adquirir, em janeiro de 2009, 25% das ações do Commerzbank, que, após investir 1,2 bilhão de euros em títulos *subprime*, não encontrou quem quisesse comprá-los.[7] Angela Merkel ainda garantiu que todos os depósitos bancários do país seriam honrados.[8]

A crise econômica e financeira, finalmente, comprometeu e envolveu os próprios Estados nacionais. Levou a Islândia, cujos bancos mantinham negócios num valor três vezes maior do que o PIB do país, quase à bancarrota, com reflexo sobre o Reino Unido, seu principal credor. Nas instituições financeiras islandesas, os bancos alemães haviam depositado cerca de 21 bilhões de dólares, mais do que quaisquer outros bancos, pouco antes da eclosão da crise.[9] Essa crise, em fins de 2009, contaminou a Grécia, ameaçando a estabilidade de toda a área do euro, dado que vários países não cumpriram as metas do Tratado de Maastricht para a unificação monetária, entre as quais controle do déficit orçamentário (até 3% do PIB) e do endividamento público (até 60% do PIB). Essa crise, que abalou Grécia e ameaçou Irlanda, Portugal, Espanha e toda a área do euro (16 dos 27 Estados-membros da União Europeia e outros nove membros que não adotaram o euro), constituiu um novo desdobramento, a terceira etapa da crise econômica e finan-

---

6   "Timeline: Credit Crunch to downturn", *BBC News*, 7 ago. 2009.
7   Kohlenberg; Uchatius, "Wo ist das Geld geblieben?", *Die Zeit*, n.49, 27 nov. 2008.
8   O pacote de ajuda do governo alemão podia chegar a 500 bilhões de euros e o Bundesbank deu garantias para empréstimos interbancários de curto prazo. O valor total previsto era calculado entre 400 e 420 bilhões de euros, no máximo. Outros 70 bilhões de euros seriam destinados à compra de títulos *subprime* de instituições bancárias, podendo ser ampliado em mais 10 bilhões. Antes do pacote, o governo deu garantias de 26,5 milhões de euros para salvar o banco HRE ("Confira os principais pacotes contra a crise financeira", *Deutsche Welle*, 15 out. 2008).
9   "German banks the most exposed to Iceland, BIS says", *New York Times*, 23 out. 2008.

ceira. A situação configurou-se ainda mais grave, porquanto a eventual desestabilização da Área do Euro poderia provocar uma crise sistêmica, por causa da promiscuidade dos bancos alemães, franceses e também norte-americanos com os Estados nacionais e outros bancos, mediante dívidas cruzadas. Se a Grécia e/ou Portugal deixassem de pagar aos bancos, a crise se propagaria e cresceria como bola de neve. De acordo com o Bank for International Settlements, os bancos portugueses deviam 86 bilhões de dólares aos bancos espanhóis, que, por sua vez, deviam 238 bilhões de dólares a instituições alemãs, 200 bilhões aos bancos franceses e cerca de 200 bilhões aos bancos norte-americanos.

Os bancos europeus, em conjunto, haviam aplicado 2,5 trilhões de dólares na economia dos países mais débeis da área do euro: Grécia, Irlanda, Bélgica, Portugal e Espanha.[10] A concessão de cerca de 1 trilhão de dólares à Grécia, prometida pela União Europeia e pelo FMI, não visou ajudá-la, mas a salvar os bancos alemães e franceses e os investidores norte-americanos, que proveram mais de 500 bilhões de dólares de empréstimos de curto prazo aos bancos europeus, sobretudo aos daquelas nações, para financiar diariamente suas operações. Esses bancos alemães e franceses haviam praticado especulação na compra em dólares da quase totalidade dos títulos gregos e passaram a exigir o pagamento de uma dívida equivalente a 100 milhões de euros.

Os bancos na Alemanha, até então, não haviam sido muito afetados pela crise porque os investidores não possuíam grandes investimentos no mercado imobiliário norte-americano. Daí Angela Merkel somente intervir – pedindo ao *Bundestag* que aprovasse com urgência um plano de ajuda financeira de 8,5 bilhões de euros para evitar que a Grécia declarasse falência e abandonasse o sistema monetário europeu – quando a perspectiva de insolvência dos seus títulos começou a atingir a confiabilidade dos bancos alemães. Com o objetivo de assegurar o pagamento, informou os presidentes do Banco Central Europeu, Jean--Claude Trichet, e do FMI, Dominique Strauss-Kahn, que seu gover-

---

10 Theil, "Worse than Wall Street", *Newsweek*, 7 fev. 2010.

no concordava com a proposta de refinanciamento máximo da dívida grega, no montante de 110 bilhões de euros. O Deutsche Postbank e o Eurohypo (subsidiário de Commerzbank, Deutsche Bank e companhias de seguros Allianz [ALVG.DE] e o Munich Re [MUVGn.DE]), por exemplo, haviam investido bilhões de euros na Grécia,[11] e, assim, a ajuda financeira servia para evitar a bancarrota dos bancos alemães e franceses, assim como de seguradoras que haviam especulado com os títulos daquele país.

Esse endividamento dos Estados com os bancos e dos bancos com outros bancos evidenciou que, não obstante os fatores nacionais, domésticos, a crise que se agravou na Grécia e ameaçou contagiar toda a área do euro também era, em outra dimensão, uma consequência direta da crise dos Estados Unidos, dado que o sistema capitalista, entrançado pelo mercado mundial e pela divisão internacional do trabalho, constituía um todo interdependente, e não uma simples soma de economias nacionais. A alta dos preços do petróleo e do ouro no mercado mundial, bem como a elevada valorização do euro, em decorrência da queda do dólar, refletiu a profunda crise que deteriorava (e deteriora) a economia dos Estados Unidos. O próprio ministro das Finanças da Alemanha, Peer Steinbrück, não hesitou em declarar que os Estados Unidos eram os principais culpados pela crise financeira, cujas causas estavam naquele país e não na Europa ou Alemanha.[12] Conforme acentuou, as razões da crise estavam no exagero do princípio *laissez-faire* cometido pelo governo norte-americano e em seu desprezo por medidas que regulamentassem o mercado.[13]

Irresponsabilidade fiscal, descontrole dos gastos públicos, elevados déficits orçamentários, déficit comercial, corrupção, inflação e estancamento econômico constituíram alguns dos fatores fundamentais

---

11 Halstrick, "Analysts Play Down German Banks' Greece Fallout", *Reuters*, Frankfutr, 11 fev. 2010.
12 Webb, "Playing the Financial Crisis Blame Game Foreign Leaders Were Quick at First to Attack the U.S. for Subprime Woes", *ABC News*, Londres, 9 out. 2008.
13 "Ministro alemão responsabiliza EUA pela crise financeira", *Deutsche Welle*, 25 set. 2008.

que levaram Grécia e Irlanda à beira da falência, ameaçando também Portugal e Espanha. Porém, como bem assinalou o professor Luiz Carlos Bresser-Pereira, o desequilíbrio das contas-correntes entre os países europeus decorreu, em larga medida, da poupança alemã, da estagnação dos salários, apesar do aumento da produtividade, e, em consequência, da redução do custo unitário da força de trabalho em cerca de 20% ocorrida entre 2000 e 2010, enquanto nos demais países da União Europeia esse custo permaneceu constante ou mesmo aumentou,[14] determinando a perda da capacidade alemã de exportação, diante da valorização do euro.

Nesse período, em que a taxa de desemprego, de 2000 a 2007, oscilou entre 9,5% e 10,5%, os trabalhadores alemães, ante um poderoso exército industrial de reserva, tiveram de aceitar a redução relativa dos salários, a fim de salvar seus empregos, evitando que as empresas, em busca de fatores de produção mais baratos, transferissem seus investimentos para países da Ásia, sobretudo China e Índia, bem como para os do Leste Europeu, que adotaram a economia de mercado e expandiram o mercado global de trabalho. Especialmente no período de 1998 a 2001, o número de empregos exportados pelas indústrias da Alemanha subiu 23%, o que possibilitou uma redução anual de 0,57% do valor dos salários a partir de 2000, a fim de aumentar a competitividade de sua produção.[15] O aumento total dos salários (bruto e líquido) entre 2000 e 2008 foi de 10,46%, sendo 1,25% a média anual,[16] enquanto o total da inflação, no mesmo período, foi de cerca de 16,72%.[17] A diferença entre o crescimento dos salários e o da inflação foi de − 4,48% e, em 2007, o poder aquisitivo dos trabalhadores alemães havia caído para o patamar mais baixo desde 1986. Segundo o professor Rudolf

---

14 Bresser-Pereira, "A crise estrutural do euro e a Alemanha", *Folha de S.Paulo*, 29 mar. 2010.
15 Milleker, "Wage Round 2007: German Unit Labour Costs Back To Rising Trend", *Eurozone Watch*, 16 mar. 2007. Disponível em: <http://www.euro-area.org/blog/?p=59>.
16 Bundesministerium für Arbeit und Soziales, *Statistisches Taschenbuch 2009*, jun. 2009.
17 A média anual foi de cerca de 1,56%, ano-base 2005 (Statistisches Bundesamt, Verbraucherpreisindizes für Deutschland, *Lange Reihen ab 1948*, 14 jan. 2011, p.3).

Hickel, diretor do Instituto de Trabalho e Economia [*Institut Arbeit und Wirtschaft, IAW*], da Universidade de Bremen, essa queda do poder aquisitivo ocorreu, em larga medida, por causa do corte de adicionais, como abonos de férias e de Natal, realizado nos anos 2000.[18]

A compressão dos salários, iniciada nos anos 1990, aumentou com a desregulamentação do mercado de trabalho [*Deregulierung der Arbeitsmärkte*], a partir de 2003, com a implementação pelo governo Gerhard Schröder da Agenda 2010, um programa de reformas econômicas e sociais, no mercado de trabalho e no sistema de seguridade social, visando incrementar o crescimento econômico e aumentar a competitividade de suas exportações. As medidas adotadas, de caráter neoliberal, reduziram os direitos sociais e permitiram maior compressão dos salários, ao contrário do que ocorreu nos demais países da União Europeia, que, sem moeda própria, não podiam promover a desvalorização cambial para compensar a perda da competitividade de suas exportações, ajustar as finanças e equilibrar a conta-corrente de pagamentos. Tal fato contribuiu, em larga medida, para os desequilíbrios nas balanças comerciais, que levaram os membros da União Europeia a adotar rigorosas medidas de austeridade fiscal e contenção de salários, de modo a tornar sua produção competitiva no mercado mundial, determinando, como consequência, o crescimento do nível de desemprego e o recrudescimento das tensões sociais e políticas.

A economia da Alemanha, entretanto, foi duramente afetada pela crise econômica mundial, dado que dependia, primordialmente, da exportação de produtos e serviços – responsável por 39,4% de seu PIB, em 2008, e por 33,5%, em 2009[19] –, da qual cerca de 75% eram destinados aos países da Europa, os mais atingidos pela crise econômica e financeira mundial. Em tais circunstâncias, a economia da Alemanha,

---

18 "Salários atingem nível mais baixo dos últimos 20 anos na Alemanha", *Deutsche Welle*, 24 set. 2007.
19 Cálculos baseados nos dados estatísticos publicados em *Fischer Weltalmanach 2011*, 2010, p.144. Em alguns setores da indústria alemã, como o automobilístico, a dependência do mercado exterior é maior do que 60%.

com pequenas taxas de crescimento real (da ordem de −0,2% em 2003; 1,2% em 2004; 0,8% em 2005; 3,0% em 2006; 2,5% em 2007; e 1,3% em 2008), sofreu uma contração de 4,9% em 2009,[20] pressionada pela forte redução das exportações e dos investimentos em maquinaria. A participação do comércio exterior na sua economia caiu de 71,7%, em 2008, para 65,5%, em 2009.[21]

Os setores da economia alemã que mais sofreram, em 2009, foram o siderúrgico, o automobilístico e o de máquinas. As importações de produtos brasileiros, matérias-primas em geral, também sofreram uma queda de 26%, sendo o minério de ferro e seus concentrados os mais atingidos. De acordo com os dados do Ministério do Desenvolvimento, Indústria e Comércio Exterior, o Brasil, em 2009, exportou produtos e serviços para a Alemanha no valor de 6,1 bilhões de dólares e importou 8,85 bilhões de dólares, havendo queda de 30,1%. Segundo os dados da Alemanha, no mesmo ano, a Alemanha importou do Brasil, a maior parte em matérias-primas, 9,9 bilhões de dólares, contra 12,2 bilhões no ano anterior, o que representou um declínio de 17,9%.[22]

A Alemanha perdeu a oportunidade de realizar um grande negócio com a venda de submarinos ao Brasil, que pretendia reequipar a Marinha de Guerra, a fim de aumentar a vigilância e a segurança de seus espaços marítimos, de aproximadamente 3,5 milhões km², chamados de Amazônia Azul, em razão de sua enorme dimensão e seus incomensuráveis recursos naturais, entre os quais petróleo, sobretudo na camada pré-sal.[23] O consórcio alemão Howaldtswerke Deutsche

---

20 *Fischer Weltalmanach 2010*, 2009, p.143 (dados de 1999-2008 corrigidos); *Fischer Weltalmanach 2011*, 2010, p.117.
21 Cálculos baseados nos dados estatísticos publicados em *Fischer Weltalmanach 2011*, 2010, p.144.
22 Fonte: MDIC-SECEX. Conforme já referido, as estatísticas do Brasil registraram enorme déficit no comércio com a Alemanha, enquanto as estatísticas da Alemanha mostram que o Brasil teve superávit, diferença que, de certo modo, decorre do sistema de registro por país de origem adotado pela Alemanha (ver capítulo XII, nota 27).
23 O Brasil estava pleiteando, junto à Comissão de Limites da Plataforma Continental (CLPC) da Convenção das Nações Unidas sobre o Direito do Mar (CNUDM), a extensão dos limites de sua Plataforma Continental, além das 200 milhas náuticas (370

Werft (HDW)-ThyssenKrupp AG, responsável pela construção dos submarinos brasileiros classe IKL 209 (Tupi, Tamoio, Timbira, Tapajó e Tikuna), apresentou uma proposta para a construção de dois submarinos convencionais (propulsão diesel-elétrica), sem evolução para um submarino de propulsão nuclear. O governo Lula, porém, optou pela proposta da empresa estatal francesa Direction Technique des Constructions Navales & Direction des Constructions Navales (DCNS), que se dispôs a vender quatro submarinos convencionais do modelo Scorpène e o casco de um submarino de propulsão nuclear,[24] adaptado às exigências da marinha, cinco vezes maior que o original francês, com transferência da tecnologia de fabricação e com construção por uma empresa nacional[25] de um estaleiro e de uma base para estacioná-los,[26] ao custo de 6,8 bilhões de euros.

---

quilômetros), o que corresponderia a uma área de 963 mil km² e aumentaria seus espaços marítimos para cerca de 4,5 milhões km².

24 Entre outras vantagens, o submarino nuclear pode permanecer submerso por até três anos. Além disso, um submarino nuclear de ataque é muito mais poderoso do que um convencional. Sua capacidade de deslocar-se em alta velocidade e sua independência em relação ao ar atmosférico, por não necessitar carregar baterias elétricas, conferem-lhe maior autonomia e, principalmente, maior capacidade de ocultação, permitindo-lhe causar danos ainda maiores ao inimigo, o que compensa todo o seu custo. A simples possibilidade da presença no mar de um único submarino nuclear de ataque é tida como um fator de desequilíbrio da equação de poder combatente capaz de fazer um eventual adversário considerar que o risco a correr não compensaria um enfrentamento naval.

25 A escolha dessa empresa seria legalmente isenta de licitação porque as plantas de instalações nucleares militares, cujas características não podem ser objeto de divulgação pública, necessitam obrigatoriamente de sigilo.

26 A Marinha desenvolvia um programa nuclear destinado a projetar e construir submarinos nucleares, desde o final da década de 1970. Em 1993, selecionou a área para a construção do novo estaleiro e da nova base, uma vez que os submarinos nucleares só poderiam ser construídos em estaleiros apropriados e com requisitos tecnológicos e ambientais bastante específicos, inexistentes em todos os estaleiros brasileiros àquele momento. A base de submarinos na Baía de Guanabara, junto à ponte Rio-Niterói, que nem sequer tinha profundidade perto do cais para atracação de um submarino nuclear, também não atendia aos requisitos necessários para seu estacionamento.

Àquela época, a ThyssenKrupp AG,[27] em parceria com a Companhia Vale do Rio Doce,[28] estava a fazer em Sepetiba, no estado do Rio de Janeiro, seu maior investimento fora da Alemanha, num montante de 5,2 bilhões de euros, com a construção da Companhia Siderúrgica do Atlântico (CSA). Tratava-se de um moderno complexo industrial, com porto próprio para importação de carvão e exportação de placas de aço, instalações para processamento de matérias-primas, produção de coque e sinterização, dois altos-fornos, uma aciaria e uma termelétrica.

A ThyssenKrupp AG, porém, havia entendido que o governo brasileiro se comprometera a comprar os submarinos convencionais (propulsão diesel-elétrica), ao custo total de 2,5 bilhões de euros, conforme sua proposta, em troca da construção dessa siderúrgica, no Distrito Industrial de Santa Cruz, na zona oeste do Rio de Janeiro, e reagiu agressivamente ao perder a competição para a empresa francesa DCNS. No dia 6 de agosto 2008, a HDW, vinculada à ThyssenKrupp AG, protocolou uma carta no Comando da Marinha e no Ministério da Defesa, com cópia ao embaixador da Alemanha em Brasília, Friedrich Prot von Kunow, na qual alegou que sua proposta para a venda de dois submarinos era mais barata que a apresentada pela DCNS e cobrou o suposto compromisso do governo brasileiro. Com o objetivo de provocar um escândalo internacional, deixou que a carta vazasse para a imprensa. Essa iniciativa da HDW irritou profundamente a oficialidade da Marinha brasileira.

Na realidade, o custo de 2,5 bilhões de euros oferecido pela HDW englobava apenas dois submarinos convencionais, enquanto a proposta da DCNS, no valor de 6,8 bilhões de euros (perto de 21 bilhões de reais) era muito mais abrangente. A França tinha experiência muito maior

---

27 O grupo alemão possuía no Brasil 22 subsidiárias, entre as quais a ThyssenKrupp Metalúrgica Campo Limpo Ltda., que fornecia peças para a indústria automobilística, e a ThyssenKrupp Elevadores S.A.

28 O acordo entre a Companhia Vale do Rio Doce e a ThyssenKrupp AG para a construção da CSA foi firmado em 2004, com participações de 10% e 90%, respectivamente. A primeira, além de sócia no empreendimento, deveria fornecer o minério de ferro ao complexo siderúrgico, por meio de um contrato de quinze anos com a segunda.

e tecnologia melhor nessa área que a Alemanha. Havia cerca de meio século, ela fabricava diversas classes de submarinos convencionais, de submarinos nucleares de ataque e de submarinos nucleares lançadores de mísseis balísticos, com elevado nível tecnológico. A Alemanha, ao contrário, nunca havia operado submarinos de propulsão nuclear, sua participação na produção mundial desse tipo de embarcação era nula,[29] e, proibida pelos tratados internacionais relativos à Segunda Guerra Mundial, sequer dispunha dos equipamentos necessários para sua construção. A HDW, mesmo se quisesse, não teria nenhuma condição de transferir tecnologia para o Brasil ou mesmo de fornecer o casco de um submarino nuclear.[30] Aliás, ela também não aceitara a cláusula de transferência de tecnologia por meio da criação de *joint venture* com empresas nacionais, exigida pelo governo brasileiro, em conformidade com as diretrizes da Estratégia Nacional de Defesa aprovada pelo Decreto n.6.703, de 18 de dezembro de 2008.[31]

Não haveria, por conseguinte, transferência de tecnologia de projeto nem de manutenção de submarinos, mas apenas de construção,[32] e certamente de forma limitada porque a Alemanha queria evitar que o Brasil se tornasse um possível concorrente no mercado mundial. Mesmo na construção dos submarinos IKL-209 já operados pelo Brasil, a seção de vante (proa) – a mais complexa, em que se engastam os tubos de lançamento de torpedos e importantes equipamentos, inclusive do

---

29 Além da França, somente quatro países – Estados Unidos, Reino Unido, Rússia e China – possuem tecnologia para construção de submarinos de propulsão nuclear, mas não transferem seus conhecimentos.
30 Sob pressão dos ambientalistas, o governo da Alemanha chegara a fechar todas as vinte usinas elétricas nucleares existentes em seu território.
31 A Estratégia Nacional de Defesa estabeleceu as diretrizes para a reestruturação das forças militares e da indústria bélica nacional, condicionando a "compra de produtos de defesa no exterior à transferência substancial de tecnologia, inclusive por meio de parcerias para pesquisa e fabricação no Brasil de partes desses produtos ou de sucedâneos a eles" (Brasil, Decreto n.6.703, 18 dez. 2008 – texto completo disponível em: <http://www.planalto.gov.br/ccivil_03/_Ato2007-2010/2008/Decreto/D6703.htm>).
32 Quinze países possuem a tecnologia necessária para a construção de submarinos. No hemisfério Sul, somente o Brasil possui em andamento um programa de construção, o que lhe possibilita a execução de outros projetos navais.

sistema de armas – sempre fora fabricada inteiramente na Alemanha e certas partes do sistema de imersão-emersão eram, para o Brasil, como caixas-pretas (sem transferência de tecnologia), assim como todos os equipamentos eletrônicos e certos aspectos do desenho do casco e das hélices, peças cruciais na fabricação de submarinos. A oficialidade da marinha não se conformava com o fato de que apenas os técnicos alemães, cujo trabalho tinha custo altíssimo, pois eram regiamente pagos, revisassem os equipamentos eletrônicos e que somente com a presença deles podia ser feita a manutenção dos sistemas de combate (sonares, sistema de direção de tiro etc.), o que gerava tensões no relacionamento com a HDW, dado que nem essa tecnologia fora transferida para o Brasil. Certa vez, o submarino Timbira fora submetido a um período de manutenção geral, com a desmontagem de todos os sistemas. A fim de restabelecê-los, a Marinha teve de contratar técnicos alemães da Marlog Marine Logistik GmbH & Co., empresa subsidiária do HDW Group-ThyssenKrupp AG, e, somente para a remontagem e os subsequentes testes do sonar, pagar 330 mil euros (cerca de 1 milhão de reais).[33]

A Marinha do Brasil estava muito insatisfeita com a HDW--ThyssenKrupp AG. Considerava o nível tecnológico do Scorpène muito superior ao de seus concorrentes e, quanto a manutenções caras e complexas, não poderia haver experiência pior do que aquela com os submarinos alemães. Além do insignificante índice de nacionalização, a HDW vedava a aquisição de sobressalentes junto aos respectivos fabricantes, a custos mais razoáveis, não permitindo que as inúmeras empresas que fabricavam as peças vendessem diretamente à Marinha do Brasil, sob pena de descredenciá-las. Assim, todas as aquisições tinham de ser feitas por meio da Marlog Marine Logistik GmbH & Co., que

---

33 Marinha, Centro de Comunicação. Nota oficial em resposta ao artigo "Modelo comum, gastos atômicos – Submarinos: A Marinha reclama dos altos custos da assistência técnica da HDW", da revista *CartaCapital*, de 9 set. 2009.

cobrava preços exorbitantes e atendia nos prazos de sua conveniência, tendo sempre como prioridade as encomendas de países da Otan.[34]

O ministro da Defesa, Nelson Jobim, explicou que o governo brasileiro preferiu adquirir quatro submarinos da França, e não da Alemanha, porque a empresa estatal francesa DCNS concordou em transferir para o Brasil o sistema Air Independent Propulsion [propulsão independente de ar], integrante da tecnologia Module d'Energie Sous-Marin Autonome (Mesma) – que possibilita a operação de um submarino sem a necessidade de emergir à superfície ou usar sistema de tubo de ar, de imersão periscópica, para captar oxigênio da atmosfera –,[35] acentuando que

> nós não somos compradores de prateleira. Não havia condição alguma de transferência de projetos, sobretudo de propulsão nuclear. Foi exatamente por isso que optamos, na questão dos submarinos, pelos franceses e não pelos alemães.[36]

Com efeito, o Presidente da França, Nicolas Sarkozy, percebera a importância de um entendimento estratégico, de largo alcance, com o Brasil e decidira romper o princípio de não transferência de tecnologia militar, adotado por Estados Unidos, Alemanha, Rússia e China. Em 23 de dezembro do 2008, assinara com o presidente Lula um acordo de cooperação militar, no montante de 6,7 bilhões de euros, englobando: quatro pacotes de materiais e serviços para a construção, no Brasil, de quatro submarinos de propulsão diesel-elétrica (SSK), baseados no modelo Scorpène, que permitia a migração da tecnologia convencional para a nuclear, com projeto adaptado – mediante a participação de engenheiros navais brasileiros – aos requisitos da Marinha do Brasil;

---

34 Diretoria-Geral do Material da Marinha, "Esclarecimentos sobre recentes notícias publicadas na imprensa"; Modelo comum, gastos atômicos, *CartaCapital*.
35 Esse sistema aproveita a energia térmica do vapor, transformando-a em energia mecânica, que pode ser utilizada para mover equipamentos e, quando acoplada a um gerador, converter-se em energia elétrica.
36 Jardim; Passos, "Jobim: 'Não somos compradores de prateleira'", *Folha de S.Paulo*, 14 jul. 2009.

transferência da tecnologia de construção, segundo métodos e processos franceses, e da tecnologia de projeto de submarinos, inclusive de seus sistemas de combate; projeto e construção de um submarino com propulsão nuclear;[37] e projeto e construção de um estaleiro naval destinado à fabricação de submarinos nucleares e de uma base naval capaz de abrigá-los, cujas obras começaram em 2010.[38]

O acordo previa a aquisição de 51 helicópteros Cougar EC-725 até 2016, mas não incluía a transferência de tecnologia de reatores e de enriquecimento de urânio, porquanto o Brasil já a desenvolvera no Centro Experimental Aramar, da Marinha. A França ainda pretendia fornecer à Força Aérea Brasileira, com cessão dos códigos informáticos – o coração digital da aeronave – seis aviões de caça Rafale fabricados pelo grupo Dassault, que disputaria licitação com a Boeing, dos Estados Unidos (F/A-18E/F Super Hornet), e a Saab, da Suécia (Gripen NG). O objetivo do presidente Nicolas Sarkozy, além de aprofundar os negócios nas áreas de energia nuclear, transportes e exploração do espaço, era levar as empresas francesas para o Brasil, com transferência de tecnologia, de modo que elas pudessem conquistar o mercado da América do Sul.

A Compagnie Française d'Assurance pour le Commerce Extérieur (Coface), um dos maiores conglomerados financeiros na França,[39] concedeu seguro de risco político e comercial nos dois empréstimos sindicalizados de 6 bilhões de euros para a compra dos submarinos e helicópteros da França, aprovados pelo Senado brasileiro, em 2009, conforme o acordo celebrado entre os presidentes Lula e Sarkozy. Para a construção dos cinco submarinos, inclusive o de propulsão nuclear, o Brasil receberia uma linha de crédito de 4,324 bilhões de euros, em sua maior parte garantido pela Coface. A DCNS formou uma *joint*

---

37 Os quatro submarinos convencionais deverão ficar prontos em 2014 na base naval, construída na cidade de Itaguaí, no Rio de Janeiro.
38 Acordo entre o Governo da República Federativa do Brasil e o Governo da República Francesa na Área de Submarinos, celebrado no Rio de Janeiro, em 23 de dezembro de 2008.
39 A Coface, com sede em Paris, pertence ao Grupo Natixis, controlado pelo Banque Populaire e pelo Caisses d'Epargne.

*venture* com a Odebrecht, a Itaguaí Construções Navais (ICN), para a construção dos submarinos, da base naval e dos estaleiros.[40] As indústrias brasileiras de máquinas e equipamentos, motores e sistemas de propulsão elétrica, compressores e baterias, entre outros bens, teriam oportunidade de investimento com o Programa de Desenvolvimento de Submarinos (Prosub).

O governo da Alemanha, ao contrário do governo da França, havia dado pouca atenção à América do Sul. Seis anos após a visita do *Kanzler* Gerhard Schröder, em fevereiro de 2002, Angela Merkel esteve brevemente no Brasil, e ainda assim de passagem para a Reunião de Cúpula da América Latina, Caribe-União Europeia, em Lima, Peru. Contudo, o atrito entre o consórcio HDW-ThyssenKrupp e a Marinha de Guerra não repercutiu no relacionamento diplomático da Alemanha com o Brasil. O embaixador Friedrich Prot von Kunow manteve uma atitude discreta, sem intervir na questão, inclusive porque outras empresas alemãs tinham interesse em investir em diversos projetos de infraestrutura no Brasil. A Siemens Mobility, particularmente, estava a disputar com a Bombardier, do Canadá, a Alstom, da França, e empresas coreanas e chinesas a licitação para a construção da linha ferroviária de alta velocidade no Brasil, cuja instalação previa o investimento da ordem 13,6 bilhões de euros apenas para o primeiro trecho (Rio de Janeiro--Campinas-São Paulo). Também a Fraport AG, a companhia que opera o aeroporto de Frankfurt e diversos outros na Alemanha e em outros países, dispusera-se a assumir a administração dos aeroportos Galeão Antônio Carlos Jobim e Santos Dumont, no Rio de Janeiro.

Conforme observou Tovar da Silva Nunes, ministro-conselheiro da embaixada do Brasil em Berlim, uma parte da liderança política e empresarial na Alemanha estava convencida de que o potencial oferecido pelos mercados do Leste europeu – região até então prioritária – esgotava-se, fato evidenciado pela crise financeira mundial, que deteriorou suas

---

40 A Odebrecht tem 59% das ações na ICN e a DCNS 41%. A Marinha do Brasil, por meio da Empresa Gerencial de Projetos Navais (Emgepron), possui o direito de veto em determinadas decisões (*golden share*).

economias, assim como a economia de vários outros países da Europa.[41] Não obstante atravessar a pior recessão desde a Segunda Guerra Mundial, a Alemanha recuperou o fluxo dos investimentos no Brasil, em 2009, com um aumento de 140% em relação a 2008 (1,03 bilhões de dólares).[42] Segundo as estatísticas do Banco Central brasileiro, a Alemanha, em 2009, tornou-se o quarto maior investidor no Brasil, com 2,45 bilhões de dólares, superada por Países Baixos (5,7 bilhões), Estados Unidos (4,8 bilhões) e Espanha (3,4 bilhões).

Mesmo assim, o fluxo de seus investimentos diretos no Brasil foi diminuto. Em 2009, de um total da ordem de 45 bilhões de euros, a Alemanha aplicou cerca 37 bilhões (81,67%) na União Europeia e destinou ao Brasil apenas 1,083 bilhão (0,87%).[43] De qualquer forma, porém, a percepção alemã sobre o Brasil melhorou significativamente, em virtude dos dados macroeconômicos que este apresentava, desde o início do governo Lula. Suas taxas de crescimento econômico aumentaram de 2,1% em 1999-2002 para 3,3% em 2003-2005, 5,1% em 2006, 6,1% em 2007 e 5,1% em 2008 – e foi relativamente pequeno o impacto da crise financeira mundial sobre sua economia,[44] que não dependia tanto do setor externo. Ademais, a pauta comercial do Brasil, já variada e distribuída de forma equilibrada entre vários países e regiões, tornou-se ainda mais diversificada no governo Lula, o que também ocorreu em relação aos mercados, com o aumento da participação relativa da África e da América do Sul, bem como da China, enquanto a importância do mercado norte-americano estava a absorver menos de 15% das exportações. Essa foi uma das razões pelas quais o PIB do Brasil caiu apenas 0,2%, em 2009,[45] ao contrário do que ocorreu com

---

41 Silva Nunes, "Percepção sobre economia brasileira melhorou", *Valor Econômico*, 2 dez. 2009.
42 Ibidem.
43 Fonte: Deutsche Bundesbank.
44 Meirelles, Apresentação do presidente do BC, 2010.
45 "PIB do Brasil fecha 2009 com retração de 0,2%, a primeira queda anual em 17 anos", *O Estado de S. Paulo*, 11 mar. 2010. Disponível em: <http://economia.estadao.com.br/noticias/,pib-tem-retracao-de-0-2-em-2009,not_8580.htm>.

a Alemanha, onde a retração da economia atingiu o patamar de 4,9% – superior ao conjunto da União Europeia, que retrocedeu 4,1% – por causa da retração da demanda nos seus principais mercados, entre os quais os Estados Unidos.

O Brasil, com a perspectiva de acelerar seu crescimento econômico, urgia aumentar a produção de energia elétrica e diversificar sua matriz energética, com a construção de quatro a oito usinas nucleares, até 2030, no Nordeste e no Sudeste do país. Tinha condições de abastecê-las, dado possuir a sexta maior reserva de urânio, com 309 mil toneladas apenas nos 30% do território nacional prospectados até o início de 2009, com estimativa de mais 800 mil toneladas, o que a tornaria uma das duas maiores do mundo. Uma vez que dominava toda a tecnologia de enriquecimento de urânio, o país alcançaria autonomia na produção do combustível nuclear, podendo produzi-lo em escala comercial, a fim de exportá-lo. Era necessário, porém, superar um forte obstáculo à retomada dos trabalhos para a conclusão de Angra III, criado pela lei alemã *Atom-Ausstiegsgesetzes,* de 26 de abril de 2002.

Desde 2005, porém, quando se formou a coalizão da CDU-CSU com o liberal FDP, com exclusão do Grünen/Bündnis 90, a *Kanzlerin* Angela Merkel, sucessora de Gerhard Schröder, e pelo menos parte do governo da Alemanha voltaram a defender a energia nuclear e manifestaram certa tendência para a flexibilização da *Atom-Ausstiegsgesetzes,* a fim de não depender fundamentalmente do fornecimento de gás pela Rússia. Com o agravamento da crise financeira internacional e a forte retração da demanda no mercado internacional, o empresariado aumentou ainda mais a pressão sobre o governo, reclamando a concessão de estímulos para as exportações. O *Bundestag*, a fim de reativar a economia alemã, teve então de aprovar, em fevereiro de 2009, um conjunto de medidas, entre as quais a modificação dos regulamentos nacionais para concessão de garantias de crédito às exportações, a extensão do limite de cobertura por contrato e a flexibilização das exigências para concessão de garantias de financiamento, inclusive a projetos em outros países, destinados ao fornecimento de matérias-primas e energia.

Essas medidas possibilitaram a concessão de créditos governamentais (garantias Hermes) para a exportação de equipamentos alemães destinados à construção da central nuclear Angra III,[46] pelo consórcio franco-alemão Areva NP (Areva Nuclear Power). A Siemens-KWU já havia fornecido cerca de 75% da maquinaria, havia décadas guardada na Nuclep, em Itaguaí e em Angra dos Reis, no Rio de Janeiro. No entanto, o consórcio formado em 2001 com a companhia francesa Framatome, subsidiária da Areva, da qual comprara 34% das ações, herdou o contrato com a Eletronuclear, empresa estatal brasileira, para a construção de Angra III, no valor de 2 bilhões de euros.[47] A flexibilização dos procedimentos de concessão de garantias governamentais a financiamento de projetos no exterior abriu a possibilidade de obtê-las e, assim, recomeçar a construção dessa usina, com capacidade de produzir 1.405 megawatts.

---

46 Apesar de a maior parte de sua energia (90%) provir de hidrelétrica, o Brasil opera duas usinas nucleares com reatores à água pressurizada (Angra I, com 657 megawatts, e Angra II, com 1.350 megawatts), cuja produção de eletricidade, em 2008, foi de 14 terawatts-hora ou 3,12% da energia elétrica nacional. Naquele ano, o país era responsável por 0,52% da geração de energia por fonte nuclear no mundo. Ele possui também quatro reatores de pesquisa, dois em São Paulo, um em Minas Gerais e um em Pernambuco, sendo o maior deles empregado na produção de radioisótopos (versões radioativas de elementos químicos) para a indústria e aplicações médicas (diagnósticos e tratamento de tumores).
47 Havia mais de vinte anos que o Brasil comprara algumas partes do terceiro reator nuclear, por cerca de 800 milhões de dólares, mas a construção da usina nuclear Angra III foi paralisada, em 1986, por falta de recursos. Os equipamentos já adquiridos, a preço de mercado, custaram cerca de 600 milhões de euros (valor de 1999). A conclusão da usina requeria investimentos adicionais da ordem de 2,5 bilhões de euros, 70% dos quais seriam efetuados no Brasil.

# CAPÍTULO 15

O NOVO GOVERNO FORMADO PELA COALIZÃO CDU-CSU-FDP – MODIFICAÇÃO DAS NORMAS AMBIENTAIS E DA POLÍTICA NUCLEAR DA ALEMANHA – VISITA DO PRESIDENTE LULA A BERLIM – O SUCESSO DA VIAGEM – CONCESSÃO DAS GARANTIAS HERMES PARA ANGRA III – NOVA CONCEPÇÃO ESTRATÉGICA PARA A AMÉRICA LATINA – ACORDO BRASIL--ALEMANHA NA ÁREA DE DEFESA

Em março de 2009, o embaixador Everton Vargas sucedeu a Seixas Corrêa na chefia da embaixada em Berlim, e encontrou um clima mais favorável aos interesses do Brasil. Entretanto, era necessário aproveitar tal clima para resolver diversas questões, entre as quais o acordo para evitar a bitributação (ABT) e o seguro estatal de crédito de exportação (garantias Hermes), emitido pelo governo da Alemanha para financiar a construção de Angra III. O consórcio Areva NP pretendia solicitar a bancos alemães um financiamento no valor de 1,4 bilhão de euros e, para tanto, dependia da obtenção de garantia Hermes.[1] Em 27 de

---

1 Conforme já exposto no Capítulo 9, nota 11, o fundo desse seguro estatal é administrado também pela companhia seguradora Euler Hermes. Essa subsidiária da francesa Assurances Générales de France (AGF) e membro do grupo alemão Allianz tem uma longa história. Em 1996, a AGF tornou-se acionista majoritária (54,4% do capital) de um grupo formado com a Swiss Re, que no mesmo ano mudou sua razão social para Euler. Em 1998, a Allianz adquiriu o controle acionário da AGF e, em 2002, a Euler comprou a Hermes AG. Esse novo grupo franco-alemão (Euler Hermes AG) detém mais de 34% do mercado mundial de seguro de crédito e conta com cerca de 40 milhões de empresas monitoradas dentro de seus bancos de dados conjugados nos cinquenta países onde tem filiais. No

setembro de 2009, a perspectiva de obtê-la tornou-se maior, após as eleições parlamentares para o *Bundestag*. A votação recebida pelo SPD despencou para 23%, o pior resultado desde 1947, e a CDU-CSU, com 33,8% dos votos, permitiu que Angela Merkel conquistasse um segundo mandato, por mais quatro anos, e constituísse novo governo, em coalizão com o FDP (liberais), que obteve 14,6% e defendia uma linha pró-mercado, mais afim com os interesses do empresariado alemão. O líder do FDP, Guido Westerwelle, assumiu as funções de Vice-Chanceler e ministro das Relações Exteriores. A tendência para revogar a decisão de abandonar a energia atômica, prolongar a operação das usinas e construir novos reatores então se fortaleceu e o governo da coalizão CDU-CSU-FDP manifestou a pretensão de modificar as normas ambientais adotadas na Alemanha. Essa abertura possibilitou que o consórcio Siemens-Areva, em novembro de 2009, requeresse a concessão de garantia Hermes, a fim de exportar para a Areva NP os equipamentos ainda necessários à construção de Angra III no Brasil.

Outrossim, pouco depois da inauguração do novo governo de Angela Merkel, em 28 de outubro de 2009, o presidente Lula chegou a Berlim, realizando, entre 3 e 4 de dezembro, acompanhado por uma comitiva de ministros e empresários, uma curta visita de Estado com o objetivo de aprofundar e dinamizar as relações bilaterais entre o Brasil e a Alemanha, em níveis tanto econômico e comercial quanto político.[2] Seu encontro com a *Kanzlerin* Angela Merkel, em Berlim, foi menos

---

Brasil, o grupo Euler Hermes é formado por três empresas: Euler Hermes Brasil Seguros de Crédito a Exportação, Euler Hermes de Crédito Interno e Euler Hermes Serviços.

2 Era a segunda vez que Lula fazia uma visita de Estado à Alemanha. Na ocasião, ele declarou: "Eu estou muito satisfeito de estar fazendo esta visita à Alemanha [...] Eu vim aqui em 2003, quando o nosso amigo Schröder era o primeiro-ministro, eu vim aqui logo no começo do [meu] primeiro mandato. E volto... a primeira-ministra [Angela Merkel] sabe a minha relação histórica com a Alemanha, por conta do movimento sindical. Aqui eu construí grandes amigos, grandes parceiros, muita solidariedade para mim, nos anos 1980, do sindicalismo alemão. Então, quando estou na Alemanha eu me sinto em casa, embora só entenda a palavra *Alfidezen*, ainda assim eu me sinto em casa quando estou na Alemanha e, mais uma vez, obrigado pelo carinho com que eu fui tratado aqui" (Discurso do presidente da República, Luiz Inácio Lula da Silva, após encontro privado com a chanceler da Alemanha, Angela Merkel, Berlim, 3 dez. 2009).

tenso do que o de Brasília em 2008, porém, mal assessorada e sem sensibilidade diplomática, ela começou a conversa reclamando que o Brasil estava a cobrar imposto de renda dos alemães que lá trabalhavam. O ministro da Fazenda, Guido Mantega, presente na reunião, esclareceu que a culpa era da Alemanha, que em 2005 denunciara o ABT. Angela Merkel ignorava o problema. Depois, ela abordou a questão nuclear com o Irã e outras questões da agenda política internacional, sobre as quais Brasil e Alemanha tinham percepções diferentes.

As divergências também se manifestaram durante a entrevista coletiva que os dois chefes de governo deram à imprensa alemã. Questionados sobre o programa nuclear do Irã e a visita de Mahmoud Ahmadinejad a Brasília, dez dias antes, Merkel admitiu que havia falado sobre o assunto na conversa bilateral com Lula, e afirmou que o chamado *sexteto* – Alemanha, França, Grã-Bretanha, Estados Unidos, China e Rússia – adotaria novas sanções se não houvesse diálogo. Lula, por sua vez, declarou que o melhor era acreditar nas negociações e ter muita paciência e que, se Estados Unidos e Rússia quisessem de fato exercer pressão sobre um país como o Irã, deviam começar por diminuir de modo significativo os próprios arsenais nucleares. "A autoridade moral para pedirmos para outros não terem é a gente também não ter", acrescentou. Lula, em seguida, observou que o Brasil apoiava o programa nuclear do Irã, desde que limitado a fins civis, ressaltando que o Brasil já enriquecia urânio para produzir energia elétrica[3] e que

---

3   O Brasil recusou-se a assinar o Protocolo Adicional, com as modificações do TNP assinado pelo presidente Fernando Henrique Cardoso, em 1997, revertendo uma diretriz de política exterior mantida inalterável ao longo de 29 anos. Não obstante, o país continuou a sofrer restrições à aquisição de materiais nucleares no exterior. Os Estados Unidos e demais potências europeias, entre as quais Alemanha, voltaram a renovar as pressões, inclusive com desinformações plantadas na imprensa, para que o Brasil abrisse suas instalações nucleares às inspeções intrusivas da AIEA, subscrevendo o Protocolo Adicional aos Acordos de Salvaguardas com aquele órgão. Se o Brasil aceitasse esse Protocolo Adicional, os inspetores da AIEA, de um modo ou de outro vinculados aos Estados Unidos e às demais potências, estariam autorizados a devassar, sem aviso prévio, qualquer instalação de sua indústria nuclear, tais como as fábricas de ultracentrífugas, a Fábrica de Combustível Nuclear de Resende (no Rio de Janeiro), o Instituto de Pesquisas Energéticas e Nucleares, em São Paulo, e o Centro de Desenvolvimento da Tecnologia Nuclear

aceitava para o Irã o mesmo que para si. Assim como recebera a visita de Mahmoud Ahmadinejad, também recebera, no mesmo período, a visita dos presidentes de Israel e da Autoridade Palestina.[4] Não obstante as discrepâncias, que nem o brasileiro nem a alemã ocultou, durante a entrevista o clima foi cordial e amistoso, a ponto de Angela Merkel tratar Lula por *du* [tu], uma forma de tratamento empregada pelos alemães somente quando há estreita amizade.

Com o presidente Horst Köhler (2004-2010), porém, o diálogo político foi muito mais fluido, houve coincidência de opiniões sobre vários temas importantes da agenda internacional e até excogitação de publicar um artigo conjunto sobre a crise financeira internacional. No jantar a ele oferecido no Schloss Bellevue, residência oficial do Presidente da Alemanha desde 1994, Lula fez um discurso no qual ressaltou seus vínculos com o país, pelo qual tinha "especial afeto" desde a época em que era líder sindical e o Brasil vivia "forte repressão aos movimentos sociais", quando ele recebera da Alemanha "apoio, incentivo e amizade". Acrescentou, ainda, que retornava à Alemanha quando se comemoravam "sessenta anos da fundação da República Federal e vinte anos da queda do Muro de Berlim" e era "impossível não pensar o quanto, nesse período, o mundo mudou e o quanto nossos países mudaram".

O presidente Lula destacou que, no Brasil, a indústria alemã era referência em matéria de energias renováveis, citando que os motores *flex fuel* que moviam com etanol os veículos brasileiros foram desenvolvidos por empresas alemãs lá sediadas. Informou que o Brasil já possuía 45% de energias renováveis em sua matriz energética, uma das mais limpas do planeta, e que 80% de sua eletricidade provinha de fontes renováveis, sendo o etanol brasileiro e os demais biocombustíveis

---

(CDTN), em Minas Gerais. Com o vazamento do segredo tecnológico da ultracentrífuga desenvolvida pelo Brasil com importantes diferenciais em relação à de outros países, o país perderia a competitividade científica, técnica, comercial e industrial, e seus esforços de capacitação nuclear poderiam ser obstaculizados pelas grandes potências, empenhadas em manter no mercado mundial seu oligopólio não só militar, como também civil.

4  Netto, "Lula e Merkel divergem sobre Irã", *O Estado de S. Paulo*, 4 dez. 2009.

produzidos em condições cada vez mais adequadas. Também declarou que seu governo estava a promover o zoneamento agroecológico no país inteiro e proibira a plantação de cana-de-açúcar e o funcionamento de usinas de álcool em áreas de mata nativa, acentuando que "o plantio da cana-de-açúcar não ocupa mais do que 2% de nossas terras cultiváveis, não afeta nossa segurança alimentar e é ambientalmente saudável".

Durante o almoço com a direção da Confederação da Indústria Alemã [Bundesverband der Deutschen Industrie] e outros empresários, o presidente Lula já havia ressaltado a importância da participação das empresas alemãs nas obras do Programa de Aceleração do Crescimento (PAC) – coordenado pela ministra-chefe da Casa Civil, Dilma Rousseff, candidata à sua sucessão –, cujo objetivo era aumentar a oferta de empregos e melhorar as condições de vida da população brasileira. No dia seguinte, 4 de dezembro, viajou em um trem de alta velocidade para Hamburgo, onde participaria do seminário Brasilien-Deutschland: Zeit für eine neue Wirtschaftspartnerschaft [Brasil-Alemanha: tempo para uma nova parceria econômica], promovido pela Lateinamerika Verein, no qual diversos ministros brasileiros, inclusive Dilma Rousseff, mostraram as oportunidades de novos investimentos e parcerias para empresas alemãs no Brasil.

As empresas alemãs manifestaram muito interesse pelos projetos de obras relacionados com a preparação da Copa do Mundo de Futebol, em 2014, e dos Jogos Olímpicos, no Rio de Janeiro, em 2016. Afiguravam-lhes como grandes oportunidades de investimentos, exportações e serviços para os seis anos seguintes. A estimativa era de que os investimentos para execução de tais projetos seriam da ordem de 35 a 40 bilhões de euros. E ainda havia projetos de saneamento de portos, modernização e ampliação de aeroportos, estradas, ferrovias, estádios, habitação e saneamento básico, dos quais as empresas alemãs poderiam participar. Antes de começar o seminário, tanto o presidente Lula quanto a ministra Dilma Rousseff conversaram com os diretores executivos da Siemens e da ThyssenKrupp AG, ressaltando que o ponto fundamental e decisivo no processo de licitação, nas propostas para o fornecimento de equipamentos e serviços que o Brasil precisasse importar, consistia na transferência de tecnologia. Corporações como a *European Aeronautic, Defence and Space Company* (EADS) já possuíam empreendimentos no Brasil, e desejavam investir em equipamentos para prospecção de petróleo e para vigilância e patrulhamentos de proteção das plataformas petrolíferas, bem como em energias renováveis.

Durante o seminário, a ministra Dilma Rousseff apresentou detalhadamente os projetos do PAC que mais podiam interessar aos eventuais investidores alemães, destacando o Trem de Alta Velocidade Rio-São Paulo (TAV RJ-SP), as concessões de portos, rodovias e ferrovias federais, o programa para financiamento habitacional, os investimentos na produção e transmissão de energia elétrica, a exploração das reservas petrolíferas do pré-sal e a construção de petroleiros e plataformas de exploração no valor de 262 bilhões de euros até 2016. Por sua vez, o presidente Lula, durante sua palestra de quase uma hora, para uma plateia de mais de seiscentos empresários, ressaltou a importância de levar propostas concretas à Conferência da ONU sobre as Mudanças Climáticas, que ocorreria em Copenhague, e, a defender o etanol produzido no Brasil, disse acreditar que para os alemães estivesse claro não ser possível continuar a produzi-lo a partir do milho, nem da beterraba, aduzindo que

> a cana-de-açúcar, produzida no Brasil ou em qualquer país africano, que precisa de investimentos para se desenvolver, pode ser a nova matriz energética que nós estamos precisando criar para as próximas décadas.[5]

O presidente Lula assegurou que seria cumprido

> o compromisso nosso de, até 2020, reduzir o desmatamento na Amazônia em 80%, trabalhar a agricultura de forma diferente – sem fazer tanto manejo da terra, utilizando o plantio direto –, mudar a nossa matriz energética para

---

5   Discurso do presidente da República, Luiz Inácio Lula da Silva, durante Seminário Empresarial Brasil-Alemanha, Hamburgo, 4 dez. 2009.

o setor siderúrgico – em vez de carvão mineral, carvão vegetal –, utilizar o potencial hídrico que o Brasil tem, para construir hidrelétricas e produzir energia elétrica, já que nós somos um país que tem uma matriz de energia, no setor elétrico, 85% totalmente renovável, e a matriz geral, 47% totalmente mais limpa que os outros países.[6]

E comentou:

> E tudo isso nós poderemos construir junto com um país como a Alemanha, que tem discutido muito, que tem mostrado interesse e que, dentre os países desenvolvidos, é o país que melhor tem tomado iniciativas para que a gente possa apresentar ao mundo uma proposta muito objetiva. Não é essa a visão dos Estados Unidos, não é essa a visão da China. [...] Nós queremos chegar em Copenhague desafiando os outros países a cumprirem pelo menos aquilo que o Brasil está se propondo a cumprir.[7]

Com naturalidade e muito bom humor, ainda observou:

> Precisamos conhecer as razões pelas quais o Brasil está em uma situação confortável. Muita gente acha que é pura sorte do governo. Outros acham que Deus está de férias no Brasil e, portanto, as coisas estão dando certo no nosso país. Outros acham que o Brasil está bem porque a economia mundial estava bem. Mas agora o Brasil está bem e a economia mundial está mal.[8]

Lula referiu-se à crise econômica, desencadeada primeiro por conta do *subprime*, "da bolha imobiliária" nos Estados Unidos e disse que até então

> acreditava que o sistema financeiro alemão era muito sólido, que o sistema financeiro japonês era muito sólido, que o sistema financeiro escocês era muito sólido, e que o problema era apenas os bancos alemães.

Na verdade, como ele frisou,

---

6   Ibidem.
7   Ibidem.
8   Ibidem.

o sistema financeiro como um todo estava com uma doença quase que esquizofrênica [...], ao longo das últimas duas décadas, possivelmente pela predominância da teoria do Estado mínimo, possivelmente pela prevalência de uma teoria de que o mercado resolveria todos os problemas do país, o sistema financeiro mundial achou por bem se descolar do setor produtivo, e resolveu ganhar dinheiro com especulação: "Eu tenho um papel, que eu vendo ele para um empresário alemão, que pega aquele papel, vende para o presidente do Banco do Brasil, que pega aquele papel e vende para um empresário japonês, que pega aquele papel e vende para um francês..". Ou seja, era gente ganhando milhões e milhões de euros ou de dólares sem produzir uma única caneta.[9]

Lula remarcara, no dia anterior, que a crise financeira, que surgira

por conta da irresponsabilidade do sistema financeiro, [...] criou uma nova dinâmica no mundo e está exigindo dos líderes um papel de muito mais ousadia, de muito mais competência, porque todos nós já adquirimos a maturidade para entender que o mercado ajuda a resolver determinados problemas, mas que as decisões políticas e o Estado podem resolver os problemas que o mercado, normalmente, não resolve.[10]

De fato, o Brasil estava bem, em meio a uma crise sistêmica mundial, entre outros fatores, por causa da estabilidade do mercado consumidor interno e do incremento da capacidade de consumo dos pobres e da classe média-baixa, possibilitados pelas políticas sociais do governo Lula, ao promover aumentos reais do salário-mínimo e executar programas, como Fome Zero e Bolsa Família, que beneficiavam quase 50 milhões de pessoas, por meio da concessão de ajuda financeira mensal para compra de alimentos e atendimento a outras necessidades vitais. Entre 2003 e 2009, a pobreza no Brasil caiu 43% e 31,9 milhões de pessoas ascenderam às classes ABC. O número de pobres (pessoas com renda familiar *per capita* mensal de até 137 reais) caiu de 50 para 29,9 milhões. E a queda tendia a aumentar, cerca de 10% ao ano, conforme

---
9 Ibidem.
10 Discurso do Presidente da República, Luiz Inácio Lula da Silva, após encontro privado com a chanceler da Alemanha, Angela Merkel, Berlim, 3 dez. 2009.

os cálculos do economista Marcelo Neri, chefe do Centro de Pesquisas Sociais da Fundação Getulio Vargas, do Rio de Janeiro.

Os fatores que determinaram essa redução da pobreza foram, basicamente, o aumento do emprego formal – com a criação de quase 13 milhões de postos (de 28,7 para 41,5 milhões – e da renda do trabalho – com a elevação do salário-mínimo (acima da inflação) em 53,6% e a realização de programas sociais, como Bolsa Família.[11] Além disso, os dados macroeconômicos apresentados pelo Brasil eram muito positivos: crescimento econômico médio anual de 5,3%, entre 2003 e 2009, taxa que tendia a aumentar; reservas internacionais, da ordem 207,4 bilhões de dólares em 30 de dezembro de 2008, saltando para mais de 239 bilhões de dólares, em 30 de dezembro de 2009,[12] apesar do agravamento da crise financeira mundial, em setembro de 2008; e instituições financeiras demonstrando elevado nível de solvência e capacidade de arcar com os compromissos. Por fim, graças à firme regulamentação do setor bancário, aliada aos programas sociais do governo Lula, o Brasil logo se recuperou de uma pequena queda de 0,2% no PIB, provocada, em 2009, pela crise financeira mundial.

Assim como as exposições dos diversos ministros que o acompanharam, a palestra, em Hamburgo, do presidente Lula, aplaudido de pé pelos empresários, muito contribuiu para projetar, positivamente, a imagem do Brasil, cujas relações com a Alemanha alcançaram novo patamar estratégico. Sua visita à Alemanha produziu excelentes resultados. Graças ao intenso e profícuo trabalho do embaixador Everton Vargas, que soube aproveitar habilmente as circunstâncias favoráveis, foram firmados diversos acordos, protocolos e memorandos de entendimento importantes para o Brasil. Entre eles, destacaram-se a Declaração Conjunta de Intenções sobre Cooperação em Matéria de Segurança Pública, o Protocolo de Intenções sobre o Ano Brasil-Alemanha de Ciência,

---

11 Canzian, "Total de pobres deve cair à metade no Brasil até 2014", *Folha de S.Paulo*, 13 jun. 2010.
12 Fonte: Banco Central do Brasil, "Reservas internacionais – conceito de liquidez internacional". Disponível em: <http://www.bcb.gov.br/?RP20081230>.

Tecnologia e Inovação 2010/2011,[13] o Memorando de Entendimento sobre Cooperação no Combate à Mudança do Clima, concluído com sucesso pelo secretário-geral do Itamaraty, então embaixador Antonio Patriota, por ocasião da visita do presidente Lula, e o Memorando de Entendimento sobre Cooperação Econômica, sobretudo nos Domínios da Infraestrutura e da Segurança, com vistas à Copa do Mundo no Brasil, em 2014, e aos XXXI Jogos Olímpicos e XV Jogos Paraolímpicos, no Rio de Janeiro, em 2016. Além de um acordo por troca de notas sobre cooperação financeira e da carta de intenções para a segunda fase da Iniciativa Brasil-Alemanha para Pesquisa Colaborativa em Tecnologia de Manufatura (Bragecrim), foram firmados outros documentos sobre parcerias em áreas como transportes urbanos, processamento de lixo, saneamento básico, tratamento de água e, sobretudo, energias fósseis e renováveis.

Como consequência dos entendimentos havidos durante a visita do presidente Lula, o governo alemão aprovou, em janeiro de 2010, a concessão de garantia Hermes [*Exportkreditgarantien*] a créditos para exportação, no montante de 1,4 bilhão de euros, a fim de financiar a conclusão das obras de Angra III. A decisão, mudando radicalmente a política nuclear estabelecida no governo Schröder, baseou-se em parecer técnico do Institut für Sicherheitstechnologie GmbH [Instituto Alemão para Tecnologias de Segurança]. Destarte seria possível a Siemens obter financiamento bancário e fornecer os equipamentos à Areva NP, que, por sua vez, os repassaria para a Eletronuclear, responsável pela construção da usina e pelo recebimento dos recursos. O financiamento seria pago pelo governo do Brasil, em vinte anos, e os desembolsos dos bancos, para pagar os fornecedores, ocorreriam em quinze (2010-2024). Um consórcio de bancos franceses, liderado pelo Société Géncrale e integrado pelo BNP Paribas e Crédit Agricole, entre outras instituições, foi o vencedor da licitação para concessão do finan-

---

13 O encerramento do Ano Brasil-Alemanha de Ciência, Tecnologia e Inovação estava previsto para abril de 2011, durante a Hannover Messe (Feira Industrial de Hannover).

ciamento. As ONGs ambientalistas Greenpeace, Bund e Urgewald, com o partido Grünen/Bündnis 90 e o SPD, opondo-se duramente à revisão da política nuclear pela coalizão CDU-CSU-FDP, reiniciaram, como um *lobby*, a campanha contra a concessão da garantia Hermes ao consórcio Siemens/Areva para a conclusão de Angra III.

Em sua visita ao Brasil, entre 10 e 12 de março de 2010, o vice--chanceler e ministro das Relações Exteriores da Alemanha, Guido Westerwelle, do FDP, tratou de discutir as questões de interesse comum na agenda internacional, tais como as mudanças climáticas, o desarmamento e a reforma do Conselho de Segurança da ONU e de outras organizações internacionais. As divergências políticas sobre a aplicação ou não de sanções contra o Irã persistiram, conquanto o governo Lula, conforme declarou o ministro das Relações Exteriores, Celso Amorim, julgasse importante e necessário que o mundo se livrasse de armas nucleares. O ministro Guido Westerwelle, entretanto, confirmou que a Alemanha considerava a questão da energia o principal alicerce da parceria estratégica com o Brasil. Ao visitar a Siemens e a Eletrobras, ressaltou a inflexão que o governo da CDU-CSU-FDP promovera na política nuclear, abandonando a *Atom-Ausstiegsgesetzes*, e não apenas indicou a possibilidade de cooperação com países que desenvolviam programas de energia nuclear reconhecidos, como o Brasil, mas também afirmou que o governo da Alemanha apoiaria a conclusão de Angra III, a cargo da Areva NP (Areva Nuclear Power), que se tornou, porém, uma empresa 100% francesa, com a compra pela Areva S.A. dos 34% de participação da Siemens na *joint-venture*, em abril de 2011, por 1,62 bilhão de euros.[14]

A viagem do ministro Guido Westerwelle deixou-o muito bem impressionado e indicou que a Alemanha estava disposta a reverter sua política e dar ao Brasil, cuja crescente dimensão econômica e política devia ser devidamente reconhecida, maior prioridade entre os países

---

14 "France's Areva Buys Siemens Stake in Nuclear JV: Report". *Reuters*, Frankfurt, 10 abr. 2011. O presidente Sarkozy vinha tentando comprar a participação da Siemens na Areva NP desde 2007.

emergentes. A visita do ministro da Economia alemão, Rainer Brüderle, ao Brasil, em 26 de abril de 2010, também evidenciou o interesse do governo alemão em consolidar sua posição nos grandes mercados emergentes, dado seu interesse econômico voltado para as exportações de bens, serviços e capitais. Ele viajou acompanhado por uma comitiva de empresários alemães, que também visitaram Brasília, São Paulo e Rio de Janeiro, a fim de tratar de parcerias econômicas bilaterais nos negócios relativos à Copa do Mundo de 2014 e às Olimpíadas de 2016.

A inflexão da política exterior da Alemanha formalizou-se, em 4 de agosto de 2010, quando o ministro Guido Westerwelle anunciou à imprensa a nova concepção estratégica do governo alemão para a América Latina [*Neues Konzept für Lateinamerikapolitik der Bundesregierung*][15] – um documento de 64 páginas, que delinea as diretrizes para estreitar as relações com América Latina e o Caribe. A Alemanha estava então a reconhecer a crescente importância internacional da região, não apenas como importante base de produção, mas também como mercado em crescimento estável. O propósito era revigorar parcerias estratégicas e estabelecer estreitas formas de cooperação com os países da América Latina, bem como da Caribbean Community (Caricom), para a proteção do meio ambiente e do clima, inclusive do abastecimento energético sustentável, em grande parte concentrado no Brasil e no México.[16] Só assim a Alemanha poderia manter sua relevância na região, cujo peso econômico e político crescia no cenário internacional, e disputar com outras potências industriais – inclusive com a China – as oportunidades econômicas que se abriam, sobretudo com o PAC, nas obras de infraestrutura (como construção de rodovias, linhas férreas, portos, aeroportos e centros de logística).

---

15 Auswärtiges Amt, 2010, disponível em: <http://www.auswaertiges-amt.de/cae/servlet/contentblob/367294/publicationFile/93979/LAK-Konzept.pdf>. Ver também Arbeitsgemeinschaft LateinAmerika, "Neues Konzept für Lateinamerikapolitik der Bundesregierung", 13 ago. 2010, disponível em: <http://www.lateinamerika.org/presseinfos_detail.php?ID=1043&bereich=Presse>.

16 Ibidem.

Além do grande potencial de mercado, havia nos países da América Latina reservas de matérias-prima como ferro, cobre, estanho e lítio. Em relação ao abastecimento de petróleo e gás natural, os países latino--americanos provavelmente também viriam a ocupar posições de maior destaque no mercado internacional. A *Neues Konzept für Lateinamerikapolitik der Bundesregierung* implicava não somente objetivos econômicos, mas também outros, de amplo alcance político. A Alemanha visava fortalecer, com a América Latina, o multilateralismo, do interesse de ambos, e prestar importante contribuição para superar, no seio da ONU, a velha polarização Norte-Sul entre Estados industrializados, de um lado, e países em desenvolvimento e emergentes, do outro. Daí, ela explicitar a necessidade de uma reforma do Conselho de Segurança da ONU, onde nenhum Estado latino-americano tinha assento permanente, para adaptá-lo ao mundo atual, dado que sua composição ainda refletia o contexto de 1945, pós-Segunda Guerra Mundial.

Um mês após o anúncio da *Neues Konzept für Lateinamerikapolitik der Bundesregierung*, em 13 de setembro de 2010, o embaixador Samuel Pinheiro Guimarães, ministro-chefe da Secretaria de Assuntos Estratégicos, esteve em Berlim, onde manteve conversações com várias autoridades alemãs, entre as quais o embaixador Christoph Heusgen, assessor de política exterior da Chancelaria Federal, que não deixou de manifestar suas preocupações sobre a Argentina e a questão da democracia na Venezuela. O embaixador Samuel Pinheiro Guimarães esclareceu que a Argentina estava a superar suas dificuldades econômicas, e ponderou que havia muita desinformação sobre a Venezuela e que a maior parte das críticas ao seu regime político não era fundamentada, acentuando que o Brasil mantinha relações muito boas com todos os seus vizinhos, inclusive com a Venezuela, onde muitas empresas haviam investido e cooperavam em setores nos quais outrora este país dependia de importações. O embaixador Christoph Heusgen, por fim, referiu-se à esperada viagem do ministro da Defesa, Nelson Jobim, para ultimar o acordo com o Brasil, na área de Defesa, ao qual a Alemanha conferia elevado grau de importância.

Durante o Encontro Econômico Brasil-Alemanha, realizado em Munique, de 30 de maio a 1º de junho de 2010, Stefan Zoller, diretor-executivo da Cassidian, do conglomerado europeu EADS, firmara com Roberto Simões — à frente de uma delegação com outros diretores da Odebrecht, Roberto Dias e Manoel Antonio Nogueira — um memorando de intenção, visando à criação no Brasil de uma *joint venture*, cujo controle acionário seria compartilhado de forma igualitária, com o objetivo de produzir equipamentos de defesa e segurança pública, para atender aos programas de modernização das Forças Armadas brasileiras, inclusive nas áreas de sistemas para vigilância costeira e de fronteiras, assim como de guerra eletrônica.[17] A Cassidian/EADS,[18] assumiu o compromisso de cumprir as diretrizes da Estratégia Nacional de Defesa, que incluíam a transferência de tecnologia avançada para o sócio brasileiro, conquanto não se pudesse descartar a ocorrência de eventuais restrições impostas à exportação de componentes e tecnologias sensíveis, em decorrência de acordos internacionais, restrições que, todavia, teriam de ser resolvidas, uma vez que o governo alemão estava interessado nesse acordo de defesa com o Brasil.

A Alemanha era o terceiro maior exportador de material bélico. Entre 2000 e 2009, o volume de exportações de armamentos (27% de veículos blindados) havia dobrado,[19] e sua participação no mercado mundial de material bélico saltado de 6% para 11%, o que consolidou sua posição entre os maiores exportadores, superada apenas pelos Estados Unidos (30%) e pela Rússia (23%).[20] A exportação de material

---

17 A Odebrecht é um dos três maiores grupos empresariais do Brasil. Opera em 17 países, nos setores de construção pesada, infraestrutura, engenharia ambiente, usinas de energia, óleo e gás, petroquímica e indústrias de bioenergia. Em 2009, possuía 90 mil empregados. A EADS é um conglomerado europeu, o segundo maior do mundo na área aeroespacial, defesa, produtos bélicos e segurança. Em 2009, empregava 119 pessoas.
18 A Cassidian é uma empresa do conglomerado EADS Defence & Security.
19 Holtom et al., "Trends in International Arms Transfer, 2009", *SIPRI Fact Sheet*, mar. 2010. Disponível em: <http://www.sipri.org/databases/armstransfers/recent_trends/SIPRI_AT_Fact%20Sheet_2010>.
20 Os cinco maiores fornecedores de armamentos convencionais no período de 2005 a 2009 foram Estados Unidos, Rússia, Alemanha, França e Reino Unido (ibidem).

bélico constituía uma forma de realizar o excedente econômico e acumular capital com as vendas ao exterior. Os Estados nacionais, com seu poder de compra, eram seus principais consumidores. Contudo, a indústria bélica alemã enfrentava dificuldades, diante da redução dos orçamentos militares dos países da Otan, imposta por elevadas dívidas públicas, que afetavam a estabilidade da área do euro. O problema só não foi mais grave, em 2009, porque os governos decidiram aumentar as despesas públicas e os gastos militares cresceram 2,7% em relação a 2008, alcançando o valor de 386 bilhões de dólares. Porém, o impacto da crise financeira foi maior nos países da Europa Central e do Leste Europeu, como Bulgária, Croácia, Estônia, Lituânia, Romênia, Sérvia, Eslováquia e Ucrânia, aos quais a Alemanha destinava grande parte de suas exportações de armas e que, sem reservas e crédito, com grandes déficits, tiveram de cortar as despesas militares.

Ao contrário da Europa, o consumo de material bélico nos mercados emergentes duplicou, entre 2000 e 2009, e atingiu o montante de 1,6 trilhão de dólares. Apenas em 2009, as compras de armamentos pelos países da América Latina aumentaram 150%.[21] A Alemanha foi o país mais beneficiado. O capital de giro da Rheinmetall Defence, empregando 9.300 trabalhadores, girava em torno de 1,9 bilhão de euros anuais,[22] porém, as pequenas e médias empresas – como Diehl, Heckler & Koch e Krauss-Maffei Wegmann (KMW) – foram as principais exportadoras de armamentos. Em fins de 2010, a KMW estava a negociar a compra de uma área de sete hectares no bairro Boi Morto, na cidade de Santa Maria, Rio Grande do Sul, para a instalação de uma fábrica de blindados Leopard, que fornecia ao Exército brasileiro, e uma unidade de manutenção. Embora 40% de suas cadeias produtivas estivessem fora da Europa, a Cassidian/EADS necessitava expandir suas atividades a outras regiões, até 2020, e então se voltou para Brasil, Índia e Oriente Médio, obtendo na Arábia Saudita um contrato de 2 bilhões de euros,

---

21 Ibidem.
22 Rheinmetall Defence, "Partner für die Sicherheit von heute und morgen", disponível em: <http://www.rheinmetall-defence.de/index.php?fid=765&lang=2>.

por treze anos, para instalar novo sistema de segurança, com câmaras e aparelhos de radar, em 9 mil quilômetros de fronteira.[23]

Da mesma forma que a francesa DCNS, a EADS aceitou a cláusula de transferência de tecnologia para o Brasil, de modo que pudesse firmar um acordo na área de defesa, e também escolheu a Odebrecht, um dos três maiores grupos empresariais brasileiros, para formar uma *joint venture*, dado necessitar de um parceiro com experiência em grandes projetos, projeção geopolítica, *marketing* internacional e ações comerciais de grande porte.[24] O objetivo era atender, sobretudo, às necessidades do Brasil relacionadas à segurança da Amazônia, instalando um sistema de monitoramento [*border surveillance*] ao longo dos 16.886 quilômetros da fronteira terrestre do país, de modo a garantir a soberania nacional. Esse Sistema Integrado de Monitoramento de Fronteiras (Sisfron) estava a cargo do Comando de Comunicações e Guerra Eletrônica do Exército (CComGEx) e dele participava a Atech Negócios em Tecnologias S/A, responsável pelo estudo de projetos nas áreas de defesa, tráfego aéreo, espacial e segurança pública, especialmente sob contratos com o governo brasileiro.

Nos dias 6 e 7 de novembro de 2010, após a eleição de Dilma Rousseff para a Presidência do Brasil, com 56,5% dos votos válidos, o ministro da Defesa, Nelson Jobim, esteve em Munique, onde visitou instalações da Cassidian/EADS e manteve encontros com altos diretores executivos da indústria alemã de defesa. Em tais encontros reiterou que o Brasil não mais aceitava a condição de simples importador líquido de armamentos e que seu objetivo consistia em estabelecer parcerias que contribuíssem, efetivamente, para o desenvolvimento tecnológico da indústria nacional. A transferência de tecnologia e a formação de *joint ventures* com empresas privadas brasileiras constituíam dois pré-requisitos fundamentais para a realização de quais-

---

23 Hildebrand, "Grenzschutz Wie EADS vom Mauerbau in Saudi-Arabien profitiert", *Die Welt*, 5 out. 2010
24 Godoy, "Odebrecht cria *joint venture* com gigante europeu no campo da Defesa", *O Estado de S. Paulo*, 31 mai. 2010.

quer negócios e empreendimento com grupos estrangeiros no setor de material bélico. A cooperação na área de defesa, advertiu o ministro, somente seria viável se as empresas alemãs aceitassem e atendessem às condições de transferência de tecnologia e capacitação da indústria brasileira. Lembrou então o problema ocorrido com a empresa HDW, que fornecera os submarinos da classe Tupi à Marinha brasileira, mas não transferira a tecnologia, sequer de manutenção, afetando negativamente as relações bilaterais do Brasil com a Alemanha. Por fim, alertou que empresas de outros países, entre os quais França, Reino Unido e Itália, também estavam a disputar o mercado brasileiro no setor de material bélico. Em 8 de novembro, o ministro Nelson Jobim viajou para Berlim, onde, além de cumprir o programa protocolar, assinou com o ministro da Defesa da Alemanha, Karl-Theodor Freiherr zu Guttenberg, um acordo de cooperação na área de Defesa, oficializando, em nível governamental, o memorando de entendimento, firmado em 31 de maio, em Munique, pela Cassidian/EADS e a Odebrecht, para a construção de sistemas para vigilância costeira e de fronteiras, bem como de guerra eletrônica.

Apesar do êxito nas negociações de vários temas da agenda bilateral das relações entre o Brasil e a Alemanha, evidenciado na visita de Lula a Berlim, continuou o impasse em torno da questão da bitributação. No início de 2010, uma delegação da Receita Federal foi a Berlim com o objetivo de recomeçar as negociações para um novo acordo. Não houve entendimento, apesar da pressão exercida por parte das próprias empresas alemãs, sobretudo médias e pequenas, que pretendiam investir no Brasil mas eram prejudicadas pela falta de um acordo, uma vez que suas empresas e executivos deveriam pagar impostos no Brasil e também na Alemanha, quando para lá transferissem ganhos de capital e outros rendimentos. Até o fim de 2010, o impasse, existente havia cinco anos, não fora superado.

O ministro da Economia da Alemanha, Rainer Brüderle (FDP), parecia perceber a necessidade de aprofundar as negociações bilaterais com o Brasil e abrir ainda mais o mercado para as empresas alemãs, o que tornava necessário remover quaisquer obstáculos. As perspectivas eram as mais favoráveis. O Brasil, em 2010, crescera a uma taxa de 7,3%[25] e acumulara reservas internacionais no montante 294,487 bilhões de dólares.[26] A da Alemanha também crescera a uma taxa de 3,6%, a maior desde a reunificação, em 1990, começando a recuperar-se do impacto da crise financeira internacional de 2008-2009 – mais rapidamente que os Estados Unidos e os demais países da União Europeia –, graças às exportações para os mercados de outros países, sobretudo China e Índia, que responderam pelo aumento da demanda por bens de capital alemães. O intercâmbio comercial entre Brasil e Alemanha também subira de 16,04 bilhões de dólares em 2009 para 18,65 bilhões de dólares em 2010, o que representou um incremento tanto nas exportações da Alemanha para o Brasil (30,52%) quanto nas importações (28,26%). Em números absolutos, o Brasil importara 11,38 bilhões de dólares da Alemanha e exportara 7,26 bilhões de dólares, o que significou um déficit de 4,12 bilhões de dólares na balança comercial brasileira.[27]

Também em relação à política, as perspectivas pareciam bastante propícias. Ainda que houvesse algumas divergências, como nos casos do Irã e do reconhecimento da independência de Kosovo, o governo da Alemanha avaliava positivamente o desempenho mais ativo da política exterior do Brasil, que ampliara seu envolvimento em importantes questões da agenda internacional, conforme o embaixador Christoph Heusgen, assessor de política exterior da *Kanzlerin* Angela Merkel, havia manifestado ao embaixador Samuel Pinheiro Guimarães, ministro de Assuntos Estratégicos. Eram grandes as possibilidades de reforço do diálogo político, em alto nível, e de colaboração para enfrentar os enormes desafios da globalização, e a Alemanha, não só entendia ser necessário, como desejava que o Brasil assumisse ainda maiores respon-

---

25 Meirelles, "Apresentação do presidente do BC", 6 dez. 2010.
26 Fonte: Banco Central do Brasil, "Reservas internacionais – Conceito de liquidez internacional". Disponível em: <http://www.bcb.gov.br/?RP20081230>.
27 Ministério do Desenvolvimento, Indústria e Comércio Exterior, "Balança comercial: dados consolidados". Disponível em: <http://www.mdic.gov.br//sitio/interna/interna.php?area=5&menu=571>.

sabilidades no plano internacional, como fizera o governo Lula, inclusive visando à reforma da governança global – com a reestruturação do Conselho de Segurança da ONU a partir de ajustes às reais relações de poder no século XXI –, bem como do sistema financeiro internacional. Juntos, Alemanha e Brasil tinham melhores condições de fazer esse processo avançar, o que nenhum país poderia isoladamente conseguir.

# CONCLUSÃO

Ao ver no mapa colônias com o nome de Nova Espanha, Nova França e Nova Inglaterra, Johann Becher, um representante do mercantilismo, imaginou, em 1657, que futuramente ainda uma Nova Alemanha encontraria.[1] Sua previsão falhou. Depois que Países Baixos e Suíça, em 1648, pelo Tratado de Westphalen, bem como Bélgica (parte sul dos Países Baixos), no final do século XVIII, separaram-se do Sacro Império Romano-Germânico, a Alemanha, sem fortes centros mercantis e carente de unidade estatal, não teve condições de adquirir colônias, tal como outros países da Europa. Só na segunda metade do século XIX, após sua unificação (1871), ela se lançou à conquista de territórios na África, onde, a partir de 1884, ocupou Togo, Camarões, Tanganica e algumas outras possessões, que só conseguiu conservar por muito pouco tempo, até a Primeira Guerra Mundial (1914-1918).[2] No entanto, o fato de não possuir um império colonial levou a Alemanha a buscar matérias-primas e produtos tropicais no Brasil, do qual se tor-

---

1 *"Wohlan denn, dapffere Teutschen, machet, daß man in der Mapp neben neu Spanien, neu Frankreich, neu Engelland, auch ins kunftige neu Teuschland finde"* (apud Westphal, 1984, p.8.
2 Sobre as colônias da Alemanha, ver também Steltzer, 1984.

nara, desde 1840, um dos principais parceiros comerciais,[3] assumindo, na metade final do século XIX, a segunda posição tanto como cliente quanto como fornecedor de manufaturas. À parte a acentuada complementaridade econômica, o estabelecimento, sobretudo nos estados do Sul do Brasil, de numerosos núcleos de imigrantes, que, mantendo a homogeneidade étnica e cultural, não perderam os vínculos com a Alemanha, favoreceu e contribuiu para consolidar o intercâmbio entre os dois países, e facilitou, inclusive, sua retomada, logo após a Primeira Guerra Mundial, apesar da predominância quase absoluta conquistada pelos Estados Unidos.

No entanto, a emergência da Alemanha, a competir como potência econômica no mercado mundial, possibilitou ao Brasil maior capacidade de negociação *vis-à-vis* dos Estados Unidos, na medida em que constituiu não só uma opção de comércio, mas também uma fonte de investimentos e de tecnologia. Essa alternativa já se configurou nos anos 1930 e, uma vez iniciada a Segunda Guerra Mundial, o governo dos Estados Unidos convenceu-se de que, se não concedesse ao Brasil créditos para a compra de armamentos e instalação de uma planta siderúrgica em seu território, onde a empresa norte-americana US Steel se recusava a investir, a Krupp (alemã) o faria e a Alemanha predominaria, por muitos anos, sobre as atividades econômicas e militares do maior país da América do Sul. O governo Vargas pôde, assim, organizar a Companhia Siderúrgica Nacional (estatal), cuja entrada em funcionamento, em 1946, constituiu a primeira operação em larga escala da indústria pesada no hemisfério Sul e criou as condições para o vigoroso impulso que a industrialização do Brasil tomou nos anos 1950, e para o qual a Alemanha decisivamente colaborou. Conquanto destruída durante a Segunda Guerra Mundial, a Alemanha Ocidental logo se recuperou, economicamente, com o apoio do Plano Marshall, e o Brasil, de 1952 até os anos 1960, tornou-se o país estrangeiro no qual suas empresas mais aplicaram capitais diretos, compelindo as

---

3   Sobre o tema, ver Wyneken, 1958, p.43-58.

empresas norte-americanas a realizarem nele maiores investimentos, a fim de não perderem o mercado. Isso ocorreu, particularmente, na indústria automobilística. Não fosse a concorrência da Volkswagen e da Mercedes-Benz, investindo, desde 1953, em projetos para fabricação (não apenas montagem) de automóveis e caminhões no Brasil, a Ford e a General Motors provavelmente nunca o fariam, pois pretendiam conservar o mercado para as suas exportações, a partir dos Estados Unidos.

As indústrias alemãs nada tinham a perder. O Brasil oferecia-lhes não só um mercado em expansão e matérias-primas, especialmente manganês e minério de ferro, como também força de trabalho abundante e barata, de que elas, na RFA, cada vez mais careciam. Na segunda metade dos anos 1960, o estreito relacionamento econômico existente permitiu que os dois países iniciassem uma cooperação científica e tecnológica, ensaiada entre 1953 e 1954, no campo da energia nuclear. A RFA, que dominara plenamente a tecnologia de projeto e construção de reatores nucleares de potência, à base de água leve/urânio enriquecido, tanto para produção de eletricidade quanto para propulsão de submarinos, pretendia iniciar um programa de construção de usinas nucleares, e competir no mercado mundial. A dificuldade consistia em garantir não só o suprimento do urânio natural, mas também o serviço de enriquecimento, dado que o Tratado de Paris, pelo qual o Estatuto de Ocupação, em 1955, terminara, não lhe permitia realizar a separação do isótopo U-235, em seu território. Por essa razão, ela sondou informalmente o Brasil, em 1968, sobre a possibilidade de um acordo de cooperação, mediante o qual as firmas alemãs construiriam em território brasileiro uma usina para separação do isótopo U-235 por meio da ultracentrifugação e participariam, em contrapartida, das atividades de prospecção do urânio natural.

O Brasil interessou-se pela proposta, que atendia à política, estabelecida desde o início dos anos 1950, de exigir *compensações específicas* (conhecimento tecnológico), em troca do fornecimento de material radioativo, do qual possuía as jazidas. Em 1969, firmou com a RFA um Acordo Geral de Cooperação, de modo a promover a pesquisa científica e o desenvolvimento tecnológico, com ênfase, máxime, nos campos da energia nuclear, aeroespacial, processamento de dados e oceanografia. Por causa de vários fatores, porém, a ideia da usina da separação do isótopo U-235 pelo processo de ultracentrifugação não evoluiu. E a RFA, em 1970, terminou por constituir um consórcio com a Holanda e a Grã-Bretanha – Urenco – a fim de oferecer o serviço de enriquecimento por meio daqueles países, instalando usinas em Almelo e Capenhurst. De qualquer forma, a cooperação com o Brasil continuou e, em 1975, os dois países assinaram o Acordo sobre Cooperação no Campo dos Usos Pacíficos da Energia Nuclear, prevendo não só a construção de até oito centrais nucleares, como a instalação de uma usina de enriquecimento de urânio por outro processo desenvolvido na RFA, o do jato centrífugo [*jet nozzle*]. Esse fato provocou dura reação dos Estados Unidos, que sempre se opuseram à transferência de qualquer tecnologia de separação isotópica, e gerou uma crise nas suas relações tanto com o Brasil quanto com a RFA. Estes dois países resistiram a todas as pressões. O Brasil tratava de obter plena capacitação tecnológica para produção de energia nuclear, na área civil, o que lhe daria, sem dúvida, um potencial militar, a ser ulteriormente desenvolvido, se necessário fosse. E a RFA, percebendo que o Brasil, mais cedo ou mais tarde, terminaria por dominar o ciclo completo da produção do combustível nuclear, dispôs-se a fornecer uma de suas tecnologias de separação do isótopo U-235, a do *jet nozzle* (o processo de ultracentrifugação não pôde ser fornecido, em virtude do veto da Holanda, sua sócia na Urenco), a fim de assegurar uma fonte de abastecimento de urânio natural e abrir às suas indústrias novos mercados no exterior, onde a concorrência se intensificava, e compensar, desse modo, a tendência declinante, a médio prazo, da demanda interna.

Não obstante as dificuldades financeiras do Brasil, acentuadas, no início dos anos 1980, pela recessão mundial e pelo consequente agravamento da crise da dívida externa, concorressem, somadas a outros fatores, para inviabilizar o programa de construção das usinas nucleares, paralisando até mesmo as obras de Angra II, o Acordo Nuclear de 1975 de certa forma alcançou alguns objetivos. As atividades de prospecção e pesquisa de urânio elevaram as reservas do Brasil, da ordem de 11.140 toneladas, conhecidas em 1975, para cerca de 301.290 toneladas, dez anos depois, ao mesmo tempo que a construção do complexo minero--industrial de Poços de Caldas, inaugurado em 1982, permitia a exportação, até 1985, de 670 toneladas de concentrado de urânio, inclusive para Argentina, Grã-Bretanha e França. E o Brasil obteve também o domínio da tecnologia de enriquecimento de urânio. Entretanto, embora o Acordo Nuclear só se referisse ao processo *jet nozzle*, a formação de cientistas e técnicos brasileiros na RFA, em conformidade com o Acordo Geral de Cooperação, de 1969, e o Protocolo Industrial, de 1975, possibilitou a transferência da tecnologia de ultracentrifugação, dado que eles não estavam sujeitos às salvaguardas da AIEA e, ao regressarem, foram absorvidos pelo Programa Nuclear Paralelo. Entrementes, o fluxo dos capitais alemães recresceu e sua participação subiu de 11,4%, em 1974, para 13,25%, em 1983, atingindo, posteriormente, 14% do total dos investimentos estrangeiros registrados no Brasil, patamar em que até 1994 se manteve. Mas o Acordo Nuclear não apenas contribuiu para o adensamento das relações econômicas, comerciais, científicas e tecnológicas entre o Brasil e a RFA. Ele constituiu um dos fatores que mais concorreram para assegurar a redemocratização do Brasil, uma vez que nem o SPD, no governo de Bonn, nem seu aliado, o FDP, nem a CDU, na oposição, podiam concordar, mormente em face da opinião pública nacional e internacional, com a transferência de tecnologia nuclear para um país que funcionava em permanente regime de exceção, sem respeitar as próprias normas jurídicas e os Direitos Humanos. O Acordo Nuclear e o Ato Institucional n.5, decretado em 1968 para robustecer o autoritarismo, não podiam coexistir e isso levou o presidente Ernesto Geisel a promover o processo de distensão lenta e gradual na direção do Estado de direito.

Nos anos 1970, mais do que qualquer outra nação da Europa, a RFA passou a exercer maior influência política sobre o Brasil e outros países da América Latina, onde a presença de suas fundações partidárias, bem como das Igrejas e dos sindicatos, causou significativo impacto no desenvolvimento político interno.[4] A Friedrich Ebert Stiftung, vinculada ao SPD, tratou de cooperar com os sindicatos e os partidos de oposição, possibilitando a ascendência da Internacional Socialista, cujas atividades até então se restringiam à Europa e que, desde a eleição de Willy Brandt para sua presidência, em 1976, voltou mais e mais as atenções para o Terceiro Mundo, dentro do qual a América Latina teve prioridade. O sangrento golpe de Estado, que derrubou, no Chile, o governo socialista, democraticamente eleito, de Salvador Allende, contribuiu para essa inflexão. A Internacional Socialista, em 1979, criou um comitê para a América Latina e o Caribe sob a presidência de José Francisco Peña Gomez, da República Dominicana, e fundou, em 1980, o Comitê para a Defesa da Revolução na Nicarágua, sob a direção de Felipe Gonzales, da Espanha, que deu forte respaldo ao regime sandinista, viabilizado, materialmente, pela Friedrich Ebert Stiftung, cuja contribuição financeira para a derrubada de Anastasio Somoza foi deveras importante.[5] Sua autoridade moral concorreu, tanto quanto possível, para preservar na Nicarágua os métodos pluralistas e democráticos, impedindo o predomínio das forças favoráveis ao socialismo ditatorial no estilo de Cuba. Por sua vez, a Konrad Adenauer Stiftung, da CDU, que destinava 50% dos seus fundos à América Latina,[6] concentrou as atividades nos países onde existiam tradições democratas-cristãs. No

---

4   Durán, 1985, p.88-93.
5   No Brasil, a Fundação Friedrich Ebert instalou-se na segunda metade dos anos 1970, com o nome de Instituto Latino-Americano de Desenvolvimento Econômico e Social (Ildes), e colaborou com várias organizações, entre as quais o Centro de Estudos Contemporâneos (Cedec) e o Departamento Intersindical de Estudos Estatísticos Socioeconômicos (Dieese) de São Paulo, assim como com vários sindicatos e com a Central Única dos Trabalhadores (CUT), propiciando às lideranças sindicais discussões político-econômicas, além de experiências e novas tecnologias de proteção e segurança do trabalho (Börner, "Zur Arbeit der Friedrich-Ebert-Stiftung in Brasilien", *Deutsch-Brasilianische Hefte*, ano XXVI, n.5/88, set.-out. 1988). Holger Börner era presidente da diretoria da Fundação Friedrich Ebert e fora ministro-presidente de Hessen.
6   Ibidem, p.89.

Chile, ela se opôs à ditadura do general Augusto Pinochet e colaborou com o processo de redemocratização, conduzido pela Alianza Democrática, sob a liderança do Partido Democrata-Cristão, do mesmo modo que, em El Salvador e no Panamá, apoiou Napoleón Duarte e Arnulfo Arias, ambos ligados à Democracia-Cristã. Porém, em outros países, evitou maior envolvimento, quer por perceber que a estrutura política não permitia o estabelecimento do autêntico pluralismo, a exemplo da Guatemala, quer por não encontrar partidos políticos afins, como no México ou na Argentina. Por fim, a Hanns Seidel Stiftung, ligada à CSU (ramo da CDU na Bavária), nunca teve atuação expressiva, em razão de sua pequena dimensão, e a Friedrich Naumann Stitftung, do FDP, cooperou com Domingo Laino, líder do Partido Liberal Radical Autêntico, que se opôs à ditadura de Alfredo Stroessner, no Paraguai.

Suspeitas houve de que tais fundações partidárias não constituíam apenas uma expressão da diversidade ideológica, mas serviam como endereços disfarçados [*Tarnadressen*] para as atividades dos serviços de informação da RFA.[7] Provas reais nunca apareceram, embora em termos de *Realpolitik* se pudesse arguir que tal canalização de recursos para outros países, sobretudo da América Latina, tivesse como objetivo manter coleta de inteligência e assegurar ulteriores vantagens econômicas e políticas, qualquer que fosse o governo.[8] De qualquer forma, o que sempre se evidenciou foi o esforço das fundações políticas da RFA em sustentar e promover, com seus programas de assistência material e ideológica aos partidos políticos afins na América Latina, as tendências democráticas e pluralistas, em oposição aos regimes autoritários ou totalitários, tanto de esquerda quanto de direita. Assim, funcionando como instrumentos paralelos, não oficiais, da diplomacia, elas criaram para a RFA as melhores condições de diálogo com os países onde atuaram, quaisquer que fossem os partidos no poder, e favoreceram mudanças que propiciaram maior estabilidade à América

---

7   Schmidt-Eenboom, 1993, p.359.
8   Durán, 1985, p.89.

Latina como um todo. Essa decisão, tomada pelo governo de Bonn, particularmente depois de 1969, foi partilhada também pela CDU, cujas políticas, bem como as do SPD, entraram frequentemente em choque com as diretrizes dos Estados Unidos, sobretudo na América Central. Em 1983, quatro importantes intelectuais da RFA – Dieter W. Benecke, Michael Domitra, Wolf Grabendorff e Manfred Mols – ligados tanto à Konrad Adenauer Stiftung quanto à Friedrich Ebert Stiftung, concluíram que somente a promoção ativa dos processos de reformas sociais poderia propiciar a formação de sistemas democráticos estáveis, razão pela qual, a fim de evitar que as tensões sociais decorrentes de problemas de desenvolvimento ideologizados fossem como manifestação do conflito Leste-Oeste, a RFA deveria apoiar o não alinhamento declarado dos países latino-americanos, ainda quando parecesse estar momentaneamente em contradição com os interesses ocidentais.[9]

A crise de hegemonia dos Estados Unidos e a crescente multipolarização da economia internacional facultaram à RFA expandir sua influência, como um polo alternativo, na América Latina, onde, no curso da década de 1980, o processo de redemocratização alcançou todos os países, inclusive o Paraguai e o Chile. O Brasil, no entanto, aproveitou tais condições para alargar sua margem de autonomia internacional, na condição de potência emergente. Entretanto, a partir de 1989, a RFA teve de reduzir suas atividades, não só econômicas como políticas, na América Latina, a fim de destinar recursos ao Leste Europeu. A situação nesta região não se apresentou tão segura e favorável a investimentos quanto se esperava, por causa de diversos fatores, como carências estruturais, conflitos étnicos, ameaça de instabilidade social e, consequentemente, incerteza política. De qualquer maneira, o esbarrondamento dos regimes comunistas, com a transição para a economia de mercado, criou as condições para que a RFA se tornasse o grande fornecedor comercial do Leste Europeu, a abastecê-la, inclusive, com

---

9  Benecke et al., 1984, p.22, 30.

produtos da América Latina e, em particular, do Brasil, cujas exportações para aquele país, no primeiro semestre de 1991, aumentaram mais de 9% em relação ao mesmo período do ano anterior.[10] Porém, quando o *Kanzler* Helmut Kohl, em outubro daquele ano, visitou o Brasil e anunciou a concessão de 250 milhões de marcos para a proteção da floresta na Amazônia, os interesses alemães pareciam concentrar-se nas questões ecológicas, como *nationale Obsession*.[11] Ao mesmo tempo, a RFA passou a exigir salvaguardas abrangentes para o fornecimento de tecnologia sensível e renovação do Acordo Nuclear, por mais cinco anos, a partir de 1995. Além dos prejuízos financeiros causados por não cumprimento desse acordo no prazo, o Brasil modificara sua política, dado que a própria Constituição de 1988 proibira a fabricação de armas atômicas, firmara o Acordo Quadripartite com a Argentina, a ABACC e a AIEA e aderira integralmente, isto é, sem ressalvas, ao Tratado de Tlatelolco, aceitando, de fato, todas as limitações impostas pelo TNP à utilização plena da energia nuclear, mesmo que para fins pacíficos, se algum dia viesse a necessitar. Essa decisão possibilitou que o ministro das Relações Exteriores Celso Amorim, em fevereiro de 1994, negociasse, em Bonn, a prorrogação do Acordo Nuclear por um período de mais cinco anos, a partir de 1995, com o prosseguimento das obras de Angra II (o projeto de Angra III arquivado foi) e a exclusão do Brasil da lista H dos regulamentos de comércio exterior da RFA.

---

10 *Ensaio, informações de Comércio Exterior do Banco do Brasil*, n.4, jan. 1994, p.5.
11 Botet, "Die deutsch-lateinamerikanischen Beziehungen in den neunziger Jahren", *Außenpolitik*, ano 44, 1993.

# Arquivos Pesquisados

Archive du Ministère des Affaires Étrangères de France
Arquivo de Getúlio Vargas[1]
Arquivo Doutel de Andrade
Arquivo Histórico do Itamaraty – Rio de Janeiro[2]
Arquivo Histórico do Ministério das Relações Exteriores – Brasília
Arquivo Nacional
Arquivo Pessoal de San Tiago Dantas
Arquivo Oswaldo Aranha
Arquivo Renato Archer
Auswärtiges Amt – Politische Archive
Deutsche Brasilianische Gesellschaft
Harry S. Truman Library
National Archives
Public Record Office – Foreign Office
Rothschild Archives – London

---

1   Os códices usados correspondem à época em que os arquivos de Vargas estavam ainda sob a guarda de sua filha Alzira Vargas do Amaral Peixoto.
2   O Arquivo Histórico do Itamaraty localiza-se no Rio de Janeiro e lá ainda se encontram documentos depositados até 1960. Toda a documentação posterior a 1960 (e grande parte da secreta, de 1945), porém, está arquivada no Ministério das Relações Exteriores em Brasília.

# Referências bibliográficas

ABREU, H. *Tempo de crise*. Rio de Janeiro: Nova Fronteira, 1979.
AMBROSE, S. E. *Rise to Globalism:* American Foreign Policy Since 1938. New York/London: Victoria/Morkham/Auckland/Penguin Books, 1985.
ANDERT, R.; HERZBERG, W. *Erich Honecker im Kreuzverhör*. Berlin: Aufbau--Verlag Berlin und Weimar, 1991.
ARBEITSGEMEINSCHAFT LATEINAMERIKA. *Neues Konzept für Lateinamerikapolitik der Bundesregierung*. 2010. Disponível em: http://www.lateinamerika.org/presseinfos_detail.php?ID=1043&bereich=Presse. Acesso em: 7 fev. 2011.
ARCHER, R. *Política Nacional de Energia Atômica*. Rio Janeiro: [s.n.], 1956.
AUSWÄRTIGES AMT. *Deutschland, Lateinamerika und die Karibik:* Konzept der Bundesregierung. Berlin: Auswärtiges Amt, 2010. Disponível em: http://www.auswaertiges-amt.de/cae/servlet/contentblob/367294/publicationFile/93979/LAK-Konzept.pdf. Acesso em: 7 fev. 2011.
BANCO CENTRAL DO BRASIL. A recepção pelo Brasil dos investimentos alemães e os capitais brasileiros destinados à Alemanha. [s.d.]. Disponível em: http://www.receita.fazenda.gov.br/Aduana/IDE/IDEBrasilAlemanha/recpeloBra.htm.
BARBOZA, M. G. *Na diplomacia, o traço todo da vida*. Rio de Janeiro: Record, 1992.
BARTLETT, C. J. *The Global Conflict 1880-1970:* The International Rivalry of the Great Powers. London/New York: Longman, 1984.
BENECKE, Dieter W. et al. *Las relaciones de la República Federal de Alemania con América Latina*: situación actual y recomendaciones. Wesseling: Instituto de Investigaciones Científicas Fundación Friedrich Ebert/Offsetdruckerei Joseph Stroucken, 1984 (Série Política Internacional).

BÖRNER, H. Zur Arbeit der Friedrich-Ebert-Stiftung in Brasilien. *Deutsch--Brasilianische Hefte*, Bonn, Jahrgang XXVI, n.5/88, set.-out. 1988.

BOROWSKY, P. *Deutschland 1945-1969*. Hannover: Fackelträger, 1993.

BOTET, V. Die deutsch-lateinamerikanischen Beziehungen in den neunziger Jahren. *Außenpolitik*, Hamburg, Jahrgang 44, 1. Quartal 1993.

BOUÇAS, V. *História da dívida externa*. Rio de Janeiro: Edições Financeiras, 1950.

BRASIL. Ato declaratório executivo SRF n.72, de 22 de dezembro de 2005. Dispõe sobre a data do término de vigência do Acordo para Evitar a Dupla Tributação em Matéria de Impostos sobre a Renda e o Capital firmado entre o Brasil e Alemanha. *Diário Oficial da União*, Brasília, 26 dez. 2005.

BRASIL. Decreto n.6.703, de 18 de dezembro de 2008. Aprova a Estratégia Nacional de Defesa e dá outras providências.

BRASIL, SECRETARIA DE PORTOS. Brito na Alemanha. 25 mai. 2010. Disponível em: http://www.portosdobrasil.gov.br/destaques/noticias-2010/2010--noticias-de-maio/brito-na-alemanha.

BRESSER-PEREIRA, L. C. A crise estrutural do euro e a Alemanha. *Folha de S.Paulo*, 29 mar. 2010.

BRUNN, G. Deutscher Einfluss und Deutsche Interessen in der Professionalisierung Eimger Lateinamerikanischer Armeen vor dem 1. Weitkreig (1885-1914). *Jahrbuch für Geschichte von Staat, Wirtschaft und Gesellschaft Lateinamerikas*, Köln, Band VI, 1969.

_____. *Deutschland und Brasilien (1889-1914)*. Köln: Böhlau Verlag, 1971.

BUNDESMINISTERIUM FÜR ARBEIT UND SOZIALES. *Statistisches Taschenbuch 2009*. Bonn: Bundesministerium für Arbeit und Soziales/Referat Information, 2010.

CAMPOS, J. S. Crônica e não História de Ilhéus. [s.d.]. Disponível em: http://www.pratigi.org/portal/index.php?option=com_docman...br.

CANZIAN, F. Total de pobres deve cair à metade no Brasil até 2014. *Folha de S.Paulo*, 13 jun. 2010.

CONFIRA os principais pacotes contra a crise financeira. *Deutsche Welle*, 15 out. 2008. Disponível em: http://www.dw-world.de/dw/article/0,,3715208,00.html. Acesso em: 21 jan. 2011.

*COPIA der Neuen Zeytung auss Presillg Landt*. Nürnberg: Hieronymus Höltzel, 1514 apud *BRASILIEN-Bibliotek der Robert Bosch GmbH*. Stuttgart: Deutsche Verlags-Anstalt, 1983. Band I.

D'ANTHOUARD. *Le progrès brésilien*. Paris: Plon-Nourit et Cie., 1911.

DENNIS, M. *German Democratic Republic*: Politics, Economics and Society. London/New York: Pinter Publishers, 1988.

DEUTSCH-BRASILIANISCHER Atomgeschäft läuft heiss – Verzögerungen und technische Schwierigkeiten stellen Milliarden-Projekt in Frage. *Süddeutsche Zeitung*, Frankfurt, 6 out. 1978.

DIRETORIA-GERAL DO MATERIAL DA MARINHA. Esclarecimentos sobre recentes notícias publicadas na imprensa – Resposta da Marinha do Brasil ao Requerimento de Informação n.4.184, de 2009, do deputado Luiz Carlos Hauly (PSDB) ao Ministro da Defesa sobre a compra de submarinos convencionais da França pelo Brasil. *Diário da Câmara dos Deputados*, p.45.837-9, 1 set. 2009.

DREIFUSS, R. A. *1964:* a conquista do Estado – ação política, poder e golpe de classe. Petrópolis: Vozes, 1981.

DUPEUX, L. *História cultural da Alemanha 1919-1960*. Rio de Janeiro: Civilização Brasileira, 1992.

DURÁN, E. *European Interests in Latin America*. London/Boston/Henley: The Royal Institute of International Affair/Routledge & Kegan Paul, 1985.

ENSAIO, informações de Comércio Exterior do Banco do Brasil, n.4, jan. 1994.

ERHARD, L. *Gedanken aus fünf Jahrzehnten: Reden und Schriften Herausgegeben von Karl Hohmann*. Düsseldorf/Wien/New York: ECON Verlag, 1988.

FABRÍCIO, R. A. C.; HERZOG, G. Energia Nucleletrica para o Brasil. *Deutsch-Brasilianische Hefte*, Bonn, Jahrgang XXIV, jul.-out. 1985.

FERREIRA LIMA, H. *História político-econômica e industrial do Brasil*. São Paulo: Companhia Editora Nacional, 1976.

FISCHER, P. Ist der deutsch-brasilianische Nuklearvertrag gefährdet? *Deutsch-Brasilianische Hefte*, Bonn, jan. 1985.

*FISCHER Weltalmanach 2010*. Frankfurt: Fischer Taschenbuch Verlag, 2009.

*FISCHER Weltalmanach 2011*. Frankfurt: Fischer Taschenbuch Verlag, 2010.

FONSECA, J. J. da. *A vida de Luiz Viana Filho*. Brasília: Senado Federal, Conselho Editorial, 2005 (Edições do Senado Federal, v.58).

FULBROOK, M. *The Fontana History of Germany:* 1918-1990 – The Divided Nation. London: Fontana Press, 1991.

FÜLLGRAF, F. *A bomba pacífica:* o Brasil e outros cenários da corrida nuclear. São Paulo: Brasiliense, 1988.

GERMAN banks the most exposed to Iceland, BIS says. *New York Times*, 23 out. 2008.

*GESCHICHTE der DDR*. Berlin: VEB Deutscher Verlag der Wissenschaften, 1981.

GODOY, R. Odebrecht cria *joint venture* com gigante europeu no campo da Defesa. *O Estado de S. Paulo*, 31 mai. 2010.

GOLDENBERG, B. Lateinamerika. In: *Die Internationale Politik 1963*. München/Wien: Verlag R. Oldenbourg, 1969.

GÖRGEN, H. Deutsche Aubenpolitik in Lateinamerika. In: REUTHER, H. (Hrsg.). *Deutschlands Außenpolitik seit 1955*. Seewald: Verlag, [s.d.].

GÖRGEN, H. Relações especiais. *Deutsch-Brasilianlsche Hefte*, n.4-5, p.201-11, 1985.

GÖTHNER, K. C. *El comercio entre América Latina y Alemania Oriental en la retrospectiva*. Hamburgo: Departamento de Estudos Econômicos do Deutsch--Südamerikanische Bank, 1990.

GRABENDORFF, W. *Brasil y la República Federal de Alemania:* ¿un modelo para las relaciones entre el primer y tercer mundo?. *Estudios Internacionales*, Santiago, ano XV, n.57, jan.-mar. 1982.

GREÑO-VELASCO, J. E. El acuerdo Brasil-RFA y el principio de no proliferación nuclear. *Revista de Política Internacional*, Madrid, n.154, nov.-dez. 1977.

GROMYKO, A. *Memoirs*. New York: Doubleday, 1989.

HÄCKEL, E. Der Export von Nuklearteknologie. In: *Die Internationale Politik 1975/76*. München/Wien: R. Oldenburg Verlag, 1981.

HALSTRICK, P. Analysts Play Down German Banks' Greece Fallout. *Reuters*, Frankfurt, 11 fev. 2010.

HANRIEDER, W. F. *Deutschland-Europa-Amerika:* Die Außenpolitik der BDR – 1949-1989. Paderborn/München/Wien/Zürich: Ferdinand Schöningh GmbH, 1991.

HEITZER, H. *DDR:* Geschichtlicher Überblick. Berlin: Dietz Verlag, 1987.

HELL, J. *Der Griff nach Südbrasilien:* Die Politik des Deutschen Reiches zur Verwandlung der drei brasilianischen Südstaaten in ein überseeiches Neudeutschland (1890-1914). Rostock, 1966. Inauguraldissertation. (Inauguraldissertation zur Erlagung des Doktorgrades) – Philosophischen Fakultät der Universität Rostock.

HENSCHEL, Klaus-Ulrich. Bio-Diesel-Beimischung bietet Sparpotenzial (Entrevista). *Capital*, 2008. Disponível em: http://www.capital.de/politik/100010470.html. Acesso em: 3 fev. 2011.

HIERNEIS, G. Warum brauch Deutschland Brasilien? – Wirtschaftliche und politische Betrachtungen zum Verhältnis Deutschland-Brasilien 1983. *Deutsch--Brasilianische Hefte*, Bonn, n.5, 1983.

HILDEBRAND, J. Grenzschutz Wie EADS vom Mauerbau in Saudi-Arabien profitiert. *Die Welt*, 5 out. 2010.

HILFERDING, R. *Das Finanzkapital*. Frankfurt am Main/Köln: Europäische Verlagsanstalt, 1968. Band I und II.

HILTON, S. G. *O Brasil e a crise internacional:* 1930-1945. Rio de Janeiro: Civilização Brasileira, 1977a.

_____. *O Brasil e as grandes potências*: os aspectos políticos da rivalidade comercial, 1939-1939. Rio de Janeiro: Civilização Brasileira, 1977b.

_____. *Suástica sobre o Brasil*: a história da espionagem alemã no Brasil. Rio de Janeiro: Civilização Brasileira, 1977c.

HOLTOM, P. et al. *Trends in International Arms Transfer, 2009*. [S.l.]: SIPRI, 2010. Disponível em: http://www.sipri.org/databases/armstransfers/recent_trends/SIPRI_AT_Fact%20Sheet_2010.

HORNE, A. *Return to Power:* a Report on the New Germany. New York: Frederick A. Praeger, 1956.

JARDIM, L.; PASSOS, J. M. Jobim: Não somos compradores de prateleira, *Folha de S.Paulo*, 14 jul. 2009.

KELLENBENZ, Hermann. *Die Fugger in Spanien und Portugal bis 1560*. München: Verlag Ernst Vögel, 1990. Band I und II.

KINDLEBERGER, C. P. *Marshall Plan Days*. Boston: Allen & Unwin, 1987.

KLEINMANN, H. O. *Geschichte der CDU*. Stuttgart: Deutsche Verlags-Anstalt, 1993.

KOHLENBERG, K.; UCHATIUS, W. Wo ist das Geld geblieben? *Die Zeit*, n.49, 27 nov. 2008.

KOSTHORST, D. *Brentano und die deutsche Einheit*: die Deutschland-und Ostpolitik des Außenministers im Kabinett Adenauer 1955-1961. Düsseldorf: Droste, 1993.

KUBITSCHEK, J. *50 anos em 5*. Rio de Janeiro: Bloch Editores, 1978. v.III.

_____. *A escalada política*. Rio de Janeiro: Bloch Editores, 1976. v.II.

_____. *Meu caminho para Brasília*. Rio de Janeiro: Bloch Editores, 1974.

_____. *Por que construí Brasília*. Rio de Janeiro: Bloch Editores, 1975.

LACERDA, A. C.; OLIVEIRA, A. Influxos de investimento direto estrangeiro (IDE) no Brasil: uma análise da desnacionalização da estrutura produtiva nos anos 2000. In: CICLO DE DEBATES EM ECONOMIA INDUSTRIAL, TRABALHO E TECNOLOGIA – EITT, VII, 2009, São Paulo.

LEQUESNE, C. La République Fédérale et la Communauté Européenne. In: MÉNUDIER, Henri. *La République Fédérale d'Allemagne dans les Relations Internationales*. Bruxelles: Editions Complexe, 1990.

LILGE, H. *Deutschland von 1955-1963*. Hannover: Verlag für Literatur und Zeitgeschehen GmbH, 1965.

LIPKAU, E. G. *Brücke Zwischen Brasilien und Deutschland*: 75 jahre Handelskammer São Paulo. São Paulo: Companhia Melhoramentos, 1993.

MAGALHÃES, J. A. R.; MIRANDA, S. M. (orgs.). *Os primeiros 14 documentos relativos à Armada de Pedro Álvares Cabral*. Lisboa: Comissão Nacional para as Comemorações dos Descobrimentos portugueses – Instituto de Arquivos Nacionais/Torre do Tombo, 1999.

MAGALHÃES, S. O período crítico. *O Semanário*, n.361, nov.-dez. 1963.
MANCHESTER, A. K. *Preeminência inglesa no Brasil*. São Paulo: Brasiliense, 1973.
MARQUES, A. N. *Fundamentos do nacionalismo*. São Paulo: Fulgor, 1960.
MAULL, H. W. Von Der Neuen Weltenergieordung zur Neuen Weltwirtschaftsordnung. In: *Die Internationale Politik 1975-1976*. München/Wien: R. Oidenbourg Verlag, 1981.
McCAULEY, M. *Marxism-Leninism in the German Democratic Republic:* the Socialist Unity Party (SED). London/Basingstoke: The Macmillan Press, 1979.
MEIRELLES, H. C. Apresentação do presidente do BC. In: SEMINÁRIO SOBRE REAVALIAÇÃO DO RISCO BRASIL, 2010, São Paulo. São Paulo: Fundação Getulio Vargas, 2010.
MELO FRANCO, A. A. *Planalto – Memórias*. Rio de Janeiro: Livraria José Olympio, 1968.
MENEZES, A. M. *Die Handels-beziehungen zwischen Deutschland und Brasilien in den jahren 1920-1950 unter besonderer Berücksichtigungs des Kakaohandels*. Hamburg, 1987. Dissertation (Dissertation zu Erlangung der würde des Doktors der Philosophie) – Universität Hamburg.

_____. Utopia, imigração e a Colônia alemã de Una, Bahia no contexto histórico. *Textos de História – Revista do Programa de Pós-Graduação em História da Universidade de Brasília*, Brasília, v.16, n.2, p.35-78, 2008.
MÉNUDIER, H et al. *La République Fédérale d'Allemagne dans les relations internationales*. Bruxelles: Editions Complexe, 1990.
MILLEKER, D. Wage Round 2007: German Unit Labour Costs Back To Rising Trend. *Eurozone Watch*, 16 mar. 2007. Disponível em: http://www.euro-area.org/blog/?p=59.
MILLER, S.; POTTHOFF, H. *Kleine Geschichte der SPD:* Darstellung und Dokumentation 1848-1983. Bonn: Verlag Neue Gesellschaft, 1988.
MINISTÉRIO DO DESENVOLVIMENTO, INDÚSTRIA E COMÉRCIO EXTERIOR. *Balança comercial:* dados consolidados. [s.d.]. Disponível em: http://www.mdic.gov.br//sitio/interna/interna.php?area=5&menu=571.
MINISTRO alemão responsabiliza EUA pela crise financeira. *Deutsche Welle*, 25 set. 2008. Disponível em: http://www.dw-world.de/dw/article/0,,3671212,00.html. Acesso em: 21 jan. 2011.
MINNEMANN, H. *Handels-und Schiffahrtsvertrag zwischen der freien und Hansestädte Lübeck, Bremen und Hamburg, und Sr. Majestät dem Kaiser von Brasilien, unterzeichnet zu Rio de Janeiro am 17 November 1827*. Hamburg: Institut für Iberoamerika-Kunde, 1977.

MIROW, K. R. *Loucura nuclear:* os enganos do Acordo Nuclear Brasil-Alemanha. Rio de Janeiro: Civilização Brasileira, 1979.

MODELO comum, gastos atômicos. *CartaCapital*, São Paulo, n.562, 9 set. 2009.

MOLTMANN, G. *Die Entwicklung Deutschlands von 1949 bis zu den Pariser Verträgen 1955*. Hannover: Verlag für Literatur und Zeitgeschehen GmbH, 1965.

MOLS, M. Las relaciones políticas entre la República Federal de Alemania y América Latina. *Contribuciones – Estudios Interdisciplinares sobre Desarollo y Cooperación Internacional*, Buenos Aires, n.1, jan.-mar. 1984.

MONIZ BANDEIRA, L. A. *Do ideal socialista ao socialismo real:* a reunificação da Alemanha. São Paulo: Ensaio, 1992.

_____. *Brasil-Estados Unidos:* a rivalidade emergente (1950-1988). Rio de Janeiro: Civilização Brasileira, 1989.

_____. Brasil e Alemanha no cenário internacional emergente. In: _____; PINHEIRO GUIMARÃES, S. (orgs.). *Brasil e Alemanha*: a construção do futuro. Brasília: Instituto de Pesquisa de Relações Internacionais/Fundação Alexandre de Gusmão, 1995.

_____. *Estado Nacional e política internacional na América Latina:* o continente nas relações Argentina-Brasil (1930-1992). São Paulo: Ensaio, 1993.

_____. *O governo João Goulart*: as lutas sociais no Brasil (1961-1964). Rio de Janeiro: Civilização Brasileira, 1977.

_____. *Presença dos Estados Unidos no Brasil*: dois séculos de história. Rio de Janeiro: Civilização Brasileira, 1973.

MRE (Ministério das Relações Exteriores), DEPARTAMENTO DA EUROPA. *Alemanha*, 2001. Disponível em: http://www2.mre.gov.br/deu/alemanha.htm.

NETTO, A. Lula e Merkel divergem sobre Irã. *O Estado de S. Paulo*, 4 dez. 2009.

NIEMAYER, W. *O Brasil e seu mercado interno*. [s.l.]: Apêndice Brasil-Estados Unidos, [s.d.].

NORMANO, J. F. *A evolução econômica do Brasil*. São Paulo: Companhia Editora Nacional, 1939.

OBENDÖRFER, D. Lateinamerika als Bezugsfeld westdeutscher Außenpolitik. In: SCHWARZ, H. P. (Hrsg.). *Handbuch der Deutschen Außenpolitik*. München/Zürich: R. Piper & CO. Verlag, 1975.

OBERACKER JR., C. H. *A contribuição teuta à formação da nação brasileira*. Rio de Janeiro: Presença, 1985. v.I e II.

O COMÉRCIO exterior. *Deutsche Welle*, jan. 2008. Disponível em: http://www.dw-world.de/dw/article/0,,1024567,00.html. Acesso em: 21 jan. 2011.

PERRY, W. *Contemporary Brazilian Foreign Policy:* The International Strategy of an Emerging Power. Beverly Hills/London: Sage Publications, 1976.

PFETSCH, F. R. *Die Außenpolitik der Bundesrepublik 1949-1992*. München: Wilhelm Fink Verlag, 1993.

PIB do Brasil fecha 2009 com retração de 0,2%, a primeira queda anual em 17 anos. *O Estado de S. Paulo*, 11 mar. 2010. Disponível em: http://economia. estadao.com.br/noticias/,pib-tem-retracao-de-0-2-em-2009,not_8580.htm.

PINTO FERREIRA. *Capitais estrangeiros e dívida externa*. São Paulo: Brasiliense, 1965.

POHLMANN, M. *Kapitalexportneutralität der Besteuerung*: Die neutralitätspostulate der Besteuerung aus verschiedenen Blickwinkeln. Duisburg/Essen: Grin/Verlag, 2008.

PRADO JR., C. *História econômica do Brasil*. São Paulo: Brasiliense, 1974.

PRIEN, H. J. *Evangelische Kirchwerdung in Brasilien*: Von den deutschevangelischen Einwanderergemeinden zur Evangelischen Kirche Lutherischen Bekenntnisses in Brasilien. Gütersloh: Gütersloher Verlaghaus Gerd Mohn, 1989.

REXIN, M. *Die Jahre 1945-1949*. Hannover: Verlag für Literatur und Zeitgeschehen GmbH, 1965.

RHEINMETALL DEFENCE. *Partner für die Sicherheit von heute und morgen*. [s.d.]. Disponível em: http://www.rheinmetall-defence.de/index.php?fid=765&lang=2.

RÜHLE, J.; HOLZWEISSIG, G. *13 August 1961*: Die Mauer von Berlin. Köln: Edition Deutschland Archiv, 1988.

SALÁRIOS atingem nível mais baixo dos últimos 20 anos na Alemanha. *Deutsche Welle*, 24 set. 2007. Disponível em: http://www.dw-world.de/dw/article/0,,2794335,00.html. Acesso em: 21 jan. 2011.

SALLES, D. *Energia atômica*: um inquérito que abalou o país. São Paulo: Fulgor, 1958.

SANTOS, M. G. *Außenhandel und industrielle Entwicklung Brasiliens unter besonderer Berücksichitgung der Beziehungen zu Deutschland (1889-1914) in Lateinamerika studien 1s*. München: Wilhelm Fink Verlag, 1984.

SCHMIDT-EENBOOM, E. *Schnüffler Ohne Nase*: Der BND – Die Unheimliche Macht im Staate. Düsseldorf/Wien/New York/Moskau: ECON Verlag, 1993.

SCHWARTZ, S. B. *Sugar Plantations in the Formation of Brazilian Society*: Bahia, 1550-1835. Cambridge/London/New Rochelle/Melbourne/Sydney: Cambridge University Press, 1985.

SCHWARTZ, T. A. *America's Germany*: John J. McCloy and the Federal Republic of Germany. Cambridge/Massachusetts/London: Havard University Press, 1991.

SCHWARZ, H. P. *Adenauer.* Der Aufstieg: 1876-1952. Stuttgart: Deutsche Verlags-Anstalt, 1991. Band I.

_____. *Adenauer.* Der Staatsmann: 1952-1967. Sttutgart: Deutsche Verlags--Anstalt, 1991. Band II.

SEITENFUS, R. A. S. *O Brasil de Getúlio Vargas e a formação dos Blocos*: 1930--1942 – o processo do envolvimento brasileiro na II Guerra Mundial. São Paulo: Companhia Editora Nacional, 1985.

SETTI, R. A. Alemães tiram dinheiro do país e adiam investimento. *Jornal do Brasil*, Rio de Janeiro, 4 nov. 1986.

SILVA, M. H. C. *Vivendo com o outro:* os alemães na Bahia no período da II Guerra Mundial. Salvador, 2007. 327f. Tese (Doutorado em História) – Faculdade de Filosofia e Ciências Humanas, Universidade Federal da Bahia.

SILVA NUNES, T. Percepção sobre economia brasileira melhorou. *Valor Econômico*, 2 dez. 2009.

SPITTMANN, I. *Die DDR unter Honecker.* [s.l.]: Edition Deutschland Archiv, 1990.

STARITZ, D. Ein "besonderer deutscher Weg" zum Sozialismus. *Geschichte und Gesellschaf*, 1990.

STATISTISCHES BUNDESAMT. Verbraucherpreisindizes für Deutschland. *Lange Reihen ab 1948*, Wiesbaden, 14 jan. 2011.

STELTZER, H. G. *Die Deutschen und ihr Kolonialreich.* Darmstadt: Societäts--Verlag, 1984.

TAUNAY, A. E. D. *História do café no Brasil.* Rio de Janeiro: Edição do Departamento Nacional do Café, 1939. v.III.

TÁVORA, J. *Átomos para o Brasil.* Rio de Janeiro: Livraria José Olympio Editora, 1958.

THEIL, S. Worse than Wall Street: How Shaky European Banks Could Tip the World Back into Recession. *Newsweek*, 7 fev. 2010.

THOMPSON, R. S. *The Missiles of October:* The Declassified Story of John F. Kennedy and the Cuban Missile Crisis. New York/London/Toronto/Sydney/Tokyo/Singapore: Simon & Schuster, 1992.

TIMELINE: Credit Crunch to Downturn. *BBC News*, 7 ago. 2009.

TREUE, W. *Deutsche Geschichte von Metternich bis zur Gegenwort.* Stuttgart: Weltbild Verlag, 1990. Band I und II.

TRUMANN, H. *Memoirs:* Year of Trial and Hope. New York: Doubleday & Cia, 1956. v.1 e 2.

ULAM, A. B. *Dangerous Relations:* The Soviet Union in World Politics 1970--1982. New York/Toronto: Oxford University Press, 1983.

UNCTAD (United Nations Conference on Trade and Development). *World Investment Report 2010*. [s.d.]. Disponível em: http://www.unctad.org/wir.

URBAN, S. L'internationalisation tronquée de l'économie allemande. In: MÉNUDIER, H. *La République Fédérale d'Allemagne dans les Relations Internationales*. Bruxelles: Editions Complexe, 1990.

VIANA, C. R. *Estratégia do desenvolvimento brasileiro*. Rio de Janeiro: Civilização Brasileira, 1967.

WALDMAN, E. *Deutschlands Weg in den Sozialismus*. Mainz: v. Hase & Koehler Verlag, 1976.

WEBB, S. Playing the Financial Crisis Blame Game Foreign Leaders Were Quick at First to Attack the U.S. for Subprime Woes. *ABC News*, London, 9 out. 2008.

WERTH, A. *De Gaulle*. Rio de Janeiro: Civilização Brasileira, 1967.

WESTPHAL, W. *Geschichte der Deutschen Kolonien*. München: Gondron, 1984.

WEVER, H. Evolução e perspectiva dos investimentos alemães no Brasil. In: MONIZ BANDEIRA, L. A.; PINHEIRO GUIMARÃES, S. (orgs.). *Brasil e Alemanha*: a construção do futuro. Brasília: Instituto de Pesquisa de Relações Internacionais/Fundação Alexandre de Gusmão, 1995.

WIRTH, J. D. *A política do desenvolvimento na Era de Vargas*. Rio de Janeiro: Fundação Getulio Vargas, 1973.

WYNEKEN, K. *Die Entwicklung der Handelsbeziehungen Zwischen Deutschland und Brasilien*. Köln, 1958. Inauguraldissertation (Inauguraldissertation zur Erlangung des Doktorgrades) – Wirtschafts und Sozialwissenschaftlichen Facultät, Universität zu Köln.

ZETTELMEIER, W. L'aide allemande au développement. In: MÉNUDIER, H. *La République Fédérale d'Allemagne dans les Relations Internationales*. Bruxelles: Editions Complexe, 1990.

ZILLER, G. 20 Jahre Deutsch-Brasilianische Zusammenarbeit in Wissenschaft und Technik. *Deutsch-Brasilianische Hefte*, Bonn, n.4, 1983.

## FONTES IMPRESSAS

BRASIL. IBGE (Instituto Brasileiro de Geografia e Estatística). *Comércio exterior – séries estatísticas*, 1985.

*BRASIL Industrial 1974:* anuário da editora Banas. v.I.

*BRASILIEN Bibliotek der Robert Bosch GmbH:* Katalog. Stuttgart: Deutsche Verlags-Anstalt, 1983. Band I.

*DEUTSCHE Bundesbank Monatsbericht*. abr. 1993.

*DOCUMENTO da Política Externa.* [s.l.]: Secretaria-Geral Adjunta para o Planejamento Político, [s.d.].

*EXPOSIÇÃO Geral da Situação Econômica do Brasil 1956.* Rio de Janeiro: Conselho Nacional de Economia, 1957.

MRE. *Guerra da Europa: documentos diplomáticos, atitude do Brasil.* Rio de Janeiro: Imprensa Nacional, 1918.

*PAPERS Relating to the Foreign Relations of the United States,* Washington, 1936.

## OUTROS DOCUMENTOS

BATISTA, P. N. O Acordo Nuclear Brasil-Alemanha. In: SEMINÁRIO NACIONAL SOBRE 60 ANOS DE POLÍTICA EXTERNA, IV, 1993, Brasília (*paper*).

DER Bundesminister für Wirtschaft. VB 5-954 449, Bonn, den 4 jul. 1990. Betr.: Brasilien, hier, Bilaterale Wirtschaftsbeziehungen.

FERREIRA JR., G. M. *Brasil-Alemanha:* relações econômico-comerciais – 1827-
-1993. Colônia: 1993 (manuscrito).

MRE. SECRETARIA GERAL DE POLÍTICA EXTERIOR. DIVISÃO ESPECIAL DE PESQUISA E ESTUDOS ECONÔMICOS. *Perfil econômico-
-comercial da Alemanha Unificada.* Brasília, jun. 1991.

THOMPSON FLORES, F. *Relações Brasil-Alemanha.* 1993 (manuscrito).

## JORNAIS, REVISTAS E *SITES*

*Contribuciones – Estudios Interdisciplinares sobre Desarollo y Cooperación Internacional,* Buenos Aires, n.1, jan.-mar. 1984.

*Correio da Manhã,* 1964.

*Deutsch-Brasilianische Hefte,* Bonn, 1985.

*Diário de Notícias,* 1963.

*Estudios Internacionales,* Santiago, ano XV, n.57, jan.-mar. 1982.

*Frankfurter Allgemeine Zeitung,* Frankfurt, 1960.

http://www.imprensa.planalto.gov.br.

*IstoÉ,* São Paulo, 1978.

*Jornal do Brasil,* 1975, 1976, 1978, 1986.

*Neues Deutschland,* Berlim Oriental, 1961.

*New York Herald*, 1901, 1902.
*New York Times*, 1905.
*O Diário*, 1951.
*O Estado de S. Paulo*, 1953.
*O Semanário*, 1963.
*Revista de Política Internacional*, Madrid, n.154, nov.-dez. 1977.
*Süddeutsche Zeitung*, Frankfurt, 1978.
*Washington Post*, 1901.

# ÍNDICE REMISSIVO

## A

ABACC (Agência Brasileiro-Argentina de Controle e Contabilidade de Materiais Nucleares), 15, 281, 282, 347
ABREU, Hugo, 254
Abdenur, Roberto, 283
ACC (Allied Control Council), 15, 77, 84, 86, 95, 130
Accioly, Hildebrando, 66, 80 n. 7, 87 n. 26
Acesita (Companhia de Aços Especiais Itabira), 15, 239
Acheson, Dean, 98, 137
Acordo Básico de Cooperação Técnica, 280
Acordo Básico sobre Assistência Técnica, 219
Acordo de Compensação, 63, 65
Acordo de Consolidação Brasil-RFA, 218
Acordo de Garantia de Investimentos, 228--229, 248
Acordo de Ialta, 86
Acordo de Investimentos, 184
Acordo de Taubaté, 51
Acordo Geral de Cooperação, 255, 266, 342, 343
Acordo Militar com os Estados Unidos, 260
Acordo Nuclear Brasil-RFA (1975), 12, 253-282

Acordo Quadripartite Brasil-Argentina--ABACC-AIEA, 282, 347
Acordo sobre Cooperação no Campo dos Usos Pacíficos da Energia Nuclear, 342
Acordos de Potsdam, 80, 85, 89, 201
Adenauer, Konrad, 32, 83, 123, 152, 183
ADLAF (Associação Alemã de Pesquisa sobre a América Latina),15, 280
AEG-Telefunken, 257
Afeganistão, 202
África, 11, 37, 47, 52, 56, 72, 74, 183, 184, 185, 187, 188, 191-210, 217, 218, 222, 278, 299, 316, 339
AHC (Allied High Comission), 15, 89, 95, 123, 130
Ahmadinejad, Mahmound, 321, 322
AIEA (Agência Internacional de Energia Atômica), 15, 266, 268, 274, 275, 281, 287 n. 11, 321 n. 3, 343, 347
Ajuste de Comércio Interzonal, 207
Albânia, 201, 213
Alemanha Antártica, 69
Alemanha Ocidental, 10, 27, 28, 77-94, 96, 120, 122, 146, 258, 340
Alemanha Oriental, 78, 84, 87, 89, 147, 176, 177 n. 18 e 20, 181, 196, 245, 285

Alencar, Fernando Ramos de, 181
Aliados, 53, 54, 55, 56, 81, 99, 107, 122, 146, 160, 246
Aliança Atlântica, 201, 213
Aliança Ocidental, 172
Aliança para o Progresso, 237
Alianza Democrática, 345
Alkmim, José Maria, 178
Allard, Ray H., 271 n. 40
Allende, Salvador, 244, 344
Almelo, 252, 342
Alsácia, 44, 52
Altos Comissários Aliados, 99
Alves, Francisco de Paula Rodrigues, 51, 52
Amarante, Stélio Marcos, 33
Amazônia Legal, 281
Amazônia, 280, 294, 296, 308, 324, 334, 347
América Central, 70, 164, 185, 193, 222, 299, 346
América do Norte, 42, 222, 299
América do Sul, 36, 49, 66, 67, 75, 97, 101, 102, 112, 128, 137, 138, 174, 175, 185, 186, 222, 294, 295, 299, 314, 315, 316, 340
Amerikanische Militäradministration, 79, 147
Amorim, Celso, 12, 33, 253-282, 329, 347
Angra dos Reis, 22, 253, 318
Angra I (usina), 262, 282, 287, 318 n. 46
Angra III (usina), 282, 287
Antuérpia, 36, 37
Antunes, Jayme, 34
Araçoiaba, 38
Aragão, Egas Moniz Barreto de, 45, 46 n. 22
Aragão, Moniz de, 45, 46 n. 21, 67, 68, 69 n. 34, 70
Aranha, Olavo Egydio de Souza, 114
Aranha, Oswaldo, 60, 61, 68, 74, 113, 114, 115, 129, 139, 169
Aranha, Themistocles da Graça, 70
Arantes, Altino, 54
Arbenz, Jacob, 131
Archer, Renato, 32, 126, 132, 156, 213 n. 5
Argélia, 145

Argentina, 40, 64, 65, 96, 106, 137, 144, 145, 158, 160, 164, 174, 176, 195, 201, 204, 226, 228, 279, 281, 331, 343, 345, 347
Arias, Arnulfo, 345
Arnau, Frank, 174
Ásia, 11, 56, 164, 183, 184, 185, 187, 191--210, 217, 218, 222, 299, 306
ASKI-Mark, 62
*Associated Press*, 66, 237 n. 23
Atlântico Sul, 72, 73
*Atlantiker*, 215, 243
Atomic Energy Act ou McMahon Act, 125
Augsburg, 36
Austrália, 148, 150, 299
Áustria, 39, 40, 41, 42, 43, 67, 69
Auswärtiges Amt, 31, 33, 68, 157, 162, 167, 182, 183, 184, 185, 186, 187, 193, 194, 195, 202, 203, 204, 212, 220, 232, 238, 239, 244, 268
Autoridade Internacional do Ruhr, 90
Autounion, 166, 238 n. 28
Avé-Lallement, Robert, 44 n. 17

# B

Baden-Würtemberg, 243, 295 n. 25
Bahia, 35, 40, 41, 45, 46 n. 22, 53, 55, 61, 110, 111
Bahr, Egon, 244, 280
Bálcãs, 53, 67
Balcow, Julius, 198
Banco Alemão Transatlântico, 75
Banco Central do Brasil, 247, 265 n. 27, 284, 286 n. 7
Banco do Brasil, 69, 70, 71, 128, 139, 141, 153, 196, 218, 292 n. 21, 326
Banco Francês e Italiano, 75
Banco Germânico da América do Sul, 75
Banco Mundial, 142, 252, 296 n. 27
Banco Nacional de Cuba, 198
Bandeira, Luiz Alberto Moniz, 20, 23, 375-376
Barbosa, José, 50
Barboza, Mário Gibson, 248, 249 n. 59
Barreto, Afonso Henrique Lima, 54

Barros, João Alberto Lins de, 108
Bastos, R. Jorge Guimarães, 90 n. 37, 105 n. 33, 146 n. 37, 147 n. 42
Batista, Paulo Nogueira, 32, 255 n. 3, 256, 262
Baviera, 276
Bayer-Leverkusen, 162
Becher, Johann, 339
Becker, Erwin, 268 n. 34
Becker, Felix, 32
Bélgica, 47, 89 n. 35, 102, 153, 182, 304, 339
Belo Horizonte, 129, 162
Bender, Margot Elizabeth, 34
Benecke, Dieter W., 346
Berlim Ocidental, 87, 146, 205, 106, 208, 242, 243
Berlim Oriental, 86, 121, 198, 199, 200, 202, 203, 205, 225, 226
Bertioga, 37
Beutler, Wilhelm, 154
Bevin, Ernest, 87
Beyerle, Konrad, 127, 128
Bingham, Jonathan, 261
BIRD (Banco Internacional de Reconstrução e Desenvolvimento), 15, 192
Birmânia, 203
Bismarck, Otto von, 47, 48
Bittencourt e Sá, Manoel Ferreira da Câmara, 38
Bittencourt, Clemente Mariani, 141
Bizona, 79, 80, 83, 84, 89
*Black list*, 54, 75
Bloco Ocidental, 192, 214
Bloco Oriental, 196
Bloco Socialista, 11, 171-189, 191, 201, 207, 214, 245, 246, 257, 275, 279
Bloco Soviético, 107, 178, 244, 277, 298
Bloesst, Victória von Heuss, 34
Boeselager, Freiherr von, 33
Boghdady, Abdel Latif el, 202
Bolívia, 144, 217, 244, 277, 298
Bonaparte, Napoleão, 38, 39
Bragança, Casa de, 39
Brandão, Mário de Pimentel, 66 n. 28, 82, 89 n. 34, 90 n. 36 e 38, 91 n. 39, 92, 95, 99, 118 n. 3

Brandenburg, 114, 146
Brandt, Willy, 12, 231-252, 258, 280, 289, 344
Brasil, Joaquim Francisco de Assis, 49
Brasília, 31,34, 169,208, 229, 251, 252, 260, 261, 262, 282, 310, 321, 330
Brasilianische Bank für Deutschland, 51
Braz, Wenceslau, 53, 54
Brecht, Bertolt, 208
Bremen, 9, 41, 49, 194 n. 9, 307
Brentano, Heinrich von, 11, 171-189, 193, 203, 212
Breschnew, Leonid, 246
Bresser-Pereira, Luiz Carlos, 306
Brito, Juarez de Guimarães, 248
Brizola, Leonel, 168, 180, 181, 209
Brüderle, Rainer, 330, 335
Brunn, Gerhard, 29, 30
Buenos Aires, 43, 66 n. 28, 152 n. 4, 177, 182
Bulgária, 207, 224, 242, 275, 333
Bundes Nachrichtendienst, 274
Bundesbank, 192, 193 n. 6, 303 n. 8
*Bundestag*, 107, 182, 187, 192, 194, 197, 211, 212, 220, 224, 230, 274, 288, 289, 304, 317, 320
*Bundeswehr* [Exército Federal], 212
Bush, George, 262
Buttler, Neville, 98

C

Cabral, Pedro Álvares, 35, 36 n. 1
Cairo, 203
Cairoli, Carlos, 155
Calábria, Mário, 33
Câmara de Comércio e Indústria Brasil--Alemanha de São Paulo, 238
Camboja, 244
Campos, Milton, 136
Campos, Roberto, 195, 196, 200, 204, 221, 237
Campos, Siqueira, 73
Canadá, 145, 148, 160, 163, 164, 186, 193, 222, 223, 228, 278, 294, 315

Capenhurst, 252, 342
Caracas, 171
Cardoso, Fernando Henrique, 33, 271, 284, 287
Cardoso, João Cristóvão, 158
Caribe, 203, 330, 344
Carstens, Karl, 193, 194, 204
Carter, James (Jimmy) Earl, 259, 260, 261
Carvalho, Almerinda Augusta de Freitas, 33-34
Castro, Caiado de, 126 n. 24, 127 n. 31, 128 n. 34, 130 n. 42
Castro, Fidel, 184, 185, 226, 258
Castro, João Augusto de Araújo, 236 n. 21
CDU (Christlich-Demokratische Union), 15, 289, 343, 344, 345, 346
CEE (Comunidade Econômica Europeia), 15, 31, 161, 188, 189, 192, 198, 215, 216, 217, 230, 241, 253, 278, 279
Cemig (Centrais Elétricas de Minas Gerais), 15, 239
Centro de Pesquisa Nuclear de Jülich (KFA – *Kernforschungsanlage*), 16, 250, 251, 252, 266, 269
Centro de Pesquisa Nuclear de Karlsruhe (KFZ – *Kernforschungszentrum*), 16, 250, 269
Chase Manhattan Bank, 260
Chile, 99, 137, 144, 193, 217, 244, 246, 295, 344, 345, 346
China, 191, 214, 245, 285, 286, 298, 299 n. 32, 306, 311 n. 29, 313, 316, 321, 330, 336
Christopher, Warren, 259
Chruschtschow, Nikita, 205, 207, 246
Chrysler, 112, 113, 114
CIA (Central Inteligence Agency), 15, 131, 238, 267 n. 30, 271 n. 40
Cidades hanseáticas, 9, 35-58
Cime (Comitê Intergovernamental para as Migrações Europeias), 15, 148
Cisplatina, 40
Clay, Lucius D., 79, 82, 147
CNEN (Comissão Nacional de Energia Nuclear), 15, 157, 159, 251

CNPq (Conselho Nacional de Pesquisa), 15, 32, 124, 126, 127 n. 27 e 30, 128, 129, 130 n. 42, 133, 134, 135, 158, 159 n. 28, 250
Colômbia, 61, 137, 144, 145, 193, 194
Colônia, 29, 33, 37 n. 5, 40, 45, 46, 83, 113, 153, 181, 247 n. 40
Comando Juarez de Guimarães Brito, 248
Comissão Econômica Alemã (Deutsche Wirtschaftskommission), 85
Comissão Internacional do Ruhr, 90
Comissão Mista Brasil-Alemanha, 119, 219
Comissão Mista Brasil-Estados Unidos, 119
Comissariado de Energia Atômica (França), 128, 256
Comitê para a Defesa da Revolução na Nicarágua, 344
Commerz und Diskonto (banco), 159
Companhia das Índias Ocidentais, 37
Companhia Nacional de Álcalis, 118
Companhia Siderúrgica Nacional, 72, 340
Companhia Vale do Rio Doce, 239, 310
Comunidade Europeia do Carvão e do Aço (Monta-Union), 174
Conakry, 202
Conant, James, 130
Contreiras, Hélio, 269, 170 n. 40
Corrêa, Luiz Felipe de Seixas, 289, 293, 296, 319
Conde de Palma, 38
Condor, 64, 75
Confederação Germânica, 39, 40, 42
Confederação Operária, 54
Conferência de Potsdam, 81, 89, 245
Congo, 194
Congonhas do Campo, 38
Conselheiro Lafaiete, 129
Conselho de Imigração e Colonização, 78
Conselho de Segurança Nacional (CSN), 15, 124, 125 n. 22, 126, 129, 133, 134, 135 n. 53, 155 157
Conselho Europeu para o Mercado Comum (Europarat),174-175
Conselho Federal de Comércio Exterior, 71

Conselho Popular Alemão (*Deutscher Volksrat*), 85
Conselho Ultramarino, 35, 39
Convenção da Panela Vazia, 129
Convênio Especial sobre Cooperação Científico-Tecnológica, 251, 266
Coreia do Norte, 93, 121
Coreia do Sul, 93, 121, 299
Cosipa (Companhia Siderúrgica de São Paulo), 173
Costa Rica, 144, 193
Cruzada Democrática, 133
CSU (Christlich-Soziale Union), 15, 345
Cuba, 12, 144, 184, 185, 198, 203, 205, 208, 211, 214, 225, 226, 232, 236, 344
Cuernavaca, 232
Cunha, Vasco, Leitão da, 139, 200, 239 n. 33

# D

D. João VI, 38, 39
D. Manoel, 36
D. Nuno Manoel, 36
D. Pedro I, 40, 41
Dallas, 236
Damasco, 202, 203
Dankwort, Werner, 161 n. 37, 163, 167, 168 n. 58, 172, 175, 176
Dantas, Francisco Clementino de San Tiago, 212 n. 1, 216
Dantas, João, 11, 32, 191-210
*Defense Production Administration*, 111
Demag, 68
Dennis, Mike, 88
Denys, Odílio, 208
Departamento de Energia dos Estados Unidos, 255, 262
Departamento de Estado, 255, 262
Departamento Nacional da Indústria e Comércio, 60
Detroit, 113, 165
DFVLR (*Deutsche Forschungs – und Versuchsanstalt für Luft und Raumfahrt*), 16, 273
*Diário de Notícias*, 32, 196

Dias, Roberto, 25, 332
Dienelt, Bernt, 32
*Diplomatischer Kurier*, 185
Diskonto Gesellschaft, 51
Distribuidoras Reunidas, 111
Dittmann, Herbert, 188 n. 57, 189 n. 58, 197, 201, 203, 209, 210
DKW-Vemag, 238 n. 28
Dobrynin, Anatoly F., 213
Domitra, Michael, 346
Dortmund, 111
Doutrina Monroe, 47, 49
Drechsel, Walter, 159
Dresdner Bank, 51, 292 n. 22
Duarte, Napoleón, 345
Duckwitz, Georg F., 203
DuPont de Nemours, 118
Düsseldorf, 166, 242
Dutra, Elim, 33
Dutra, Eurico Gaspar, 73, 74, 96, 97, 98, 99, 125 n. 22, 135 n. 54

# E

Echwarze Pumpe, 207
Egito, 202, 203, 244, 246, 254 n. 2
Ehlers, Gerd, 292
Eisenhower, Dwight, 171, 213
Eixo Berlim-Roma-Tóquio, 68
el Boghday, Abdel Latit, 202
El Salvador, 61, 144, 345
Elba, 53, 85
Eletrobras, 128, 131, 254, 329
Emeneslau, João, 35 n. 1
EMFA (Estado Maior das Forças Armadas), 16, 124, 133, 135, 136, 156
Engenho São Jorge dos Erasmos, 36
Equador, 61, 144
Erfurt, 244
Erhard, Ludwig, 11, 27, 90, 91, 108, 137--150, 208, 233
Erich Goetze, 109
Eschwege, Wilhelm Ludwig von, 38
Espanha, 22, 37, 145, 284, 292, 303, 304, 306, 316, 339, 344

Espírito Santo, 40
Estatuto de Ocupação, 124, 127, 130, 341
Etzdorf, Hasso von, 200, 202
Eufrates (rio), 202
Euratom (Comunidade Europeia de Energia Atômica), 16, 251
Europa Central, 108, 245, 301, 333
Europa Ocidental, 27, 28, 83, 84, 122, 123, 160, 184, 196, 222, 225, 226
Europa Oriental, 107, 147, 301
European Defense Community Treaty (Vertrag zur Europäischen Verteidigungsgemeinschaft – EVG), 93
European Recovery Program, 27, 81, 120
Exército Vermelho, 84, 86, 114 n. 66, 120, 122, 145, 267 n. 30
Eximbank, 260
Extremo Oriente, 173, 187

## F

Fábrica de Ferro do Morro de Gaspar Soares, 38
Fábrica Patriótica, 38
Faras, João, 35 n. 1
FDP (Freie Demokratische Partei), 16, 211, 212, 213, 242, 243, 317, 320, 329, 335, 343, 345
Federação Operária (Rio de Janeiro), 54
Fernandes, Raul, 78 n. 1, 135, 142
Ferreira, Armando Dubois, 127 n. 30, 130 n. 42
Figueiredo, Carlos de, 71 n. 44
Figueiredo, João Batista Leopoldo, 238
Filho, João Café, 131, 133, 135, 136, 142, 143, 153, 158, 159
Filho, Luiz Vianna, 46 n. 22
*Financial Times*, 65
Flores, Francisco Thompson, 33
Floresta Negra, 124
FMI (Fundo Monetário Internacional), 16, 192, 219, 266, 304
Fonseca, Hermer da, 52
Fontoura, João Neves da, 101, 267
Fontoura, Olavo, 169

Força Expedicionária, 75
Ford, Henry, 113, 166
Ford Motors Co., 113
*Foreign Office*, 49
Fortuna, Hernani, 269
Four-Power Agreement, 214, 245
Four-years Program, 89
Fragoso, João Carlos Pessoa, 33
Framatome, 259, 318
Francke Werke-Geschafft, 111
Franco, Afonso Arinos de Melo, 107, 200
Franco, Itamar, 281, 282
Frankfurt, 25, 33, 39, 87, 101, 196, 242m 315
Franz I, 39
Frente Parlamentar Nacionalista, 236
Freyreiss, Georg Wilhelm, 40
Frondizi, Arturo, 174
Fuchs, Hans, 102
Fugger, Jacob, 36
Fundo de Auxílio ao Desenvolvimento, 11, 191-210, 217, 218, 219, 220, 221, 224, 230, 236, 237, 279

## G

Gallotti, Luiz Octávio, 272
Gana, 203
GATT (Acordo Geral sobre Tarifas e Comércio), 16, 216, 217
Gaulle, Charles de, 214, 215
*Gaullisten*, 215
Geia (Grupo Executivo da Indústria Automobilística), 16, 166
Geisel, Ernesto, 32, 208, 254, 256, 260, 262, 263, 343
General Electric, 165, 253, 258, 259
General Motors, 22, 112, 113, 114, 117, 165, 166, 167, 341
Genscher, Hans Dietrich, 257, 261
Gentil, Adolfo, 110
Gerstenmaier, Eugen, 194
Gibson, Hugh, 63
Gildmeister, Johann Karl Friedrich, 41, 42
Glasinstrumentenfabrik Willich, 109

Glasnost, 275
Góes Monteiro, Pedro Aurélio de, 74
Goiás, 64
Gonçalves, Carlos Alberto, 70
Gonzalez, Felipe, 344
Görgen, Hermann M., 29, 33, 197, 209, 238 n. 30
Göthner, Karl Christian, 276 n. 57
Göttingen, 130, 159
Goulart, João, 129, 132 n. 44, 209, 216, 219, 239, 250
Grabendorff, Wolf, 346
Granow, Hans Ulrich, 219
Great-Western, 97
Grécia, 13, 187, 301-318
Grey, Edward, 49 n. 31
Gromyko, Andrei, 213, 245, 246
Grotewohl, Otto, 99
Groth, Wilhelm, 127, 158, 267
Grünbaum, Leon, 273
*Grundgesetz*, 87, 140
Grupo dos Sete, 281
Grupo parlamentar do governo, 187, 192
Guanabara, 208, 229, 239 n. 26
Guatemala, 61, 62, 131, 144, 248, 345
Gudin, Eugênio, 133, 142
Guerra do Vietnã, 244
Guerra Fria, 10, 77-94, 95, 98, 100, 119, 121, 168, 171, 184, 213, 224, 244, 285
Guevara, Ernesto Che, 198, 208
Guimarães, José Luiz Bettamio, 135 n. 53 e 56
Guimarães, Samuel Pinheiro, 331, 336
Guttenberg, Karl-Theodor Freiherr zu, 225, 335
Guiné, 202, 203
Gutehoffnungshütte, 109

# H

Habsburgo, 9, 35-58
Haggard, William, 49 n. 31
Hahn, Otto, 127
Haiti, 144
Halbach, Alfried Krupp von Bohlen und, 154

Hallstein-Doktrin, 11, 171-189, 191-210, 212, 213, 225, 226, 242, 243, 244, 246
Hallstein, Walter, 177 n. 19, 185 n. 48, 212
Hamburgo, 9, 25, 35-58, 114 n. 66, 130, 323, 327
Hamburg-Südamerikanische Dampfschiffahrts-Gesellschaft, 219
Haro, Cristóvam de, 36
Harteck, Paul, 126, 127 n. 28, 267
Hartmann, Fritz, 177
Haunshild, Hans H., 249
Havana, 225, 226, 232
Heck, Sílvio, 210
Hedberg, Carl Gustav, 38
Hell, Jürgen, 29, 30
Hemisfério Ocidental, 134
Hengstenberg, Peter, 32
Henschel, Klaus-Ulrich, 294 n. 24
Hermes, garantias, 13, 204, 318, 319-337
Heusgen, Christoph, 295, 331, 336
Heuss, Theodor, 34, 101, 151
Heydt, August Freiherr von der Heydt de, 44
Hickel, Rudolf, 306
Hilton, Stanley E., 30
Hitler, Adolf, 60, 69 n. 36
Holanda, 37, 47, 89 n. 35, 102, 252, 265 n. 27, 267, 268, 269, 284, 298, 342
Holleben, Ehrenfried von, 248, 251
Höltzel, Hieronymus, 36
Homberg, 37
Honduras, 144
Honecker, Erich, 205, 276
Hull, Cordell, 63
Hülsen, Johann von, 37
Hummel-Werke, 109
Hungria, 177, 180, 201, 213, 224, 242, 275, 298
Hüttenrauch, Willy, 196, 198, 200

# I

Iêmen do Sul, 244
*III Reich*, 10, 59-75, 101, 144
Ilha das Cobras, 68

Índia, 35, 145, 202, 217, 218, 223, 246, 280, 298, 299 n. 32, 306, 333, 336
Indonésia, 203
Ingenieur Kontor Lübeck, 273
Inglaterra, 19, 21, 39, 269, 288 n. 12, 291 n. 18
Instituto Alemão de Pesquisa Econômica, 182, 183
Instituto de Físico-Química da Universidade de Bonn, 127
Instituto de Química e Física de Universidade de Hamburgo, 130
Internacional Socialista, 344
IPES (Instituto de Pesquisas e Estudos Sociais), 16, 238
Irã, 27, 73, 218, 321, 322, 329, 336
Iraque, 244, 270 n. 38, 272 n. 43 e 44, 275, 297
Israel, 254, 322
Itaguaí, 273, 314 n. 37, 315, 318
Itajaí, 49
Itália, 53, 68, 74, 89 n. 35, 99, 149, 279, 335
Itamaraty,
Iugoslávia, 180, 201, 202, 203, 213

## J

J. Trapp, 109
Jacarta, 203
Jafet, Ricardo, 101
Japão, 74, 298, 299 n. 32
Jeumont-Schneider, 253
Jobim, Nelson, 313, 331, 334, 335
Johnson, Lyndon, 236
Joint Congressional Committee on Atomic Energy, 258
Joint Export-Import Agency, 104
Jr., Geraldo Miniuci Ferreira, 33, 278 n. 63
Jr., Luiz de Faro, 106, 108, 120, 122, 145
Jr., Manoel Pio Corrêa, 141, 236
Juiz de Fora, 129
Jülich, 250, 251, 252, 253, 266, 268, 269
Junior, José Maria da Silva Paranhos, 50

## K

Karlsruhe, 250, 267, 268, 269, 273

Kassel, 244
Kennedy, John, 205, 213
KIEP, ministro, 60
Kiesinger, Kurt Georg, 243, 244, 289 n. 13
Kindleberger, Charles, 28
Kinkel, Klaus, 282
Klaus, Schubert, 32
Kloenne, August, 111
Kohl, Helmut, 274, 276, 280, 283, 296 n. 27, 347
Kohler, Heinz, 88
Köhler, Horst, 322
Könecke, Fritz, 154
Königsberg, 88, 146
Konrad Adenauer Stiftung, 32, 344, 346
Kossigin, Alexey, 245
KOST (Vice-Presidente da Bandesverbander der Deutschen Industrie), 152
KPD (Kommunistische Partei Deutschlands), 16, 85
Krone, Heinrich, 233
Krupp A. G., 109
Krupp, Friedr., 207
Kubitschek, Juscelino, 11, 22, 128, 136, 150, 151-170
Kulessa, Georg, 178, 179, 196
KWU (*Kraftwerk Union*), 257, 259, 273, 287

## L

Labour Party, 83
Lacerda, Carlos, 129, 131, 132, 208, 229
Lacerda, Felix de Barros Cavalcanti de, 60 n. 3
Lacerda, J. M., 60
Lafer, Celso, 33
Lafer, Horácio, 182 n. 36
Lago, Sérgio Correa de, 178
Laino, Domingo, 345
Lambsdorff, Otto Graf von, 265
LATI (Linhas Aéreas Transcontinentais Italianas), 75
Leal, Victor Nunes, 171

Leão, Policarpo Lopes de, 45
Lei Fundamental (*Grundgesetz*), 87, 149, 288
Leipzig, 181, 197
Leite, Antônio Dias, 252
Leopoldina, arquiduquesa, 39
Leopoldina Railway, 97
Leste Europeu, 13, 22, 31, 92, 93, 107, 108, 176, 181, 186, 189, 191, 201, 212, 226, 228, 243, 245, 275, 281, 285, 298, 301-318, 333, 346
Leuna, 207
Levetzow, Werner von, 65-66, 69
Libéria, 145
Ligas Camponesas, 219
Lima Barreto, Henriques, 54
Lima, 171, 315
Lima, José Joaquim de, 67
Limburg, 36
Limmer, Herbert, 34
Lins, Christóvam, 36
Lira Tavares, Aurélio de, 78 n. 1, 80
Lisboa, 35, 36 n. 1, 38, 40, 73, 298
List, Friedrich, 19
Lituânia, 88, 333
Lloyd Brasileiro, 220, 221, 229, 230
Lobato, José Bento Renato Monteiro, 54
Londres, 45 n. 18, 52, 65 n. 26, 73, 78, 83, 186
Long, Clarence, 261
Lorena, 44
Lothar, Kraft, 32
Lott, Henrique Teixeira, 136, 155, 176
Lübke, Heinrich, 12, 231-252
Lufthansa, 64, 75, 229, 239
Lumumba, Patrice, 194
Luxemburgo, 89 n. 35, 153, 182
Luz, Carlos, 136

# M

Magalhães, Sérgio, 236
Malheiros, Tania, 270
Maltzan, Barão von, 101, 104
*Manchester Gardian*, 115

Mann, Thomas, 236, 237
Mannesmann, 10, 32, 95-115, 238, 292 n. 22
Mannesmann-Werke, 162
Mantega, Guido, 321
Marshall, George, 81
Martins, Carlos, 73
März, Heinrich, 33
Massarellos, Maria Luiza Gabbe de, 45 n. 18
Mata Atlântica, 281
Mecklenburg, 85, 146
Médici, Emílio, 246, 248
Meira, Lúcio, 115, 165
Mello, Fernando Collor de, 281
Melo, Nelson de, 157 n. 21
Memel, 88, 146
Mende, Erich, 213, 243
Menezes, Albene Miriam Ferreira, 29
Merkel, Angela, 283-299, 302, 317, 320, 336
Mercedes-Benz, 10, 22, 95-115, 117, 118, 137, 166, 172, 174, 341
Merk-Darmstadt, 162
Merseburg, 207
México, 141, 145, 223, 227, 247, 275, 279, 330, 345
Miami, 214
Michaelsen, Egydio, 12, 231-252
Minas Gerais, 38, 40, 102, 103, 128, 129, 162, 318 n. 46
Miranda, Adriana Costa de, 34
Mirback, Dietrich von, 240
Missão militar brasileira em Berlim, 10, 77-94
Mollmann, Gerhard, 163 n. 42
Mols, Manfred, 346
Moltmann, Gerhard, 33, 161 n. 37, 168 n. 58, 210, 234
Monteiro, Humberto, 113, 165
Monteiro, Pedro Aurélio de Góes, 74
Morgenthau, Harry, 81
Moscou, 78, 82, 121, 213
Moss, Gabriel Gun, 210
Moura, Paulo Leão de, 185 n. 49
Müller, Daniel P., 38

Müller, Lauro, 53
Müller, Wolfgang G., 34
Muro de Berlim, 11, 92, 191-210, 211, 233, 246, 275, 285, 322

## N

Nabuco, Joaquim, 50 n. 35
Nabuco, Maurício, 87 n. 26
Nash, 112, 113, 114
Nassau, Johann Moritz von, 37
Nasser, Gamal Abdel, 202
*Nationale Volksarmee*, 205
Neri, Marcelo, 327
Neto, Cesário Melantônio, 33
Netto, Antônio Delfim, 266
Neves, Tancredo, 131, 211
Nicarágua, 61, 62, 144, 247, 344
Nixon, Richard, 170, 171
Nogueira, Manoel Antônio, 332
Nordeste, 61, 73, 236, 239, 280, 317
Nordhoff, Heinz, 114
Nordrhein-Westfalen, 242, 288
Normano, J. F., 56
Noruega, 45, 145
Nuclear Non-Proliferation Act, 260, 261
Nuclebras, 257, 262, 273
Nuclei, 282
Nuclep, 272, 318
Nunes, Tovar da Silva, 315

## O

*O Estado de S. Paulo*, 114, 115, 119
Oceano Índico, 47
Ocidente, 93, 100, 107, 123, 204, 245, 254, 275, 285
Oder-Neisse, 88, 181, 201, 225, 233, 245
OEA (Organização dos Estados Americanos), 234
Ollenhauer, Erich, 224
Öllers, Fritz, 99, 101, 132, 141, 142, 177
Oppenheim, Friedrich Karl von, 153
ONU (Organização das Nações Unidas), 16, 245, 324, 329, 331, 337

Operação Pan-Americana, 170, 172, 184, 188
Oppenheim, Friedrich Karl von, 153
Organization for European Economic Cooperation, 89
Oriente Médio, 187, 202, 333
Orquima S.A., 126
Ostermann (ministro-conselheiro da embaixada da RFA), 156, 157
*Ostpolitik*, 12, 231-252, 280
Otan (Organização do Tratado do Atlântico Norte), 16, 93, 135, 186, 187, 192, 197, 212, 214, 215, 313, 333

## P

Pacto Anti-Komintern, 68
Pacto de Varsóvia, 225
Países Baixos, 37, 153, 292, 316
Panamá, 53, 144, 345
Paquistão, 218, 223, 259
Paraguai, 43, 144, 345, 346
Paraná, 40, 46, 48, 55, 69, 147
Paranaguá (baía), 37
Paris, 45 n. 18, 52, 78, 93, 135, 186, 202, 204, 250, 314 n. 39, 341
Partido Comunista, 98
Partido Democrata, 259
Partido Liberal Radical Autêntico, 345
Partido Nazista, 68
Partido Republicano, 213
Pastore, John, 258
Patriota, Antonio, 328
Patagônia, 223
Pearl Harbor, 74
Peçanha, Nilo, 53, 54 n. 48
Pedro, o grande, 185
Peel, Arthur, 54, 55
Pellegrino, Josal Luiz, 34
Peña Gomez, José Francisco, 344
*Perestroika*, 275
Pernambuco, 36, 37 n. 5, 55, 318 n. 46
Perón, Juan Domingo, 96
Peru, 61, 62, 145, 170, 171
Petrobras, 131, 133

Petrópolis, 128
Peyke, Peter, 41
Pinochet, Augusto, 345
Pinto, José Magalhães, 246 n. 47, 249 n. 56
Plano 90, 254
Plano Marshall, 10, 27, 28, 77-94, 98, 99, 120, 122, 172, 340
Plano Morgenthau, 122
Plano Quinquenal, 223
Plath, Hans, 110
Pompidou, Georges, 253
Politbüro, 205
Polônia, 88, 146, 177, 180, 201, 207, 213, 225, 242, 275, 298
Pomerânia, 85
Ponte Nova, 129
Pontifícia Universidade Católica do Rio de Janeiro, 183
Porto Alegre, 50, 180, 181
Porto Seguro, 35, 36 n.1
Portugal, 35, 36, 37, 38, 39, 40, 43, 303, 304, 306
Prado, Abelardo Bueno do, 124 n. 18, 182
Praga, 225
Prentzel, Felix, 157
Preto, Carlos Silvestre de Ouro, 221, 230
Primeira Guerra Mundial, 9, 29, 35-58, 59, 66, 67, 339
Príncipe de Metternich, 41
Programa Conjunto de Cooperação para o Reconhecimento dos Recursos de Urânio, 133 n. 49, 135
Programa do Ponto, 119
Programa Nuclear Paralelo, 268, 269, 270, 273, 274, 281, 343
Programa-Piloto para a Preservação das Florestas Tropicais, 281
Protocolo de Conversações, 198, 199
Protocolo de Paris, 204
Protocolo Industrial (1975), 273, 343
Protocolo sobre a Regulamentação dos Transportes Marítimos, 230
Protocolo sobre Cooperação Financeira (1963), 263
Provence Rheinrohr, 207

Províncias Unidas do Rio da Prata, 40
Prüffer, Kurt, 74
Prússia Oriental, 85
Prússia, 39, 40, 43, 47
PSD (Partido Social-Democrático), 16, 136, 156, 211
PTB (Partido Trabalhista Brasileiro), 16, 136, 236

## Q

Quadros, Jânio, 11, 186, 189, 191-210, 218
Queluz, marquês, 43

## R

Rangum, 203
Rao, Vicente, 28 n. 3, 91 n. 41, 138 n. 4
RDA (República Democrática Alemã), 16, 88
Real Fábrica de Ferro de São João de Ipanema, 38
*Realpolitik*, 345
Refinaria de Cubatão, 111
*Reichsdeutsche*, 64
Reino Unido a Portugal e Algarves, 39
Reno, 154
República Árabe Unida, 201, 202
República de Weimar, 9, 35-58
República Dominicana, 144, 344
Rescrito de Heydt, 44, 45, 48
Revolução Cubana, 191, 223, 234
RFA (República Federal da Alemanha), 15, 16, 27, 87, 272 n. 44
Ribeiro, Uriel Costa, 157
RIO BRANCO, José Maria da Silva Paranhos (barão), 50, 51
Rio da Prata, 36, 40
Rio Grande do Sul, 39, 40, 48, 55, 61, 69, 168, 180, 181, 209, 234, 333
Ritter, Karl, 67, 68
Romênia, 201, 207, 213, 234, 242, 275, 333
Roosevelt, Franklin D., 72, 74
Root, Elihu, 50
Rosas, Juan Manoel de, 43

Rösel, Peter, 37
Rothschild (barão), 51
Rouanet, Sérgio, 33
Rousseff, Dilma, 323, 324, 334
Rowent Mettallwarenfabrik, 109
Ruhr, 80, 82, 84, 90, 242
Rusk, Dean, 213
Rússia, 39, 47, 267, 298, 311 n. 29, 313, 317, 321, 332
RWE (Rheinische Westfälische Elektricitätsgesellschaft), 255

## S

Saar, 84
Sachsen, 146
Sachsen-Anhalt, 146
Sacro Império Romano-Germânico, 37, 38
Sal. Oppenheim Jr. (banco), 153
Salles, Walter Moreira, 127 n. 30, 196
Salvador, 41, 46, 244, 344
Sanábria, Diogo de, 37
Santa Catarina, 39, 40, 48, 49, 55, 69
Santiago, 99
Santo Amaro, 37
Santos, Anor Teixeira dos, 77, 79, 83, 84, 85, 86
Santos, Maria da Guia, 29
São Paulo Railway, 97
São Vicente, capitania, 37
Sarkozy, Nicolas, 313, 314
Sarney, José, 267, 272
Satipel (Sociedade Anônima Taquariense de Papel), 16, 239
Saueracker, Adolf, 40
Schaab, Karl-Heinz, 270, 271 n. 43, 272 n. 43 e 44
Schäffer, Georg Anton von, 40
Scheel, Walter, 220, 243, 244, 260
Schespenberg, Albert H. van, 203
Schetz, Erasmus, 36, 37
Schirmer, Andreas, 32
Schloterer, Gustav, 66
Schmidt, Augusto Frederico, 188, 189

Schmit, Helmut, 256, 258
Schneider-Creuzot, 51
Schrader, Gerhardt, 271
Schröder, Gerhard, 212, 224, 229, 231, 285, 286, 288, 289, 295
Schultz-Wenk, B., 114, 115
Schumacher, Kurt, 83
Schwedt, 207
SED (Sozialistische Elnheltspartel Deutschlands), 16, 85, 205, 206, 207
Sedan, 44, 52
Seelos, Gebhard, 229, 232, 234, 239
Segunda Guerra Mundial, 10, 19, 27, 29, 59-75, 77, 91, 92, 96, 99, 101, 107, 119, 120, 123, 139, 145, 149, 154, 162, 239, 311, 316, 340
Sepetiba, 257, 310
Serra do Cachimbo, 274, 281
Severin, Günter, 33
Siegen-Dillenburg, Johann Moritz von Nassau, 37
Siemens, 68, 257, 268, 272, 273, 282, 287, 292, 315, 323, 328, 329
Sieveking, Karl, 42
Silva, Álvaro Alberto da Mota e, 10, 117--136, 158, 267
Silva, Arthur da Costa e, 249
Silva, Edmundo Barbosa da Silva, 143 n. 27, 177, 178, 240
Silva, José Bonifácio de Andrada e, 66 n. 28
Silva, Luiz Inácio Lula da, 288, 320 n. 2, 324 n. 5
Silva, Othon Luiz Pinheiro da, 268 n. 35, 269, 270
Silveira, Antônio Azevedo da, 32, 257, 261
Simões, Roberto, 332
Síria, 176, 202, 203, 244
SMAD (Sowjetische Militäradministration), 16, 80, 85, 86
Smith, Harvey, 129
Soares, Álvaro Teixeira, 118, 119 n. 5
Soares, Gisele Tona, 34
Soares, José Carlos de Macedo, 67, 171, 174
Sociedade Anônima Soviética (Sowjetische Aktiengesellschaft), 88

Sociedade Max Planck para o Progresso da Ciência, 127
Société des Produits Chimiques des Terres Rares, 128
Sodré, Roberto de Abreu, 272
Sokolowski, Wassily D., 77-78, 86
Somoza, Anastazio, 344
Sorocaba, 38, 291 n. 19
Souza, Cláudio Garcia de, 206
Souza, Martim Afonso de, 37
Sowjetische Besatzungszone [Zona de Ocupação Soviética], 80, 87, 88, 89, 92, 120, 121, 176, 178, 180, 185, 198, 285
SPD (Sozialdemokratische Partei Deutschlands), 16
Spiecker, Carl, 101
Spreti, Karl von, 248
Staden, Hans, 37
Stahlunion, 61, 68
Stahlwerke, Rheinische, 207
Stálin, Joseph, 85, 87, 89, 246
Stalinstadt, 207
Staritz, Dietrich, 88
Steinbrück, Peer, 305
Steinhoff, Fritz, 49
Stiftung, Friedrich Ebert, 32, 344, 346
Stiftung, Konrad Adenauer, 32, 344, 346
Stoph, Willli, 244
Strasse, Wilhelm, 74 n. 52
Strassmann, Fritz, 127 n. 29
Straub, Franz Joseph, 124, 249, 276
Strauss-Kahn, Dominique, 304
Stroessner, Alfredo, 345
Sudão, 244
Suécia, 38, 39, 45, 145, 197, 314
Suíça, 45, 102, 154, 182, 197, 228, 291
Sumoc (Superintendência da Moeda e do Crédito), 16, 141, 143, 159

# T

Tanganica, 47
Tannenberg, Wilhelm, 66 n. 28
Tavares, Aurélio de Lira, 78 n. 1, 80
Távora, Juarez, 133, 135, 136, 155, 267

Tchecoslováquia, 67, 84, 145, 177, 180, 201, 207, 213, 225, 275
Tenerife, 55
Terceiro Mundo, 187, 192, 244, 257, 275, 280, 281, 344
Terril, Robert, 133
The Bonn Convention [Deutschlandsvertrag], 93
The Contractual Agreements, 93
The First National City Bank, 51
Thompson, Llewellyn, 213
Tito, Joseph Broz, 203
TNP (Tratado de Não Proliferação das Armas Nucleares), 16, 249, 258, 260, 274, 281, 282, 287, 321 n. 3, 347
Togo, 47, 339
Torres, Alberto, 54
Touré, Sekou, 202
Trichet, Jean-Claude, 304
Tratado Básico (*Grundlagenvertrag*), 245
Tratado de Comércio, 9, 35-58, 61, 63, 64
Tratado de Moscou (Moskauer Vertrag), 245
Tratado de Paris, 135, 250, 341
Tratado de Tlatelolco, 281, 282, 347
Tratado de Westphalen, 37, 339
Três Marias, 239
Treutler, Karl Georg von, 50
*Tribuna da Imprensa*, 129, 131
Trizona, 84
Truman, Harry, 81, 172
Tsé-Tung, Mao, 214
Tubarão (porto), 239
Turquia, 23, 92, 106, 187, 217 n. 19

# U

Ubatuba, Ezequiel, 89 n. 34, 90 n. 36, 91, 110
Ucrânia, 207, 298, 333
UDN (União Democrática Nacional), 17, 129, 132, 136
Ueki, Shigeaki, 32, 255
Ulbricht, Walter, 149, 207, 242
Ulm, 36

União Europeia de Pagamentos, 161
União Sul-Africana, 97
*United Press*, 115
United States Steel, 22, 68, 72
Universidade de San Marcos, 171
Urenco, 252, 262, 267, 270, 342
Uruguai, 40, 106, 137, 144, 193, 246

# V
Valle, Cyro de Freitas, 69, 70
van Schespenberg, Albert H., 203
Vance, Cyrus, 259, 261
Vanderley, João Maurício, 45
Vargas, Everton, 319, 327
Vargas, Getúlio, 21, 58 n. 61, 59, 68, 72, 98, 101, 267, 327
VARIG (Viação Aérea Rio-Grandense), 64
Varnhagen, Friedrich Ludwig Wilhelm, 38
Vasconcelos, Arnaldo, 182 n. 37, 193 n. 7, 195 n. 12, 200, 211
VASP, 64
Vaz, Rubem Florentino, 131
Velho Mundo, 73
Venezuela, 61, 144, 145, 170, 294, 331
Verlag, Wilhelm Fink, 29
Vickers-Armstrong, 51, 52
Videira, 183
Vieira, Sérgio de C. Weguelin, 176, 177 n. 18
Viena, 200, 205
Vietnã do Sul, 244
Vogel, Hans-Jochen, 274
Volker, Otto, 246 n. 47

*Volksdeutsche*, 64
*Volkspolizei*, 121, 146, 205
Volkswagen, 10, 22, 95-115, 117, 118, 119, 137, 166, 172, 174, 292, 341
Volta Redonda, 22, 72, 99, 103, 112, 172, 173

# W
Wallau, Theodor, 34
Warhemunde, 207
Wegener, Stephan, 32
Wehner, Herbert, 243
Weilemann, Peter R., 32
Westerwelle, Guido, 320, 329, 330
*Weltpolitik*, 49
Westinghouse, 22, 165, 253, 254, 255, 258, 259, 262
Westphalen, Adolf Libert, 33
Weyll, Peter, 40
White, Max, 133, 134
Wilhelm II, 49, 52
Willys-Overland, 115
*Wirtschaftswunder* [Milagre Econômico], 27, 212
Wünsche, Horst Friedrich, 32
Wyneken, Klaus, 29

# Z
*Zollverein*, 43
Zona franca, 160
Zippe, Gernot, 267, 272
Zoller, Stefa, 332

SOBRE O LIVRO

*Formato:* 16 x 23 cm
*Mancha:* 28,4 x 45,7 paicas
*Tipologia:* Horley Old Style MT 11/16 pt
*Papel:* Offset 75 g/m² (miolo)
          Cartão Supremo 250 g/m² (capa)

*2ª edição:* 2011


EQUIPE DE REALIZAÇÃO

*Edição de texto*
Tatiana Ferreira (Copidesque)
Frederico Ventura (Preparação de original)
Camilla Bazzoni de Medeiros (Revisão)

*Assistência editorial*
Alberto Bononi

*Capa e editoração eletrônica*
Estúdio Bogari